Andreas Oberdorf/Patrick Gollub/Tim Zumhof (Hg.)

Pädagogik und Erziehungswissenschaft an der Universität Münster

Veröffentlichungen des Universitätsarchivs Münster

Herausgegeben von Sabine Happ

Band 18

Andreas Oberdorf/Patrick Gollub/Tim Zumhof (Hg.)

Pädagogik und Erziehungswissenschaft an der Universität Münster

Personen, Strukturen, Diskurse

Aschendorff
Verlag

Abbildung auf dem Einband:
Bücherregal im Institut für Erziehungswissenschaft, 2024.
Foto: Andreas Oberdorf

Diese Publikation wurde unterstützt durch das
Institut für Erziehungswissenschaft der Universität Münster.

© 2024 Aschendorff Verlag GmbH & Co. KG, Münster
www.aschendorff-buchverlag.de

Printed in Germany
Gedruckt auf säurefreiem, alterungsbeständigem Papier

ISBN 978-3-402-15905-7
ISBN 978-3-402-15906-4 (E-Book PDF)

Inhaltsverzeichnis

Vorwort der Herausgeber

Der vorliegende Band verdankt seine Entstehung einem doppelten Jubiläum. Seit rund fünfzig Jahren existiert an der Universität Münster ein Institut für Erziehungswissenschaft. Die erste Erwähnung dieser Bezeichnung findet sich in einer Einladung zur Konferenz des seit 1970 bestehenden Fachbereichs 9 – Erziehungswissenschaft, Soziologie, Publizistik – im Frühjahr 1971. Die Umbenennung des Pädagogischen Seminars in Institut für Erziehungswissenschaft wurde erst zwei Jahre später durch den Fachbereich beschlossen und mit der Zustimmung des Senats der Universität am 7. Mai 1973 wirksam.[1] Aus diesem Anlass und in Erinnerung an diese Umbenennung vor fünfzig Jahren veranstaltete das Institut für Erziehungswissenschaft im Wintersemester 2021/22 – angeregt und organisiert durch den damaligen geschäftsführenden Direktor Prof. Dr. Jürgen Overhoff – einen Workshop mit Beiträgen zur Geschichte des Instituts, die in diesen Band eingegangen sind. Ergänzend konnten weitere Autorinnen und Autoren gewonnen werden, die mit ihren Beiträgen die Geschichte des Instituts in einen größeren historischen Zusammenhang von den Anfängen wissenschaftlicher Pädagogik in der deutschen Spätaufklärung bis hin zu aktuellen institutionellen Entwicklungen einbetten. Die Gründung des Philologisch-pädagogischen Seminars im Jahr 1824 markiert in dieser erweiterten Geschichte der Pädagogik und Erziehungswissenschaft an der Akademie und Universität Münster einen institutionellen Fixpunkt vor nunmehr zweihundert Jahren, der als weiteres Jubiläum die Entstehung dieses Bandes und die zeitliche Rahmung der in ihm versammelten Beiträge mitbestimmte.

Die Autorinnen und Autoren werfen in ihren einzelnen Beiträgen Schlaglichter auf ausgewählte Personen, Strukturen und Diskurse, die aus lokal-institutioneller Perspektive auf bedeutsame Entwicklungen und Wegmarken in dieser zweihundertjährigen Geschichte verweisen. Damit befasst sich der Band mit den lokalen Konstitutionsbedingungen von pädagogischer beziehungsweise erziehungswissenschaftlicher Forschung und Lehre unter Berücksichtigung der sowohl historisch-gesellschaftlichen Rahmenbedingungen als auch der wissenschafts- beziehungsweise disziplingeschichtlichen Voraussetzungen und untersucht die Entwicklung und Entstehung des Instituts für Erziehungswissenschaft in Münster.[2] Wichtige Vorarbeiten stellen hier zum einen die institutsgeschichtlichen Arbeiten von Martin Rothland dar, vor allem *Disziplingeschichte im Kontext – Erziehungswissenschaft an der Universität Münster nach 1945*, die den Zeitraum bis 1990 umfasst,[3] zum anderen neuere universitätsgeschichtliche Sammelbände

---

1   UAMs (Universitätsarchiv Münster), Bestand 334, Nr. 251, Protokoll der 100. Rektoratssitzung am 12.4.1973; UAMs, Bestand 9, Nr. 9, Protokoll der Senatssitzung am 7.5.1973; UAMs, Bestand 334, Nr. 22, Beschlussvorlage 224.

2   Hierzu vgl. Langewand, Alfred/von Prondczynsky, Andreas (Hg.): Lokale Wissenschaftskulturen in der Erziehungswissenschaft (Beiträge zur Theorie und Geschichte der Erziehungswissenschaft, 20), Weinheim 1999.

3   Vgl. Rothland, Martin: Dualismus und Tradition – Einheit in der Praxis? Universitäre Erziehungswissenschaft und die Folgen der PH-Integration in Forschung und Lehre, in: Erziehungswissenschaft 17 (2006), S. 49–71; Rothland, Martin: Disziplingeschichte im Kontext. Erziehungswissenschaft an der Universität Münster nach 1945 (Beiträge zur Theorie und Geschichte der Erziehungswissenschaft, 29), Bad Heilbrunn 2008.

zur Gründungs- und Frühgeschichte der Universität Münster sowie zu ihrer nationalsozialistischen Vergangenheit.[4] Weitere Referenzen ergeben sich zudem aus Studien zur deutschen Universitätsgeschichte, die im Rahmen vergangener Jubiläen und Gedenkveranstaltungen entstanden sind und die in Anlehnung an den bereits 1999 von Alfred Langewand und Andreas von Prondczynsky herausgegebenen Band *Lokale Wissenschaftskulturen in der Erziehungswissenschaft* für ihren jeweiligen Hochschulstandort die Geschichte der Erziehungswissenschaft auf lokal-institutioneller Ebene untersuchen. Hervorzuheben sind hier der Sammelband von Christiana Bers zur Erziehungswissenschaft an der Universität Göttingen,[5] der Beitrag von Jonas Flöter zur Geschichte der Fakultät Erziehungswissenschaft in Leipzig[6] und Heinz-Elmar Tenorths zweiteilige Geschichte der Pädagogik an der Universität Unter den Linden zu Berlin.[7] Eine entsprechende, zusammenhängende Geschichte der Pädagogik und Erziehungswissenschaft an der Akademie und Universität Münster wurde bislang noch nicht vorgelegt. Auch fehlt es bislang „an modernen Synthesen auf der Basis des neuesten Forschungsstandes",[8] wie Sylvia Paletschek für die gesamte neuere Universitätsgeschichtsschreibung kritisch anmerkte, die es ermöglichen würden, die Ergebnisse lokal-institutioneller Studien zusammenzuführen und für die Disziplin- und Wissenschaftsgeschichte der Erziehungswissenschaft auszuwerten. Die Studie von Klaus-Peter Horn *Erziehungswissenschaft in Deutschland im 20. Jahrhundert* könnte hierfür ein hohes Maß an Orientierung bieten. Auch wenn dort lediglich die Disziplinentwicklung von 1919 bis 1965 betrachtet wird, beinhaltet sie doch differenzierte Analysen zu den einzelnen (west-)deutschen Hochschulstandorten.[9] Eine entsprechende Fortschreibung dieser Disziplingeschichte der Erziehungswissenschaft, die sich historisch-vergleichend den lokal-institutionellen Konstitutionsbedingungen von erziehungswissenschaftlicher Lehre und Forschung seit den 1960er-Jahren zuwendet, würde nicht nur dazu verhelfen, die Ergebnisse institutsgeschichtlicher Einzeldarstellungen besser beurteilen zu können. Es könnte auch dazu dienen, jene Darstellungen, die anlässlich von Universitätsjubiläen und Gedenktagen in Fest-

---

4   Vgl. Thamer, Hans-Ulrich/Droste, Daniel/Happ, Sabine (Hg.): Die Universität Münster im Nationalsozialismus. Kontinuitäten und Brüche zwischen 1920 und 1960 (Veröffentlichungen des Universitätsarchivs Münster, 5), Münster 2012; Overhoff, Jürgen/Happ, Sabine (Hg.): Gründung und Aufbau der Universität Münster, 1773–1818. Zwischen katholischer Aufklärung, französischen Experimenten und preußischen Neuanfang (Veröffentlichungen des Universitätsarchivs Münster, 16), Münster 2023.

5   Bers, Christiana (Hg.): 100 Jahre Erziehungswissenschaft an der Universität Göttingen (1920–2020), Göttingen 2020, https://doi.org/10.17875/gup2020-1326 (Zugriff: 5.6.2024).

6   Flöter, Jonas: Erziehungswissenschaft, in: Geschichte der Universität Leipzig 1409–2009, Bd. 4.1, Leipzig 2009, S. 693–734.

7   Tenorth, Heinz-Elmar: Von der „Kultur- und Staatswissenschaft" zur „Politischen Pädagogik" – Berliner Universitätspädagogik bis 1945, in: ders. (Hg.): Geschichte der Universität Unter den Linden 1810–2010, Bd. 5, Berlin 2010, S. 237–256; ders.: Pädagogik seit 1945: Sozialistische Tradition, ideologisierter Alltag, forschende Sozialwissenschaft, in: ders. (Hg.): Geschichte der Universität Unter den Linden 1810–2010, Bd. 6, Berlin 2010, S. 209–232.

8   Paletschek, Sylvia: Stand und Perspektiven der neueren Universitätsgeschichte, in: Zeitschrift für Geschichte der Wissenschaften, Technik und Medizin 19 (2011) 2, S. 169–189, hier: S. 185.

9   Horn, Klaus-Peter: Erziehungswissenschaft in Deutschland im 20. Jahrhundert. Zur Entwicklung der sozialen und fachlichen Struktur der Disziplin von der Erstinstitutionalisierung bis zur Expansion, Bad Heilbrunn 2003.

schriften und Sammelbänden erschienen sind und sich dahingehend lediglich der kritischen Würdigung und Selbstvergewisserung der eigenen Geschichte erweisen konnten, in einen stärkeren Dialog und systematischen Zusammenhang zu bringen. In dieser Hinsicht versteht sich auch der vorliegende Band sowohl als Beitrag zur Geschichte der Universität Münster als auch als Teil der Disziplin- und Wissenschaftsgeschichte der Erziehungswissenschaft im deutschsprachigen Raum.

Für die Aufnahme des Bandes in die Reihe *Veröffentlichungen des Universitätsarchivs Münster* bedanken wir uns bei Dr. Sabine Happ als Herausgeberin der Reihe sowie bei der Geschäftsführung des Instituts für Erziehungswissenschaft für die Finanzierung der Drucklegung. Außerdem gilt unser Dank Maria Große Frericks für die Erstellung eines Personenregisters sowie André Stappert für die sorgfältige und zügige verlagsseitige Betreuung dieses Bandes.

Münster und Trier, im Juli 2024
Andreas Oberdorf
Patrick Gollub
Tim Zumhof

Jürgen Overhoff

Gründung und Aufbau der Universität Münster zwischen 1773 und 1815 und die Stellung der Pädagogik im ausgehenden 18. Jahrhundert

Eine erkennbar moderne Wissenschaft von der Erziehung und für die Erziehung entstand – das lässt sich im Grunde recht präzise datieren – im Verlauf der 1770er-Jahre, und zwar in Preußen, quasi als politische Setzung, was sich an den folgenden drei bahnbrechenden Entscheidungen der Regierung des bildungspolitisch ambitionierten Königs Friedrich II. ablesen lässt: Zum einen mussten alle Professoren der Philosophischen Fakultät der Universität Königsberg erstmals ab 1774 per Verordnung fortlaufend Vorlesungen über Pädagogik halten; zweitens wurde die Pädagogik im Jahr 1776 auf Wunsch des Monarchen als neue Disziplin in jenen Kreis der auf vollständige Abbildung aller existierenden Wissenschaften zielenden Fächer aufgenommen, die in der renommierten Berliner Akademie der Wissenschaften unter einem Dach vereint waren; und schließlich wurde der Erziehungsschriftsteller und Pädagoge Ernst-Christian Trapp im Jahr 1778 an der Universität Halle der weltweit erste Inhaber eines neugeschaffenen Lehrstuhls, der ausschließlich der Disziplin Pädagogik gewidmet war.

Bei diesem für die Begründung und Entwicklung der als Wissenschaft verstandenen Pädagogik so bedeutenden und ereignisreichen Jahrzehnt handelt es sich nun zugleich um genau jene Dekade, in welcher sich auch die Gründung und Eröffnung der Universität Münster vollzog: Ihre Gründungsprivilegien wurden von Papst Clemens XIV. und Kaiser Joseph II. zwischen Mai und Oktober 1773 ausgestellt, am 16. April 1780 fand dann die feierliche Inauguration statt. Die neue westfälische Hochschule war in ihren Anfangstagen nun allerdings noch keine preußische Bildungsinstitution, denn in den Staatsverband Preußens wurde Münster – nach einem ersten Anlauf im Jahr 1803 in den Zeiten der napoleonischen Wirren – dauerhaft erst ab 1815 gemäß den Bestimmungen des Wiener Kongresses aufgenommen. Als die Universität Münster im Wintersemester 1773/74 ihren Vorlesungsbetrieb aufnahm, war sie eine noch ganz dem Kontext der Katholischen Aufklärung verhaftete Landesuniversität des Hochstifts Münster, eines sehr großen nordwestdeutschen geistlichen Territorialstaates, der als solcher bis ins erste Jahrzehnt des 19. Jahrhunderts Bestand hatte.[1]

Auch wenn Preußen somit erst ab 1815 für die weitere Ausgestaltung der Universität Münster und für das Feld der dort bestellten Wissenschaften voll verantwortlich wurde, hatte die preußische Bildungspolitik doch auch schon im ausgehenden 18. Jahrhundert in der gesamten Staatenwelt des föderal verfassten deutschen Reiches eine nicht zu übersehende Vorbildfunktion, die auch in Münster durchaus wahrgenommen wurde. Der katholische Freiherr Franz von Fürstenberg, der als Premierminister des Hochstifts Münster die Gründung einer eigenen Landesuniversität entscheidend betrieben hatte, war ein hochgebildeter Mann, der in Köln, Salzburg und Rom studiert hatte und sich seither immer wohlinformiert über die neuesten Entwicklungen der europäischen Universitäten zeigte und dies auch entsprechend äußern

---

1   Vgl. zur Gründungsgeschichte der Universität Münster Overhoff, Jürgen/Happ, Sabine (Hg.): Gründung und Aufbau der Universität Münster, 1773–1818. Zwischen katholischer Aufklärung, französischen Experimenten und preußischem Neuanfang (Veröffentlichungen des Universitätsarchivs Münster, 16), Münster 2023.

konnte.[2] Er hatte nachweislich große Ambitionen mit Blick auf den Ausbau der Universität Münster und wusste deshalb auch sehr gut, dass neben den Universitäten Jena und Göttingen, denen er im zeitlichen Umfeld der Gründung der neuen münsterschen Hochschule Besuche abgestattet hatte, gerade auch die preußischen Universitäten in Königsberg und Halle zu den modernsten ihrer Zeit zählten. Dass Preußen in den 1770er-Jahren die Pädagogik nun explizit als neuartige Wissenschaft von der Erziehung zu einer eigenständigen universitären Disziplin erhob, konnte Fürstenberg also nicht entgangen sein.

Zudem wollte der münstersche Premierminister, ehrgeizig wie er war, an der Landesuniversität des von ihm verwalteten Hochstifts möglichst alle im Aufklärungszeitalter neuentstandenen Wissenschaften etablieren, ob das innovative Fach der Augenheilkunde oder aber die noch junge Chemie, die er beide mit entsprechenden Professuren in der Medizinischen Fakultät ausstattete. Dennoch entschied er sich mit Blick auf die in Preußen neu lancierte Wissenschaft von der Erziehung dagegen, in Münster einen Lehrstuhl für Pädagogik einzurichten. Erst Jahrzehnte nach der von ihm betriebenen Universitätsgründung, also schon in preußischer Zeit, wurde in Münster im Jahr 1824 ein Philologisch-pädagogisches Seminar aufgebaut, das der Vorbildung von Studierenden für den Gymnasiallehrerberuf diente. Weshalb nun räumte Fürstenberg der Pädagogik als eigenständiger Wissenschaft in Münster nicht dieselbe Stellung ein, wie sie die Pädagogik doch in Preußen – sowohl in Königsberg als auch in Halle und Berlin – im Gründungsmoment der Universität Münster vorweisen konnte? Und in welcher Form wurden pädagogische Problemstellungen stattdessen an der Universität Münster zwischen 1773 und 1815 in vorpreußischer Zeit verhandelt? Diese Fragen sollen im Folgenden einer Antwort zugeführt werden.

Friedrich der Große, Immanuel Kant und die Anfänge der Pädagogik als Wissenschaft in Preußen

Es war der Staat Preußen, in welchem zu Beginn der 1770er-Jahre die Vorstellung reifte, dass die Pädagogik als moderne Wissenschaft betrachtet werden müsse, die sich mit solchen renommierten und althergebrachten Fächern wie Jura, Medizin oder Theologie auf Augenhöhe messen konnte. Gemäß diesem Verständnis sollte die Pädagogik im Reigen aller Wissenschaften – und im kontinuierlichen Gespräch mit ihnen – das ihrige dazu beizutragen, das Sein und das Vermögen des Menschen sowie seinen Ort und seine Aufgaben in der Welt möglichst exakt zu bestimmen. Den ersten Fanfarenstoß zu dieser erstaunlichen Neubewertung der Pädagogik, die eine eminente Aufwertung war, gab der preußische König Friedrich II. selbst ab, in seiner Eigenschaft als Philosoph auf dem Thron, der mit dem französischen Aufklärer und Universalgelehrten Voltaire einen lebenslangen Briefwechsel unterhielt und auch von Zeit zu Zeit als Autor gleichermaßen gekonnt Gedichte und gelehrte Abhandlungen verfasste.

---

2   Zu Fürstenbergs Leben und Wirken: Hanschmidt, Alwin: Franz von Fürstenberg als Staatsmann. Die Politik des münsterschen Ministers 1762–1780 (Veröffentlichungen der Historischen Kommission Westfalens, XVIII, 5), Münster 1969; Flammer Thomas/Freitag, Werner (Hg.): Franz von Fürstenberg (1729–1810). Aufklärer und Reformer im Fürstbistum Münster. Beiträge einer Tagung am 16. und 17. September 2010 in Münster (Veröffentlichungen der Historischen Kommission für Westfalen, N.F. 3), Münster 2012.

Im Jahr 1770 veröffentlichte der preußische Monarch im Berliner Verlag Voss das von ihm selbst verfasste und seiner äußeren Form nach als Brief angelegte französischsprachige Traktat „Lettre sur l'Education".[3] In diesem als Programmschrift gemeinten Abhandlung, die schlanke 32 Seiten umfasste, wies er die Erziehung der Jugend als eine der wichtigsten Aufgaben einer guten Regierung aus. Ein weiser Fürst müsse verstehen, was genau Erziehung ist und wie sie funktioniert und wie sie erfolgreich ausgeübt werden kann, um mit Hilfe der Pädagogik nützliche und tugendhafte Bürger in seinem Staate heranzubilden. Friedrich der Große räumte zwar ein, dass an der besten preußischen Universität, „l'Université de Halle", gute Professoren wirkten, die auch durchaus als Philosophen oder als Theologen über Erziehungsprozesse nachdachten – auch durch vergleichende Betrachtung der verschiedenen Bildungssysteme Europas –, dass sie mit ihrem an der Universität gewonnenen Wissen jedoch nicht immer dem Staat zu dienen gedachten, weil sie als Gelehrte nur, wie er wähnte, ihrem bequemen Eigennutz frönten, „l'intérêt & la paresse".[4]

So ging es diesem machtbewussten preußischen Monarchen darum, ein Exempel zu statuieren, als er seinen Kultusminister, den adligen Staatsmann Karl Abraham von Zedlitz, in der Mitte der 1770er-Jahre als höchsten Repräsentanten einer Pädagogik, die dem Staat zu dienen hatte, in die Berliner Akademie der Wissenschaften aufnahm, in die einzige derartige Institution in ganz Europa, in der, anders als etwa in der Londoner Royal Society, ausnahmslos alle der damals bekannten Wissenschaften unter einem Dach vereint waren. Es war also eine politische Entscheidung des Preußenkönigs, die dazu führte, dass die Pädagogik als Wissenschaft für den Staat nicht minder bedeutsam wurde als die Rechtswissenschaft oder die Physik oder die Medizin. Durch die Nominierung seines Ministers von Zedlitz zum neuesten Mitglied der Berliner Akademie der Wissenschaften wies der König diesen Politiker als obersten Erziehungswissenschaftler Preußens aus.[5]

Zedlitz musste allerdings als frischberufenes Akademiemitglied selbst auch noch einmal öffentlich Zeugnis von seiner fachlichen Befähigung zur Vertretung dieser neuen Wissenschaftsdisziplin ablegen, was er mit der Ausarbeitung seiner Antrittsvorlesung tat, die im Jahr 1776 publiziert wurde. Der König wünschte sich, wie schon in seiner Schrift „Lettre sur l'Éducation" angedeutet hatte, eine Pädagogik, die dem Staat dienen würde, insbesondere dem monarchisch verfassten Gemeinwesen. In dieser Perspektive hatte sie dann die Funktion, einen wissenschaftlich fundierten Mechanismus zu erarbeiten, der es erlauben würde, die Untertanen zu pflichtbewussten Staatsbürgern zu erziehen. So verwundert es nicht, das Zedlitz in seiner Antrittsvorlesung über den Patriotismus referierte.[6]

3 Friedrich der Große: Lettre sur l'Éducation, Berlin 1770.

4 Ebd., S. 8–9.

5 Über Zedlitz und seine herausragende Bedeutung als preußischer Bildungspolitiker und Erziehungswissenschaftler informiert am kenntnisreichsten Mainka, Peter: Karl Abraham von Zedlitz und Leipe (1731–1793). Ein schlesischer Adliger in Diensten Friedrichs II. und Friedrich Wilhelms II. von Preußen (Quellen und Forschungen zur brandenburgischen und preußischen Geschichte, 8), Berlin 1995.

6 Sur le Patriotisme considéré comme objet d'éducation dans les états monarchiques. Discours de Réception prononcé de l'Académie Royale des Sciences & Belles-Lettres. Par Charles Abraham B. de Zedlitz. Ministre d'État du Roi. Avec la Réponse du Secrétaire perpétuel de l'Académie, le conseiller privé Formey, Berlin 1776.

Zedlitz sorgte auch unmittelbar nach seiner Aufnahme in die Akademie der Wissenschaften dafür, dass an der Universität Halle eine Professur für Pädagogik eingerichtet wurde. Auf diesen ersten Lehrstuhl für Pädagogik überhaupt berief der preußische Minister Zedlitz dann im Jahr 1778 den fähigen Pädagogen Ernst Christian Trapp, der bis dahin als Lehrer am Dessauer Philanthropin gewirkt hatte, jener im Jahr 1774 von Johann Bernhard Basedow gegründeten Musterschule der Aufklärung. Auch Trapp hielt in Halle, wie zuvor der Minister in Berlin, eine Antrittsvorlesung, die 1779 in Druck ging: Ihr Titel lautete „Von der Notwendigkeit, Erziehung und Unterrichten als eine eigene Kunst zu studieren".[7] Auch hier wurde also der neue Anspruch bestätigt, die Pädagogik an der Universität als eigenständige Wissenschaft auszuweisen.

Interessanterweise argumentierte Trapp jedoch, anders als Zedlitz, nicht in erster Linie als Patriot. Auch warb er für das Studium der Pädagogik nicht mit der Zielsetzung, brave und brauchbare Staatsbürger heranzubilden. Er gehörte somit zu jener Art von Professoren in Halle, denen Friedrich der Große – in falscher Herabsetzung – „Eigennutz" vorgeworfen hatte, weil sie das Erziehungswissen in erster Linie zweckfrei zu erwerben trachteten. Trapp strebte pädagogisches Wissen um des Wissens Willen an, nicht vornehmlich aus Nützlichkeitserwägungen. Der Pädagoge Trapp verteidigte die akademische Freiheit gegen Erwägungen des Staates und Erwartungen des Königs, er setzte sich dafür ein, die Erziehung als eine besondere Wissenschaft zu betreiben, ohne zunächst und zuvörderst nach dem Nutzen ihrer Erkenntnisse für den Staat zu fragen.

Auch an der preußischen Universität Königsberg widersetzte sich zur selben Zeit ein Professor, der nun ebenfalls regelmäßig über Pädagogik zu lesen hatte und mit seinen später veröffentlichten Vorlesungen zu einem der Gründerväter der Wissenschaft von der Erziehung in ihrem modernen Selbstverständnis werden sollte, ausdrücklich den Erwartungen seines Königs. Die Rede ist von Immanuel Kant. Nachdem am 13. Juni 1774 ein Reskript an die Universität Königsberg ergangen war: „das zur Verbesserung des hiesigen Schulwesens von dem Senat und den Facultäten in Vorschlag gebrachte Collegium Scholastico Practicum [ist] zu Stande zu bringen und durch einen derer Professorum aus der Philosophischen Facultät jedoch publice halten zu lassen, [...] und von sechs zu sechs Monaten successive beständig in obgedachter Art wiederholen zu lassen, dergestalt, dass die Professores Philosophiae sich einander damit ablösen, und darüber sich einigen müssen",[8] war das Lehrdeputat der insgesamt acht Königsberger Professoren an der Philosophischen Fakultät um ein pädagogisches Kolleg erweitert worden. Zu den ohnehin bestehenden und öffentlich zu vertretenden Disziplinen kam also im steten Wechsel der Jahre für jeden Professor der Philosophischen Fakultät noch eine zusätzliche Lehrverpflichtung hinzu. Als Ordinarius für Logik und Metaphysik kam dementsprechend auch Kant immer wieder einmal mit dem einstündigen Kolleg an die Reihe.

Über Pädagogik las der Königsberger Philosophieprofessor Kant insgesamt vier Mal: Im Winter 1776/77, im Sommer 1780, im Winter 1783/84 und schließlich im Winter 1786/87. Verschriftet, zum Druck befördert und herausgegeben wurden seine Pädagogikvorlesungen al-

---

7   Trapp, Ernst Christian: Versuch einer Pädagogik, unveränd. Nachdruck d. 1. Ausgabe, Berlin 1780. Mit Trapps hall. Antrittsvorlesung „Von der Nothwendigkeit, Erziehen und Unterrichten als eine eigene Kunst zu studieren", besorgt von Ulrich Herrmann, Paderborn 1977.

8   Zit. nach Stark, Werner: Vorlesung – Nachlass – Druckschrift? Bemerkungen zu „Kant über Pädagogik", in: Kant-Studien 91 (2000), S. 94–105, hier: S. 95.

lerdings erst im Jahr 1803, ein Jahr vor seinem Tod, von seinem Kollegen Friedrich Theodor Rink. Misslich ist zwar, dass die von Rink bearbeiteten Materialien nahezu spurlos verschwunden sind. Der Kant-Forscher Werner Stark beklagte deshalb, dass daher „grundsätzlich unklar ist, in welchem Verhältnis" der „gedruckte Text zu den von Kant verfassten handschriftlichen Grundlagen" der Editionen steht.[9] Doch trotz dieser deutlich und mit allem Nachdruck ausgesprochenen Einschränkung lässt sich das, was dann unter dem Titel „Immanuel Kant über Pädagogik"[10] in Druck gegangen ist, als weitgehend Kants pädagogischem Denken entsprechende Abhandlung lesen, gerade auch im Vergleich zu seinen anderen Aussagen über Pädagogik, die in seinem Schrifttum verstreut vorzufinden sind, was jeder aufmerksame Leser nach eingehender Lektüre für sich selbst überprüfen und gut erkennen kann.[11]

Obwohl Kant, anders als Trapp, zu keinem Zeitpunkt Professor für Pädagogik war, zählt seine 1803 veröffentlichte Pädagogikvorlesung, die er auf Anordnung des preußischen Staates ausarbeitete, bis heute zu den klassischen Texten der neuzeitlichen Pädagogikgeschichte. Und sie gewährt einen selten guten Einblick in die Argumentationsgänge jenes Jahrzehnts, in dem in Preußen aus ganz unterschiedlichen Gründen dafür geworben wurde, die Pädagogik endlich als eigenständige Wissenschaft anzuerkennen. Wie gesagt: Kant sperrte sich vehement dagegen, als Professor vor den politischen Karren seines Königs gespannt zu werden und er machte das auch hinreichend deutlich. Universitäten, deren Dozenten immer per se auf die kosmopolitische Vernetzung eines dem Weltbesten dienenden Gelehrtenwissens bedacht sein müssten, benötigten eine gesunde Distanz gegenüber den Herrschenden, um sich der reinen Forschung widmen zu können, „denn die Erfahrung lehrt", so Kant, dass die Regierenden im Staat „zunächst nicht sowol das Weltbeste, als vielmehr nur das Wohl ihres Staates zur Absicht haben".[12] Dies gelte natürlich auch für die Erwartungshaltung des preußischen Staates gegenüber dem neuen Universitätsfach Pädagogik. Patriotische Nützlichkeitserwägungen hatten in Preußen nach Wunsch und Willen des Königs und seines Kultusministers gegenüber einem kosmopolitischen Wissenschaftsideal einen ganz klaren Vorrang.

Dennoch machte sich Kant auch unabhängig davon für das neue Fach stark. Seit seiner intensiven Rousseau-Lektüre des Jahres 1762 war ihm die Bedeutung der Pädagogik für das Zusammenleben der Menschen immer stärker aufgegangen, so dass er die Verpflichtung zur Pädagogikvorlesung nicht als notwendiges und nur zeitraubendes Übel annahm, sondern, ganz im Gegenteil, als Herzensangelegenheit begriff. Er war der festen Überzeugung, dass alle Menschen eine profunde Moralerziehung durchlaufen mussten, verstanden als Anleitung zur Freiheit, um mündig und verantwortungsvoll das Gute tun zu können. Er wies also jede Form von Erziehung zurück, die mechanisch war, nur auf Auswendiglernen setzte und einem Dressurakt ähnelte. Bei Betrachtung der preußischen Schulen, die er selbst als Kind durchlaufen hatte, konnte er diesen aber kein gutes Zeugnis ausstellen. Die von ihm erlebten Gehorsamkeitsübungen im Religions-

9   Ebd.
10   Immanuel Kant über Pädagogik, hg. von D. Friedrich Theodor Rink, Königsberg 1803.
11   Vgl. dazu auch meine darauf näher Bezug nehmende Editorische Notiz in: Immanuel Kant: Über Pädagogik. Anleitung zur Freiheit, mit einem Vorwort von Manfred Geier, hg. und kommentiert von Jürgen Overhoff, Stuttgart 2024, S. 331–333.
12   Kant 1803, S. 20.

unterricht oder der Drill im Grammatikunterricht beim Erlernen des Lateinischen hatten nichts mit einer Erziehung zur Freiheit und Mündigkeit zu tun, die ihm vorschwebte.

Kant befand also, dass man den Lehrern bei der Ausgestaltung des Curriculums viel mehr Freiheiten als üblich geben müsse, um auf die unterschiedlich talentierten oder motivierten Schüler jeweils angemessen eingehen zu können. Auch auf spielerische Weise, um das Lernvergnügen zu begünstigen, sollte im guten Unterricht experimentell erprobt werden, wie Schüler mit Verstand an Moral und gute Weltkenntnis herangeführt werden konnten. So warb Kant eindringlich dafür, die Schulen zu „Experimentalschulen"[13] werden zu lassen, wobei er auf „das Dessauische Institut",[14] also das Philanthropin, als Vorbild verwies, das hier schon einen guten Anfang gemacht hatte, weshalb er diese Erziehungsanstalt auch als Stammmutter aller guten Schulen begriff. Gemäß den Vorgaben der Dessauer Musterschule sollten dann idealerweise auch alle Schulen in Preußen eine neue Form bekommen.

Weiterhin befand Kant, dass die in den Experimentalschulen gesammelten Erfahrungen allen an Pädagogik interessierten Menschen, also Eltern, Lehrern und Politikern gleichermaßen, regelmäßig zugänglich gemacht werden mussten. Pädagogen sollten sich auf der Grundlage der in den Experimentalschulen gesammelten Erkenntnisse in den Austausch begeben, um voneinander zu lernen. Zeitschriften wie das in Dessau herausgegebene Expertenblatt „Pädagogische Unterhandlungen"[15] sollten als Fachzeitschriften den neuesten Wissensstand mit Blick auf pädagogische Probleme und Fragestellungen liefern. Damit sagte Kant zugleich aus, dass das pädagogische Fachwissen seiner Zeit sich noch auf einer ungenügenden Grundlage befand. Die Basis eines profunden pädagogischen Wissens musste erst noch erarbeitet werden. Man stand hier erst noch am Anfang, wie er meinte.

Und hier nun kamen dann auch die Universitäten ins Spiel, denn an diesen der Forschung und Lehre gewidmeten Bildungseinrichtungen musste auf höchster Ebene des erreichbaren Wissens verhandelt werden, was an Erkenntnissen über die Prozesse der Pädagogik auf der Grundlage vieler Erziehungsexperimente vorlag. Professoren der Philosophischen Fakultät, wie in Königsberg, oder Professoren, die eigens zur Vertretung des Faches Pädagogik berufen wurden – wie der zuvor an der Dessauer Experimentalschule lehrende Trapp in Halle –, mussten an die Studenten das Wissen und die pädagogische Expertise weitervermitteln, das sie forschend und experimentierend im Austausch mit Fachkollegen erlangt hatten. Insofern postulierte Kant in seinen eigenen, ab 1776 gehaltenen Pädagogikvorlesungen, dass „die Pädagogik" nun endlich „ein Studium" an allen Universitäten werden müsse, damit „der Mechanismus in der Erziehungskunst" im Rahmen eines Hochschulstudiums „in Wissenschaft verwandelt" werde, die diesen Namen verdient.[16] Auch wenn Kant, ähnlich wie Trapp, nicht in erster Linie zum Patriotismus erziehen wollte, sondern zum Weltbürgertum und zur Befähigung des Individuums, eigenständige und mündige Entscheidungen zu treffen, die den Anforderungen des moralischen Gesetzes genügten, pflichtete er doch im Ergebnis seinem König Friedrich II. und dessen Kultusminister Zedlitz bei: Die Pädagogik musste von Universitätsprofessoren als eigenständiges Fach gelehrt werden. Ent-

---

13   Ebd., S. 26.
14   Ebd., S. 27.
15   Basedow, Johann Bernhard/Campe, Joachim Heinrich (Hg.): Pädagogische Unterhandlungen, 12
      Teile in einem Band, Dessau und Leipzig 1777–1778.
16   Kant 1803, S. 17.

sprechend musste die Pädagogik im Kreis der Wissenschaften ihren würdigen und gebührenden Platz finden können, an Akademien – wie in Berlin – oder eben auch an den Universitäten. Die Universitäten in Königsberg und Halle hatten hier in Preußen den Anfang gemacht.

Franz von Fürstenberg und sein Verständnis der Pädagogik als „empirische Psychologie"

In eben jenem Jahrzehnt, als Friedrich II., Zedlitz, Trapp und Kant in Preußen aus ganz unterschiedlichen politischen, akademischen und universitären Motiven die Pädagogik als moderne Wissenschaft etablierten, früher als anderswo, wurde auch die Universität Münster gegründet. Wiewohl Franz von Fürstenberg ab 1773 alle modernen Wissenschaften an seiner Universität beheimaten wollte, schuf er in der Residenzstadt des katholischen Hochstifts Münster, wo die Universität in geräumigen Kolleggebäuden zwischen Domplatz und Überwasserkirche ihren Sitz nahm, keinen eigenen Lehrstuhl für Pädagogik. Auch wies er die Professoren der Philosophischen Fakultät nicht analog zum Geschehen in Königsberg an, über Pädagogik zu lesen. In den vier Jahrzehnten nach Gründung der Universität Münster, in denen Fürstenberg, der 1810 verstarb, für die Ausgestaltung der Fächer verantwortlich zeichnete, änderte sich seine Einstellung nicht. Und das war eine bewusste Entscheidung von ihm, die er traf, obwohl er sehr gut über die Vorgänge in Preußen informiert war. Immerhin besaß er auch in seiner Bibliothek nachweislich ein persönliches Exemplar der von Rink herausgegebenen Schrift „Immanuel Kant über Pädagogik".[17]

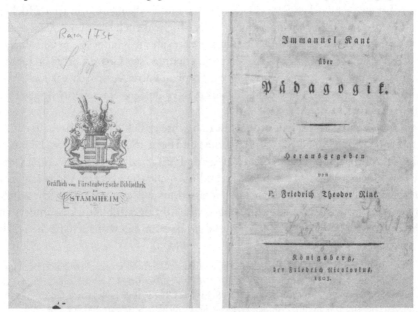

Abb. 1 und 2: Fürstenbergs Exemplar der Schrift „Immanuel Kant über Pädagogik"

17 Fürstenbergs Exemplar aus der Gräflich-von-Fürstenberg'schen Bibliothek befindet sich heute in der Sammlung „Historische Bestände" der Universitäts- und Landesbibliothek Münster (Signatur: 47 9584).

Warum entschied sich der gut unterrichtete Fürstenberg also – entgegen dem von Preußen vorgegebenen Trend der Zeit im ausgehenden 18. Jahrhundert – nicht für die Aufnahme der Pädagogik als eigenständiges universitäres Fach? Erklären lässt sich seine dauerhafte Reserviertheit in dieser Hinsicht eigentlich nur dann, wenn man sich vor Augen führt, dass ihm eine ganz bestimmte Universität als Modell und Vorbild weitaus wichtiger war, als alle Universitäten Preußens in ihrer Gesamtheit. Sein Leitstern als Universität war ganz zweifellos die hannoversche Georgia Augusta in Göttingen, die in den 1770er-Jahren als exzellenteste Universität des deutschen Reiches in hohem Ansehen stand und auch international große Beachtung fand, weshalb etwa der herausragende amerikanische Naturwissenschaftler und nachmalige Gründervater der USA, Benjamin Franklin, der Universität Göttingen im Jahr 1766 einen vielbeachteten Besuch abstattete. Göttingen diente Franklin nachweislich als Vorbild beim dann 1779 auch geglückten Bestreben, in Philadelphia die University of Pennsylvania einzurichten.[18]

Auch Fürstenberg hatte sich im Laufe seines Lebens immer wieder einmal nach Göttingen begeben und sich dort auch stets an der Universität umgesehen, die erst 1734 von dem hannoverschen Premierminister Gerlach Adolph von Münchhausen gegründet worden war, doch seit ihren Gründungstagen innerhalb weniger Jahre eine führende Stellung in der Welt der Universitäten erworben hatte. Sicher hatte das auch damit zu tun, dass Göttingen als Landesuniversität des Kurfürstentums Hannover, deren Landesherr der britische König war – weshalb die dort lehrenden Wissenschaftler auch den Titel eines „Königlich Großbritannischen" Professors trugen –, über eine sehr viel größere Finanzkraft verfügte als die meisten anderen Hochschulen im deutschen Reich. Dank Göttingens finanzieller Möglichkeiten hatten sich denn auch einige der berühmtesten Gelehrten des Aufklärungszeitalters an die hannoversche Universitätsstadt an der Leine berufen lassen, wie etwa der Experimentalphysiker Georg Christoph Lichtenberg oder der Staats- und Verfassungsrechtler Johann Stephan Pütter. Auch deswegen schrieben sich in Göttingen Studenten in großer Zahl ein. Sie brachten im Zuge ihres mehrjährigen Studiums zusätzliches Geld in die Stadt.

Wann immer Fürstenberg in Göttingen war, machte er sich dabei Notizen, um aus seinen dortigen Beobachtungen auch für Münster lernen und daraus Schlüsse ziehen zu können. Einen besonders ausführlichen Bericht über die Anlage und Ausgestaltung der Universität Göttingen fertigte er in einem zusammen mit seiner Freundin Amalie von Gallitzin verfassten Schreiben an den niederländischen Philosophen Frans Hemsterhuis an.[19] Aus seinem Bericht geht hervor, dass er von den großzügigen Leihbedingungen der Göttinger Bibliothek besonders angetan war. Die Bibliotheksbestände[20] waren samt und sonders für den wissenschaftlichen Gebrauch

---

18   Über die Vorbildfunktion Göttingens für Fürstenberg: Overhoff, Jürgen: Privilegierung, Einrichtung
        und Eröffnung der Universität Münster, 1773–1780. Fürstenbergs Grundlegungen für ein „katholi-
        sches Göttingen", in: Overhoff/Happ 2023, S. 71–86. Über Franklins Besuch in Göttingen: Overhoff,
        Jürgen: Benjamin Franklin. Erfinder, Freigeist, Staatenlenker, Stuttgart 2006, S. 226–229.

19   Vgl. Franz von Fürstenberg und Amalie von Gallitzin an Frans Hemsterhuis, Göttingen, 8. September
        1781, in: Adelaide Amélie princesse de Gallitzin: Lettres de Diotime à Francois Hemsterhuis, Bd. 1:
        1775–1781, hg. von Jacob van Sluis, Berltsum 2015, S. 273–275.

20   Vgl. dazu Fabian, Bernhard (Hg.): Handbuch der historischen Buchbestände in Deutschland, Bd. 2,1,
        Hildesheim 1998, S. 140–266.

bestimmt und der Erwerbungsetat war üppig bemessen. Wegen des planmäßigen Aufbaus ihres Bestandes und eines vorbildlichen Katalogsystems galt die Bibliothek als Prototyp einer modernen Universitätsbibliothek. Auch die Fernleihe für auswärtige Gelehrte wurde organisiert. Schon um 1750 hatte die Göttinger Bibliothek einen Bestand von 50.000 Bänden, der sich bis zum Ende des 18. Jahrhunderts dann noch einmal auf 200.000 Bände vervierfachte. Der Bestand der preußischen Universität Halle, die damals nach Studentenzahlen die größte deutsche Universität war, zählte im Vergleich dazu selbst 1795 immer noch nur 20.000 Bände.

Auf Fürstenberg hatte Göttingen also im Vergleich zu den beiden anderen guten deutschen Universitäten Jena und Halle, denen er auch auf seinen Reisen einen Besuch abstattete, den mit Abstand stärksten Eindruck gemacht.[21] Deshalb schickte er selbst noch nach Gründung der Universität Münster talentierte Wissenschaftler aus dem Münsterland zur Fortbildung nach Göttingen, wie etwa den von ihm besonders protegierten Juristen Anton Matthias Sprickmann (der zusätzlich auch als einer der begabtesten deutschen Sturm-und-Drang-Dichter wahrgenommen wurde), der nach seiner Rückkehr nach Münster dann ab dem Wintersemester 1778/79 von ihm auf die dort neu eingerichtete Professor für deutsche Reichsgeschichte berufen wurde und deutsches Staats- und Lehnsrecht lehrte.[22]

Eben weil Fürstenberg sich von Göttingen – gerade auch im Vergleich zu Jena oder Halle – so sehr beeindruckt zeigte, ließ er sich zur Orientierung auch die Fundationsakten der Universität Göttingen schicken.[23] Er war darauf aus, mit den finanziell weniger großen Möglichkeiten, über die er in Münster verfügte, eine aber doch immerhin an den Göttinger Verhältnissen stark ausgerichtete eigene Landesuniversität aufzubauen. Immer wieder auch lasen die Professoren in Münster wie selbstverständlich über Themengebiete, die von Göttinger Professoren etabliert worden waren und mit ihnen in Verbindung gebracht wurden, so etwa wenn der Jurist Sprickmann im Jahr 1783 eine Vorlesung über die Thesen des Göttinger Reichsjuristen Pütter ankündigte.[24] Der Fächerkanon und die Art und Weise der wissenschaftlichen Arbeitsweise ähnelte in Münster auf frappierende Weise dem, was zur selben Zeit in Göttingen der Standard war.

Insofern ist es dann auch nicht verwunderlich, dass Fürstenberg der Pädagogik keine eigene Professur zuordnete, denn auch in Göttingen wurde die Pädagogik nicht als eigene universitäre Disziplin verstanden. Dabei war Fürstenberg nicht blind für die große Bedeutung pädagogi-

---

21   Fürstenberg reiste im Herbst 1785 zu Unterredungen mit Johann Wolfgang von Goethe und Johann Gottfried Herder nach Weimar, von wo aus er auch einen Abstecher nach Jena, die Landesuniversität des Herzogtums Sachsen-Weimar-Eisenach, und an die preußische Universität Halle machte, vgl. dazu: Trunz, Erich/Loos, Waltraud (Hg.): Goethe und der Kreis von Münster. Zeitgenössische Briefe und Aufzeichnungen (Westfälische Briefwechsel und Denkwürdigkeiten, 6), 2. überarbeitete und ergänzte Ausgabe, Münster 1974, Einleitung, S. XVIII–XXVI.

22   Über Sprickmanns Lebensgang informiert am kenntnisreichsten: Gödden, Walter: Der Schwärmer. Die verschollene Lebensgeschichte des westfälischen Sturm- und Drang-Dichters Anton Matthias Sprickmann, Paderborn 1994.

23   Vgl. dazu: Hegel, Eduard: Die Katholische Theologie in Münster, in: Dollinger, Heinz (Hg.): Die Universität Münster 1780–1980, Münster 1980, S. 253–267, hier: S. 253.

24   „Die deutsche Rechtsgeschichte liest der Rath Sprickmann über Pütters größeres Werk von 10–11“, in: Catalogum der Vorlesungen, 14.11.1783, Landesarchiv Nordrhein-Westfalen Abteilung Westfalen, B 007 Nr. 2972, p. 56r und 56v. Vgl. dazu auch Happ, Sabine: Professoren und Lehre (1773–1818), in: Overhoff/Happ 2023, S. 109–138, hier: S. 137.

scher Anstrengungen bei der Fortentwicklung des Bildungswesens des Hochstifts Münster im Sinne aufklärerischen Fortschrittsdenkens. Neben dem Aufbau der Universität hatte er sich ja auch im Fürstbistum Münster für die Verbesserung des Elementarschulwesens eingesetzt – und seine Gymnasialreform von 1776 war ein in ganz Deutschland gelobter Schritt, der sogar international Beachtung fand. Wenn daher etwa in der Theologischen Fakultät der Universität Münster der Moral- und Pastoraltheologe Johann Heinrich Brockmann eine Lehrveranstaltung anbot, in welcher die zukünftigen Priester darauf vorbereitet wurden, sich als pflichtbewusste Seelsorger für die Erziehung und Herausbildung der Vernunft ihrer Gemeindeglieder bestmöglich einzusetzen, dann konnte diese Form der Volkspädagogik nur Fürstenbergs Wohlgefallen finden.[25] Aber auch diese Pädagogik fürs Volk war in Münster eben nur eine Subdisziplin der Theologie, kein eigenständiges Fach.

Welchen Ort und Stellenwert hatte die Pädagogik nun in Göttingen, als die Universität Münster gegründet wurde? Tatsächlich spielte die Pädagogik an der hannoverschen Landesuniversität zu dieser Zeit durchaus eine nicht zu übersehende Rolle. Doch war sie auch hier eine Subdisziplin verschiedener Fächer, deren Lehrstühle von Professoren bekleidet waren, die aus ganz unterschiedlichen Interessen heraus über Pädagogik, Erziehungskunst oder Kindererziehung lasen. Johann Peter Miller, der ab 1766 in Göttingen als ordentlicher Professor für lutherische Theologie wirkte, hatte 1769 ein Buch über die christliche Erziehungskunst publiziert, auf das er auch in seinen Vorlesungen rekurrierte.[26] August Ludwig Schlözer, der Göttinger Professor für Universalgeschichte, kam in seinen Vorlesungen auch immer wieder auf geschichtsdidaktische Überlegungen zu sprechen, so in den 1770 und 1771 erteilten Lehrveranstaltungen „Wie man Kinder erziehen muss" und „Die Erziehungskunst".[27] Auch wenn Miller und Schlözer in der Pädagogikgeschichte des 18. Jahrhunderts einen wichtigen Rang einnehmen, waren sie keine eigenständigen Pädagogikprofessoren.

Am ehesten kann dies noch für den Göttinger Philosophieprofessor Johann Georg Heinrich Feder[28] gesagt werden, der dort ab 1768 lehrte und sich in diesem Rahmen auch über pädagogische Fragen und Kontroversen unter dem Titel „Aphorismi Paedagogici" ausließ.[29] Feder[30] unternahm an seiner Universität den Versuch, die Philosophie als Fachdisziplin unter Bezug

25 Vgl. Oberdorf, Andreas: Zwischen Kanzel und Krankenbett: Das „volkspädagogische" Wirken der Landpfarrer am Beispiel der Pockenepidemien im Fürstbistum Münster um 1800, in: Werz, Joachim (Hg.): Gottesrede in Epidemien. Theologie und Kirche in der Krise, Münster 2021, S. 173–184.

26 Miller, Johann Peter: Grundsätze einer weisen und christlichen Erziehungskunst, Göttingen 1769 (2. Aufl. 1771).

27 Vgl. Göttingische Gelehrte Anzeigen, 13.9.1770, S. 962, und Göttingische Gelehrte Anzeigen, 19.9.1771, S.. 971.

28 Für den ersten Hinweis auf Feder und die Stellung der Pädagogik an der Göttinger Universität zwischen 1760 und 1790 danke ich Friederike Frenzel, die in ihrer an der Universität Münster in der Arbeitsgruppe Historische Bildungsforschung entstehenden Dissertation zum Common Sense-Konzept an der Aufklärungsuniversität Göttingen derzeit auch der Verschränkung zwischen empirischer Psychologie und Pädagogik im Werk Feders vertiefend nachgeht.

29 Feder, Johann Georg Heinrich: Aphorismi paedagogici: in usum collegii disputatorii, Göttingen 1776.

30 Zu Feder jetzt: Nowitzki, Hans-Peter/Roth, Udo/Stiening, Gideon (Hg): Johann Georg Heinrich Feder (1740–1821). Empirismus und Popularphilosophie zwischen Wolff und Kant, Berlin/Boston 2018, S. 1–18.

auf entsprechende Ideen von John Locke und Gottfried Wilhelm Leibniz auf die Grundlage einer empirischen Psychologie zu stellen. Die klassische Logik als traditionell eigenständiger Bereich wurde von ihm innerhalb einer praktisch ausgelegten Philosophie aufgelöst, und die Pädagogik als ein weiteres Anwendungsfeld subsumiert. So wird vieles von dem, was in Halle oder Königsberg als Pädagogik gelehrt wird, von dem Philosophen Feder als Psychologie auf den Begriff gebracht. Man erkennt das vor allem an seinen ab 1779 angebotenen „Disputir-übungen", mit denen sich Feder sowohl pädagogischen wie psychologischen Gegenständen widmete.[31] Aber eben: die von Feder weitgehend als Psychologie ausgelegte Pädagogik blieb in Göttingen eine Subdisziplin der Philosophie.

An diesem Modell nun orientierte sich Fürstenberg. Schon in der für die Gymnasien des Hochstifts Münster erlassene Schulordnung wird sichtbar, dass der katholische Freiherr und Premierminister in seinem Verständnis von Pädagogik ein besonderes Gewicht auf die empirische Psychologie legte. Die Psychologie galt ihm als Grundwissenschaft der Moral und damit der Pädagogik – und die Psychologie war auch an der Militärakademie vorgesehen und wurde in Münster sogar im Schulunterricht gelehrt.[32] Was für die Schule galt, musste für die Universität erst recht von Bedeutung sein. Auch in Münster wurde die Psychologie – wie in Göttingen von Feder praktiziert – vom Lehrstuhl für Logik mitverhandelt, den an der noch jungen westfälischen katholischen Hochschule der Philosophieprofessor Ferdinand Ueberwasser ab 1783 innehatte.[33] Wie man die Psychologie in Münster als pädagogisch wirksame Disziplin verstand, ist wissenschaftlich am besten und greifbarsten in dem entsprechenden Lehrbuch über das „Studium der Empirischen Psychologie" von Ueberwasser zusammengefasst.[34] Diese Möglichkeit, Psychologie in der Philosophischen Fakultät als Grundlagenfach einer als Herzensbildung verstandenen Pädagogik zu unterrichten, wurde Ueberwasser deshalb von Fürstenberg gewährt, weil der Premierminister wusste, dass ein ähnliches Bildungskonzept auch an der Universität Göttingen vom Philosophieprofessor Feder mit Erfolg seine Anwendung fand.

Resümee

Eine Pädagogik als eigenständige Wissenschaft, die selbstbewusst ist und mehr sein will als nur eine Subdisziplin der Theologie, der Philosophie oder der Geschichtswissenschaft, gab es an

---

31   „Philos. Disputirübungen stellt Hr. Pr. Feder besonders über pädagog. oder auch psychol. Sätze an", Göttingische Gelehrte Anzeigen, 13.9.1779, S. 898.

32   Vgl. hierzu: Fürstenberg, Franz von: Bericht an die Königlich Preußische Regierung über die Lehranstalten des Münsterlandes, in: Esch, J. (Hg.): Franz von Fürstenberg. Sein Leben und seine Schriften, Freiburg 1891, S. 297–310, § 25: „Der Grund zur Bildung des Herzens, welcher der zweiter der oben (§ 20) angegebenen Zwecke, legt die empirische Psychologie", s. auch Esch 1891, S. 93. Ueberwasser unterrichtete zwischen 1785 und 1787 auch an der Militärakademie Psychologie, Bahlmann 1902, S. 87.

33   Schon Ueberwassers Amtsvorgänger Aloys Havichorst hatte in Münster als Logikprofessor damit begonnen, an der Universität Münster auch eine pädagogisch grundierte Psychologie zu unterrichten, vgl. dazu Happ 2023, S. 131.

34   Ueberwasser, Ferdinand: Anweisungen zum regelmäßigen Studium der Empirischen Psychologie für die Candidaten der Philosophie zu Münster, Münster 1787.

der 1773 gegründeten Universität Münster während der gesamten ersten fünf Jahrzehnte ihrer Existenz nicht. Somit ging das katholische Hochstift Münster gemäß den Vorgaben und Vorstellungen seines Premierministers und ersten Universitätskurators Fürstenbergs einen gezielt anderen Weg als Preußen, wo die Pädagogik schon ab den 1770er-Jahren auf Geheiß von König Friedrich II. an der Berliner Akademie der Wissenschaften sowie in Königsberg und vor allem an der Universität Halle als eine erkennbar neue Wissenschaft von der Erziehung eine bis dahin nicht gekannte Verankerung in der akademischen Welt erfuhr. Zwar wusste Fürstenberg sehr gut um diese preußischen Verhältnisse, entschied sich aber für dennoch aus Überzeugung für eine andere Fächerstruktur.

Sein Vorbild war die Universität Göttingen, wo mit dem Professor Feder ein über Logik lesender Philosoph die empirische Psychologie als neues wissenschaftliches Fach interpretierte, das in Lehre und Forschung Aufgaben zu übernehmen hatte, die auf der Schnittstelle von Moralphilosophie und Pädagogik lagen – im Sinne einer beabsichtigten Herzensbildung der Studenten. In Analogie dazu berief Fürstenberg in Münster mit dem Professor Ueberwasser einen Philosophen auf den dortigen Lehrstuhl für Logik, der sich für die Psychologie interessierte. Wie sein Göttinger Kollege Feder definierte Ueberwasser in Münster in ganz ähnlicher Weise die empirische Psychologie als Grundwissenschaft der Pädagogik. Damit entsprach er genau Fürstenbergs Erwartungen.

Auch wenn die Pädagogik zwischen 1773 und 1815, dem Jahr der preußischen Übernahme der Universität Münster, noch kein eigenes Fach mit einem eigenen Lehrstuhl war, hatten pädagogische Fragestellungen damit doch auch schon an der frischgegründeten westfälischen Hochschule ihren Ort. Die Pädagogik wurde also nicht nur nicht übersehen, sondern sie war auch in Münster als zum Reich der modernen Wissenschaft gehörend gewollt. Ihren Platz fand sie zunächst allerdings im Gewand der empirischen Psychologie. Erst die Preußen leiteten in Münster eine Änderung dieser Situation ein. Zehn Jahre nach der Auflösung des Fürstbistums Münster und dem Aufgehen des seit dem Mittelalter bestehenden Hochstiftes in die neue preußische Provinz Westfalen, in welcher die altehrwürdige Bischofsstadt nun als preußische Provinzialhauptstadt mit einem preußischen Oberpräsidenten an der Spitze eine neue politische Rolle spielte, wurde im Jahr 1824 in Münster auch erstmals ein Philologisch-pädagogisches Seminar gegründet. Nominell war das ein Fortschritt, allerdings hatte auch dieses Philologisch-pädagogische Seminar bei näherer Betrachtung zunächst nur eine elaborierte praktische Funktion in der fortgesetzten Ausbildung von Theologen oder auch Philologen.

Andreas Oberdorf

Pädagogik an der Akademie Münster im 19. Jahrhundert

Die Geschichte der Pädagogik an der Akademie Münster seit der Gründung des Philologisch-pädagogischen Seminars im Jahr 1824 und die Entwicklungen bis etwa zum Ersten Weltkrieg sind in der Geschichte des Instituts für Erziehungswissenschaft und der Universität Münster weitgehend unberücksichtigt geblieben. Erst mit der Berufung von Willy Kabitz (1876–1942) auf ein Extraordinariat für Philosophie im Jahr 1915, gefolgt von einer ordentlichen Professur für Pädagogik im Jahr 1921, fand die Pädagogik als akademische Disziplin auch an der Universität Münster einen festen Platz. Sie blieb dort wie auch an weiteren Hochschulstandorten vorerst unlösbar wie selbstverständlich mit der Philosophie verbunden, was sich strukturell wie institutionell in der Verankerung der Pädagogik als eigene Abteilung innerhalb der Philosophischen Fakultät manifestierte. In der Disziplingeschichte der Erziehungswissenschaft markiert diese Phase der Institutionalisierung im ersten Drittel des 20. Jahrhunderts einen Übergang, in dem die Voraussetzungen geschaffen wurden, dass sich die Pädagogik als eigenständige Wissenschaft etablieren und ihre disziplinäre Eigenständigkeit gegenüber anderen Wissenschaften stärker einfordern konnte. Zum Zeitpunkt von Kabitz' Berufung nach Münster existierten bereits an 14 der 23 deutschen Universitäten vergleichbare Professuren für Pädagogik oder Erziehungswissenschaft, sodass die Entwicklungen in Münster im deutschlandweiten Vergleich zeitlich etwa im Mittelfeld liegen.[1] Dass schon vorher der Pädagogik als Teilbereich der Philosophie eine Aufgabe im Rahmen des Gymnasiallehrerausbildung zufiel, und zwar ohne sich als eigenständige Disziplin zu verstehen, wird in dieser Betrachtung häufig ausgeblendet. Dabei blicken einige philosophische Fakultäten im frühen 20. Jahrhundert schon auf eine lange und erstaunlich beständige Lehrtradition im Bereich der Pädagogik seit dem frühen 19. Jahrhundert zurück.[2] Dies betrifft auch den Standort Münster. Vor allem den Ausbildungsstätten für das höhere Lehramt, den philologischen Seminaren, kommt hier in der Bildungs- und Professionsgeschichte des Lehrerberufs eine tragende Rolle zu.[3]

1   Vgl. Horn, Klaus-Peter: Erziehungswissenschaft in Deutschland im 20. Jahrhundert. Zur Entwicklung der sozialen und fachlichen Struktur der Disziplin von der Erstinstitutionalisierung bis zur Expansion, Bad Heilbrunn 2003, S. 51f.; Rothland, Martin: Disziplingeschichte im Kontext. Erziehungswissenschaft an der Universität Münster nach 1945 (Beiträge zur Theorie und Geschichte der Erziehungswissenschaft, 29), Bad Heilbrunn 2008 S. 118–125.

2   Ein Beispiel ist hier die Universität Berlin, vgl. Tenorth, Heinz-Elmar: Von der „Kultur- und Staatswissenschaft" zur „Politischen Pädagogik" – Berliner Universitätspädagogik bis 1945, in: Tenorth, Heinz-Elmar (Hg.): Geschichte der Universität Unter den Linden 1810–2010, Bd. 5: Transformation der Wissensordnung, Berlin 2010, S. 237–256.

3   Vgl. Tenorth, Heinz-Elmar: Lehrerberuf und Lehrerbildung, in: Jeismann, Karl-Ernst/Lundgreen, Peter (Hg.): Handbuch der deutschen Bildungsgeschichte, Bd. 3: 1800–1870. Von der Neuordnung Deutschlands bis zur Gründung des Deutschen Reiches, München 1987, S. 250–270; Reh, Sabine/Scholz, Joachim: Seminare um 1800. Zur (In)Kohärenz universitärer und schulisch-praktischer Lehrerausbildung, in: Degeling, Maria/Franken, Nadine/Freund, Stefan/Greiten, Silvia/Neuhaus, Daniela/Schellenbach-Zell, Judith (Hg.): Herausforderung Kohärenz: Praxisphasen in der universitären Lehrerbildung. Bildungswissenschaftliche und fachdidaktische Perspektiven, Bad Heilbrunn 2019, S. 65–80.

An der Philosophisch-Theologischen Lehranstalt in Münster, die 1818 aus der aufgelösten Universität hervorging, wurde 1824 ein Philologisches Seminar eröffnet, dessen „praktisch-pädagogische[r] Zweck"[4] auch in der Doppelbezeichnung als Philologisch-pädagogisches Seminar zum Ausdruck kam.[5] Das geringe Interesse der Forschung an der Geschichte dieser Ausbildungsstätte liegt vermutlich auch daran, dass mit der Erweiterung der Akademie zu einer Universität im Jahr 1902, die sich bewusst als preußische Neugründung verstand und inszenierte, der Blick auf die größeren Kontinuitäten – auch auf die Ursprünge der Universität im Zeitalter der Aufklärung – und auf ihren institutionellen Wandlungsprozess im 19. Jahrhundert weitgehend verloren ging. Die wenigen Studien, die auf die Geschichte des Philologisch-pädagogischen Seminars verweisen, tendieren dazu, die institutionellen Defizite der Einrichtung insgesamt stärker zu gewichten als den Versuch zu unternehmen, die historische Entwicklung des Seminars von seinen bescheidenen Anfängen im Jahr 1824 auf einer breiteren Quellenbasis zu untersuchen und zu beurteilen.

Auf die marginale Bedeutung der Pädagogik an der Akademie im 19. Jahrhundert hat vor allem Anneliese Mannzmann in ihrem 1980 erschienenen Beitrag zur Geschichte des damaligen Fachbereichs 9 – Erziehungswissenschaft, Soziologie, Publizistik – anlässlich der Zweihundertjahrfeier der Universität aufmerksam gemacht. Die Geschichte des Philologisch-pädagogischen Seminars behandelte sie in dem entsprechenden Absatz ihres Beitrags nur sehr oberflächlich. So deutet sie auf manche „singulären Anstrengungen"[6] hin, die gegen Ende des 19. Jahrhunderts einem verstärkten Angebot von Lehrveranstaltungen zur Pädagogik galten, doch anstatt dieser Spur an der Akademie weiter nachzugehen, stellt sie eine Reihe von losen Überlegungen an, wie die Geschichte des Seminars durch die Berufung bestimmter Pädagogen zu Professoren hätte anders und – ihrer Beurteilung zufolge – auch besser laufen können. Die eigentliche Geschichte des Seminars, seiner Strukturen und Personen wird dadurch nicht nur vernachlässigt, sondern auch als klar rückständig beurteilt. Ähnlich bewertete auch der Historiker Bernd Mütter in seiner disziplingeschichtlichen Darstellung der Altertumskunde und Geschichtswissenschaft an der Akademie und Universität Münster die Rolle der Pädagogik. Er weist auf die „gymnasialpädagogischen Rücksichtnahmen" in den ersten Statuten des Seminars hin, die jedoch, so Mütter, „in den sehr detaillierten Bestimmungen über die altphilologischen Übungen erheblichen geringer aus[fielen] als bei den übrigen Disziplinen, die ganz undifferenziert in einen Topf geworfen und bei denen fachwissenschaftliche Aspekte kaum berücksichtigt wurden."[7] Neuere bildungshistorische Forschungen zu höheren Lehrerbildung und zur Geschichte philologischer Seminare im 19. Jahrhundert ermöglichen mittlerweile eine differenziertere Beurteilung und Einordnung aus der Perspektive der Bildungs- und

---

4   Wiese, Ludwig: Das höhere Schulwesen in Preußen. Historisch-statistische Darstellung, Berlin 1864, S. 542.

5   Wie es zu dieser Doppelbezeichnung kam, lässt sich nicht mehr feststellen.

6   Mannzmann, Anneliese: Zur Geschichte des Fachbereichs Erziehungswissenschaft, Soziologie, Publizistik (FB 9) in selbstvergewissernder Absicht, in: Dollinger, Heinz (Hg.): Die Universität Münster 1780–1980, Münster 1980, S. 331–336, hier: S. 332f.

7   Mütter, Bernd: Die Geschichtswissenschaft in Münster zwischen Aufklärung und Historismus (Geschichtliche Arbeiten zur westfälischen Landesforschung, 1), Münster 1980, S. 142.

Universitätsgeschichte.[8] Vor diesem Hintergrund soll im Folgenden danach gefragt werden, ob Ansätze und Anfänge wissenschaftlicher Pädagogik schon vor ihrer Institutionalisierung im frühen 20. Jahrhundert an der Akademie Münster ausgemacht werden können und wie diese „prädisziplinäre Phase"[9] in Bezug auf die spätere Institutionalisierung zu werten ist. Zunächst wird hierfür in den ersten beiden Abschnitten der Blick auf die Gründung und Institutionalisierung des Philologisch-pädagogischen Seminars zwischen 1824 und 1854 gerichtet und die Entwicklung der pädagogischen Lehrveranstaltung in der Gymnasiallehrerbildung nachgezeichnet. Anschließend steht in einem dritten Abschnitt das Wirken des katholischen Geistlichen und Philosophen Albert Stöckl (1823–1895) im Mittelpunkt des Interesses, der 1862 an die Akademie Münster berufen wurde und im Vorfeld des Kulturkampfes als erzkonservativer Verfechter des päpstlichen Unfehlbarkeitsdogmas danach strebte, eine katholische Pädagogik als Wissenschaft zu konstituieren. Abschließend wird noch einmal auf Willy Kabitz verwiesen, dessen Berufung zum Pädagogikprofessor neue Voraussetzungen für die Etablierung einer eigenständigen Erziehungswissenschaft an der Universität Münster nach dem Ersten Weltkrieg schuf.

1. Gründung und Institutionalisierung des Philologisch-pädagogischen Seminars

Die Degradierung der 1773 gegründeten Universität Münster zu einer Höheren Lehranstalt im Jahr 1818 war eine Folge der preußischen Bildungsreformen und hatte für Münster weitreichende Konsequenzen.[10] Sie führte zur Schließung der Juristischen und der Medizinischen Fakultät, wobei der Verlust der letzteren mit der Gründung einer Chirurgenschule im Jahr 1821 – die erste ihrer Art in Preußen – teilweise kompensiert werden konnte.[11] Der Lehranstalt blieb

---

8   Vgl. Matthes, Eva: Universitätsschulen in deutschen Staaten – historische Fallbeispiele, in: Die Deutsche Schule 111 (2019), S. 8–21; Reh, Sabine/Scholz, Joachim: Seminare – eine hybride Ausbildungsform (18. bis 19. Jahrhundert), in: Casale, Rita/Windheuser, Jeanette/Ferrari, Monica/Morrandi, Matteo (Hg.): Kulturen der Lehrerbildung in der Sekundarstufe in Italien und Deutschland. Nationale Formate und „cross culture" (Historische Bildungsforschung), Bad Heilbrunn 2019, S. 151–162.

9   Vgl. Horn, Klaus-Peter: Disziplingeschichte, in: Mertens, Gerhard (Hg.): Handbuch der Erziehungswissenschaft, Bd. 1: Grundlage. Allgemeine Erziehungswissenschaft, bearb. von Ursula Frost, Paderborn 2008, S. 5–31, hier: S. 6.

10   Vgl. Overhoff, Jürgen: Die Rückkehr der Preußen (1813–1818) – Die Degradierung der Universität, in: Overhoff, Jürgen/Happ, Sabine (Hg.): Gründung und Aufbau der Universität Münster, 1773–1818. Zwischen katholischer Aufklärung, französischen Experimenten und preußischem Neuanfang (Veröffentlichungen des Universitätsarchivs Münster, 16), Münster 2023, S. 211–223. – Zur Wirksamkeit der preußischen Bildungspolitik in Westfalen vgl. grundl. Jeismann, Karl-Ernst: Preußische Bildungspolitik vom ausgehenden 18. bis zur Mitte des 19. Jahrhunderts, in: Arnold, Udo (Hg.): Zur Bildungs- und Schulgeschichte Preußens, Lüneburg 1988, S. 9–37; ders.: Preußische Bildungspolitik in Westfalen in der ersten Hälfte des 19. Jahrhunderts. Zum Aufbau eines staatlichen Unterrichtswesens in der Provinz, in: Teppe, Karl/Epkenhans, Michael (Hg.): Westfalen und Preußen. Integration und Regionalismus, Paderborn 1991, S. 225–243.

11   Zur Geschichte der beiden Fakultäten und die Folgen ihrer Auflösung vgl. Böger, Gisela: Zur Geschichte der ersten Medizinischen Fakultät (1773–1818) und der Chirurgenschule (1821–1849), Diss. Münster 1956; Steveling, Lieselotte: Juristen in Münster. Ein Beitrag zur Geschichte der Rechts-

ein „theologisch-wissenschaftlicher und zur Vorbereitung darauf ein philosophischer und allgemeiner wissenschaftlicher Kursus"[12] zur Ausbildung katholischer Geistlicher für das Bistum Münster. Mit der Philosophischen und der Theologischen Fakultät der früheren Universität bestand daher weiterhin eine akademische Ausbildungsstätte, die ihre Lehre weitgehend uneingeschränkt fortsetzte.[13] Die formale Aufhebung der Universität und der Fortführung als Theologisch-Philosophische Lehranstalt bedeuteten daher nicht den Niedergang akademischer Bildung und Wissenschaft am Hochschulstandort Münster, sondern stellten einen politisch erzwungenen Neubeginn dar, der „in dieser unruhigen Zeit entsprechend unspektakulär und unrevolutionär vor sich [ging]", wie der Historiker Notker Hammerstein diese Epoche deutscher Universitätsgeschichte kennzeichnete, in der Tradition und Innovation, Beharrung und Reform, „eine fruchtbare, zukunftsweisende Verbindung"[14] eingingen. Die Gründung eines Philologisch-pädagogischen Seminars an der Theologisch-Philosophischen Lehranstalt in Münster kennzeichnet einen wesentlichen Schritt in diesem Erneuerungsprozess.

Die Idee zur Errichtung eines derartigen Seminars wurde ab etwa 1820 von Johann Heinrich Schmedding (1774–1846) und Johann Georg von Schlechtendal (1770–1833) vorangetrieben. Wenn auch die Entscheidung über den Sinn und Zweck einer derartigen Bildungsanstalt im preußischen Kultusministerium getroffen werden musste, so wurde das Vorhaben doch in Münster geplant und die in Vorschlag gebrachte Ausbildungsstätte auf die spezifischen Bedingungen und Erfordernisse für die Region hin abgestimmt. Schmedding begleitete diesen Prozess aufmerksam, zumal er die Verhältnisse aus eigener Erfahrung kannte. Er stammte gebürtig aus Münster, hatte das Gymnasium Paulinum besucht und nach seinem Studium der Theologie und Jurisprudenz in Münster und Göttingen zunächst in seiner Heimatstadt, dann in Berlin als Rechtswissenschaftler gelehrt, bevor er 1820 zum Oberregierungsrat ins preußische Kultusministerium berufen wurde. Schlechtendal hatte als Verwaltungsbeamter Karriere gemacht und war seit 1818 Regierungsvizepräsident der Provinz Westfalen. In einer gemeinsamen Unterredung mit Schmedding, in der sie über die Studienanstalten in Münster sprachen, wurde das Philologisch-pädagogische Seminar „als wesentliches Glied in der Reihe [von Bildungsanstalten; Anm. A.O.] aufgeführt und seine Notwendigkeit und Ausführbarkeit entwickelt".[15] Es sollte sich dabei um eine Einrichtung für die in Münster studierenden Theologen

und Staatswissenschaftlichen Fakultät der Westfälischen Wilhelms-Universität Münster/Westf., Münster 1999.

12 Universitätsarchiv Münster (UAMs), Bestand 3, Nr. 10, Bll. 78/79 (Abschrift).

13 Für die Philosophische Fakultät vgl. Müller-Salo, Johannes/Schmücker, Reinold: Pietät und Weltbezug. Universitätsphilosophie in Münster 1773 bis 1948, in: Schmücker, Reinold/Müller-Salo, Johannes (Hg.): Pietät und Weltbezug. Universitätsphilosophie in Münster, Paderborn 2020, S. 9–124, hier: S. 24f.; für die Geschichte der Katholisch-Theologische Fakultät ist immer noch maßgeblich Hegel, Eduard: Geschichte der katholisch-theologischen Fakultät Münster 1773–1964, Bd. 1 (Münsterische Beiträge zur Theologie, 30, 1), Münster 1966, S. 160–212.

14 Hammerstein, Notker: Aufbruch und Reformen. Tradition und Innovation zu Beginn des 19. Jahrhunderts: Die Universität in Staat und Gesellschaft, in: vom Bruch, Rüdiger (Hg.): Die Berliner Universität im Kontext der deutschen Universitätslandschaft nach 1800, um 1860 und um 1910 (Schriften des Historischen Kollegs, 76), München 2010, S. 3–19, hier: S. 15.

15 Geheimes Staatsarchiv Preußischer Kulturbesitz (GStA PK), I. HA Rep. 76 Kultusministerium, Va Sekt. 13 Tit. X Nr. 1, Bd. 1, Bl. 1r.

handeln, die sich zu Lehrern an höheren Schulen ausbilden lassen wollten. Den besonderen Bedarf an einem philologisch-pädagogischen Seminar begründeten Schmedding und Schlechtendal mit Blick in den Unterricht der Progymnasien[16] und der unteren fünf Klassen der Gymnasien, in denen die Lehrer „nicht für den ganzen Umfang der philologischen Gelehrsamkeit" vorzuweisen hätten und stattdessen in ihrer Ausbildung mehr Zeit für „praktische Übungen"[17] aufwenden sollten. Auch an weiteren Hochschulstandorten in Preußen, die zugleich Standorte wissenschaftlicher Deputationen waren, lässt sich in jener Zeit die Gründung entsprechender pädagogischer Seminare (Königsberg, 1810; Berlin, 1812; Breslau, 1813) oder deren Reform (Halle, 1829) beobachten, die allesamt in unterschiedlicher Weise um eine Verbindung von theoretischen Inhalten mit praktischen Übungen bemüht waren.[18]

Letzteres sollte in Münster dadurch gelingen, dass die Leitung und die zu erteilenden Lehrstunden an dem neuen Seminar unter zwei Dozenten aufgeteilt wurde, wobei der eine aus der Schulpraxis, der andere aus der Wissenschaft stammen sollte. Daher schlug Schlechtendal den katholischen Priester und Pädagogen Hermann Ludwig Nadermann (1778–1860) als Leiter des neuen Seminars vor, der in der Nachfolge von Johann Kistemaker (1754–1834) seit 1820 Direktor des Gymnasiums Paulinum und damit ein erfahrener Mann aus der Praxis war. Nadermann hatte schon einige Jahre zuvor Interesse an einer akademischen Laufbahn bekundet, als er sich selbst 1816 ins Gespräch brachte, den Lehrauftrag für klassische Philologie an der Philosophischen Fakultät weiterzuführen, von dem Kistemaker zurückgetreten war.[19] Seine Anfrage blieb zu diesem Zeitpunkt erfolglos. Erst 1824 erreichte Nadermann, der mittlerweile vom Lehrer zum Direktor des Gymnasiums aufgestiegen war, die Aufnahme in die Philosophische Fakultät, indem ihm die Leitung des Philologisch-pädagogischen Seminars zugetragen wurde.[20] Zum stellvertretenden Leiter des Seminars wurde der junge Philosophieprofessor Wilhelm Esser (1798–1854) bestimmt. Esser war 1823 als Privatdozent von Bonn nach Münster berufen worden, wo er zunächst eine außerordentliche Professur, dann ab 1824

Abb. 1: Hermann Ludwig Nadermann

16 In Westfalen existierten acht Progymnasien, die im Zuge der preußischen Reformen (z.T. aus ehem. Lateinschulen) im ersten Drittel des 19. Jahrhundert gegründet bzw. umgewandelt wurden: Attendorn, Brilon, Dorsten, Rheine, Rietberg, Vreden, Warburg, Warendorf.

17 GStA PK, I. HA Rep. 76 Kultusministerium, Va Sekt. 13 Tit. X Nr. 1, Bd. 1, Bl. 1v.

18 Vgl. Friedland, Klaus: Das Pädagogische Seminar zu Göttingen 1837–1891. Ein Beitrag zur Geschichte der Lehrerbildung im Zeitalter des Neuhumanismus (Zeitschrift für Pädagogik, Beiheft 1), Weinheim 1959, S. 85–103, hier: S. 88.

19 Die erwähnte Bittschrift Nadermanns vom 6.8.1816 ist enthalten im Landesarchiv Nordrhein-Westfalen Abteilung Westfalen (LAV NRW W), K 001 Oberpräsidium Münster, Nr. 32, Bl. 111.

20 Kistemaker war vor Nadermann ebenfalls Direktor des Paulinischen Gymnasiums, vgl. Dethlefs, Silvia: 1815 bis 1918. Das Gymnasium Paulinum im 19. Jahrhundert, in: Lassalle, Günter (Hg.): 1200 Jahre Paulinum Münster, Münster 1997, S. 99–122.

die ordentliche Professur für Philosophie übernahm.[21] Bei der Personalbestellung völlig übergangen wurde Christoph Bernhard Schlüter (1801–1884), „auf welchen zunächst die Wahl hätte fallen müssen", wie Schlechtendal zugab, der jedoch einerseits „wegen Mangels an praktischen Erfahrungen im Schulwesen", andererseits wegen seiner fortschreitenden Erblindung für eine derartige Tätigkeit nicht geeignet sei. Die Erkrankung würde seine „Lebhaftigkeit und Beweglichkeit des Geistes" einschränken, die zu einer „kräftigen Wechselwirkung mit der Jugend" erforderlich sei. Esser könne hingegen „mit philosophischer Bildung zugleich den regen Eifer für eine künftige Ausbildung der Studierenden und die Fähigkeit auf sie einzuwirken"[22] miteinander verbinden.

Dass Schlechtendal dem Kultusministerium derart konkrete und fortgeschrittene Pläne zur Ausgestaltung eines bislang nur in Vorschlag gebrachten Seminars präsentierte, legt die Vermutung nahe, dass zu diesem Zeitpunkt nicht mehr zur Debatte stand, *ob* ein entsprechendes Seminar realisiert werden würde, sondern *wie* diese Ausbildungsstätte an der Theologisch-Philosophischen Lehranstalt in Münster zu verwirklichen sei. Obwohl der Bedarf an Lehrkräften für die höheren Schulen in Westfalen geringer ausfiel als in den meisten anderen preußischen Provinzen – nur Pommern und Posen zählten weniger Gymnasien[23] –, mussten auch in Westfalen die institutionellen und strukturellen Rahmenbedingungen geschaffen werden, dass die Ausbildung und Prüfung von Kandidaten für das höhere Schulamt nach den Regularien des preußischen Prüfungsrechts erfolgen konnten. Diese sahen seit 1810 ein Examen „pro facultate docendi" als allgemeine Zulassungsprüfung für das Lehramt vor, das von den Kandidaten profunde philologische, mathematische, historische, naturwissenschaftliche, theologische und philosophische Kenntnisse verlangte.[24] Grundlage dieser Reform der Gymnasiallehrerbildung war seit dem frühen 19. Jahrhundert ein neuhumanistisches Bildungsverständnis, das sich aus dem Studium der alten Sprachen speiste und die Theologie als Grundlage und einstige „Berufswissenschaft" für das höheren Lehramt zunehmend ablöste.[25] In Münster entlastete die Gründung des Philologisch-pädagogischen Seminars folglich die Theologische Fakultät, indem für das höhere Lehramt nicht mehr das Studium der Theologie vorgesehen war. Das Seminar wies hingegen eine klare altphilologische Ausrichtung auf. Nadermann behandelte wöchentlich zwei Stunden die griechischen Schriftsteller und erteilte eine Stunde „praktische Übungen im Vortrag der nicht philologischen Wissenschaften", Esser hingegen bot für zwei Stunden die lateinischen Schriftsteller und einen einstündigen Kurs in der „Kritik der schriftlichen philosophischen Arbeiten"[26] an. Die Ausbildung von Philologen und das Studium der alten Sprachen und Kultur

21   Zur Ernennung Essers vgl. LAV NRW W, K 001 Oberpräsidium Münster, Nr. 32, Bll. 227f., 232, 243.

22   GStA PK, I. HA Rep. 76 Kultusministerium, Va Sekt. 13 Tit. X Nr. 1, Bd. 1, Bll. 2v–3r.

23   Gymnasien gab es in Westfalen in Arnsberg, Bielefeld, Coesfeld, Dortmund, Hamm, Herford, Minden, Münster, Paderborn, Recklinghausen und Soest.

24   Vgl. Jeismann, Karl-Ernst: Die Gymnasiallehrer, in: Das preußische Gymnasium in Staat und Gesellschaft, Bd. 2: Höhere Bildung zwischen Reform und Reaktion 1817–1859 (Industrielle Welt, 56), Stuttgart 1996, S. 273–367, hier: S. 281–300.

25   Vgl. Führ, Christoph: Gelehrter Schulmann – Oberlehrer – Studienrat. Zum sozialen Aufstieg der Philologen, in: Conze, Werner/Kocka, Jürgen (Hg.): Bildungsbürgertum im 19. Jahrhundert, T. 1: Bildungssystem und Professionalisierung in internationalen Vergleichen (Industrielle Welt, 38), Stuttgart 1985, S. 417–457, hier: S. 422.

26   GStA PK, I. HA Rep. 76 Kultusministerium, Va Sekt. 13 Tit. X Nr. 1, Bd. 1, Bl. 3v.

verweist hierbei auf eine neue Lehrerbildungspraxis, in der sich die pädagogische Bedeutung des Seminars kennzeichnete. Einerseits vermittelte das Seminar in den angebotenen Kursen Kenntnisse in der „Wissenschaft des klassischen Altertums",[27] das heißt der antiken Literatur, Sprache und Philosophie, andererseits die Grundzüge einer philologischen Forschungspraxis, zu der das Kommentieren und Interpretieren der Texte gehörte. Dies wurde im gemeinsamen Gespräch mündlich gezeigt und mit den Studenten eingeübt, wodurch das Unterrichtsgespräch in das methodische Repertoire der zukünftigen Lehrer einging.[28] Konkret wird dies auch in den vorläufigen Statuten des Philologisch-pädagogischen Seminars zur Sprache gebracht. Neben der „Theorie dieser Gegenstände", die in den öffentlichen Vorlesungen bekannt gemacht werden, komme es darauf an, dass eine „praktische Anleitung zur Anwendung dieser Regeln" gegeben und „diese Anwendung bei der Interpretation der klassischen Schriftsteller selbst eingeübt"[29] werde. Dies solle teils durch mündliche und schriftliche Übungen geschehen, teils aber auch „in Proben in der Form des wirklichen Schulunterrichts, wobei die übrigen Seminaristen die Schüler vorstellen mögen, bisweilen aber auch in Proben in einer Schulklasse selbst".[30] Hierbei stelle, wie es die Statuten ausführen, nicht der Inhalt, sondern die „Methode des Unterrichts" den „eigentlichen Gegenstand der Übung" dar, sodass die Studenten beziehungsweise Seminaristen „lernen, ihren Gegenstand scharf aufzufassen, durchzuarbeiten, das rechte Maß und die rechte Weise der Mitteilung zu treffen".[31] Nicht zufällig fiel bei der Auswahl der Dozenten die Entscheidung auf Nadermann und Esser, denen – im Gegensatz zu Schlüter – eine hochschuldidaktische Eignung für die Lehrerbildung zugesprochen wurde.

Schon einen knappen Monat später, am 29. August 1824, wurde das Philologisch-pädagogische Seminar für eine Dauer von sechs Jahren vom preußischen Kultusministerium genehmigt.[32] Die Frage nach der Notwendigkeit dieser Bildungsanstalt blieb überaus strittig, da die Nähe zur Universität Bonn und zu dem dortigen Philologischen Seminar aus preußischer Sicht immer als Argument gegen eine Gründung in Münster angeführt wurde. Problematisch erschienen zudem die finanziellen Mittel, die für Ausstattung des Seminars nur im begrenzten Maße aus dem Studienfonds zur Verfügung standen. Auch wurde die zusätzliche Arbeitsbelastung von Nadermann und Esser als kritisch angesehen, was schließlich die gesamte Organisation und Verortung der Einrichtung zwischen akademischer Lehre und Schulpraxis ins Wanken brachte. All dies bewegte das Kultusministerium kurz nach Beginn des ersten Studienjahres im Winter 1824/25 dazu, die Genehmigung zur Errichtung des Seminars kurzerhand zurückzunehmen. Ludwig von Vincke (1774–1844), der als Regierungspräsident und Universitätskurator von dieser Entscheidung in Kenntnis gesetzt wurde, entgegnete mit dem Hinweis darauf, dass das Seminar bereits seine Arbeit aufgenommen habe, sodass die Errichtung nicht mehr

---

27   Ebd., Bl. 6v.

28   Vgl. Spoerhase, Carlo: Das „Laboratorium" der Philologie? Das philologische Seminar als Raum der Vermittlung von Praxiswissen (circa 1850–1900), in: Albrecht, Andrea/Danneberg, Lutz/Krämer, Olav/Spoerhase, Carlos (Hg.): Theorien, Methoden und Praktiken des Interpretierens (Linguae & Litterae, 49), Berlin/München 2015, S. 53–80.

29   GStA PK, I. HA Rep. 76 Kultusministerium, Va Sekt. 13 Tit. X Nr. 1, Bd. 1, Bl. 6v.

30   Ebd., Bl. 8r.

31   Ebd., Bll. 8r/v.

32   Ebd., Bl. 12r.

„auf längere Zeit hinaus aufgeschoben"[33] oder gar zurückgezogen werden könne.[34] Hierdurch blieb das Seminar geöffnet und im Sommersemester 1825 erschien erstmals das Vorlesungsverzeichnis der Theologisch-Philosophischen Lehranstalt mit den ausgewiesenen Übungen des Philologisch-pädagogischen Seminars.[35] Erst ein halbes Jahr nach Vinckes Antwort, am 2. Juni 1825, erhielt dieser eine ausführliche Antwort, in der das Kultusministerium umschweifig die schon lange überfällige Entscheidung begründete, das Seminar gemäß der vormaligen Verfügung doch bestehen zu lassen.[36] Die übrigen fünf Jahre, die noch als Probezeit vorgesehen waren, verliefen schließlich ohne nennenswerte Vorkommnisse. Zumindest gab es keinen Anlass dazu, diese dem Ministerium gegenüber mitzuteilen, sodass die anberaumte Probezeit in Ruhe und Ordnung verstrich und die Lehr- und Arbeitsweise des Seminars sich festigen und verstetigen konnte. Mit sechs ordentlichen und acht außerordentlichen Seminaristen sowie den beiden Dozenten bestand das Seminar in einem bescheidenen Rahmen und in enger Anbindung an die Philosophische Fakultät.

Im Juli 1830 wurde dann eine erneute Entscheidung über die Zukunft des Seminars erwartet. Johann Heinrich Schmülling (1774–1851), der zuvor als Professor für Philosophie am Lyceum Hosianum in Braunsberg/Ermland gewirkt hatte, verfasste im Auftrag Preußens ein Gutachten, in dem er die Wirkung des Seminars insgesamt positiv beurteilte.[37] Schmülling stammte aus Münster und war 1827 dorthin als Regens des bischöflichen Priesterseminars zurückgekehrt, doch durch seine führende Rolle beim inneren Ausbau der neu gegründeten Hochschule Braunsberg erschien er für die vorliegenden Sachverhalt als geeigneter Gutachter.[38] Um der wiederkehrenden Kritik und einer möglichen Schließung des Seminars zuvorzukommen, schrieb auch Vincke eine ausführliche und differenzierte Beurteilung über die Notwendigkeit und den wirklichen Nutzen der Einrichtung zur „Bildung tüchtiger Lehrer",[39] schlug allerdings lediglich eine Verlängerung der Probezeit um weitere drei Jahre vor. Auf diese Fortsetzung des Seminars ließ sich das Ministerium ein, das ohnehin nicht um allzu große Zugeständnisse im Falle Münsters verlegen war. Es wies zugleich die Vorschläge des Kurators zur Umgestaltung und Erweiterung der Anstalt zurück, die Vincke im März 1831 durch einen Vorstoß dem Ministerium vorlegte. Da das Seminar ein philologisch-pädagogisches sei und nicht die „Philologie als Wissenschaft" zum Gegenstand habe, sondern Lehrer bilden solle, die sämtlichen Schulunterricht erteilen müssten, hatte Vincke eine Ausweitung des Lehrangebots in Vorschlag gebracht, der die Geschichte mit ihren Hilfswissenschaften, die Mathematik und

33   Ebd., Bl. 15v.
34   Zu Vincke vgl. Duchhardt, Heinz: Vincke und die Universität Münster, in: Behr, Hans-Joachim/
      Kloosterhuis, Jürgen (Hg.): Ludwig Freiherr Vincke. Ein westfälisches Profil zwischen Reform und
      Restauration in Preußen (Veröffentlichungen der staatlichen Archive des Landes NRW, Reihe C, 34),
      Münster 1994, S. 455–460.
35   Vgl. Index Lectionem in Facultate Theologica et Philosophica Monasteriensi [Sommersemester 1825],
      Münster 1825, [10].
36   Vgl. GStA PK, I. HA Rep. 76 Kultusministerium, Va Sekt. 13 Tit. X Nr. 1, Bd. 1, Bll. 17r–18v.
37   Ebd., Bll. 27r–28v.
38   Vgl. Clauss, Manfred: Die Theologische Hochschule Braunsberg, in: Arnold, Udo (Hg.): Preußen
      als Hochschullandschaft im 19./20. Jahrhundert (Beiträge zur Schulgeschichte, 4), Lüneburg 1992,
      S. 123–141, hier: S. 125.
39   GStA PK, I. HA Rep. 76 Kultusministerium, Va Sekt. 13 Tit. X Nr. 1, Bd. 1, Bl. 26r.

die Naturwissenschaften umfasste. Das Seminar müsse zudem, so argumentierte Vincke weiter, umbenannt werden in „Seminar für das gelehrte Schulfach", da dies „die eigentliche Tendenz der Anstalt"[40] sei. Bereits im Sommersemester 1831 stieg der Althistoriker Heinrich Wilhelm Grauert (1804–1852) mit einem eigenen Lehrangebot in das Seminar ein, wobei seine Lehrbefugnis für die Geschichte des Altertums der altphilologischen Prägung des Seminars zugutekam. Im Wintersemester 1831/32 wurde zudem ein einziges Mal eine Übung zur Mathematik in das Lehrangebot des Philologisch-pädagogischen Seminars aufgenommen. Im April 1831 fiel die Befristung des Seminars mit der Maßgabe, dass die Finanzierung der Einrichtung aus dem Studienfonds gesichert werden könne. Zu Vinckes einzelnen Vorschlägen nahm das Ministerium keine Stellung, wobei ausdrücklich darauf hingewiesen wurde, dass die Genehmigung zum Fortbestand des Seminars nur für dessen gegenwärtige Form gelte.[41] Der Raum für größere Veränderungen war dadurch sehr begrenzt. In dieser Form – mit Nadermann, Esser und Grauert als Kollegium – setzte das Philologisch-pädagogische Seminar seine Lehre fort.

Die Gründungsphase des Philologisch-pädagogischen Seminars zwischen 1824 und 1831 gestaltete sich insgesamt langwierig und schwierig. Die Etablierung einer Lehrerbildung, die auf einem philologischen Studium gründete und die Theologie als „Berufswissenschaft" ablöste, stellte die münsterische Lehranstalt mit ihrer starken Theologischen und eher schwach ausgerichteten Philosophischen Fakultät vor Herausforderungen. Im katholischen Milieu der Stadt und der Professorenschaft der Theologischen Fakultät bestanden gegenüber dem „an protestantischen mitteldeutschen Universitäten entwickelte[n] Neuhumanismus mit seiner an den alten Sprachen orientierten Bildungstheorie"[42] klare Vorbehalte. Die Philosophische Fakultät sollte sich lediglich für die wissenschaftliche Allgemeinbildung der angehenden Geistlichen sorgen, jedoch nicht die Vorrangstellung vor allen anderen Fakultäten einnehmen, wie sie in der Humboldt'schen Universitätskonzeption realisiert werden sollte. In dieser Hinsicht war eine Annäherung an die preußische Universitätsidee nicht zu erwarten, auch da konfessionelle und kirchliche Bindungen mit einer freien Lehre und autonomen Wissenschaft nicht in Einklang gebracht werden konnten.[43] Die Lehranstalt blieb nach ihrer Umbenennung in Akademische Lehranstalt im Jahr 1832 eine katholische Einrichtung und bis zum Ende des Kulturkampfes der ursprünglichen Idee einer katholischen Universität verpflichtet, wie sie Franz von Fürstenberg (1729–1810) in den frühen 1770er-Jahren konzipiert hatte. Dass sich das Philologisch-pädagogische Seminar behaupten konnte, insbesondere gegenüber dem preußischen Kultusministerium, das die Notwendigkeit und Nützlichkeit der Bildungsanstalt grundsätzlich infragestellte, lag insbesondere an dem positiven Wirken Ludwig von Vinckes als Kurator der Lehranstalt und als Oberpräsident der Provinz Westfalen, der sich für den Fortbestand des Seminars wie auch der ganzen Lehranstalt einsetzte. Bedenkenträger und Kritiker gab es auf allen Seiten, die auch noch nach der Verstetigung des Seminars 1831 jegliche Bemühungen um einen weiteren Ausbau der Ausbildungsstätte schwächten.

40   Ebd., Bl. 31r.

41   Ebd., Bl. 34v.

42   Führ 1985, S. 422.

43   Raab, Heribert: „Katholische Wissenschaft" – ein Postulat und seine Variationen in der Wissenschafts- und Bildungspolitik deutscher Katholiken während des 19. Jahrhunderts, in: Rauscher, Anton (Hg.): Katholizismus, Bildung und Wissenschaft im 19. und 20. Jahrhundert (Beiträge zur Katholizismusforschung, Reihe B: Abhandlungen), Paderborn 1987, S. 61–91, hier: S. 64f.

2. Von den ersten ordentlichen Statuten des Philologisch-pädagogischen Seminars bis zum Ausschluss pädagogischer Übungen

Rund zwanzig Jahre nach der Errichtung des Philologisch-pädagogischen Seminars führte die erste Überarbeitung der Statuten und Lehrinhalte zunächst zu einer deutlich stärkeren Berücksichtigung der Pädagogik im Lehrangebot des Seminars. Wilhelm Esser war als Professor der Philosophie und als stellvertretender Direktor des Seminars an dieser Entwicklung maßgeblich beteiligt. Gegenüber dem preußischen Kultusministerium hatte er in einem Schreiben vom 27. Dezember 1844 den Mangel pädagogischer Übungen beklagt und zugleich deren Notwendigkeit für Lehrerbildung hervorgehoben. „Da nämlich dieses Seminar", wie Esser ausführte, „seiner ursprünglichen Bestimmung gemäß nicht bloß ein philologisches, sondern ein pädagogisch-philologisches ist, da ferner das pädagogische Element bei demselben gegenwärtig gar nicht vertreten wird", so wäre es ein Vorteil für das Seminar und auch sein persönliches Anliegen, wenn ihm „statt der Leitung der Übungen im Fache der lateinischen Literatur die Leitung der pädagogischen Übungen im Seminar"[44] übertragen werden könnte. Diesem Wunsch konnte dadurch entsprochen werden, dass der Altphilologe Ferdinand Deycks (1802–1867) verpflichtet wurde, anstelle von Esser die lateinischen Übungen zukünftig zu übernehmen. Deycks hatte seine Jugendzeit im Umfeld der Familie Jacobi in Pempelfort bei Düsseldorf verbracht und später an den Universitäten Bonn und Berlin bei einflussreichen Denkern sein Studium absolviert, unter anderem bei Barthold Georg Niebuhr, Friedrich August Wolf und Friedrich Schleiermacher. Erst seit 1843 wirkte Deycks als Professor in Münster.

Zu dieser Zeit, im Wintersemester 1842/43, hatte Esser bereits erste Vorlesungen zur Pädagogik gehalten, und zwar über die „Pädagogik erster Teil, nämlich die Lehre von der Erziehung" und über die „Pädagogik zweiter Teil, nämlich die Didaktik" im Wintersemester 1844/45. Beide Vorlesungen gehörten in dieser Form noch nicht zu den Übungen und damit nicht zum spezifischen Lehrangebot des Seminars, sondern fanden im Rahmen regulärer Vorlesungen zu den Teildisziplinen der Philosophie statt. Erst ab dem Sommersemester 1845 veränderte sich schrittweise das Lehrangebot des Philologisch-pädagogischen Seminars. Dies zeigt der Blick in die Vorlesungsverzeichnisse, die in doppelter Ausführung in lateinischer und deutscher Sprache erschienen. Esser bot zunächst „praktische Übungen zur Philosophie"[45] (*exercitationes practicas de rebus philosophicas*) an, während Deycks planmäßig die Übungen zur lateinischen Philologie übernahm. Erst im Vorlesungsverzeichnis zum Wintersemester 1846/47 werden „praktische Übungen zur Pädagogik" (*exercitationes practicas de rebus paedagogicis*) aufgeführt, die „insbesondere für die zukünftigen Lehrer an höheren Schu-

Abb. 2: Prof. Dr. Wilhelm Esser

---

44   GStA PK, I. HA Rep. 76 Kultusministerium, Va Sekt. 13 Tit. X Nr. 1, Bd. 1, Bll. 35r–36v.

45   Index Lectionum... in Academia Theologica et Philosophica Monasteriensi... publice privatimque habendarum [Sommersemester 1845], Münster 1845, S. 27.

len"[46] (*futuros scholarum superiorum magistros maxime respecturus*) vorgesehen waren. Diese Übungen zählten zum spezifischen Lehrangebot des Philologisch-pädagogischen Seminars. In den lateinischen Vorlesungsverzeichnissen wird das Seminar als eigenständiges Institut der Philosophischen Fakultät geführt, während im deutschsprachigen Verzeichnis die Vorlesungen den verschiedenen Fachbereichen Theologie, Philosophie, Mathematik, Naturwissenschaften, Philologie, morgenländische Sprachen, neuere Sprachen und Geschichte zugeordnet wurden.

Die ersten ordentlichen Statuten des Seminars, die 1845 erlassen wurden,[47] geben ebenfalls Hinweise darauf, dass die Pädagogik gegenüber der Philologie gestärkt wurde. Auf die pädagogische Zielsetzung des Seminars wird in § 12 ausführlich eingegangen:

„Insofern das Seminar ein <u>pädagogisches</u> ist, hat es eine doppelte Aufgabe zu lösen. Es soll 1. die Mitglieder in denjenigen philosophischen Kenntnißen befestigen, welche sie in ihrer künftigen Stellung als Lehrer der Jugend bedürfen, und welche bei den Prüfungen ‚pro facultate docendi‘ von ihnen vorschriftsmäßig, insbesondere zu dem Zwecke gefordert werden, die philosophische Propädeutik mit Erfolg lehren zu können; 2. mit den Grundsätzen der Erziehung und des Unterrichts und der Geschichte der Pädagogik theoretische und praktisch bekannt machen."[48]

Während sich in der erstgenannten Teilaufgabe des Seminars vornehmlich dessen altphilologische Prägung gemäß einem neuhumanistisch-idealistischen Bildungsverständnis widerspiegelt, in der Pädagogik nur als Teil der philosophischen Propädeutik begriffen wird, tritt mit der zweiten Teilaufgabe ein neues Verständnis von Pädagogik zutage, das in dem früheren Entwurf der Statuten noch nicht zu finden war. Das Studium der Philologie wurde zukünftig ergänzt durch eine pädagogische Ausbildung, die theoretisch wie praktisch auf den Unterricht im höheren Lehramt vorbereitete und dafür auch Inhalte aus der Geschichte der Pädagogik miteinschloss. Diese erweiterte pädagogische Zielsetzung war nicht nur Programm, sondern auch Anspruch, dem Nadermann, Deycks, Grauert und Esser gerecht werden mussten. Dass Esser nicht nur Übungen zur Pädagogik anbot, sondern auch an schul- und bildungsgeschichtlichen Themen ein Interesse fand, zeigt seine 1842 erschienene Darstellung zum Leben und Werk von Franz von Fürstenberg mit ausgewählten bildungspolitischen Schriften zu „Erziehung und Unterricht".[49]

Mit der Erhebung der Lehranstalt zur Königlichen Theologischen und Philosophischen Akademie im Jahr 1843/44 stieg die Bedeutung der Philosophischen Fakultät beträchtlich, da sie durch das ihr verliehene Promotionsrecht und die dadurch in höherem Maße eingeräumten Forschungsaktivitäten mit der Theologischen Fakultät formal gleichgestellt war. Die Ausbildung von Philologen für das höhere Lehramt sollte dennoch nur eine Nebenrolle spielen, da die Akademie – zumindest aus der Sicht des preußischen Kultusministeriums – dazu bestimmt war, vor allem Geistliche für das Bistum Münster auszubilden. Zu stark wirkten die Bedenken

---

46   Index Lectionum... in Academia Theologica et Philosophica Monasteriensi... publice privatimque habendarum [Wintersemester 1846/47], Münster 1874, S. 17.

47   GStA PK, I. HA Rep. 76 Kultusministerium, Va Sekt. 13 Tit. X Nr. 1, Bd. 1, Bll. 47r/v.

48   Ebd., Bll. 49v–50r.

49   Esser, Wilhelm: Franz von Fürstenberg. Dessen Leben und Wirken nebst seinen eigenen Schriften über Erziehung und Unterricht, Münster 1824.

der Schulverwaltung, die neuen Lehrer könnten durch ihren Einfluss auf die Schüler dafür sorgen, dass sich die ohnehin angespannte konfessionspolitische Lage in Preußen künftig verschärfen könnte. Vor dem Hintergrund des rasant wachsenden politischen Katholizismus, der sich im Rheinland und im katholischen Westfalen seit den „Kölner Wirren" 1837 mobilisierte, waren diese Bedenken nicht unbegründet.[50] Weiterhin sollte daher die Maßgabe gelten, dass Kandidaten für das höhere Lehramt nur eines der drei Studienjahre an der Akademie Münster absolvieren durften, um anschließend für die beiden verbleibenden Jahre an eine auswärtige Universität zu wechseln. Da das Kultusministerium jedoch einräumte, dass die Akademie in begründeten Fällen Ausnahmegenehmigungen erteilen durfte und dieser Möglichkeit vielfach nachkam, wurde die Regelung bald obsolet.[51] 1858 fiel die Beschränkung gänzlich weg.[52] Die Zugeständnisse des Kultusministeriums an die Lehranstalt – nicht nur in Bezug auf die Gymnasiallehrerausbildung – führten über mehrere Jahrzehnte nicht nur zum schrittweisen Ausbau zur Akademie und damit zu einer Bildungseinrichtung universitären Ranges, sondern stärkte zugleich das Selbstbewusstsein der Einrichtung und ihrer Mitglieder. Die Akademie blieb eine staatliche Bildungseinrichtung, die ihre katholische Prägung hierfür jedoch nicht einbüßte.

Dem Ausbau des Philologisch-pädagogischen Seminars – das nach langem Ringen erst 1845 ordentliche Statuten erhielt – und der maßgeblich von Esser vorangetriebenen pädagogischen Profilierung des Seminars wurde schon in den 1850er-Jahren wieder ein Ende gesetzt. Die pädagogischen Übungen, die Esser im Rahmen der Gymnasiallehrerbildung mit großem Engagement und persönlicher Überzeugung etablieren wollte, fanden in diesen Jahren ein jähes Ende. 1852 forderte das Kultusministerium die Direktoren des Seminars auf, die Statuten umzuarbeiten, um „das Institut auf einen ursprünglichen Zweck zu beschränken" und „fortan die philosophischen Übungen als integrierenden Teil des Seminars auszuschließen".[53] Diese Inhalte sollten nicht mehr am Philologisch-pädagogischen Seminar, sondern ausschließlich in den regulären Vorlesungen zu den Teildisziplinen der Philosophie gelehrt werden, wodurch pädagogischen Übungen als Teil „philosophischer Unterredungen"[54] kein Platz im Lehrangebot des Philologisch-pädagogischen Seminars mehr eingeräumt wurde. Esser, Deycks und Winiewski versuchten zunächst, diesen Eingriff abzuwehren und argumentierten, dass die angehenden Lehrkräfte keinen Nachteil dadurch hätten, wenn sie neben dem philologischen Studium auch philosophische beziehungsweise pädagogische Inhalte kennenlernen würden. Alles deutet jedoch darauf hin, dass das Ministerium in dieser Hinsicht keine Kompromisse eingehen wollte und auf einer Überarbeitung der Statuten bestand, die jede weitere Intervention überflüssig machte. Sowohl in den Akten des Berliner Kultusministeriums als auch in den Unterlagen der Philosophischen Fakultät der Akademie Münster finden sich heute noch Exemp-

---

50   Hierzu vgl. Keinemann, Friedrich: Das Kölner Ereignis. Sein Widerhall in der Rheinprovinz und in Westfalen (Publikationen der Gesellschaft für Rheinische Geschichtskunde, 59), 2 Bde., Münster 1974.

51   Entsprechende Unterlagen, die diese Anträge und Ausnahmegenehmigungen dokumentieren, sind enthalten in LAV NRW W, B 151 Studienfonds Münster, Nr. 8944.

52   Vgl. Mütter, Bernd: Die münsterische Hochschulgeschichte als Forschungsaufgabe, in: Westfälische Forschungen 30 (1980), S. 142–168, hier: S. 143.

53   GStA PK, I. HA Rep. 76 Kultusministerium, Va Sekt. 13 Tit. X Nr. 1, Bd. 1, Bl. 125r.

54   Ebd., Bl. 123r.

lare der 1845 erlassenen und in Münster bei Regensberg gedruckten Statuten des Seminars, in denen zunächst einzelne Textpassagen geändert, dann aber doch ganze Paragrafen großzügig und mit schneller Feder gestrichen wurden. Das Ministerium ließ sich auf keine Kompromisse, Zugeständnisse oder einen längeren Aufschub mehr ein und setzte buchstäblich ein klares Zeichen, wer zukünftig über Form und Inhalte des Seminars bestimmen würde. Sowohl in der handschriftlichen Überarbeitung als auch in der Druckfassung wurden die am 30. Januar 1854 erlassenen neuen Statuten des Philologisch-pädagogischen Seminars mit dem Namen des preußischen Kultusministers Karl Otto von Raumer (1805–1859) in großen Lettern unterzeichnet. Zugleich wurde der Oberpräsident der Provinz Westfalen als Kurator der Akademie über den Erlass des Ministers in Kenntnis gesetzt, dass dieser „den eingereichten Entwurf zu den umgearbeiteten Statuten für das dortige akademische philologische pädagogische Seminar genehmigt"[55] habe und die Änderung zu Beginn des Sommersemester 1854 in Kraft trete. Außerdem verfügte er, dass mit Inkrafttreten der überarbeiteten Statuten der bisherige Leiter des Seminars, Esser, aus seinem Amt ausscheidet und die Aufgaben an Deycks und Winiewski, beides Altphilologen, übergehen. Franz Winiewski war 1825 als habilitierter Gymnasiallehrer an die Philosophische Fakultät Münster berufen worden und gehörte seit 1834 der pädagogischen Prüfungskommission an. Nadermann, der seit der Gründung des Seminars fast dreißig Jahre lang die Geschicke des Seminars leitete, war 1853 mit 75 Jahren in den Ruhestand getreten, wodurch Esser als Direktor und Deycks als sein Stellvertreter nachgerückt waren. Grauert war bereits seit 1850 nicht mehr in Münster, sondern wirkte mittlerweile in Wien. Die genauen Umstände, die zur Entlassung Essers aus dem Amt des Direktors geführt haben, bleiben unklar und damit auch die Frage, ob Unstimmigkeiten im Hinblick auf das Profil des Seminars und über den Ausschluss der Pädagogik zur Entlassung eines für das Kultusministerium unbequemen Seminarleiters geführt haben. An der Akademie sollte Esser immerhin weiter als Professor der Philosophie wirken, während er aus der Lehrerbildung nach 30 Jahren ausschied. Kurze Zeit später, im Sommer 1854, verstarb Esser im Alter von nur 56 Jahren während eines Ferienaufenthalts in seiner Heimatstadt Düren.

Inwiefern das Ministerium ab diesem Zeitpunkt seiner Aufsichtsfunktion verstärkt nachkam, zeigen die Jahresberichte des Seminars, in denen das Ministerium fortan regelmäßig über die ordentlichen und außerordentlichen Studenten, Lehrer, Inhalte und Prüfungsleistungen unterrichtet werden wollte. In dem Bericht des Studienjahres 1855/56 findet sich letztmalig die Bezeichnung „Philologisch-pädagogisches" Seminar.[56] In den folgenden Ausgaben und auch im üblichen Schriftverkehr ist bis auf wenige Ausnahmen nur noch die Rede von einem „Philologischen" Seminar. Mit der Reduzierung auf die Philologie, die sich fortan auch in der Benennung der Einrichtung manifestierte, stärkte das Seminar nicht nur neuhumanistische Bildungsideale, sondern auch eine Lehrerbildungspraxis, wie sie auf preußischer Seite gefordert wurde. Den Vorstellungen des katholischen Bildungsbürgertums[57] entsprach dies zwar wenig,

---

55 Ebd., Bl. 134r.
56 Ebd., Bll. 146r–147v.
57 Hierzu vgl. grundl. Klöcker, Michael: Katholizismus und Bildungsbürgertum. Hinweise zur Erforschung vernachlässigter Bereiche der deutschen Bildungsgeschichte im 19. Jahrhundert, in: Koselleck, Reinhart (Hg.): Bildungsbürgertum im 19. Jahrhundert, T. 2: Bildungsgüter und Bildungswissenschaft (Industrielle Welt, 41), Stuttgart 1990, S. 117–138; Dowe, Christopher: Auch Bildungsbürger.

da die gebildeten katholischen Kreise seit etwa 1850 vielmehr „einer westfälisch, großdeutsch und antipreußisch orientierten katholischen Restauration und Romantik"[58] folgten, doch es stand katholischen Bildungsvorstellungen auch nicht vollends entgegen, „sowohl hinsichtlich des altsprachlichen Unterrichts als erzieherisch bestmögliches Instrument zur ‚formellen' Geistesbildung als auch hinsichtlich der Allgemeinbildung und der Selbsttätigkeit",[59] da die christlich-religiöse Gesinnung nicht zur Diskussion stand. Zudem wurden katholische Forderungen und Interessen nicht mehr in erster Linie über die Amtskirche artikuliert, der viele Gläubige seit den „Kölner Wirren" 1837 mit Vorbehalten begegneten.[60] Seit der Revolution 1848/49 wurden Forderungen verstärkt in und über katholische Laienorganisationen in Vereinen und Verbänden zum Ausdruck gebracht.[61] Die Gymnasiallehrerbildung und das Philologisch-pädagogische Seminar waren nicht Gegenstand dieser Debatten, die dann in den 1870er-Jahren im Kulturkampf zwischen Kirche und Staat um ihre Rechte im Schulwesen eskalierten. Die schulpolitischen Konflikte betrafen in erster Linie die Aufsicht über das Volksschulwesen,[62] während die Schulorganisation, die Lehrinhalte und die Lehrer des Gymnasiums kein Thema waren.[63]

3. Katholische Pädagogik als Wissenschaft: Albert Stöckl und die Folgen

Nach der inneren Umgestaltung des Philologisch-pädagogischen Seminars, die mit der Revision der Statuten von 1854 einherging, fand die Pädagogik erst mit dem aus Eichstätt zum Professor der Philosophie nach Münster berufenen katholischen Geistlichen und Philosophen Albert Stöckl (1823–1895) einen Vertreter, der sich für eine katholische Pädagogik als Wissenschaft einsetzte. Mit seiner Berufung im Jahr 1862 folgte die Philosophische Fakultät dem letzten Willen des Philosophieprofessor Jakob Franz Clemens (1815–1862), der nur sechs Jahre zuvor auf Wilhelm Esser in diesem Amt gefolgt war.[64] Clemens war auf Stöckl durch

Katholische Studierende und Akademiker im Kaiserreich (Kritische Studien zur Geschichtswissenschaft, 171), Göttingen 2006.

58 Mütter 1980, S. 148.

59 Klöcker 1990, S. 130.

60 Vgl. Lüdicke, Reinhard: Der Straßenauflauf in Münster am 11. Dezember 1837 und Generalmajor Freiherr v. Wrangel, in: Westfalen. Hefte für Geschichte, Kunst und Volkskunde 13 (1927), S. 27–47.

61 Vgl. Kill, Susanne: Das Bürgertum in Münster, 1770–1870. Bürgerliche Selbstbestimmung im Spannungsfeld von Kirche und Staat, München 2001, S. 225–277. Hierzu vgl. Burkhard, Dominik: 1848 als Geburtsstunde des deutschen Katholizismus? Unzeitgemäße Betrachtungen zur Erforschung des „Katholischen Vereinswesens", in: Saeculum 49 (1998), S. 61–106.

62 Vgl. Sturm, Christoph: „Wer die Schule besitzt, der besitzt die Herrschaft über die Zukunft und über die Welt" – Die Auseinandersetzungen um die katholischen Elementarschulen in Münster während des Kulturkampfes (1872–1888), in: Westfälische Forschungen 56 (2006), S. 187–212; ders.: Das Elementar- und Volksschulwesen der Stadt Münster 1815–1908. Eine Fallstudie zu Modernisierung und Beharrung im niederen Schulwesens Preußens (Quellen und Forschungen zur Geschichte der Stadt Münster, N.F. 21), Münster 2003, S. 154–195.

63 Vgl. Jeismann 1991, S. 240; von Westphalen, Ludger: 150 Jahre Schulkollegium in Münster (Schriften der Historischen Kommission Westfalens, 11), Münster 1976, S. 67–85.

64 Vgl. Wietlauff, Manfred: Stöckl, Albert, in: Neue Deutsche Biographie 25 (2013), S. 383–384.

dessen Beiträge in der Zeitschrift „Der Katholik – eine religiöse Zeitschrift zur Belehrung und Warnung"[65] aufmerksam geworden, die als zentrales Publikationsorgan der konservativen, das heißt offen antimodernistisch und ausdrücklich papst- und kirchentreuen katholischen Kreise von überregionaler Bedeutung war und auch im katholischen Westfalen eine interessierte Leserschaft fand.[66] Stöckl erwies sich in seinen Schriften als scharfer Verteidiger neuscholastischer Positionen, der im Gegensatz zur rationalistischen Philosophie und Wissenschaft die Autorität der Kirche anerkannte und sich strikt gegen den aufkommenden Liberalismus wendete. Auch antisemitische Tendenzen prägten mitunter sein späteres Wirken als Domherr und Prediger in Eichstätt wie auch sein publizistisches und wissenschaftliches Schaffen. Im Judentum lagen für ihn die wesentlichen Triebkräfte eines Modernisierungsprozesses begründet, dem mit allen Mitteln entgegengewirkt werden müsste. Stöckl polarisierte mit seiner wenig kompromissbereiten Haltung gegenüber abweichenden Meinungen und verhielt sich auch gegenüber seinen eigenen Kritikern lange Zeit erstaunlich unbeeindruckt. Mit seiner überraschenden Berufung nach Münster folgten die Mitglieder der Philosophischen Fakultät nicht nur der Empfehlung seines verstorbenen Vorgängers, sondern sorgten auch dafür, dass der konservativ-katholische Charakter des Lehrstuhls für Philosophie an der Akademie Münster weiter gestärkt wurde.[67] Zuspruch erhielt Stöckl auch aus der Theologischen Fakultät, der er als Dekan einige Jahre vorstand. Als sein engster Vertrauter und „Mentor",[68] wie ihn sein Schüler und Biograph Joseph Pemsel (1861–1945) beschrieb, erwies sich Franz Melchior Friedhoff (1821–1879), der als außerordentlicher Professor für Moraltheologie an der Akademie Münster und als Repetent für Dogmatik am Priesterseminar lehrte und wirkte. Im Gegensatz zu Clemens lehrte Stöckl auch über Pädagogik. Zwischen den Wintersemestern 1862/63 und 1870/71 hielt er Vorlesungen zu dem gesamten Bereich der Philosophie, insbesondere aber zur Pädagogik, daneben zur Metaphysik, Logik und Erkenntnislehre, Ethik und Rechtsphilosophie, Psychologie und Ästhetik. Seine Vorlesungen wurden von einer großen Zahl an Studenten besucht, wie seine Hörerlisten offenlegen.[69] Im ersten Semester nach seiner Berufung an die Akademie Münster las Stöckl wöchentlich zwei Stunden über die Pädagogik vor 268 Studenten. Im Wintersemester 1865/66 wiederholte er diese Vorlesung vor rund 230 Studenten. Eine für das Sommersemester 1871 angekündigte Vorlesung über die Geschichte der Pädagogik konnte er nicht mehr halten.

Im innerkatholischen Streit um das Dogma der päpstlichen Unfehlbarkeit und des päpstlichen Jurisdiktionsprimats, das im Zuge des Ersten Vatikanischen Konzils im Jahr 1870 pro-

---

65 Die Zeitschrift erschien von 1821 bis 1918 und wurde ab 1890 als „Zeitschrift für katholische Wissenschaft und kirchliches Leben" geführt. Alle Bände werden im Deutschen Digitalen Zeitschriftenarchiv bereitgestellt, vgl. https://opendigi.ub.uni-tuebingen.de/opendigi/kath (Zugriff: 20.3.2024).

66 Vgl. Schwalbach, Helmut: Der Mainzer „Katholik" als Spiegel des neuerwachenden kirchlich-religiösen Lebens in der ersten Hälfte des 19. Jahrhunderts (1821–1850), Diss. Mainz 1966.

67 Vgl. Müller-Salo/Schmücker 2020, S. 41.

68 Pemsel, Josef: Dr. Albert Stöckl, Domkapitular und Lycealprofessor in Eichstätt. Eine Lebensskizze verfaßt von einem seiner Schüler, Mainz 1896, S. 31.

69 Sämtliche Hörerlisten sowie Werkmanuskripte befinden sich in seinem Nachlass im Besitz des Bischöflichen Seminars Eichstätt und werden in den Handschriftenabteilung der Universitätsbibliothek Eichstätt-Ingolstadt als Nachlass Nr. 4 (Albert Stöckl) geführt. Für die Möglichkeit der Einsichtnahme bedanke ich mich bei Dr. Franz Heiler, Eichstätt.

Abb. 3: Prof. Dr. Albert Stöckl

klamiert wurde, teilten Friedhoff und Stöckl gleiche Positionen. Stöckl missfiel, dass sich etliche Mitglieder der Philosophischen und zwei der Theologischen Fakultät gegen das Dogma aussprachen, indem sie sich in einem offenen Brief am 10. Februar 1870 im Westfälischen Merkur der Kritik des Münchener Theologen Ignaz von Döllinger (1799–1890) anschlossen. Da sie keine Theologen waren, sondern Philologen, Chemiker, Historiker, Botaniker und Zoologen, sprach Stöckl ihnen jede Berechtigung ab, über theologischen Fragen öffentlich zu urteilen und Partei zu ergreifen. Seine ganze Empörung brachte Stöckl in einer Streitschrift zum Ausdruck, mit dem sperrigen Titel „Die Infallibilität des Oberhauptes der Kirche und die Zustimmungsadressen an Herrn v. Döllinger, namentlich die Münster'sche". Dass dies keine Bagatelle war, zeigt die Antwort seiner Kollegen, die seine Kritik mit Spott und Hohn zurückwiesen und ihn wiederum mit einer polemischen Gegenschrift attackierten: „A Stöckl für die Infallibilisten. Eine Duplik der Endesunterzeichneten Münster'schen Dozenten, Döllinger-Adressanten". Die Reaktion seiner Kollegen traf Stöckl so empfindlich, dass er sich gezwungen sah, seinen Lehrstuhl in Münster aufzugeben und nach Eichstätt zurückzukehren.[70]

Die Inhalte seiner Vorlesungen zur Pädagogik, die Stöckl in Münster gehalten hatte, veröffentlichte er in zwei umfangreichen Lehrbüchern zur Pädagogik. Diese spiegeln Stöckls Auffassungen von einer Pädagogik wider, die voll und ganz auf dem Fundament eines katholisch geprägten christlichen Glaubens und der katholischen Kirche zu begründen war. Diese katholische Pädagogik, die mit einem modernen Wissenschaftsverständnis nicht mehr vereinbar war, verstand Stöckl, wie auch weitere katholische Autoren des 19. Jahrhunderts, als einzig wahre wissenschaftliche Pädagogik. So sparte Stöckl in seinem „Lehrbuch der Pädagogik" (1873, 2. Aufl. 1880) keineswegs an entsprechenden Polemiken, die sich modernitätskritisch gegen die fortschreitende Liberalisierung und Säkularisierung von Bildung, Erziehung, Schule und Unterricht wandten. In seiner Vorrede macht er dies unmissverständlich deutlich, wenn er ausführt, dass Bildung „ein mächtiger Hebel für jede sociale Entwicklung" sei, jedoch nur, „wenn sie auf dem Grunde des Christenthums ruht und in einer gediegenen christlichen Erziehung wurzelt."[71] Es müsse dafür Sorge getragen werden, dass „jungen Männern, die einst mit der Erziehung und Bildung der Jugend sich zu beschäftigen haben, die wahren, christlichen Grundsätze, auf welchen alle wahre Erziehung und Bildung beruht, tief einzuprägen, damit

---

70   Mehrere Forschungsarbeiten haben sich mit dieser akademischen Debatte befasst, insbesondere Schlarmann, Lars: Streit um die päpstliche Unfehlbarkeit. Wurzel der Universität Münster? (Junges Forum Geschichte, 7), Münster 2017. – Außerdem Hegel 1965, S. 303–307; Müller-Salo/Schmücker 2020, S. 41–47; Strötz, Jürgen: Kleruserziehung. Das Bistum Eichstätt im 19. Jahrhundert, Hamburg 2003, S. 150–165.

71   Stöckl, Albert: Lehrbuch der Pädagogik, Mainz 1873, S. V.

sie einst zum Heile der Jugend und der ganzen Societät davon einen segensvollen Gebrauch machen können."[72]

Stöckl dachte hierbei zum einen an zukünftige Lehrer, zum anderen aber auch an angehende Priester, für die Kenntnisse in der Belehrung und Erziehung in gleichem Maße notwendig seien. In seinem 744 Seiten umfassenden „Lehrbuch der Geschichte der Pädagogik" (1876) führte er dies erneut aus und bekräftigte seine Kritik an dem „moderne[n] antichristliche[n] Weltgeist"[73] mit derselben Kampfrhetorik, mit der er schon seine Beiträge im „Katholik" verfasst hatte.

In Stöckls verengtem und verzerrtem Verständnis von Pädagogik spiegelt sich der Versuch wider, eine Pädagogik innerhalb der katholischen Glaubenslehre zu begründen, die sich klar gegen die Entwicklung zu einer selbstständigen Pädagogik richtet.[74] Nicht nur die beiden Lehrbücher, die Ergebnis seiner pädagogischen Vorlesungen in Münster und Eichstätt waren, bezeugen sein beharrliches Streben in dieser Frage. Auch in seinem letzten zu Lebzeiten veröffentlichten Buch „Das Verhältnis der Pädagogik zu Religion und Philosophie" (1895) kritisierte Stöckl scharf die „Vertreter der ‚modernen', naturalistischen Pädagogik", die eine „unabhängige' Pädagogik" fordern, „d.i. eine solche, welche von der Religion sich gänzlich ‚emancipirt'".[75] Für ihn erschien es als Trugschluss, dass die Pädagogik zu einer Wissenschaft geworden sei, indem sie sich von der Religion frei gemacht habe. „Die Pädagogik ist eine Wissenschaft, – das leugnet niemand, – und wenn sie sich als Wissenschaft geltend zu machen sucht, so kann ihr das niemand verargen. Aber diese Wissenschaft steht in innerer, wesentlicher Verbindung mit der Religion und kann von dieser nicht losgelöst werden, ohne ihre Wahrheit, ihren Wert und ihre Bedeutung zu verlieren."[76] Auch in der vermeintlichen Loslösung der Pädagogik von der Philosophie sah Stöckl die Gefahr, dass die Pädagogik nur noch „einfach als eine ‚Naturwissenschaft'"[77] gelten könnte.

Stöckl hat sich nach seinem Weggang von der Akademie Münster weiter dafür eingesetzt, die katholische Pädagogik als Wissenschaft zu begründen.[78] Dieses „Projekt" fand Gegner und Befürworter. Die Wirkung der katholischen Pädagogik ist insgesamt nicht als gering zu schätzen, da sie zum einen eine „prägende Kraft"[79] auf das katholische Bildungsbürgertum im späten

---

72   Ebd.

73   Stöckl, Albert: Lehrbuch der Geschichte der Pädagogik, Mainz 1876, S. V.

74   Hierzu vgl. Horn, Klaus-Peter: Katholische Pädagogik vor der Moderne. Pädagogische Auseinandersetzungen im Umfeld des Kulturkampfes in der zweiten Hälfte des 19. Jahrhunderts, in: Oelkers, Jürgen/Osterwalder, Fritz/Tenorth, Heinz-Elmar (Hg.): Das verdrängte Erbe. Pädagogik im Kontext von Religion und Theologie (Beiträge zur Theorie und Geschichte der Erziehungswissenschaft, 25), Weinheim/Basel 2003, S. 161–185. – Zum Verhältnis von katholischer Pädagogik und Reformpädagogik vgl. Kössler, Till: Religiöser Fundamentalismus und Demokratie. Katholische Reformpädagogik nach 1900, in: Keim, Wolfgang/Schwerdt, Ulrich/Reh, Sabine (Hg.): Reformpädagogik und Reformpädagogik-Rezeption in neuer Sicht. Perspektiven und Impulse (Bildungsgeschichte. Forschung – Akzente – Perspektiven), Bad Heilbrunn 2016, S. 219–240.

75   Stöckl, Albert: Das Verhältnis der Pädagogik zu Religion und Philosophie, Kempten 1895, S. 5f.

76   Ebd., S. 6.

77   Ebd.

78   Hierzu vgl. grundl. Raab 1987, S. 81ff.

79   Klöcker 1990, S. 129.

19. und frühen 20. Jahrhundert ausübte, zum anderen in dieser Zeit auch „Teil der diskursiven Praxis der Erziehungswissenschaft in Deutschland"[80] war. Stöckl war im Kreis dieser Vertreter einer katholischen Pädagogik ein anerkannter Autor. Sein Wirken und „katholisches Erziehungsdenken" sei „klar und bestimmt, übersichtlich und schlüssig, umfassend und für seine Zeit vollständig"[81] gewesen, wie Joseph Göttler (1874–1935) als Professor für Pädagogik und Katechetik an der Theologischen Fakultät der Universität München das Wirken und Werk Stöckls noch in den 1930er-Jahren würdigte.

An der Akademie Münster hat Stöckl keine eigenen Spuren hinterlassen. In seinen Vorlesungen zur Pädagogik, in denen er den alleinigen Geltungsanspruch einer katholischen Pädagogik als Wissenschaft propagierte, hat Stöckl zu einer Zeit des anschwellenden Konflikts, der sich zwischen dem preußischen Staat und der katholischen Kirche über die Organisation des Schul- und Bildungswesens abzeichnete, eine große Zahl von Zuhörern versammeln können. Diese waren nicht nur generell von der Bedeutung katholischer Bildung überzeugt, sondern befürworteten mehrheitlich eine stärkere kirchliche Autorität in Erziehungsfragen. Dass Stöckl mehr oder weniger freiwillig Münster verließ – unwissend der bevorstehenden Eskalation im Kulturkampf –, hat die Akademie davor bewahrt, offensiver zwischen die Fronten von Kirche und Staat gedrängt zu werden. Abgesehen von den jahrelangen Bemühungen um die Errichtung einer katholischen Universität in Münster,[82] verfolgte die Akademie eine konsequente Politik des Ausgleichs, die vor konfessionellen Konflikten und deren problematischen Folgen bewahren sollte.

Der Lehrstuhl der Philosophie, der zwischen 1862 und 1871 von Stöckl vertreten wurde, blieb in der unmittelbaren Folgezeit unbesetzt. Vorlesungen zur Pädagogik übernahm Georg Hagemann (1832–1903) als Privatdozent für Philosophie, der einst ein Schüler von Franz Jakob Clemens gewesen war. Den von Clemens und Stöckl eingeschlagenen katholisch-konservativen Kurs setzte Hagemann für weitere zwanzig Jahre fort, ohne bei der Besetzung der Professur, die mit Gideon Spicker (1840–1912) im Jahr 1876 erfolgte, berücksichtigt zu werden. Bis 1890 bot Hagemann insgesamt zehn Mal philosophische Vorlesungen zu pädagogischen Themen an, einschließlich zur Unterrichtslehre und mehrfach zur Geschichte der Pädagogik. Erst um die Jahrhundertwende verliert das „vermeintlich ‚katholische' Verständnis von Universitätsphilosophie als pietätvolle Tradierung weltanschaulicher Überzeugungen"[83] zunehmend an Bedeutung. Bereits ab 1891 hatte der Privatdozent Matthias Kappes (1861–1925), seit

80 Horn 2003, S. 161.
81 Göttler, Joseph: Geschichte der Pädagogik in Grundlinien (für Vorlesungen), 3. Aufl., Freiburg i.Br. 1935, S. 311. – Zu Göttler vgl. Simon, Werner: Im Horizont der Geschichte. Religionspädagogische Studien zur Geschichte der religiösen Bildung und Erziehung (Forum Theologie und Pädagogik, 2), Münster 2001, S. 141–146.
82 Vgl. Brandt, Hans-Jürgen: Eine katholische Universität in Deutschland? Das Ringen der Katholiken in Deutschland um eine Universitätsbildung im 19. Jahrhundert (Bonner Beiträge zur Kirchengeschichte, 12), Köln/Wien 1981; Oberdorf, Andreas: Löwen als Argument: Die Akademie Münster, das Collegium Americanum St. Mauritz und das Scheitern einer katholischen Universitätsreform in Preußen, in: Glaser, Edith/Groppe, Carola/Overhoff, Jürgen (Hg.): Universitäten und Hochschulen zwischen Beharrung und Reform. Bildungshistorische Perspektiven (Historische Bildungsforschung), Bad Heilbrunn 2024, S. 49–64.
83 Müller-Salo/Schmücker 2020, S. 55.

1896 als verbeamteter katholischer Extraordinarius, die Aufgaben in der Lehre zur Pädagogik übernommen. Sein Lehrangebot umfasste einerseits Vorlesungen zur neueren Geschichte der Pädagogik, andererseits zum Verhältnis von Pädagogik und Psychologie.[84] Diese Richtung setzte zwischen 1907 und 1910 Ernst Meumann (1862–1915) fort, der um eine empirische Fundierung der Pädagogik bemüht war und während seiner kurzen Wirkungszeit in Münster seine bedeutendsten Studien veröffentlichte, die „innerfachlich wie interdisziplinär große Beachtung"[85] fanden, etwa seine *Vorlesungen zur Einführung in die experimentelle Pädagogik und ihre psychologischen Grundlagen* (1907). Ein eigener Lehrstuhl für Pädagogik war weiterhin nicht in Sicht, wenn auch die Akademie, die seit 1902 zur Westfälischen Wilhelms-Universität ausgebaut wurde, neue Perspektiven in dieser Hinsicht erwarten ließ. Trotz eines starken katholischen Milieus, das der konfessionellen Prägung von Erziehung, Bildung und Schule festhielt, fand der Einfluss auf die Universität in nur sehr begrenztem Maße statt. Hierfür sorgte eine besonnene Berufungspraxis, die nicht auf auswärtige Professoren setzte, sondern auch in struktureller Hinsicht die konfessionelle Passung berücksichtigte, die noch bis zum Ende der 1940er-Jahre auch den Lehrstuhl für Philosophie betraf. Die Frage nach der Konfession blieb daher weiterhin an der Universität Münster relevant. Offensive Befürworter einer katholischen Pädagogik – wie sie Clemens, Stöckl und Hagemann vorangetrieben hatten – fanden dort jedoch keinen Platz mehr.

4. Fazit und Ausblick

In der Geschichte der Pädagogik an der Akademie Münster im 19. Jahrhundert sind zwei Entwicklungsstränge hervorzugeben, die lange vor der Einrichtung einer ordentlichen Professur für Pädagogik erste Versuche und Anstöße zur Konstituierung einer Pädagogik als Wissenschaft zu erkennen geben. Auch wenn beide Entwicklungen letztlich ins Leere liefen und keinen systematischen oder historischen Zusammenhang zu erkennen geben, sind die Potentiale in beiden Fällen nicht zu übersehen, die mehr als „singuläre Anstrengungen"[86] darstellten.

Die Geschichte des Philologisch-pädagogischen Seminars zwischen 1824 und 1854 hat gezeigt, wie die Pädagogik zunächst innerhalb der Gymnasiallehrerausbildung – und dort neben der philosophischen Propädeutik – eine stärkere Berücksichtigung fand, und zwar nicht nur als Unterrichtslehre zur Ausbildung grundlegender didaktischer Kenntnisse und Fähigkeiten für das höhere Lehramt, sondern auch mit einem eigenen wissenschaftlichen Anspruch, wie er sich im Studium der Geschichte der Pädagogik widerspiegelte. So wird in den Statuten des Seminars verbindlich festgeschrieben, dass die Mitglieder des Seminars „mit den Grundsätzen der Erziehung und des Unterrichts und der Geschichte der Pädagogik theoretisch und prakti-

---

84   Eine Biografie zu Matthias Kappes ist bislang nicht vorgelegt worden. Bekanntheit erlangte Kappes durch einen Plagiatsfall, vgl. Schmücker, Reinold: Kappes und Anti-Kappes: Eine Miszelle zur Philosophie des Plagiats, in: Lahusen, Christiane/Markschies, Christoph (Hg.): Zitat, Paraphrase, Plagiat. Wissenschaft zwischen guter Praxis und Fehlverhalten, Frankfurt a.M./New York 2015, S. 163–180.

85   Vgl. Hopf, Caroline: Die experimentelle Pädagogik. Empirische Erziehungswissenschaft in Deutschland am Anfang des 20. Jahrhunderts, Bad Heilbrunn 2004, S. 144.

86   Mannzmann 1980, S. 332f.

sch"[87] bekannt gemacht werden sollten. Besonders der Philosophieprofessor Wilhelm Esser hat sich in dieser Phase der 1840er- und 1850er-Jahre Verdienste um eine Stärkung der Pädagogik erworben. Zu wenig konnte in diesem Zusammenhang auf den Einfluss der katholischen höheren Lehrerschaft in der Provinz Westfalen hingewiesen werden, insbesondere auf die Interessen der Lehrervereine, die im Umfeld der Revolution von 1848/49 an Einfluss gewannen und auf die Lehrerbildung einwirkten.[88] Sie folgten mehrheitlich einem neuhumanistischen Bildungsideal, „und zwar sowohl hinsichtlich des altsprachlichen Unterrichts als erzieherisch bestmögliches Instrument zur ‚formellen' Geistesbildung als auch hinsichtlich der Allgemeinbildung und der Selbsttätigkeit", denn dies war in vielerlei Hinsicht vereinbar mit dem „Beharren auf die Priorität der christlich-religiösen Gesinnung."[89] Eine Konsequenz dieser breiten Akzeptanz neuhumanistischer höherer Schulbildung war schließlich die Revision der Seminarstatuten im Jahr 1854, mit der die Neubesetzung der Seminarleitung durch ausgewiesene Altphilologen und letztlich die Umgestaltung der Einrichtung zu einem Philologischen Seminar einherging.

Als ein weiterer Vorstoß, durch den die Pädagogik kurzzeitig eine stärkere und eigenständige Berücksichtigung fand, kann der Beitrag des Philosophieprofessors Albert Stöckl herausgestellt werden, an der Akademie Münster eine katholische Pädagogik als Wissenschaft zu begründen. Durch den verhältnismäßig kurzen Zeitraum, in dem Stöckl in Münster wirkte, blieb sein Einfluss durch die Lehre eher begrenzt. Hierfür fehlt es bislang auch an entsprechenden Studien, die sich mit den Studenten, ihrer soziokulturellen Herkunft und religiösen Bildung sowie mit dem studentischen Leben während des Kulturkampfes befassen und dabei der Frage nachgehen, welche Positionen sie sowohl im innerkatholischen religiösen Feld als auch gegenüber der staatlichen Schul- und Kirchenaufsicht einnahmen.[90] Die ausgebliebene Berufung von Hagemann, der die Lehre im Bereich Pädagogik zwischen Philosophie und katholischer Glaubenslehre weiterführte, deutet bereits darauf hin, dass der Philosophischen Fakultät wenig daran gelegen war, den strengkirchlichen Kurs von Stöckl fortzusetzen und weiter zu unterstützen. Dass Hagemann bis in die 1890er-Jahre an der Akademie tätig war, blieb ein Zugeständnis an die katholisch-konservativen Kreise im städtischen Bürgertum. Zu Beginn des 20. Jahrhunderts sprachen sich dann mehrere Mitglieder aus der Professorenschaft im Streit

---

87   GStA PK, I. HA Rep. 76 Kultusministerium, Va Sekt. 13 Tit. X Nr. 1, Bd. 1, Bll. 49v–50r.

88   Hierzu auch mit weiterer Literatur vgl. Oberdorf, Andreas: Friedrich Christian Georg Kapp (1792–1866). „Der deutsche Lehrstand erklärt sich hiermit für mündig", in: Gräfenberg, Felix (Hg.): 1848/49 in Westfalen und Lippe. Biografische Schlaglichter aus der revolutionshistorischen Peripherie (Veröffentlichungen der Historischen Kommission für Westfalen, 48), Münster 2023, S. 115–123.

89   Klöcker 1990, S. 130.

90   Dass entsprechende Studien fehlen, die sich nicht (nur) mit den Professoren, sondern auch mit den Studenten der Akademie befassen, geht auch hervor aus den Anmerkungen von Gründer, Horst: „Krieg bis auf's Messer" – Kirche, Kirchenvolk und Kulturkampf (1872–1887), in: Jakobi, Franz-Josef (Hg.): Geschichte der Stadt Münster, Bd. 2, Münster 1994, S. 131–165, hier: S. 164. Eine Ausnahme stellt hier eine Arbeit zum Verbot der Studentenverbindung Alsatia im Kontext der Kulturkampfmaßnahmen an der Akademie Münster dar: Mayer, Thomas: Katholische Farbstudenten im Kulturkampf. Eine Untersuchung der Periodika katholischer Korporationsverbände im 19. Jahrhundert, Stein am Rhein 2003, S. 241–262. Wichtige Hinweise zu Münster liefert die umfassende Studie von Dowe 2006, S. 29–54. Hegel 1965, Mütter 1980 und Müller-Salo/Schmücker 2020 gehen nicht auf Studenten ein, auch nicht Kurz, Lothar: Die münsteraner Akademie im Kulturkampf (1870–1880), in: Kurz, Lothar (Hg.): 200 Jahre zwischen Dom und Schloss, Münster 1980, S. 20–33.

um die Ausrichtung des politischen Katholizismus und der Zentrumspartei ausdrücklich für eine reformkatholische, liberale Ausrichtung und gegen antimodernistische Positionen aus.[91]

Die Pädagogik blieb an der Akademie Münster im 19. Jahrhundert von randständiger Bedeutung und behielt diesen Status auch über den Zeitpunkt der Neugründung als Universität 1902 hinaus.[92] Wenn also eine „tatsächliche Etablierung"[93] der Pädagogik als Wissenschaft in dieser Phase nicht stattgefunden hat, so lohnt es sich dennoch, die einzelnen Vorstöße und Ansätze wissenschaftlicher Pädagogik in den Blick zu nehmen und deren „Scheitern" vor dem Hintergrund der lokalen beziehungsweise institutionellen historischen Kontexte zu untersuchen. Mit Kabitz' Berufung und der Einrichtung einer Pädagogischen Abteilung innerhalb der Philosophischen Fakultät änderten sich in den 1920er-Jahren die Voraussetzungen in personeller und struktureller Hinsicht. Für die Zeit vor seiner Berufung nach Münster mangelt es bislang an neueren, kritischen Studien, die sich mit seinem Wirken und Werk auf einer breiten Quellenbasis befassen und sein akademisches Profil stärker konturieren könnten.[94] Hierzu zählt etwa Kabitz' Korrespondenz mit dem Pädagogen Georg Kerschensteiner (1854–1932).[95] Darüber hinaus lässt sich auch seine Bedeutung für die Leibniz-Gesamtausgabe, insbesondere als Bearbeiter des ersten Bandes in der Reihe Philosophische Schriften, und für die spätere Begründung der Leibniz-Forschungsstelle in Münster nicht verkennen.[96] Der bildungsgeschichtlichen Forschung bislang völlig unbekannt ist schließlich auch der knapp 60 Seiten umfassende Reisebericht, den Kabitz im Anschluss an seine sechsmonatige Studienreise im Jahr 1910 durch die Vereinigten Staaten, Japan und Vorderindien verfasste und der seine Beobachtungen und Erfahrungen aus dem Besuch unterschiedlicher Bildungsanstalten beinhaltet.[97] Kabitz' Wirken an der Universität Münster – ab 1921 als ordentlicher Professor für Philosophie und Pädagogik – bis zu seiner regulären Emeritierung 1941 reicht schließlich in die Zeit des Nationalsozialismus hinein und wird in diesem Band an anderer Stelle weiter verfolgt.[98]

---

91   Hierzu Kaiser, Jochen-Christoph: Vom Kulturkampf bis 1918, in: Jakobi 1994, Bd. 2, S. 167–217; Jakobi, Franz-Josef: Münster. Entstehung und Geschichte der Stadt vom 8. bis 20. Jahrhundert, Bd. 1, Münster 2023, S. 440.

92   Vgl. Rothland 2008, S. 121.

93   Ebd., S. 120.

94   Vgl. Döpp-Vorwald, Heinrich: Kabitz, Willy, in: Neue Deutsche Biographie 10 (1974), S. 716–717. – Wichtige (Quellen-)Hinweise liefert die Studie von Tilitzki, Christian: Die deutsche Universitätsphilosophie in der Weimarer Republik und im Dritten Reich, Berlin 2002, S. 58 (auch Anm. 65), 120 (Anm. 297), 130 (Anm. 333), 249.

95   Hierzu vgl. Kabitz' Briefe im Nachlass Kerschensteiners (GK B 461) in der Münchner Stadtbibliothek.

96   Vgl. Leibniz, Gottfried Wilhelm: Sämtliche Schriften und Briefe, Reihe 6: Philosophische Schriften, Bd. 1: 1663–1672 [Bearb.: Willy Kabitz], Darmstadt/Berlin 1930. – Der noch unerschlossene Nachlass von Kabitz, der ausschließlich Dokumente aus seiner Tätigkeit für die Leibniz-Ausgabe umfasst, befindet sich in der Leibniz-Forschungsstelle Münster. Ich danke Dr. Stefan Lorenz für die wertvollen Hinweise.

97   Vgl. GStA PK, I. HA Rep. 76 Kultusministerium, Vc Sekt. 1 Tit. VIII Nr. 9, Bd. 1 (u. Beih. 1).

98   Hierzu vgl. im vorliegenden Band den Beitrag von Hans-Joachim von Olberg.

Anna Strunk

„Es ist nicht genug zu wollen, man muß auch thun."[1] – Die ersten Wissenschaftlichen Fortbildungskurse für Oberlehrerinnen 1899 in Münster

1. Einleitung

Das Lehramtsstudium an der Akademie und späteren Universität Münster war lange Zeit männlichen Studenten vorbehalten. So schrieb der Universitätskurator 1902: „Mit Rücksicht auf die bei der Universität bestehende katholisch theologische Fakultät ist die Zulassung der Frauen zum Universitätsstudium [...] unerwünscht."[2] Obwohl alle anderen Fakultäten sich zu diesem Zeitpunkt bereits für eine Immatrikulation aussprachen, richtete der Kurator sich nach den Wünschen der Katholisch-Theologischen Fakultät. Die Fakultät blieb lange Zeit den Ansichten verhaftet, „denen zur Folge die Universitäten nach ihrer historischen Entwicklung und gesamten Organisation, sowie vermöge der ihnen gestellten Aufgabe als Vorbereitungsanstalten für die wichtigsten öffentlichen Aemter ‚Männerschulen' sind".[3] Insgesamt fanden sich unter den Hochschullehrern lange viele Gegner des Frauenstudiums. Man fürchtete eine Konkurrenz zwischen Frauen und Männern auf dem Arbeitsmarkt, hatte Bedenken, dass Frauen nicht ausreichend gesundheitlich belastbar für akademische Studien seien, dass das Niveau der Wissenschaft leiden würde und die Akademie zu einer „Bekleidungs-Academie"[4] degradiert würde.[5] Vorrangig waren auch Sorgen um die Sittlichkeit der Studentinnen, so sollten Frauen mit bestimmten Themen nicht in Berührung kommen, zudem befürchtete man mögliche Liebeleien zwischen den Studierenden.[6]

---

1   Das bekannte Zitat von Johann Wolfgang von Goethe aus „Wilhelm Meisters Wanderjahre" aus dem Bericht der Lehrerin Elisabeth Scholtz über die Oberlehrerinnenkurse in Breslau, in: Die Lehrerin in Schule und Haus 12 (1895/96), S. 78.

2   Geheimes Staatsarchiv Preußischer Kulturbesitz (GStA PK), I. HA Rep. 76, Va Sekt. 1 Tit. VIII Nr. 8 Bd. 10, Zulassung von Frauen zur Immatrikulation und zu den Vorlesungen an den Universitäten, S. 173, Kurator der Universität Münster an den Minister der geistlichen, Unterrichts- und Medizinalangelegenheiten in Berlin, 23.12.1902.

3   GStA PK, I. HA Rep. 76, Va Sekt. 1 Tit. VIII Nr. 8 Adhibendum 3, Berichterstattung und Stellungnahmen der Fakultäten über die Zulassung von Frauen zur akademischen Laufbahn an den Universitäten Berlin, Bonn, Breslau, Göttingen, Greifswald, Halle, Kiel, Königsberg, Marburg und Münster, S. 105f., Kurator der Universität Münster an Minister der geistlichen, Unterrichts- und Medizinalangelegenheiten in Berlin, 24.2.1907.

4   Vgl. Ewers, Fritz: Programm des Carneval-Zuges 1897 zu Münster i. W. am Rosenmontag, Münster 1897.

5   Happ, Sabine/Jüttemann, Veronika: „Laßt Sie doch denken!" 100 Jahre Studium für Frauen in Münster, in: Happ, Sabine/Jüttemann, Veronika (Hg.): „Laßt sie doch denken!": 100 Jahre Studium für Frauen in Münster (Veröffentlichungen des Universitätsarchivs Münster, 2), Münster 2008, S. 13–42, hier: S. 13f.

6   Ebd., S. 15.

Abb. 1: Hedwig Montag

Als Hedwig Montag im Jahr 1914 als erste Frau das Lehramtsstudium in Münster abschloss, konnten Frauen wie sie auf eine lange Zeit des Kampfes um die Zulassung zur Universität zurückblicken. Für Frauenrechtlerinnen im 19. Jahrhundert lag die Universitätszulassung noch in weiter Ferne – ihr Fokus lag deshalb zunächst auf der Verbesserung der Bildungsmöglichkeiten für Mädchen und Frauen im Schulwesen. Die nicht zu Unrecht oft als „Frauenbildungsbewegung" bezeichnete erste Welle der Frauenbewegung[7] setzte sich mit prominenten Persönlichkeiten wie Helene Lange das Ziel, auch höhere Lehrerinnenbildung und damit die Zulassung zur Prüfung *pro facultate docendi*, der Oberlehrerprüfung, für Frauen zu ermöglichen. Bis zum Ende des 19. Jahrhunderts war es Lehrerinnen mit ihrer Seminarausbildung meist nur möglich, in den unteren oder mittleren Klassen der höheren Mädchenschulen zu unterrichten. Um in den höheren Klassen zu unterrichten, fehlte ihnen die akademische Ausbildung – sprich das Hochschulstudium –, deren Absolvierung ihnen bisher versperrt geblieben war. Als schließlich die Einsetzung einer Oberlehrerinnenprüfung in Aussicht stand, entstanden überall in Preußen akademische Kurse für Lehrerinnen, die auf diese Prüfung vorbereiten sollten.[8] Verhältnismäßig spät begannen 1899 auch in Münster die ersten solcher Fortbildungskurse für Lehrerinnen, laut dem Bildungshistoriker James Albisetti das erste Kursprogramm, „das für katholische Lehrerinnen bestimmt war".[9] Sie stellten einen wichtigen Vorläufer und Wegbereiter des Lehramtsstudiums für Frauen in der Stadt dar.

Der folgende Beitrag möchte sich mit diesen Fortbildungskursen für Lehrerinnen im sogenannten Anna-Stift beschäftigen und damit illustrieren, wie akademische Bildung für Lehrerinnen vor der Universitätszulassung 1908 aussah. Dafür wird kurz auf die Besonderheiten Münsters im Bereich des Mädchenschulwesens und der Lehrerinnenbildung eingegangen, bevor anhand von Quellen aus dem Bistumsarchiv Münster, dem Geheimen Staatsarchiv Preußischer Kulturbesitz und dem Landesarchiv Nordrhein-Westfalen, Abteilung Westfalen, die Entstehung, der Aufbau und die Besonderheiten der Fortbildungskurse in Münster erläutert werden.

---

7   Vgl. z.B. Schaser, Angelika: Frauenbewegung in Deutschland 1848–1933, Darmstadt 2020, S. 23; Briatte, Anne-Laure: Bevormundete Staatsbürgerinnen: die „radikale" Frauenbewegung im Deutschen Kaiserreich, Frankfurt/New York 2020, S. 86.

8   Die Kurse entstanden zunächst auf private Initiative von Einzelpersonen oder Frauenvereinen, so in Berlin zum Beispiel auf die Initiative von Helene Lange mit Unterstützung von Kaiserin Victoria, vgl. Albisetti, James: Mädchen- und Frauenbildung im 19. Jahrhundert, Bad Heilbrunn 2007, S. 174f., 241–244.

9   Albisetti, James: Professionalisierung von Frauen im Lehrberuf, in: Kleinau, Elke (Hg.): Geschichte der Mädchen- und Frauenbildung. Vom Vormärz bis zur Gegenwart 2, Frankfurt a.M. 1996, S. 189–200, hier: S. 196.

2. Lehrerinnenbildung in Münster

Wie im Rest von Preußen war auch in Münster die höhere Mädchenschule nicht mit der höheren Knabenbildung zu vergleichen – sie berechtigte nicht zum Universitätsstudium und bot keinen Abschluss in Form des Abiturs. Das Hauptaugenmerk lag auf der Vorbereitung der Mädchen auf ihre Rolle als Ehefrau und Mutter, andere Berufe waren für sie nicht vorgesehen.[10] Erst im Laufe des 19. Jahrhunderts, als Folge des Lehrermangels, der ökonomischen Not von Frauen und der Bemühungen der Frauenbewegung etablierte sich der Lehrerinnenberuf als eine Alternative vor allem für bürgerliche Frauen. In Münster lag die Mädchenbildung traditionsgemäß schon seit langer Zeit in katholischer Hand und so war auch das erste Lehrerinnenseminar für die Ausbildung von Elementarlehrerinnen 1832 katholisch geführt.[11] In der Stadt hatte es bereits im 17. Jahrhundert eine von einem katholischen Orden geleitete Mädchenschule gegeben, eine Tradition, die sich in den folgenden Jahrhunderten fortsetzte.[12] Die Lehrerinnenseminare, die für gewöhnlich zwei bis drei Jahre auf den Lehrberuf vorbereiteten, waren an Übungsschulen angeschlossen und sollten sicherstellen, dass die Lehrerinnen trotz einer noch fehlenden staatlich regulierten Lehrerinnenprüfung[13] Grundkenntnisse in den zu unterrichtenden Fächern besaßen. Die Lehrerinnenausbildung wurde ab 1830 in Münster zunehmend gefördert, da man laut des Königlichen Konsistoriums die Erfahrung gemacht hatte, dass von Frauen geleitete Schulen in besserer Verfassung als die der männlichen Kollegen seien und sie insgesamt „mehr Leben und Schwung, deutliche Anzeichen von Verbesserung und mehr Vertrauen und Zuneigung zu den Lehrkräften"[14] zeigten. Der Lehrplan deckte dabei sehr elementare Fertigkeiten und Wissensbereiche wie Kopf- und Tafelrechnen, Schönschreiben, Gesang und Handarbeiten ab. Erteilt wurde der Unterricht meist von Geistlichen oder schon ausgebildeten Lehrkräften.[15]

---

10   Freund, Susanne: „Nicht das Geschlecht, sondern die Persönlichkeit" – Höhere Töchterbildung in Münster von den Anfängen bis zur Weimarer Republik, in: Arbeitskreis Frauengeschichte (Hg.): FrauenLeben in Münster. Ein historisches Lesebuch, Münster 1991, S. 155–157, hier: S. 155.

11   Freund, Susanne: Frauenbildung im Abseits der bürgerlichen Gesellschaft? – Sozialgeschichtliche Aspekte des Höheren Mädchenschulwesens in Münster 1872–1924, in: Jakobi, Franz-Josef (Hg.): Stadtgesellschaft im Wandel: Untersuchungen zur Sozialgeschichte Münsters im 19. und 20. Jahrhundert, Münster 1995, S. 215–265, hier: S. 221; Stroop, Udo: Lehrerinnenausbildung. Unter besonderer Berücksichtigung des Königlichen katholischen Lehrerinnenseminars zu Paderborn (1832–1926), in: Stambolis, Barbara (Hg.): Frauen in Paderborn. Weibliche Handlungsräume und Erinnerungsorte (Paderborner historische Forschungen, 13), Köln 2005, S. 284–318, hier: S. 284.

12   Freund 1991, S. 157.

13   Die Lehrerinnenprüfung wurde zwischen 1837 und 1853 in den verschiedenen preußischen Landesteilen eingeführt, vgl. Albisetti 2007, S. 87.

14   „Seminary for Female Teachers", in: Woodbridge, William C. (Ed.): American Annals of Education and Instruction 1, 1831, S. 341, übers. von Albisetti 2007, S. 85.

15   Stroop 2005, S. 291f.

Abb. 2: Domschule und Lehrerinnenseminar am Domplatz. Die Domschule diente dem Lehrerinnenseminar als Übungsschule.

Entscheidend für die Entwicklung der Lehrerinnenbildung in Münster im 19. Jahrhundert war insbesondere der Kulturkampf und seine Folgen für das Ausbildungswesen. Nicht nur die Lehrerinnenbildung, sondern auch die Schulaufsicht hatte lange in geistlicher Hand gelegen, im März 1872 wurde die Aufsicht nun durch eine staatliche ersetzt.[16] Dieser Wechsel betraf ebenfalls das Mädchenschulwesen, wenn auch in eingeschränkter Weise, da es seit circa 1870 in Münster keine öffentliche höhere Mädchenschule mehr gab.[17] Versuche der staatlichen Behörden, auf dem Höhepunkt des Kulturkampfes eine öffentliche höhere Mädchenschule und damit konfessionell unabhängige Schule in Münster zu errichten, wurden unter anderem aufgrund des Widerstandes der Bevölkerung nie realisiert.[18] Trotzdem konnte man sich dem staatlichen Einfluss nicht länger entziehen, zumindest, wenn man am staatlichen Berechtigungswesen partizipieren wollte. Doch auch wenn die Prüfungen der Mädchen und Lehrerinnen nun unter staatlicher Aufsicht standen, war die private höhere Mädchenbildung in der Stadt

---

16   Roerkohl, Anne: Der Kulturkampf in Westfalen, in: „Westfalen im Bild" (Historische Ereignisse in Westfalen, H. 6), Münster 1992, https://www.lwl.org/westfaelische-geschichte/portal/Internet/input_felder/seite1_westf_bild.php?urlID=348 (Zugriff: 12.6.2022).

17   Es hatte ab 1831 eine öffentliche höhere Töchterschule, die Domschule, gegeben, diese existierte aber nur ca. 40 Jahre, vgl. Freund 1995, S. 229.

18   Ebd.

weiterhin deutlich katholisch dominiert.[19] So schwebten das höhere Mädchenschulwesen sowie die Lehrerinnenausbildung in Münster und Westfalen auch gut zwanzig Jahre nach dem Kulturkampf noch gewissermaßen zwischen dem Einfluss des preußischen Kultusministeriums und der katholischen Kirche. Diese Konkurrenz sollte in der Lehrerinnenbildung 1894 erneut relevant werden, als Frauen für die Oberlehrerinnenprüfung zugelassen wurden. Nun musste schnell entschieden werden, ob und in welcher Form sich die preußische katholische Kirche an dieser neuen Ausbildung beteiligen wollte.

3. Wissenschaftliche Fortbildungskurse für Lehrerinnen in Münster: Entstehung

Obwohl die Oberlehrerinnenprüfung erst 1894 offiziell ins Leben gerufen wurde, hatten Lehrerinnen in der Hoffnung auf eben dieses Ereignis bereits früher begonnen, sich wissenschaftlich weiterzubilden. Die in Preußen zwischen 1837 und 1853 eingeführte Lehrerinnenprüfung für die unteren und mittleren Klassen verlangte „im Prinzip eigentlich nur wenig mehr, als dass man lesen und schreiben konnte".[20] Deshalb versuchten einige Frauen, sich durch Eigeninitiative vertiefte Kenntnisse in den Fachwissenschaften anzueignen, die sie schließlich für den Unterricht in den höheren Klassen qualifizieren würden. Hier trat die Frauenrechtlerin und Lehrerin Helene Lange als Vorreiterin hervor, indem sie bereits 1888 mit Unterstützung von niemand geringerem als Kaiserin Victoria begann, Kurse in Berlin am Victoria-Lyzeum zur Weiterbildung für Lehrerinnen zu planen. Offiziell bereitete man sich zwar noch nicht auf die Prüfung *pro facultate docendi* vor, doch die Struktur und der Inhalt der Kurse sollte wenige Jahre später als Vorbild für alle Fortbildungskurse in Preußen dienen.[21] Bereits 1891 legten zehn Frauen nach den Kursen in Berlin eine spezielle Prüfung ab, die ihnen die besondere Qualifikation für den Unterricht in den oberen Klassen bescheinigte.[22] Die im Rahmen der Prüfungsordnung von 1894 neu eingerichtete Oberlehrerinnenprüfung konnte zunächst nur in Berlin abgehalten werden, aufgrund der langen Reisezeiten von Kursteilnehmerinnen der anderen Städte wurden jedoch bald weitere Prüfungskommissionen eingesetzt. Die Prüfung verlangte von den Lehrerinnen Kenntnisse in zwei Wissensgebieten, die mit denen eines zwei- oder dreijährigen Universitätsstudiums vergleichbar waren.[23]

Trotz des geringen Interesses von Seiten katholischer Frauenvereine an der Professionalisierung der Oberlehrerinnenbildung machte man sich neun Jahre nach Errichtung der ersten wissenschaftlichen Fortbildungskurse für Lehrerinnen in Berlin schließlich auch in katholischen Zirkeln Gedanken über die Einrichtung solcher Kurse. Der preußische Episkopat beriet sich 1897 auf seiner Bischofskonferenz in Fulda zu dem Thema und reagierte damit – wenn auch spät – auf

---

19   Es handelte sich bei der 1872 gegründeten Mädchenschule explizit um eine „Katholische Höhere Mädchenschule". Das evangelische Pendant hatte aufgrund der geringen Besucherinnenzahlen und dem geringen protestantischen Bevölkerungsanteil erhebliche Existenzprobleme, vgl. Freund 1991, S. 160f.

20   Albisetti 2007, S. 87.

21   Ebd., S. 174f.

22   Ebd., S. 242.

23   Ebd., S. 243f.

den Ministerialerlass von 1894.[24] Vielleicht gerade wegen der eher verspäteten Reaktion betonten die Teilnehmer, dass es sich nicht nur empfehle, sondern „als nothwendig darstelle",[25] solche Kurse ins Leben zu rufen. Auslöser war auch der wiederholte Wunsch von Lehrerinnen aus der Region, insbesondere aber der katholischen Ordensschwestern, die den Bischof von Münster „wegen einer Entscheidung bestürmt[en]".[26] Zudem fürchtete man auf lange Sicht sicherlich auch, Lehrerinnen an die Kurse der anderen Städte zu verlieren. Ausschlaggebend war zudem die Tatsache, dass die Ordensschwestern keine Vorlesungen zusammen mit den männlichen Studierenden besuchen sollten – es brauchte also einen eigenen Schutzraum für ihre Ausbildung.

Die Wahl für den Veranstaltungsort fiel jedoch nicht direkt auf Münster, zunächst gab man auf der Bischofskonferenz nur an, dass Kurse „in der einen oder anderen Stadt, welche durch die Confession ihrer Bevölkerung und den Charakter ihrer academisch und ihrer höheren wissenschaftlichen Anstalten geeignet erschienen [...]"[27] ins Leben gerufen werden sollten. Die Wahl fiel zunächst auf eine gut 800 Kilometer von Münster entfernte Stadt – Breslau. Der Grund dafür war naheliegend: im damals noch preußischen Breslau sowie den umliegenden Gebieten war die Nachfrage der katholischen Bevölkerung nach wissenschaftlichen Fortbildungskursen hoch und der Weg zu den bestehenden Kursen besonders weit. Münster wurde in den Planungen jedoch nicht ganz unbedacht gelassen, es sollte als zweiter Standort dienen, sollten die Kurse in Breslau an ihre Grenzen kommen.[28] Letzten Endes scheiterte jedoch der Plan, die Kurse und eine entsprechende Prüfungskommission in Breslau ins Leben zu rufen wegen „ungeahnter Schwierigkeiten".[29] Stattdessen begann man nun also 1898 mit der Planung in Münster. Der Plan stieß bei Lehrerinnen direkt auf großes Interesse, sodass geistliche Genossenschaften verschiedener Diözesen sich sofort darauf vorbereiteten, Mitglieder zur Teilnahme nach Münster zu senden. Die daraufhin eingereichten Anträge zeugten laut Münsters Bischof Hermann Jakob Dingelstad „von sehr lebhaftem Interesse".[30] Nach der Erlaubnis der Abhaltung der Kurse in Münster sprach Dingelstad Robert Bosse, dem Minister der geistlichen-, Unterrichts- und Medizinalangelegenheiten, seinen Dank aus, da er dadurch den „Lehrerinnen und viele[n] Ordensschwestern, [...] eine schwere Sorge abgenommen" habe.[31] Die Notwendigkeit und der Wunsch, solche Kurse einzurichten, schienen also sowohl von bischöflicher Seite als auch von Seiten der Lehrerinnen enorm gewesen zu sein.

Wichtig bei der Einrichtung der Kurse war unter anderem der bereits erwähnte Bischof von Münster, Hermann Jakob Dingelstad. Selbst ehemaliger Lehrer und 1873 durch den Kul-

---

24 Vgl. GStA PK, I. HA Rep. 76, VI Sekt. XX ee Nr. 3, Wissenschaftliche Fortbildungskurse für Lehrerinnen in Münster), S. 5, Fürstbischof Kopp an Minister der geistlichen Angelegenheiten, 10.12.1898.

25 Ebd.

26 Vgl. GStA PK, I. HA Rep. 76, VI Sekt. XX ee Nr. 3, S. 40, Fürstbischof Kopp an Minister der geistlichen Angelegenheiten, 7.5.1899.

27 Ebd., S. 6, Bischof Dingelstad an Minister der geistlichen, Unterrichts- und Medizinal-Angelegenheiten Bosse, 28.11.1898.

28 Ebd.

29 Ebd., S. 7.

30 Ebd., S. 14, Bischof Dingelstad an Minister der geistlichen, Unterrichts- und Medizinal-Angelegenheiten Bosse, 13.2.1899.

31 Ebd., S. 46, Bischof Dingelstad an Minister der geistlichen, Unterrichts- und Medizinal-Angelegenheiten Bosse, 26.3.1899.

turkampf zum Schulwechsel gezwungen, schien Dingelstad ein Interesse daran zu haben, in Sachen Lehrerinnenbildung mit den anderen preußischen Staaten mitzuhalten. Zudem beteiligt war Joseph Mausbach, Theologe und Politiker der Zentrumspartei und in den Folgejahren aktiver Unterstützer der Kurse. Sein Parteikollege Clemens Perger, ebenfalls Theologe, Lehrer und Politiker und für die Schwestern im Stift der „gute Onkel",[32] sollte ebenfalls in den kommenden Jahren der Fortbildungskurse ein aktiver Unterstützer werden.

Im November 1898 nahm Dingelstad Kontakt zu Minister Robert Bosse auf, um ihn über die Planungen zu informieren. Er sah die Eröffnung der Kurse für Ostern 1899 vor,[33] der Unterricht sollte in den Räumen des Hauses Vossgasse 4/5, Ecke Neubrückenstraße,[34] durch Professoren, Privatdozenten und Lehrer der Akademie Münster stattfinden. Dazu gehörten im ersten Semester Joseph Mausbach (Professor für Moraltheologie und Apologetik), Augustinus Bludau (Professor für neutestamentliche Exegese), Anton Pieper (außerordentlicher Professor für Kirchengeschichte), Franz Jostes und Julius Schwering (beides Privatdozenten für deutsche Sprache und Literatur), Bernhard Niehues (Professor für Geschichte), Matthias Kappes (außerordentlicher Professor für Philosophie und Pädagogik), Joseph Mettlich (Oberlehrer und Lektor der französischen Sprache), Karl Holtermann (Oberlehrer für englische Grammatik), Heinrich Hoffschulte (Oberlehrer für englische Literatur) und Hubert Böcker (Oberlehrer für französische Literatur).[35] Weibliche Dozentinnen konnte es nicht geben, da zu diesem Zeitpunkt noch keine Frau die notwendigen akademischen Grade erreicht hatte. Kandidatinnen der Kurse von außerhalb hatten die Möglichkeit, eine Unterkunft zu mieten, Ordensschwestern wurden in dem vom Bischof bereitgestellten Haus in der Neubrückenstraße untergebracht.[36]

4. Wissenschaftliche Fortbildungskurse für Lehrerinnen in Münster: Aufbau und Inhalt

Bekannt gemacht wurde die Planung der Kurse durch eine Reihe von Zeitungsartikeln sowie eine eigens angefertigte Broschüre. Dort wurden die rechtlichen Rahmenbedingungen, die Zugangsvoraussetzungen sowie der inhaltliche Aufbau der Kurse beschrieben. Der allgemeine Aufbau und die einzelnen Unterrichtskurse orientierten sich zum einen an der Prüfungsordnung für Oberlehrer, aber auch „die Erfahrungen der seit 1893 in Göttingen abgehaltenen Lehrerinnenkurse [boten] dankenswerte Anhaltspunkte".[37] Dementsprechend waren auch die

---

32 Collegium Marianum (Hg.): Annalen des Anna-Stiftes 1899–1909 und des Collegium Marianum 1917–1935: Aufzeichnungen der Hauskommunität der Schwestern Unserer Lieben Frau, Münster 1935 (und 1951) [Kopie im Bistumsarchiv Münster, 547 bzw. 560], S. 30.

33 Landesarchiv Nordrhein-Westfalen Abteilung Westfalen (LAV NRW W), P101, Nr. 1835, Wissenschaftliche Kurse für die Oberlehrerinnenprüfung, Minister der geistlichen Unterricht- und Medizinal- Angelegenheiten an Bischof Dingelstad, 8.3.1899.

34 GStA PK, I. HA Rep. 76, VI Sekt. XX ee Nr. 3, S. 77, Kultusminister von Studt an Oberpräsidenten in Münster, 21.7.1899.

35 Collegium Marianum 1935, S. 4.

36 LAV NRW W, P101, Nr. 1835, Broschüre, 1899.

37 Ebd. – Es ist nicht ganz klar, auf welche Prüfungsordnung sich hier bezogen wird; die zu diesem Zeitpunkt aktuelle Prüfungsordnung für die Oberlehrer wurde 1898 herausgegeben, vgl. Bölling, Rainer: Sozialgeschichte der deutschen Lehrer, Göttingen 1983, S. 25.

Kurse in Münster auf eine Dauer von zwei Jahren angesetzt, während derer sich die Lehrerinnen im Rahmen eines Vollzeitstudiums verpflichteten, sich ausschliesslich dem Studium zu
widmen und an allen Übungen teilzunehmen. Es war jedoch möglich, als Gasthörerin ohne
den Wunsch, die Prüfung abzulegen, die Kurse zu besuchen. Das dürfte für viele Lehrerinnen
insofern interessant gewesen sein, als in Preußen nach wie vor die Besetzung einer Oberlehrerinnenstelle nicht von der Oberlehrerinnenprüfung abhing und dementsprechend auch erfahrene Lehrerinnen mit eigener Weiterbildung eingestellt wurden.[38] So gab es 1901 an preußischen höheren Mädchenschulen nur 32 geprüfte Oberlehrerinnen, dagegen 139 etatmäßige
Oberlehrerinnen.[39] Generell wünschte man sich die Teilnahme in Münster jedoch nur von
einer kleinen, exklusiven Gruppe von Frauen, die sich sowohl durch ihre Begabung als auch
durch ihre Lehrerfahrung bereits ausgezeichnet hatten. Der Wunsch, „daß die besten Lehrerinnen Oberlehrerinnen werden",[40] bedeutete indirekt auch, dass es für junge, unerfahrenere
Frauen kaum Möglichkeiten gab, an den Kursen teilzunehmen. Diese Beschränkung, die es für
männliche Lehrer nicht gab, kann als ein Versuch gesehen werden, das Eindringen der Frauen
in akademische Laufbahnen zu beschränken. Zudem betonte Preußens Kultusminister Heinrich Conrad von Studt ausdrücklich, „daß der durch das Studium erworbene wissenschaftliche
Besitz in letzter Linie der Schule zu Gute kommen soll".[41] Die Frauen sollten hier also nicht um
ihrer selbst willen gebildet werden, sondern allein, um ihren Beruf auszuüben. Auf diese Weise
grenzte man die Kurse klar vom regulären, humanistischen Studium ab.

Die Prüfung gestaltete sich gemäß den Bestimmungen von 1894, sodass die Studentinnen
in zwei Fächern eine mündliche und eine schriftliche Prüfung ablegen mussten. Sie hatten dabei erstens die Wahl zwischen Religion, Deutsch, Französisch und Englisch und zweitens zwischen Geschichte, Geographie, mathematischen Wissenschaften und Naturwissenschaften. Da
1899 zunächst aber nur Religion, Deutsch, Französisch, Englisch und Geschichte in den Fortbildungskursen angeboten wurden, war die Auswahl für die Kandidatinnen eher beschränkt.[42]
Für jedes Prüfungsfach waren sechs Wochenstunden vorgesehen, als Honorar waren zunächst
fünf Mark die Wochenstunde pro Semester zu zahlen, die Anmeldung zur Prüfung kostete 30
Mark.[43] Je mehr Frauen hospitierten, desto geringer wurde das zu zahlende Schulgeld für die
regulären Teilnehmerinnen. Trotzdem zeugen die Akten aus dem Geheimen Staatsarchiv Preu
ßischer Kulturbesitz davon, dass viele weltliche Teilnehmerinnen sich um staatliche Stipendien
bemühen mussten, um an den Kursen teilnehmen zu können.[44] Die einzelnen Seminare hatten

---

38   Klewitz, Marion: Zwischen Oberlehrern und Müttern. Professionalisierung im Lehrerinnenberuf (1870–
     1920), in: Klewitz, Marion/Schildmann, Ulrike/Wobbe, Theresa: Frauenberufe – hausarbeitsnah? Zur
     Erziehungs-, Bildungs- und Versorgungsarbeit von Frauen, Pfaffenweiler 1989, S. 59–98, hier: S. 70.

39   Bäumer, Gertrud, i.A. des Vorstands der Vereinigung zur Veranstaltung von Gymnasialkursen für
     Frauen: Geschichte der Gymnasialkurse für Frauen zu Berlin, Berlin 1906, Tab. VI.

40   LAV NRW W, P101, Nr. 1835, Kultusminister von Studt an die Königlichen Provinzial-Schul-Kollegien Münster und Regierungen, 15.6.1900.

41   Ebd.

42   Vgl. ebd., Broschüre, 1899.

43   Vgl. ebd., sowie: Ordnung für die Wissenschaftliche Prüfung der Lehrerinnen, 1900.

44   Vgl. Strunk, Anna: „Mein größter Wunsch ist nun mich in Münster dem Studium für das Oberlehrerinnenexamen hinzugeben." Finanzielle und Strukturelle Probleme von Teilnehmerinnen der Wissenschaftlichen Fortbildungskurse für Lehrerinnen in Münster Ende des 19. Jahrhunderts, Westfalen/

zwar zu Beginn größtenteils einleitenden Charakter, der Lehrplan lässt aber durchaus auf ein hohes Niveau und eine tatsächliche wissenschaftliche Ausrichtung schließen, die dem Universitätsstudium bereits sehr nahekam. Auch sprachlich knüpften die Kurse an die Konventionen der Universität an: es war die Rede von den „studierenden Damen",[45] es gab einen Hörsaal und die Kurse waren ganz klassisch in Winter- und Sommersemester aufgeteilt. Formell wurden die Kurse durch den Professor der Theologie Dr. Mausbach geleitet, der geschäftsführende Ausschuss durch den Geheimen Regierungsrat Professor Dr. Niehues.[46] Neben katholischer wurde auch evangelische Religionslehre angeboten, wobei die Nachfrage dort eher gering war.[47]

Die Prüfung sollte eine eigene Prüfungskommission abnehmen, da sich insbesondere für die Ordensschwestern bei der Ablegung der Prüfung außerhalb „Schwierigkeiten hinsichtlich des Unterkommens und sonstige Misslichkeiten ergeben" würden, zudem konnten so Kosten gespart und die Kommission in Berlin entlastet werden.[48] Eine Prüfungsordnung und Kommission gab es bei der Gründung 1899 noch nicht, erst im Juni 1900 legte von Studt einen Entwurf vor. Dieser sollte seiner Aussage nach zwar leiten, die freie Entwicklung der Kurse jedoch nicht einschränken, um dem Anspruch einer individuellen Ausbildung der sehr verschiedenen Kursteilnehmerinnen gerecht zu werden.[49] Die erste wissenschaftliche Prüfung der Lehrerinnen fand schließlich am 4. Juli 1901 statt.[50]

5. Wissenschaftliche Fortbildungskurse für Lehrerinnen in Münster: Erfahrungen der Teilnehmerinnen

Es ist eher ungewöhnlich, von gewöhnlichen Frauen und ihren Wirkungsbereichen im 19. Jahrhundert Berichte aus erster Hand zu finden. So lassen sich auch zu den Fortbildungskursen für Lehrerinnen in Preußen meist nur vereinzelte Erfahrungsberichte finden.[51] Die Kurse in Münster bieten mit den überlieferten Annalen des Anna-Stiftes deshalb einen besonders intimen Einblick in das Leben der Studentinnen in den Fortbildungskursen. In den Annalen berichtet eine Ordensschwester ab 1899 bis 1909 und dann von 1909 bis 1917 von den Kursen, Teilneh-

---

Lippe – Historisch. Blog der Historischen Kommission für Westfalen (LWL), 2022, https://hiko.hypotheses.org/1881 (Zugriff: 18.10.202).

45   Collegium Marianum 1935, S. 4.

46   LAV NRW W, P101, Nr. 1835, Oberpräsident Provinz Westfalen an das Königliche Provinzial-Schulkollegium, 8.3.1901.

47   Im Sommersemester 1900 belegten nur 15 Teilnehmerinnen das Fach, im Vergleich belegten z.B. 64 Teilnehmerinnen Deutsch, in: LAV NRW W, P101, Nr. 1835, Minister der geistlichen, Unterrichts- und Medizinal-Angelegenheiten an die Königliche Provinzial-Schul-Kollegien Münster und Regierungen, 15.6.1900.

48   GStA PK, I. HA Rep. 76, VI Sekt. XX ee Nr. 3, Wissenschaftliche Fortbildungskurse für Lehrerinnen in Münster, S. 30, Provinzial-Schulkollegium an den Oberpräsidenten von Westfalen, 1.2.1899.

49   LAV NRW W, P101, Nr. 1835, Minister der geistlichen, Unterrichts- und Medizinal-Angelegenheiten an die Königliche Provinzial-Schul-Kollegien Münster und Regierungen, 15.6.1900.

50   Ebd., Oberpräsident Provinz Westfalen an Königliche Provinzial-Schulkollegium, 26.2.1901.

51   Vgl. z.B. Martin, Marie: Meine Studienzeit in Göttingen, in: Zeitschrift für weibliche Bildung insbesondere für das gesamte höhere Unterrichtswesen des weiblichen Geschlechts 26 (1898), S. 422–429.

merinnen und dem Leben im Anna-Stift und späteren Collegium Marianum. Anna-Stift war
der Name der Unterkunft in der Vossgasse 4/5, Ecke Neubrückenstraße, in der die Schwestern
gemeinsam lebten, und gleichzeitig das Haus, in dem die Fortbildungskurse stattfanden. Bis
auf eine unveröffentlichte Studienarbeit einer Schwester der Schwestern Unserer Lieben Frau[52]
blieben diese Quellen bislang weitgehend unbeachtet.

Die Annalen geben einen guten, wenn auch nicht vollständigen Überblick darüber, wer
an den Kursen teilnahm und bei organisatorischen Fragen stimmungsgebend war. Über den
gesamten Zeitraum von 1899 bis 1909 bestand die Mehrzahl der Teilnehmerinnen aus Ordensschwestern, nur ein kleiner Teil waren weltliche Lehrerinnen. Bei diesen kann davon ausgegangen werden, dass sie größtenteils katholischer Konfession waren, nur eine evangelische
Lehrerin wird explizit erwähnt. Ihr wird 1903 die Erlaubnis, die Kurse zu besuchen, nur „aus-
nahmsweise" erteilt.[53] Die Herkunfts- oder Arbeitsorte der Teilnehmerinnen beschränkten sich
zunächst noch auf überwiegend katholische Orte, später kamen auch Städte wie Berlin, Erfurt
oder Frankfurt hinzu. Dass auch eine weitere Anfahrt nicht gescheut wurde, zeigt die Teilnahme mehrerer Schwestern aus Breslau.

Für die Ordensschwestern bedeutete das Leben im Anna-Stift gänzlich neue Lebensum-
stände: sie waren es bisher gewohnt, in ihren Orden weitgehend abgeschottet von allen weltlichen Einflüssen und nach einem festen Regelwerk zu leben. Um sicherzustellen, dass mit dem
Umzug in das Anna-Stift und damit auch dem Leben in einer Großstadt kein Moralverfall
einherging, übernahmen die Schwester Unserer Lieben Frau die Leitung der Herberge. In den
Annalen wird immer wieder betont, dass es sich um eine „klösterliche Wohnung"[54] und Lehranstalt handele. Das Gebäude in der Vossgasse beherbergte dementsprechend auch eine eigene
kleine Kapelle, die von den Bewohnerinnen über die Jahre liebevoll gepflegt und ausgestattet
wurde. Ebenfalls ein essenzieller Bestandteil des Lebens im Anna-Stift waren die religiösen Fes-
te, die sowohl für die Bewohnerinnen aber oft auch für die weltlichen Teilnehmerinnen der
Seminare die Höhepunkte des Jahres darstellten und deren Beschreibung dementsprechend in
den Annalen viel Raum einnimmt. Um sicherzustellen, „daß der Ordensgeist und das religiöse
Leben der im Annastift vereinigt wohnenden Schwestern [nicht] gefährdet wird",[55] erließ Dingelstad im März 1900 die „Vorschriften für die Ordnung im Anna-Stift" inklusive einer Tages-
ordnung.[56] Die Ordnung schränkte unter anderem die Besuche in der Stadt und den Empfang
von Besucher:innen im Stift stark ein. Der Tagesablauf sah neben den Vorlesungen oder dem
Studium insbesondere auch Punkte wie „Gewissens Erforschung" oder „Geistl. Übungen oder
Studium"[57] vor. Der Bischof betonte im Laufe der Jahre immer wieder, dass das „religiöse Streben"[58] mit dem Studium Schritt halten müsse. Als der Bischof im Februar 1905 das Anna-Stift

---

52   Vgl. Fölling, Maria Thiathilde: Das Bischöfliche Anna-Stift: eine katholische Frauenakademie des Bis-
      tums Münster im Auftrag des preußischen Episkopates vor dem Beginn des Frauenstudiums an den
      Universitäten 1899–1909 zur wissenschaftlichen Befähigung von Oberschullehrerinnen und -Leite-
      rinnen, Münster 1992.
53   Collegium Marianum 1935, S. 8.
54   Ebd., S. 2.
55   Ebd., S. 11.
56   Ebd.
57   Ebd., S. 12.
58   Ebd., S. 55.

besuchte, unterstrich er in aller Deutlichkeit die Notwendigkeit einer strengen Klausur, damit die unterrichtenden Professoren nicht sagen könnten: „sie laufen doch überall in der Stadt herum, dann können sie auch zu m. Vorlesung zur Universität kommen, dann brauche ich nicht zweimal zu laufen".[59] Nur bei Einhaltung des klösterlichen Lebens könne die Existenz der Fortbildungskurse ihre Berechtigung haben, Kurse, „deren Genehmigung Eminenz Kopp große Mühe bereitete habe".[60] Ein weiterer Unterschied zum Universitätsstudium äußerte sich auch darin, dass den Schwestern das Lesen gewisser „gefährlicher Bücher"[61] verboten war. Dazu zählten zum Beispiel die Romane von Émile Zola, Bücher, bei denen es laut Kopp für das Studium reiche, die Rezensionen zu kennen.[62] Kopp sprach sich zudem 1908 dagegen aus, dass die Lehrerinnen des Anna-Stifts an Lehrerinnenkonferenzen teilnehmen können sollten: zum einen aus aszetischen Gründen, insbesondere aber, weil er einen Konflikt mit den Verantwortlichen der Bildungspolitik fürchtete, wenn sie zugegen wären.[63] Obwohl die Schwestern also teilweise im Anna-Stift mehr Freiheiten hatten als in ihren Mutterhäusern, war eine wirkliche Emanzipation, geschweige denn ein Studentenleben wie an der Universität, keinesfalls vorgesehen.

Abb. 3: Anna-Stift

59   Ebd., S. 56.
60   Ebd.
61   Ebd., S. 65.
62   Ebd., S. 77.
63   Ebd.

Ähnlich wie in anderen Lehrerinnenseminaren der Zeit[64] war auch in den Fortbildungskursen in Münster die Solidarität und Freundschaft unter den Teilnehmerinnen groß. Vor den
Prüfungen wurde meist zusammen gebetet und wenn es bei einer der Teilnehmerinnen mal zu
Komplikationen bei der Prüfung kam, warteten und beteten die „Schwestern und Freundin-
nen"[65] besonders lang und laut. Neben dem Umgang untereinander spielten auch die männlichen geistlichen Autoritätspersonen wie Clemens Perger und Joseph Mausbach für die Teilnehmerinnen der Kurse eine wichtige Rolle. Bei Problemen wendeten sie sich vertrauensvoll
an diese Personen und waren gleichzeitig von ihrer Güte abhängig. Dabei wird immer wieder
die Metapher einer Familie verwendet, bei der einer der beiden männlichen Geistlichen sich
„in väterlicher Weise" um die Schwestern kümmerte oder diese beschenkte und diese im Anschluss „kindlich zu ihm eilten um sich zu bedanken".[66] Obwohl die Vorlesungen in den Fortbildungskursen also schon universitären Charakter hatten, war das Leben für die „Kinder des
Annastiftes"[67] mehr das wie in einer „große[n] Familie",[68] in einem Internat oder Kloster und
hatte damit keine Ähnlichkeit mit dem üblichen Studentenleben.

6. Ausbau und Ende der Fortbildungskurse

Die Kurse erfreuten sich insgesamt großer Beliebtheit, bereits 1903 konnten aus Platzmangel
keine neuen Schwestern mehr aufgenommen werden.[69] Der Erfolg der Kurse wurde auch von
geistlicher Seite gewürdigt, so besuchte zum Beispiel 1904 der Bischof von Köln die Anstalt
und bedankte sich „für alles, was sie in diesem Hause in so selbstloser Weise für die ‚Kinder der
verschiedenen Diözesen tun'".[70] Die Anstalt wurde sogar so bekannt, dass sie im Wintersemester 1905/06 das „Interesse der Amerikaner" auf sich zog. Zwei Professoren aus den USA wollten die Anstalt besuchen, denn „[d]eutsches Lehrerinnenschulwesen sollte auch in Amerika
vorbildlich werden".[71] Trotz aller Erfolge zeigte sich von geistlicher Seite an vielen Stellen die
Differenz zwischen der ideellen Unterstützung und der tatsächlichen Bereitschaft, die Kurse
durch Finanzmittel und Räumlichkeiten weiter zu unterstützen. Man weigerte sich hartnäckig,
die Diözesen an den Unkosten zu beteiligen, und legte die Hauptlast damit auf die Klöster.
Das lag jedoch auch in der unsicheren bildungspolitischen Lage begründet: da die Weisungen
vom Kultusministerium in den ersten Jahren des 20. Jahrhunderts so wechselhaft waren, konnte nicht vorausgesagt werden, ob die Kurse überhaupt eine Zukunft hatten. Nichtsdestotrotz
begann man, die Kurse für neue Fächer und Kooperationen zu öffnen, so konnte zum Beispiel
ab 1904 Physik an der Oberrealschule belegt werden.[72] Diese Unsicherheit lastete auch schwer

---

64   Vgl. z.B. Jansen, Heinz: Freundschaft über sieben Jahrzehnte. Rundbriefe deutscher Lehrerinnen,
      Frankfurt a.M. 1991.
65   Collegium Marianum 1935, S. 34.
66   Ebd., S. 35f.
67   Ebd., S. 43.
68   Ebd., S. 67.
69   Ebd., S. 34.
70   Ebd., S. 51.
71   Ebd., S. 63.
72   Ebd., S. 52.

auf den Teilnehmerinnen der Kurse; die Autorin der Annalen bemerkte: „[e]ine ministeriel-
le Verfügung hatte die Anstalt ins Leben gerufen, *eine* konnte sie auch aufheben".[73] Verstärkt
wurden die Befürchtungen von Nachrichten über die Gründung von Mädchengymnasien und
Realgymnasien für Mädchen, ja „sogar von Koedukation"[74] war die Rede. Die Autorin zeigte
sich resigniert: „Alles scheint in Bewegung; die ganze Strömung geht dahin, eine, dem Man-
ne gleichartige Bildung zu bekommen."[75] Ihre Sorgen zeugen von einem wunden Punkt der
geistlichen Teilnehmerinnen der Kurse: Sie befürchteten, dass mit der Universitätszulassung
von Frauen die Berechtigung der Fortbildungskurse für die Vorbereitung auf die Oberlehrerinnenprüfung verloren gehe und diese damit aufhören würden zu existieren. Da es für viele Ordensschwestern aufgrund der Regeln ihres Mutterhauses aber zu diesem Zeitpunkt unmöglich
schien, zusammen mit männlichen Studierenden an der Universität Vorlesungen zu besuchen,
und man zudem die „religiöse Gefahr, die den Kursistinnen in den Vorlesungen akatholischer
Professoren erwachsen könnte",[76] fürchtete, würde das de facto das Ende ihrer Möglichkeit zur
akademischen Ausbildung zur Oberlehrerin bedeuten. Während die Immatrikulation also für
viele nicht-katholische Lehrerinnen eine große Chance bedeutete, wirkte sie für die geistlichen
Teilnehmerinnen der Fortbildungskurse eher wie eine Gefahr. Dementsprechend wurde sie
auch von den geistlichen Autoritäten und von der Theologischen Fakultät der Universität vehement abgelehnt und bekämpft. Die geistlichen Verantwortlichen sahen neben den sittlichen
und moralischen Gefahren jedoch auch methodische Gründe als entscheidend für ihre Ablehnung an: die Teilnehmerinnen würden von der kleinen Anzahl an Hörerinnen in den Fortbildungskursen profitieren und „[g]erade durch die ausschließlich eigenen Vorlesungen, wie
sie das Annastift im Unterschiede von den Wissenschaftlichen Fortbildungskursen in anderen
Städten bietet, wird der organische Zusammenhang hergestellt zwischen den Vorkenntnissen
der Hörerinnen und der neuen akademischen Bildung".[77] Letztlich würde der Besuch der Uni-
versitätsvorlesungen den „bestehenden harmonischen Konnex zwischen den weltlichen und
geistlichen Kursistinnen [sic!] zersplittern".[78]

Die bildungspolitischen Unsicherheiten spiegelten sich schließlich auch in den Anmeldungen zu den Fortbildungskursen wider, die im Winter 1906/07 deutlich sanken. Damit nah-
men auch die finanziellen Sorgen zu, denn wenn das Haus nicht ganz besetzt war, mussten die
Klöster die fehlende Summe decken. Eine Änderung trat erst 1908 mit den „Bestimmungen
über die Neuordnung des höheren Mädchenschulwesens vom 18. August 1908"[79] ein, deren
Veröffentlichung im Stift als „erlösender[r] Augenblick"[80] wahrgenommen wurde. Dank der
Reformen wurde nun klar zwischen den Seminaren für Volksschullehrerinnen und denen für
Lehrerinnen an höheren Mädchenschulen getrennt.[81] Besonders wichtig: Es wurde Abituri-

---

73   Ebd., S. 60, Unterstreichung im Original.
74   Ebd., S. 64.
75   Ebd.
76   Ebd., S. 70.
77   Ebd., S. 70f.
78   Ebd.
79   Vgl. Bremen, Hugo von: Das höhere Mädchenschulwesen. Bestimmungen über die Neuordnung des
     höheren Mädchenschulwesens vom 18. August 1908 (Die preußische Volksschule, 3), Stuttgart 1908.
80   Collegium Marianum 1935, S. 74.
81   Albisetti 1996, S. 198.

entinnen nun offiziell die Immatrikulation an den Universitäten erlaubt.[82] Eine anschließende Verfügung bestimmte ebenfalls, dass seminaristisch vorgebildete Lehrerinnen für mittlere und höhere Mädchenschulen nunmehr nach nur zweijähriger Praxis und sechssemestrigem Studium das Oberlehrerexamen ablegen konnten, der sogenannte „vierte Weg".[83] Für die Fortbildungskurse in Münster bedeutete dies ein kurzfristiges Aufatmen, bereits im Wintersemester 1908/09 gab es wieder doppelt so viele Anmeldungen. Ab Herbst 1908 standen nun auch Physik, Chemie und Mineralogie auf dem Lehrplan.[84] Da nun die Raumnot wieder akut wurde, beschloss Eminenz Kopp zusammen mit den Ordensoberinnen und Schulleiterinnen den Ankauf eines neuen Hauses für die Kurse: das Collegium Marianum in der Frauenstraße 4/5.[85] Obwohl die Hochschulzulassung nun nicht mehr aufzuhalten war, blieb Eminenz Kopp bei seiner Einstellung zu Frauen in der Wissenschaft: „Die Oberlehrerinnen haben ganz dieselben Rechte und sind praktisch meistens tüchtiger. Das Oberlehrerinnenstudium ist im Allgemeinen die Grenze der weiblichen Leistungsfähigkeit."[86] Als 1909 die Nachricht im Anna-Stift eintraf, dass Lehrerinnen nun auch an der Prüfung *pro facultate docendi* teilnehmen dürfen sollten, waren die Verantwortlichen geschockt, hatte man doch gerade erst mit dem Neubau begonnen. Schließlich stand fest: die Oberlehrerinnenprüfung nach der Prüfungsordnung von 1900 sollte nur noch bis 1913 stattfinden können.[87] Damit hatten die Fortbildungskurse in Münster offiziell ein Ablaufdatum. Im August 1909 konnte man schließlich in das notdürftig fertiggestellte Haus einziehen. Kurz darauf enden die Aufzeichnungen in den Annalen und werden erst 1917 wieder fortgesetzt. Da sich ab 1908/09 an der Universität Münster die ersten Studentinnen einschreiben durften, ist davon auszugehen, dass die Kurse maximal bis 1913 noch existierten. Danach zeigen die Annalen, dass das Collegium Marianum – der Name Anna-Stift schien mit dem Umzug aufgegeben worden zu sein – nach wie vor als Unterkunft für studierende Schwestern oder weltliche Damen zur Verfügung stand. Das Collegium blieb ein „wichtiger Raum religiöser Schulung und Weiterbildung".[88] Nachdem das Gebäude im Zweiten Weltkrieg vollständig zerstört wurde, diente es nach dem Wiederaufbau bis heute als Studentenwohnheim, inzwischen für beide Geschlechter.

7. Fazit

Die wissenschaftlichen Fortbildungskurse für Lehrerinnen in Münster grenzten sich durch eine Vielzahl von Attributen von den Kursen anderer Städte ab. Neben dem späten Entstehungsdatum war auch die Initiation und Leitung durch die katholische Kirche einzigartig. Auch der Klostercharakter der Anstalt und die geringe Teilnahme weltlicher Lehrerinnen war besonders. Während die Einrichtung der Kurse damit für Ordenslehrerinnen die Möglichkeit bot, endlich

82 Lohbeck, Lucas: Das höhere Schulwesen in Preussen im 19. Jahrhundert, Marburg 2011, S. 115.
83 Klewitz 1989, S. 72f.
84 Collegium Marianum 1935, S. 72f.
85 Ebd., S. 75.
86 Ebd., S. 77.
87 Ebd., S. 83.
88 Fölling 1992, S. 10.

auch akademische Studien zu betreiben und sich auf die Oberlehrerinnenprüfung vorzubereiten, wurden aufgrund des konfessionellen Charakters der Kurse nicht-katholische Lehrerinnen weitgehend ausgeschlossen.

Die Fortbildungskurse für Lehrerinnen und das Anna-Stift lassen sich dabei einerseits als eine sehr typische Einrichtung für Münster lesen, denn die Mädchen- und Frauenbildung in der Stadt war schon seit langer Zeit katholisch dominiert. Andererseits ist gleichzeitig die Beschaffenheit der Kurse ein Spiegelbild des Frauenbildes im 19. und frühen 20. Jahrhundert, das nur einer kleinen Gruppe von Frauen überhaupt die Fähigkeit zu akademischen Studien zutraute und dies auch nur in einem geschützten, von „schädlichen" Einflüssen freien Rahmen. Auch die Lehrerinnenseminare und Fortbildungskurse anderer Städte hatten durchaus internatsähnlichen Charakter, man schloss damit an die Tradition der Lehrerinnenseminare an. Mit ihrer strengen Klausur und ihren Einschränkungen im Bereich der Literatur und politischen Betätigung der Teilnehmerinnen wurde in den münsterschen Kursen das zeitgenössische Frauenbildung jedoch durch katholische Moral- und Sittlichkeitsvorstellungen noch verstärkt. Die Einrichtung der Kurse kann zudem als der Versuch katholischer Autoritäten gesehen werden, trotz der Emanzipationsbemühungen der Frauenrechtlerinnen und zunehmenden Öffnung des Bildungswesens für Frauen nicht ihre Macht und ihren Einfluss auf die Lehrerinnenbildung zu verlieren. Dass die zunehmenden Freiheiten für Frauen, welche gesellschaftlich immer mehr Anerkennung gewannen, im Stift immer wieder für Konflikte sorgten, zeigen die Ermahnungen des Bischofs und der Eminenz Kopp. Gleichzeitig spiegeln die Quellen die angespannte Situation für die katholische Kirche im Anschluss an den Kulturkampf wider. Die geistlichen Autoritäten mussten nun in enger Kommunikation mit dem Kultusministerium stehen, um sicherzustellen, dass die Fortbildungskurse dem staatlichen Anspruch und den Notwendigkeiten zur Ablegung der Oberlehrerinnenprüfung entsprachen. Um trotzdem bei der genauen Gestaltung des Anstaltlebens weiterhin die Kontrolle zu behalten und um keine Öffnung für den regulären Universitätsbetrieb zu riskieren, mussten sie die Existenz der Fortbildungskurse legitimieren, indem sie den Klostercharakter der Anstalt beibehielten. Der große Einfluss der katholischen Kirche in Münster hatte lange Zeit dafür gesorgt, dass es außer Frage stand, dass Lehrerinnen nicht mit ihren männlichen Kommilitonen an der Akademie studieren durften. Es ist also nicht verwunderlich, dass Brigitte Schweighöfer in ihrem Artikel von 2008 davon ausging, dass die wissenschaftlichen Fortbildungskurse den Weg zur Universität für Lehrerinnen verlängerten.[89] Gleichzeitig kann jedoch argumentiert werden, dass gerade der Erfolg der Kurse und der Absolventinnen der Oberlehrerinnenprüfung den Weg zur Akzeptanz von Lehrerinnen an der Universität ebnete.

Letzten Endes konnte Münster sich nicht den gesamtpreußischen Entwicklungen im Bereich der Lehrerinnenbildung entziehen, sodass trotz der vehementen Ablehnung der Katholisch-Theologischen Fakultät Lehrerinnen ab 1909 an der Universität studieren konnten.[90] Relevant war dabei unter anderem die Aufwertung der Akademie zur Universität 1902, da

89   Schweighöfer, Brigitte: Berufswege von Studentinnen, in: Happ/Jüttemann (Hg.) 2008, S. 151–168, hier: S. 152.

90   An der Katholisch-Theologischen Fakultät durften Frauen allerdings erst ab 1945 regulär studieren, vgl. Happ/Jüttemann 2008, S. 32.

nun auch evangelische Dozenten an die Universität kamen.[91] Eine wichtige Rolle für das Frauenstudium spielten auch die Reden eines der wichtigsten Unterstützer der wissenschaftlichen Fortbildungskurse, Joseph Mausbach.[92] Schließlich eröffneten der internationale Druck sowie die steigende Anzahl an höheren Mädchenschulen auch in Münster dem „Geschlecht mit den langen Haaren und den kurzen Gedanken"[93] die Tore zur Universität. Bereits 1914 waren sechs Prozent aller Studierenden in Preußen weiblich, die Mehrheit davon Lehramts- oder Medizinstudentinnen.[94]

91   Reichmann, Wiebke: „Vergebens spähe ich umher, ich finde keine Hausfrau mehr!" Die Anfänge des Frauenstudiums an der Westfälischen Wilhelms-Universität Münster, in: Happ/Jüttemann 2008 (Hg.), S. 69–80, hier: S. 70.

92   Er sah das Frauenstudium ebenso wie die Tätigkeit als Ordensschwester jedoch eher als eine Ausnahme für unverheiratete Frauen an, ebd., S. 70f.

93   Ansprache des Rektors Professor des Rechts Erman bei der ersten Immatrikulation am 20. Oktober 1908, in: Happ/Jüttemann (Hg.) 2008, S. 191–193, hier: S. 192.

94   Happ/Jüttemann 2008, S. 20.

Hans-Joachim von Olberg

Marginalisiert und angepasst. Erziehungswissenschaft an der Universität Münster während der NS-Zeit[1]

Ziel und Vorgehensweise

Auf welchen Voraussetzungen konnte beziehungsweise musste die disziplinäre Institutionalisierung der Erziehungswissenschaft an der Universität Münster nach dem Ende der nationalsozialistischen Herrschaft aufbauen? War es ein vergiftetes Erbe oder gab es auch ausbaufähige Ansatzpunkte für eine Neuentwicklung nach 1945 durch den Rückgriff auf Ansätze aus der Weimarer Republik? Dies ist das perspektivisch leitende Interesse für meinen Beitrag.

Während der Vorbereitungen zu meinem Vortrag im Jahre 2021 hat sich immer mehr die Vermutung erhärtet, dass in den zwölf Jahren des „Dritten Reiches" ein Prozess der merklichen Marginalisierung der Disziplin „Pädagogik", wie sie überwiegend in jenen Jahren genannt worden ist, konstatiert werden kann. Aus einer schon recht schwachen, unselbstständigen Position im System der universitären Wissenschaften in Münster vor 1933 wurde sie immer weiter an den Rand gedrängt. Dies gilt gerade, wenn man sie in Relation zu den benachbarten Disziplinen Philosophie, Psychologie und Theologie betrachtet.[2] Für die Nationalsozialisten an der Macht war ganz allgemein die Pädagogik als Wissenschaft nicht von großem Interesse, ganz im Unterschied zu dem weltanschaulich orientierten Erziehungskonzept, das sie publizistisch und praktisch intensiv bearbeitet haben.[3] Und unter die wenigen Universitätsstandorte wie beispielsweise Berlin, Heidelberg, Jena, Halle und Tübingen, an denen nationalsozialistische Pädagogik wirkmächtig betrieben wurde, ist Münster ganz sicher nicht einzuordnen.[4] Es mag eventuell die politische Angepasstheit der Münsteraner Wissenschaftler und Forscher gewesen sein, die diesen von mir vermuteten Vorgang der Schrumpfung mit bewirkt hat. Die Erwartung, dass an unserer Universität hervorstechende und ideologisch maßgebliche NS-Erziehungstheoretiker zu finden sein werden, ist jedenfalls nicht leitend für meine folgende Darstellung.

---

1   Ausformulierte Fassung des gleichnamigen Vortrags auf dem Kolloquium „50 Jahre Institut für Erziehungswissenschaft" an der Universität Münster am 29. Oktober 2021 im Schloss Münster, dem Hauptgebäude der Universität.

2   Siehe Thamer, Hans-Ulrich/Droste, Daniel/Happ, Sabine (Hg.): Die Universität Münster im Nationalsozialismus. Kontinuitäten und Brüche zwischen 1920 und 1960 (Veröffentlichungen des Universitätsarchivs Münster, 5), Münster 2012. Schmücker, Reinhold/Müller-Salo, Johannes (Hg.): Pietät und Weltbezug. Universitätsphilosophie in Münster, Paderborn 2020.

3   Siehe zusammenfassend Heinze, Carsten/Horn, Klaus-Peter: Zwischen Primat der Politik und rassentheoretischer Fundierung – Erziehungswissenschaft im Nationalsozialismus, in: Horn, Klaus-Peter/Link, Jörg-W. (Hg.): Erziehungsverhältnisse im Nationalsozialismus. Totaler Anspruch und Erziehungswirklichkeit, Bad Heilbrunn 2011, S. 319–340.

4   Vgl. datenbasiert: Horn, Klaus-Peter: Erziehungswissenschaft in Deutschland im 20. Jahrhundert. Zur Entwicklung der sozialen und fachlichen Struktur von der Erstinstitutionalisierung bis zur Expansion, Bad Heilbrunn 2003.

In meinem Beitrag werde ich versuchen, Belege für die Vermutung vorzustellen, dass die Pädagogik an der Universität Münster im „Dritten Reich" marginalisiert worden ist und sich politisch angepasst hat. In einem Teil A werde ich über institutionelle, personelle und theoretische Bedingungs- und Entwicklungsaspekte berichten und dann in einem Teil B die Beziehung zwischen pädagogischer Profession und pädagogischer Disziplin vor dem Hintergrund von politischen und weltanschaulichen Vorgaben darlegen, um damit Formen und Ursachen der erwarteten Marginalisierung zu ergründen.

Forschungsstand und Quellenbasis

Eine explizite disziplingeschichtliche Untersuchung zur münsterischen Erziehungswissenschaft zwischen 1933 und 1945 gibt es erstaunlicherweise bislang nicht; nur am Rande streift die eingehende Studie von Martin Rothland[5] zur lokalen Fachgeschichte nach 1945 die vorausgehenden Jahre. Die 1980 erschienene Universitätsgeschichte[6] und die umfangreiche Aufsatzsammlung zu den Fächern der Universität Münster im Nationalsozialismus[7] behandeln die wissenschaftliche Pädagogik lediglich am Rande im Zusammenhang mit anderen Disziplinen oder der Darstellung von übergeordneten Organisationseinheiten der hiesigen Universität. Auch die umfangreiche und sehr verdienstvolle Sammlung biographischer Skizzen von Opfern des Nationalsozialismus an der Universität ist nur im Einzelfall des Philosophen und Psychologen jüdischer Abstammung Professor Richard Hellmuth Goldschmidt (1883–1968) disziplingeschichtlich einschlägig.[8]

Allerdings gibt es eine Vielzahl von Untersuchungen zu Einzelfragen (zum Beispiel zum Jenaplan und zur katholischen Pädagogik), zu Nachbardisziplinen (Philosophie, Psychologie, Theologie) und zur nationalen Fachgeschichte der Erziehungswissenschaft,[9] die zu unserem Untersuchungsgegenstand ausgewertet werden können. Zudem habe ich die Personalakten von aktiven Münsteraner Hochschullehrern der Pädagogik, die zwischen 1933 und 1945 beruflich und akademisch aktiv waren, aus dem Universitätsarchiv Münster und dem Landesarchiv Nordrhein-Westfalen Abteilung Westfalen sowie die Akten zu ihren Entnazifizierungsverfahren in der Abteilung Rheinland des Landesarchivs herangezogen. Auch sehe ich mich in einer Tradition von Kolleginnen und Kollegen unseres Instituts, die sich in den letzten fünf Jahrzehnten kritisch mit der Pädagogik in der NS-Zeit auseinandergesetzt haben (Carola

---

5　　Rothland, Martin: Disziplingeschichte im Kontext. Erziehungswissenschaft an der Universität Münster nach 1945 (Beiträge zur Theorie und Geschichte der Erziehungswissenschaft, 29), Bad Heilbrunn 2008.

6　　Dollinger, Heinz (Hg.): Die Universität Münster 1780–1980, Münster 1980. Kurz, Lothar (Hg.): 200 Jahre zwischen Dom und Schloss, Münster 1980.

7　　Thamer/Droste/Happ 2012.

8　　Happ, Sabine/Jüttemann, Veronika (Hg.): „Es ist mit einem Schlag alles so restlos vernichtet". Opfer des Nationalsozialismus an der Universität Münster (Veröffentlichungen des Universitätsarchivs Münster, 12), Münster 2018.

9　　Vgl. z.B. Tenorth, Heinz-Elmar: Deutsche Erziehungswissenschaft 1930–1945. Aspekte ihres Strukturwandels, in: Zeitschrift für Pädagogik 32 (1986), S. 299–321. Vgl. auch Horn 2003.

Kuhlmann zur Jugendhilfe, Bernd Weber zu politischen Optionen von Pädagogen und Hasko Zimmer zur Pädagogik von Herman Nohl).

A. Institutionelle, personelle und theoretische Bedingungszusammenhänge

Räumliche und organisatorische Zuordnung: Pädagogik als Teil der Philosophie – die Ausgangslage während der Weimarer Republik

Während der Weimarer Republik war die Pädagogik an der Universität Münster unter der Hochschullehrerschaft lediglich durch den protestantischen Professor Willy Kabitz (1876–1942) vertreten. Er war 1915 während des Ersten Weltkrieges zum außerordentlichen Professor für Philosophie und Pädagogik an der Universität Münster berufen worden, leistete aber zunächst zwischen 1914 und 1918 seinen Militärdienst ab. Über 20 Jahre von 1921 bis 1941 hatte er anschließend eine ordentliche Professur für Philosophie und Pädagogik inne und war auch ab 1921 Leiter der neu eingerichteten Abteilung für Pädagogik respektive praktische Philosophie im Philosophischen Seminar. Diese enge Verbindung der Pädagogik mit der Philosophie war nicht untypisch für die erste Phase ihrer Etablierung als Disziplin zu Beginn des 20. Jahrhunderts an den deutschen Universitäten. Immerhin hatte die Pädagogik gewissermaßen als „Anwendungsfeld philosophischer Reflexion" in Münster seit Beginn der zwanziger Jahre den Status einer eigenen Abteilung. Noch heute zeugen die Stempel mit dem Abteilungsnamen in den erziehungswissenschaftlichen Bibliotheksbeständen und Literaturanschaffungen jener Zeit davon, dass ein eigener, identifizierbarer kleiner pädagogischer Literaturbestand dieses Fach schon vor 1933 mit konstituiert hat.

Kabitz hatte eindeutig den Schwerpunkt seiner Forschungs-, Publikations- und Lehrtätigkeit in der Philosophiegeschichte. Besonders zu Fichte und Leibniz hat er gearbeitet und auch von Münster aus intensiv Beiträge zur Edition der Werke von Gottfried Wilhelm Leibniz publiziert. Schon 1918 beauftragte die Preußische Akademie der Wissenschaften ihn als Hauptherausgeber der Leibniz-Werkausgabe. Aber er hat auch Lehrveranstaltungen zu pädagogischen Themen angeboten; so hielt er im Sommersemester 1921 eine Vorlesung und eine Übung zur Jugendkunde. Im Wintersemester 1932/33 bot er beispielsweise auch eine vierstündige Vorlesung zur Geschichte der deutschen Pädagogik vom 18. Jahrhundert bis zur Gegenwart sowie eine daran anschließende Übung zur Didaktik Herbarts und seiner Schule an. Der politisch deutschnational aktive Kabitz betreute in den zwanziger Jahren entsprechend eine 1933 von Mechtild Gleich abgeschlossene Dissertation zur

Abb. 1: Willy Kabitz

nationalen Bildungsgeschichte, die sich thematisch mit der „Pädagogik des preußischen Konservatismus in der Epoche seiner Entstehung" befasst hat.[10]

Über die hochschulpolitischen Positionen und fachpolitischen Aktivitäten von Kabitz vor 1933 ist bisher von der Forschung wenig berichtet worden. In einem Brief vom 29. Mai 1924 an den Göttinger Pädagogik-Professor Herman Nohl klagte er: „Ich habe hier in Münster einen äußerst schweren Stand gegenüber den Katholiken vom Zentrum, die auf eine Konfessionalisierung nicht nur der Volksschullehrer-, sondern der Lehrerbildung überhaupt hinauswollen",[11] und bat ihn um seine Unterstützung. Drei Jahre später sprach er sich in seiner Fakultät gegen einen Antrag auf Einrichtung eines Ordinariats für Pädagogik aus, weil dies angesichts der Haltung des preußischen Kultusministeriums aussichtslos sei; dessen Politik räume der Ausstattung der neu gegründeten Pädagogischen Akademien eine Priorität gegenüber dem Ausbau der Universitätspädagogik ein.[12] 1931 wiederum votierte er in einer Denkschrift für die Arbeitsgemeinschaft der Philosophischen und Naturwissenschaftlichen Fakultäten in Preußen gegen die von der preußischen Kulturverwaltung beabsichtigte Einführung einer verpflichtenden Prüfung in Pädagogik neben der allgemeinen Prüfung in Philosophie im Rahmen des Studiums für das höhere Lehramt. Er schlug stattdessen den Erwerb eines qualifizierten Leistungsnachweises aus einem Pädagogik-Seminar vor und forderte dafür, das Angebot der Pädagogik-Seminare zu erhöhen.[13] Durchsetzen konnte er sich aber mit dieser Position nicht; zu einer nennenswerten institutionellen Stärkung des Faches Pädagogik in Münster hat er in seiner Amtszeit während der Zeit der Weimarer Republik nicht beigetragen können.

Wenn man nach Spuren der Pädagogik in dieser Zeit an der Universität Münster sucht, darf man hingegen den Blick nicht allein auf die Abteilung für Pädagogik im Philosophischen Seminar unter der Leitung von Kabitz lenken. Pädagogische Inhalte wurden vor und bis 1933 auch in der Psychologie von Professor Richard Hellmuth Goldschmidt, in der allgemeinen Philosophie von Professor Max Ettlinger (1877–1929) und Professor Johannes Hielscher (1871–1945)[14] sowie im Bereich der Veranstaltungen für Hörer aller Fakultäten durch Lehrbeauftragte behandelt.

Der Psychologe Richard Hellmuth Goldschmidt war von 1919 bis 1933 zuerst als Privatdozent, ab 1921 als nicht beamteter außerordentlicher Professor für Philosophie und experimentelle Psychologie an der Universität Münster sowie in der Funktion des Leiters der psychologischen Abteilung des Philosophischen Seminars tätig. Der Aufbau psychologischer Lehre und Forschung an der Universität Münster wurde wesentlich von ihm bestimmt. Sein Forschungsgebiet und sein Schwerpunkt in der Lehre konzentrierten sich vorrangig auf die

---

10   Tilitzki, Christian: Die deutsche Universitätsphilosophie in der Weimarer Republik und im Dritten Reich, Teil 1, Berlin 2002, S. 58.

11   Staats- und Universitätsbibliothek Göttingen (UBG), Cod. Ms. H. Nohl 251 (dankenswerter Hinweis von Dr. Andreas Oberdorf).

12   Vgl. Tilitzki 2002, S. 249.

13   Denkschrift in: UBG, Cod. Ms. H. Nohl 251. Hier auch ein Brief in dieser Angelegenheit von Kabitz an Prof. Georg Kerschensteiner mit der Bitte um Zustimmung zu seiner Auffassung.

14   Hielscher führte etwa im Wintersemester 1927/28 eine Übung zu Herbarts Allgemeiner Pädagogik durch.

psychologische Optik und Farbenlehre sowie die Arbeitspsychologie.[15] Goldschmidt war Enkelsohn von Großeltern jüdischen Glaubens, die zum Protestantismus konvertiert waren. Er hatte im Ersten Weltkrieg als Soldat gedient. Bis 1933 hat Goldschmidt gelegentlich auch über Themen gelehrt, bei denen sich Pädagogik und Psychologie überschneiden. So hat er mehrfach Lehrveranstaltungen zur „Jugendkunde" (Wintersemester 1929/30 und Wintersemester 1931/32) angeboten und auch über „körperliche Erziehung" (Wintersemester 1932/33) gelehrt. Aus rein politischen und rassistischen Gründen wurde Goldschmidt vom Reichsministerium für Erziehung, Wissenschaft und Volksbildung (REM) aufgrund des „Gesetzes zur Wiederherstellung des Berufsbeamtentums" vom 7. April 1933 die Lehrbefugnis entzogen, da seine Großeltern nicht rein „arisch" gewesen seien. Beruflich, wissenschaftlich und finanziell war er ein Opfer des Nationalsozialismus. Er wurde zur Emigration in die Niederlande und nach England gezwungen und erst 1949 nach langem Zögern wieder an der Universität Münster eingestellt. Für die Entwicklung der Pädagogik an der Universität Münster nach 1933 ist er tragischerweise auch deshalb relevant, weil bei ihm der in späteren Jahren überzeugte Nationalsozialist und Münsteraner Honorarprofessor Benno Kern 1921 über die Psychologie der Sonderfarben promoviert hat.

In der zweiten Hälfte der zwanziger Jahre existierte auch eine Arbeitsbeziehung des seit 1922 in Münster ansässigen katholischen Deutschen Instituts für Wissenschaftliche Pädagogik (DIWP) zur Universitätspädagogik. Max Ettlinger hatte bis 1929 das DIWP geleitet und an der Universität zwischen 1927 und 1929 eine Professur mit der Denomination für Philosophie und Pädagogik inne. Er bot zum Beispiel im Wintersemester 1928/29 Lehrveranstaltungen über Themen der pädagogischen Psychologie, der „Sozialpsychologie der Kinder und Jugendlichen" und zu „Hauptrichtungen der Pädagogik" an. 1925 betreute er die Habilitation des DIWP-Mitarbeiters Dr. Gerhard Clostermann (1892–1982), der sich mit einer Arbeit über „Die Grundlagen der formalen Erziehungstheorie" qualifiziert hat. Clostermann hat als Privatdozent zwischen 1925 und 1929 Pädagogik-Veranstaltungen angeboten. Diese naheliegende Kooperation zwischen außeruniversitärer katholischer Pädagogik und Universitätspädagogik in Münster während der zwanziger Jahre hat sich ab 1933 nicht fortgesetzt und wurde in der NS-Zeit politisch unterdrückt.[16]

Zusammenfassend kann konstatiert werden, dass seit dem Ende des Ersten Weltkriegs begrenzte Anfänge einer Institutionalisierung der Disziplin Pädagogik an der Universität Münster zu verzeichnen sind: Eine erste Professur mit der Denomination Pädagogik und eine pädagogische Abteilung im Philosophischen Seminar wurden eingerichtet. Es ist nicht von der Hand zu weisen, dass dabei eine vorsichtige Förderung durch die sozialdemokratischen und liberalen preußischen Kultusminister – Konrad Haenisch (SPD), Otto Boelitz (DVP), Carl

---

15   Vgl. Hettwer, Elisabeth-Maria: Zum Gedenken an Richard Hellmuth Goldschmidt, in: Happ/Jüttemann 2018, S. 696–704.

16   So war zwar das Mitglied der Zentrumspartei und der Ettlinger-Schüler Bernhard Rosenmöller 1933/34 kurzzeitig nichtbeamteter außerordentlicher Professor für Philosophie und Pädagogik an der Universität Münster und hat auch im Sommersemester 1933 hier eine Vorlesung „Das Bildungsproblem" gehalten, ist aber danach an andere Hochschulen gewechselt.

Heinrich Becker (DDP) und Adolf Grimme (SPD) – eine gewisse Rolle gespielt hat.[17] Drei wissenschaftliche Strömungen bestimmten in dieser Zeit das pädagogische Lehrangebot in Münster; a) neben der zuerst zu nennenden Pädagogik als angewandte, konkrete Philosophie und Philosophiegeschichte repräsentiert zwischen 1915 und 1941 durch Professor Willy Kabitz, b) praktische Pädagogik sowie Didaktik und Geschichte des höheren Schulwesens verstanden als klassische Philologie und gelehrt von 1909 bis 1921 innerhalb des Philosophischen Seminars durch den ordentlichen Honorarprofessor Dr. Paul Cauer und c) die konfessionelle katholische Pädagogik aus dem DIWP, die durch Professor Max Ettlinger von 1921 bis 1929, Privatdozent Gerhard Clostermann von 1925 bis 1929 und Privatdozent Bernhard Rosenmöller von 1923 bis 1931 ebenfalls im Philosophischen Seminar neben der Kabitz-Abteilung vertreten wurde.

Die Diensträume der Abteilung für Pädagogik waren auch schon in der Endphase der Weimarer Republik im 1. und 2. Obergeschoss des Gebäudes, das „Alte Universität" oder „Alte Akademie" genannt wurde, zu finden. Es war zwischen Domplatz und Aa gelegen, wo sich heute das Fürstenberghaus befindet, und in älteren Zeiten Teil des Gebäudeensemble des Jesuitenkollegs. Bis weit in die Zeit des Nationalsozialismus hinein bis zur Zerstörung 1943 im Zweiten Weltkrieg hatte hier das Philosophische Seminar seine Räume.

So spielte die Pädagogik an der Universität Münster bis zum Ende der Weimarer Republik allenfalls eine Nebenrolle von Philosophiegeschichte und Wahrnehmungs- beziehungsweise Arbeitspsychologie. Erziehungswissenschaftlicher Nachwuchs wurde in Promotionen zum Dr. phil. und Habilitationen lediglich punktuell qualifiziert; für die Pädagogik war die Aufgabe der „Dienstleistung" für die Gymnasiallehrerausbildung studienorganisatorisch bedeutsamer. Die wissenschaftsorganisatorischen und erziehungstheoretischen Selbstständigkeitsbemühungen vornehmlich der geisteswissenschaftlichen Pädagogik, die inzwischen an einigen anderen deutschen Universitäten wirksam geworden waren, hatten in Münster keine Spuren hinterlassen.

Willy Kabitz in der NS-Zeit: Pädagogik neben der Philosophiegeschichte

Die einzige ordentliche Professur mit der Denomination für Pädagogik während des „Dritten Reiches" an der Universität Münster war mit Kabitz besetzt. Er hatte sie bis zu seiner Emeritierung 1941 inne. Assistenten oder wissenschaftliche Mitarbeiter waren ihm nicht zugeordnet. Seine akademischen Lehrer in Berlin waren unter anderem Heinrich von Treitschke, Wilhelm Dilthey und Friedrich Paulsen, dem er besonders verbunden war. Er wurde sein Schwiegersohn und gab 1911 nach seinem Tode die Druckfassung seiner Pädagogik-Vorlesungen heraus.[18] In der Zeit vor dem Ersten Weltkrieg war er mit dem relativ liberalen pädagogischen Denken von Paulsen wohl vertraut und blieb Zeit seines Lebens Vertreter einer historisch-philologischen Auffassung von Pädagogik als Wissenschaft.

Parteipolitisch war Kabitz während der Weimarer Republik ab 1920 Mitglied in der national-konservativen Deutsch-Nationalen Volkspartei (DNVP) und hat im republikfeindlichen

---

17   SPD = die mehrheitssozialistische Sozialdemokratische Partei Deutschlands, DDP = die linksliberale Deutsche Demokratische Partei, DVP = die nationalliberale Deutsche Volkspartei.
18   Paulsen, Friedrich: Pädagogik, herausgegeben von Willy Kabitz, Stuttgart/Berlin 1911.

Bund der Frontsoldaten „Stahlhelm" mitgewirkt. 1934 erwarb er den Status eines SA-Anwärters, wurde aber bis zu seinem Tode 1942 nicht Mitglied der Nationalsozialistischen Deutschen Arbeiterpartei (NSDAP) oder irgendeiner anderen NS-Organisation. Von ihm sind andererseits auch keine kritischen Äußerungen zum NS-Regime bekannt geworden. Er blieb politisch ein konservativer Intellektueller, der sich nicht aktiv für den Nationalsozialismus eingesetzt hat.

In seinen philosophiegeschichtlichen Vorlesungen, Seminaren und Übungen hat Kabitz in den dreißiger Jahren kontinuierlich die Geschichte der Aufklärung in Frankreich, England und Deutschland thematisiert. Ganz regelmäßig hat er aber auch Veranstaltungen zu pädagogischen und didaktischen Inhalten angeboten. Hingegen lassen sich keinerlei Veröffentlichungen von Kabitz zu pädagogischen Themen nachweisen. Auf der anderen Seite hat Kabitz zwischen 1933 und 1940 oft als Gutachter an Promotionen zu Arbeiten mit pädagogischen Themen mitgewirkt. Unter den insgesamt 16 von ihm betreuten Promotionen in diesem Zeitraum befanden sich acht zu schulgeschichtlichen und didaktisch-methodischen Inhalten.[19]

Auffällig ist, dass er mehrfach politisch vom NS-Staat erwünschte Themen in sein Lehrangebot aufgenommen hat: Im Sommersemester 1934 las er vor lediglich acht Studierenden zu „Gegenwartsfragen nationalpolitischer Erziehung", im Wintersemester 1935/36 hielt er mit gleichfalls nur 8 Teilnehmerinnen und Teilnehmern eine Übung über „Moderne Systeme politischer Pädagogik" ab und im Vorlesungsverzeichnis für das Wintersemester 1939/40 kündigte er „Weltanschauungsfragen. Einführung in die Philosophie der Gegenwart" an;[20] es ist allerdings fraglich, ob Kabitz letztgenannte Veranstaltung tatsächlich durchgeführt hat, da er seit 1938 längerfristig erkrankt war. Noch 1974 schrieb sein ehemaliger Münsteraner Kollege Heinrich Döpp-Vorwald: „Als Direktor des Seminars für Philosophie der Geisteswissenschaften wandte K. – wie ehedem sein Lehrer Paulsen – sein Interesse zunehmend pädagogischen, insbesondere schulpädagogischen Problemen zu, die in seiner Vorlesungstätigkeit einen immer breiteren Raum einnahmen."[21] Offensichtlich hat er auch zu einer nationalpolitischen Orientierung des Pädagogik-Curriculums im Sinne des Nationalsozialismus beigetragen oder beitragen müssen. Bis zu seiner Emeritierung im Jahre 1941 blieb Kabitz auf dem Lehrstuhl für Philosophie und Pädagogik; dieser wurde ab 1942 in eine ordentliche Professur für Philosophie und Psychologie (mit der Verpflichtung, pädagogische Veranstaltungen anzubieten) umgewidmet; es spricht einiges dafür, diese Umwandlung als einen merklichen Schritt zu deuten, die Pädagogik in ihrer Bedeutung weiter an den Rand der Universitätsdisziplinen in Münster zu drängen.[22]

---

19   Freundliche Auskunft der Leiterin des Universitätsarchivs Münster, Dr. Sabine Happ.

20   Nachweise den Vorlesungsverzeichnissen: https://sammlungen.ulb.unimuenster.de/nav/classification/1643213 (Zugriff: 11.7.2023).

21   Döpp-Vorwald, Heinrich: Kabitz, Willy, in: Neue Deutsche Biographie 10 (1974), S. 716–717, https://www.deutsche-biographie.de/pnd11601203X.html#ndbcontent (Zugriff: 12.8.2023).

22   Siehe dazu meine Informationen in einem der folgenden Abschnitte zur Berufung des Psychologen Wolfgang Metzger zum Nachfolger auf dem Lehrstuhl von Willy Kabitz.

Heinrich Döpp-Vorwald und seine völkisch-realistische Erziehungslehre

Ab 1940 kam der Katholik Heinrich Döpp-Vorwald (1902–1977) als bezahlter Dozent – oder wie man es seinerzeit in der hochschulrechtlichen Fachsprache nannte: Diäten-Dozent – nach Münster. Sein Lehrgebiet war „Philosophie und Pädagogik". Seine Aufnahme in das münsterische Kollegium der Philosophisch-Naturwissenschaftlichen Fakultät mit der Ernennung zum Dozenten am 22. Januar 1940 fiel zeitlich zusammen mit der krankheitsbedingt eingeschränkten Lehrtätigkeit von Kabitz kurz vor dessen Emeritierung im Jahre 1941. Aber auch die Aktivitäten von Döpp-Vorwald in der Lehre waren zeitlich recht kurz bemessen. Bereits im Juni 1942 wurde er als Soldat zum Militärdienst eingezogen und dort als „Wehrmachtspsychologe" in der Personalauswahl von Soldaten eingesetzt. Seine in den Vorlesungsverzeichnissen der Universität ab Wintersemester 1942/43 bis Wintersemester 1944/45 ausgewiesenen Veranstaltungen bieten sicherlich ein geschöntes Bild, denn sie können schon praktisch deshalb nur in Form von Teilzeitarbeit angeboten worden sein. Die Möglichkeit, an der Westfälischen Wilhelms-Universität Münster während der Zeit des Weltkrieges Pädagogik zu studieren, kann auch aus diesen Umständen heraus nur als äußerst rudimentär bezeichnet werden.

Döpp-Vorwald ist nach einem Studium der Philosophie und Erziehungswissenschaft 1928 an der Universität Jena mit einer Arbeit zu Grundfragen der Gymnastik[23] zum Dr. phil. promoviert worden. Er hat anschließend über ein Jahrzehnt bis 1940 an der Erziehungswissenschaftlichen Anstalt, dem Stammhaus der Jenaplan-Pädagogik, als Assistent und damit enger Mitarbeiter von Professor Peter Petersen gearbeitet. Kongenial mit seinem akademischen Lehrer Petersen hat er an der Entwicklung und Ausformulierung einer „völkisch-politischen Erziehungswissenschaft" mitgewirkt, die in der Selbstbeschreibung wie in der pädagogikgeschichtlichen Forschung auch als völkischer Realismus bezeichnet wird. Mit den Hauptprotagonisten der nationalsozialistischen Erziehungstheorie teilt er rassistische und auf das Primat der Gemeinschaftserziehung bezogene Grundpositionen. 1936 schrieb er:

„Die wichtigste Erscheinungsform der realistischen Pädagogik in der deutschen Gegenwart ist der sogenannte ‚völkische Realismus', wie er besonders durch Ernst Krieck und seinen Schüler Philipp Hördt und von Peter Petersen vertreten wurde. Zwei Gedankengänge bestimmen ihn. Es ist einmal der Gedanke des Volksorganischen: daß der einzelne hineinverflochten ist in die große Gemeinschaft und die Untergemeinschaften seines Volkes. Von dort her ist er rassisch und blutsmäßig bedingt, und von dort her kommt ihm auch aller geistige Gehalt. Erziehung ist so der Vorgang der Eingliederung des einzelnen in die Ordnungen und Funktionen des Gemeinschaftslebens. Ihr Sinn ist nicht individuelle Selbstbildung, sondern Eingliederung und Dienst."[24]

Von daher ist für Döpp-Vorwald der Nationalsozialismus die Erfüllung dieser Konzeption: „Nationalsozialismus ist völkischer Realismus".[25] Vor diesem Hintergrund ist es auch völlig konsequent, dass er von 1933 bis 1945 Mitglied der NSDAP und im Nationalsozialistischen Dozentenbund (NSDDB), im Nationalsozialistischen Lehrerbund (NSLB) und in der

23   Döpp-Vorwald, Heinrich: Lebendige Bewegung und Menschenbildung, Weimar 1928.
24   Döpp-Vorwald, Heinrich: Pädagogischer Realismus als Gegenwartsaufgabe, Weimar 1935, S. 89.
25   Ebd., S. 91.

Nationalsozialistischen Volkswohlfahrt (NSV) war. 1938 habilitiert er sich in Jena mit einer theoretischen Schrift über das Verhältnis von Erziehungswissenschaft und Philosophie der Erziehung, die 1941 gedruckt worden ist und 1967 unverändert in einer Neuauflage erschien.[26] In diesem Buch entwickelte er eine „völkisch-politische Erziehungslehre", die sich vom organisch-biologischen Ansatz von Krieck graduell, nicht aber von der NS-Erziehungsideologie insgesamt abgrenzt.

„Der Gedanke der Lebensverbundenheit und wechselseitigen Abhängigkeit der Volksglieder im Ganzen kehrt wieder als die immer neu zu realisierende Aufgabe der Volksgemeinschaft und als das Gesetz: Gemeinnutz geht vor Eigennutz. Und wie im volksorganischen Denken die Betrachtung zuletzt hinführt zu den rassischen Grundlagen als der wurzelhaften biologischen Schicht volkhaften Lebens, so bildet auch im geschichtlichen, völkisch-politischen Denken die rassische Substanz den Kern und die tiefste Schicht des völkischen Wesensgesetzes, nur daß sie hier jetzt über die bloße Bedeutung als Volksleib hinaus zum Inbegriff rassisch-völkischer Aufgaben, Werte, Wertrichtungen geworden ist, unter deren Leitung das Volk den Weg zu sich selbst und zu seiner Eigengestaltung geht."[27]

Vielmehr seien auch „freie Entscheidung", „Geist", „Verantwortung" und „Befähigung zum Widerspruch" Kriterien für Erziehung. In Kenntnis dieser Position wird Döpp-Vorwald nach Münster geholt und diese feine Differenzierung innerhalb des Spektrums völkisch-nationalsozialistischer Auffassungen vertrat er auch in seiner Lehre an der Universität.[28] So bot er beispielsweise im 1. Trimester 1941 die Veranstaltung „Übungen über politische Pädagogik im Anschluß an Baeumler und Krieck" an. Mit Döpp-Vorwald zog endgültig die explizite Behandlung nationalsozialistischer Erziehungskonzepte in das Pädagogik-Lehrangebot der Universität Münster ein.

Im Entnazifizierungsverfahren 1946 wurde er als Mitläufer eingestuft. Er verteidigte darin seine völkisch-politische Erziehungslehre mit dem Argument, diese sei antinazistisch gewesen.[29] Er wurde zunächst vom Dienst an der Universität suspendiert, aber im Februar 1947 wieder eingestellt. 1949 ist er hier zum außerplanmäßigen Professor, 1957 zum Wissenschaftlichen Rat für Erziehungswissenschaft und Philosophie,

Abb. 2: Heinrich Döpp-Vorwald

---

26 Döpp-Vorwald: Erziehungswissenschaft und Philosophie der Erziehung, Berlin 1941, Neuauflage Ratingen 1967.

27 Döpp-Vorwald 1941, S. 101f.; einordnend zu Döpp-Vorwalds Erziehungstheorie: Döpp, Robert: Jenaplan-Pädagogik im Nationalsozialismus, Münster/Hamburg/London 2003, S. 452–458.

28 Nachweise dazu bei Döpp 2003, S. 455, auf der Grundlage der Auswertung von Vorlesungsmanuskripten Döpp-Vorwalds, die sich in seinem Nachlass im Bundesarchiv Koblenz unter der Signatur N 1454 finden.

29 Landesarchiv Nordrhein-Westfalen Abteilung Rheinland (LAV NRW R), NW-1037-BIV/3402 und NW-1039.

1961 zum außerordentlichen Professor und 1964 zum ordentlichen Professor für Pädagogik (Nachfolge Leonhard Froese) ernannt worden.

Die Wende zur Psychologie: Wolfgang Metzger und seine Gestalttheorie von Seele und Volk

Ab dem 1. April 1941 vertrat der Psychologe Wolfgang Metzger (1899–1979) die durch die Emeritierung frei gewordene ordentliche Professur von Willy Kabitz. Metzger hatte 1926 bei einem Vertreter der ersten Generation der Gestaltpsychologie Professor Wolfgang Köhler in Berlin promoviert. 1932 habilitierte er sich bei dem jüdischen Professor Max Wertheimer an der Universität in Frankfurt am Main noch kurz vor dessen erzwungenen Emigration in die USA. Metzger kann als anerkannter Vertreter der zweiten Generation der Gestaltpsychologie bezeichnet werden, der durch seine Veröffentlichungen sowohl die gestaltpsychologische Grundlagenforschung als auch die systematische Darstellung der Gestaltpsychologie insgesamt vorangetrieben hat.[30] Noch in Frankfurt am Main ist seine venia legendi auf Pädagogik erweitert worden. Metzger wurde in Münster von der Philosophischen Fakultät und der Universitätsleitung im Verlaufe des Jahres 1942 ganz bewusst auf eine ordentliche Professur für Philosophie und Psychologie berufen, der lediglich hinzugefügt wurde, dass von ihr auch die Pädagogik mit abgedeckt werden soll.

Ausweislich seiner Personalakte bei der Universität Münster war Metzger am 1. Mai 1933 der NSDAP beigetreten und wurde dort unter der Mitgliedsnummer 4.702.876 geführt.[31] Erst 1945 mit dem Ende des „Dritten Reiches" endete seine Mitgliedschaft in der NSDAP. Am 1. Dezember 1933 trat er dann auch der Sturmabteilung (SA) bei, am 14. Oktober 1933 dem Reichsluftschutzbund (RLB), am 1. August 1934 der NSV und, im Jahre 1937 dem NSDDB. Auffällig ist, dass Metzger kaum aktiv Funktionen in diesen NS-Organisationen – mit Ausnahme der NSV[32] – übernommen hat.

Die Mitgliedschaft Metzgers in NS-Organisationen war im Berufungsverfahren an der Westfälischen Wilhelms-Universität Münster während der Jahre 1941 und 1942 selbstverständlich bekannt. Interessant ist hierbei, wer Metzger mit welchen Argumenten unterstützt hat. Der Rektor trat in einem Schreiben vom 18. Dezember 1941 massiv für eine Schwerpunktverlagerung bei der Besetzung der Nachfolge Kabitz von der pädagogischen Ausbildung zukünftiger Lehrer an höheren Schulen auf das Fach Psychologie ein, weil es nicht mehr möglich sei, die Erziehungswissenschaft als Fach im Staatsexamen zu wählen, und weil inzwischen von staatlicher Seite eine Diplomprüfung für Fachpsychologen eingeführt worden sei[33]. Speziell für Metzger setzten sich einige NS-Organisationen ein; so schrieb der NSDDB Frankfurt

---

30 Exemplarisch: Metzger, Wolfgang: Gesetze des Sehens, Frankfurt am Main 1936; ders.: Psychologie – Die Entwicklung ihrer Grundannahmen seit der Einführung des Experiments, Dresden/Leipzig 1941.

31 Universitätsarchiv Münster (UAMs), Bestand 8, Nr. 8915. In einigen wissenschaftlichen Veröffentlichungen und in den Entnazifizierungsakten, LAV NRW R, NW-1039-M, Nr. 331, wird später abweichend das Eintrittsjahr 1937 angegeben.

32 Darauf komme ich später zurück.

33 UAMs, Bestand 9, Nr. 323.

Abb. 3: Wolfgang Metzger

(Professor Rudolf Müller) am 23. Dezember 1941 an die Universität Münster und die Universitätsleitung nahm diese Wertung zu den Berufungsunterlagen:

„Politisch hat Metzger früher als Schüler der Marxisten Köhler und des für den Kommunismus eintretenden Juden Wertheimer ganz ihren liberalistischen sozialdemokratischen Kreisen angehört. Seit 1933 ist er nicht mehr hervorgetreten und hat anscheinend eine wirkliche Wandlung in seinen Ansichten durchgemacht. Sein Verhalten sei heute das eines ehrlichen Nationalsozialisten, so dass bezüglich seiner politischen Stellungnahme keinerlei Bedenken mehr gegen ihn erhoben werden."[34]

Ulfried Geuter berichtet in seiner ausführlichen Untersuchung zur Psychologie im Nationalsozialismus, dass auch das Amt Rosenberg und die Parteikanzlei der NSDAP die Berufung von Metzger befürwortet haben.[35] Die Gauleitungen Hessen-Nassau und Westfalen-Nord der NSDAP schlossen sich dem am 26. Mai und 5. Juni 1942 an. Am 16. Dezember 1942 teilte daraufhin das REM der Universität die Ernennung von Wolfgang Metzger „durch den Führer" zum ordentlichen Professor mit. Er wurde im gleichen Jahr zum Professor für Psychologie und

---

34   UAMs, Bestand 8, Nr. 8915.
35   Vgl. Geuter, Ulfried: Die Professionalisierung der deutschen Psychologie im Nationalsozialismus, Frankfurt am Main 1988, S. 363 und 507, mit Verweis auf Quellen im Mikrofilmarchiv des Instituts für Zeitgeschichte in München unter MA 116/10.

Direktor des Seminars für Philosophie der Geisteswissenschaften, Abteilung für Psychologie und Pädagogik, ernannt."[36]

Zwischen dem Sommersemester 1942 und dem Wintersemester 1944/45 bot Metzger jeweils vier bis fünf Lehrveranstaltungen an. Ganz überwiegend waren sie allgemeinpsychologischen oder pädagogisch-psychologischen Themen gewidmet, dabei überwogen wahrnehmungspsychologische und lernpsychologische Inhalte („Denken und Erfahrung", „Denken und Lernen"). Lediglich einmal im Wintersemester 1944/45 hat er laut Vorlesungsverzeichnis eine explizit pädagogische Vorlesung zu „Grundlagen der Erziehungslehre" angeboten. Pädagogische Gegenstände wurden mit seinem Lehrangebot an der Universität Münster weiter zurückgedrängt.[37] Festgehalten werden muss, dass Metzger aber keine politisch-weltanschaulichen Themen in der Lehre behandelt hat.

Die wissenschaftliche Arbeit in Forschung, Lehre und Theoriebildung von Wolfgang Metzger konzentrierte sich nahezu ausschließlich auf die Ausarbeitung der Gestaltpsychologie. Diese ist zunächst eine Theorie der Wahrnehmung, die die Aufmerksamkeit darauf lenkt, dass die menschliche Erkenntnis über die reine Zusammenführung sinnlicher Eindrücke hinaus, ganzheitliche Strukturen – sogenannte Gestalten – zu erfassen vermag. Die Gestalttheorie ist ihrer Intention nach ohne eine politisch-gesellschaftliche Applikation gedacht. Metzger weicht nun aber durch eine Veröffentlichung von dieser Linie ab. Auf der Grundlage eines Vortrages, den er im Herbst 1939 vor dem NS-Lehrerbund in Halle an der Saale gehalten hat, publizierte er 1942 in der Zeitschrift „Volk im Werden" seine Gedanken über den Auftrag der Psychologie in der Auseinandersetzung mit dem Westen.[38] Diese erziehungspolitische Zeitschrift wurde seit 1933 von dem prominenten NS-Erziehungstheoretiker Ernst Krieck herausgegeben. Metzger spielte diesen Aufsatz schon 1945 in einer ergänzenden Verteidigungsschrift zu seinem Entnazifizierungsfragebogen mit den Worten herunter, er „könnte allenfalls als teilweise politisch gewertet werden."[39] 1979 äußert er zudem in einem Gespräch, über das Ulfried Geuter berichtet, dass dieser Text „sein Primanerstandpunkt gewesen sei";[40] also die Jugendsünde eines 40-Jährigen.

In diesem Text stellt Metzger die deutsche Gestaltpsychologie natürlicher Ganzheiten dem „seelenlosen Behaviorismus" des Westens gegenüber. Hier erweiterte er den Erklärungsanspruch des gestaltpsychologischen Ansatzes von psychologischen Phänomenen auf politische Entgegensetzungen in der deutschen Denkweise zu denen von Kriegsgegnern – besonders Frankreich, England und den USA – im aktuellen Zweiten Weltkrieg.

---

36   UAMs, Bestand 8, Nr. 8915.

37   Im Sommersemester 1944 und Wintersemester 1944/45 wurde Metzger in der pädagogisch-psychologischen Lehre von Dr. Ernst Bornemann (1912–1988) unterstützt. Dieser hat im Sommersemester 1944 auch eine eigene Lehrveranstaltung zu Didaktik und Methodik des berufskundlichen Unterrichts angeboten. Noch in den letzten Kriegstagen 1945 wurde er in Münster betreut durch Metzger mit einer Arbeit über psychologische Grundlagen von Eignungsuntersuchungen habilitiert.

38   Metzger, Wolfgang: Der Auftrag der Psychologie in der Auseinandersetzung mit dem Geist des Westens, in: Volk im Werden 10 (1942), Heft 1/2, S. 133–144.

39   UAMs, Bestand 207, Nr. 15, Nachtrag zum Fragebogen vom 17.8.1945.

40   Geuter 1988, S. 477.

„Der Gegensatz der politischen Auffassungen hat begreiflicherweise gerade in dieser Frage seine schärfste Form angenommen: Wo das Gemeinwesen als wirkliches und echtes Ganzes und nicht mehr als die Summe seiner Teile verstanden wird, da ist kein Platz mehr für die Annahme von der Beliebigkeit der Angehörigen. Die tragende Bedeutung des Rasseprinzips für den Staatsaufbau beruht ja gerade auf der vielfachen geschichtlichen Erfahrung, daß ein Gemeinwesen, um gesund, dauerhaft, lebensfähig zu sein, nicht aus beliebig verschiedenen Mitgliedern mit noch dazu auch in jeder anderen Hinsicht gleicher Berechtigung zusammengesetzt sein darf, sondern aus anlagemäßig genügend gleichartigen Menschen. [...] Die Übereinstimmung mit der Entwicklung der Lehre von den Bedingungen einer dauerhaften Gemeinschaft zum Rasseprinzip und zum Prinzip des geschlossenen Siedlungsraumes könnte nicht genauer sein."[41]

Den Krieg deutete Metzger als eine auch geistige Auseinandersetzung des „weißen, nordisch bestimmten Menschen" auf den „Grundlagen der völkischen Gemeinschaftsbildung"[42] mit dem mechanistischen, empiristischen und rationalistischen Geist des Westens. Hier entfaltet er unmissverständlich eine rassistisch und völkisch umgedeutete Gestalttheorie als Rechtfertigung nationalsozialistischer Gesellschafts- und Kriegspolitik.

Gegen Kriegsende hat Metzger auch eine Funktion innerhalb einer NS-Organisation übernommen. Ab 1942 wurde er Leiter der Erziehungsberatungsstelle der NSV beim Gau Westfalen-Nord mit Sitz in Münster.[43] Metzger galt aus diesem Grund als unabkömmlich (UK) für den Wehrdienst; seine NSV-Tätigkeit wurde vergütet.

Nachdem im Sommersemester 1945 der Lehrbetrieb der Universität völlig eingestellt worden war, bot Metzger bereits wieder im Wintersemester 1945/46 Lehrveranstaltungen an (unter anderem „Psychologische Grundbegriffe"). Im Entnazifizierungsverfahren wurde Metzger später als „suitable Categ. V" (geeignet für die Kategorie V „Entlasteter") eingestuft.[44] Er hat in Münster bis zu seiner Emeritierung im Jahre 1968 und darüber hinaus einige Semester gelehrt und geforscht.

Dozent, Oberstudiendirektor und Honorarprofessor Dr. Benno Kern – nationalsozialistischer Psychologe des Lernens und Arbeitens

Benno Kern (1888–1945) ist eine für die NS-Zeit durchaus symptomatische Figur im akademischen Betrieb und hat die Pädagogische Psychologie sowie dabei auch das pädagogische Lehrangebot an der Universität Münster über viele Jahre mitgeprägt. Er war im Hinblick auf die Leitung der Abteilung für experimentelle Psychologie im Philosophischen Seminar Nach-

---

41   Metzger 1942, S. 136f.
42   Metzger 1942, S. 143.
43   UAMs, Bestand 63, Nr. 95. Welche Aufgaben Metzger in diesem Bereich übernommen hat, ist bisher nicht untersucht worden. Zu Erziehungsberatungsstellen der NSV siehe: Kadauke-List, Anne Marie: Erziehungsberatungsstellen im Nationalsozialismus, in: Cogoy, Renate/Kluge, Irene/Meckler, Brigitte (Hg.): Erinnerung einer Profession. Erziehungsberatung, Jugendhilfe und Nationalsozialismus, Münster 1989. In der Forschung wird ganz allgemein festgestellt, dass diese Stellen auch an der Klassifikation der Kinder und Jugendlichen nach Kriterien der Erbgesundheit mitgewirkt haben.
44   LAV NRW R, NW 1039-M Nr. 331.

Abb. 4: Benno Kern (4. v. lks.) im Kreis seines Kollegiums an der Oberschule am Wasserturm, 1938, heute: Wilhelm-Hittorf-Gymnasium Münster

folger von seinem wissenschaftlichen Lehrer Richard H. Goldschmidt; beide Personen waren in ihrem Verhältnis zum Nationalsozialismus äußerst gegensätzlich eingestellt.

Im Wintersemester 1936/37 wurde er erstmalig mit dem Dienstrang eines Studiendirektors nebenamtlich in der Rolle als Leiter der psychologischen Abteilung ausgewiesen. Mehr als zwei Jahre war diese Funktion also nicht besetzt gewesen, da Goldschmidt direkt im Jahre 1933 aus dem Universitätsdienst entfernt worden war. Kern wurde ab dem Wintersemester 1935/36 als Lehrbeauftragter, dann als Dozent und schließlich ab 1942 bis 1945 als Honorarprofessor für angewandte Psychologie und praktische Pädagogik in der Lehre der Universität ausgewiesen.

Heinrich Gerhard Kern wurde am 5. September 1888 in Duisburg-Ruhrort geboren. In seinem späteren Leben wurde er nicht nur privat, sondern auch beruflich und amtlich zuallermeist Benno genannt. Er war von Beruf Lehrer und Schulleiter am Realgymnasium in Herne und bis 1945 an der Oberschule für Jungen am Wasserturm in Münster sowie zugleich in einer Doppelfunktion lange Zeit an der Universität Münster in Forschung und Lehre als Pädagogischer Psychologe tätig. Politisch ist er überzeugter und aktiver Nationalsozialist gewesen, dies ist zugleich Ursache für manche Erfolge wie für das schlussendliche Scheitern auf seinem Lebensweg, der im 57. Jahr mit der Inhaftierung in einem amerikanischen Internierungslager in Recklinghausen sowie seinem Tod am 30. Dezember 1945 in einem Krankenhaus der amerikanischen Besatzungsmacht in Velen im westlichen Münsterland endete. Über sein Wirken an der Universität und an der Schule gibt es bislang nur sehr spärliche Informationen.[45]

Genau am 1. August 1932, also ein halbes Jahr vor der Machtübertragung an die Regierung Hitler/Hugenberg am 30. Januar 1933, trat er der NSDAP bei, deren Mitglied er bis zum Kriegsende 1945 blieb. Am 2. Februar 1933 trat er auch in den NSLB ein; hier wurde er als Gaufachberater und Kreisfachschaftsleiter für Rassenkunde im Gau Westfalen-Nord aktiv. In der Literatur ist zudem ab 1933 die Ausübung einer Funktion als NSDAP-Ortsgruppenleiter in St. Mauritz bei Münster vermerkt. Am 10. August 1934 wurde er zum kommissarischen Schulleiter des Realgymnasiums, der späteren Oberschule für Jungen in der Ruhrgebietsstadt Herne, ernannt und dort schnell zum Studiendirektor und 1937 auch zum Oberstudiendirektor befördert. Seine Personalakte weist aus, dass sowohl die Parteileitung vom NSDAP-Gau Westfalen-Süd als auch die NSDAP-Gauleitung Westfalen-Nord seine Berufung nach Herne mit positiven Voten unterstützt haben.[46] Ab 1935 war Kern auch als Kreisbeauftragter des Rassenpolitischen Amtes in Herne tätig.

Schon zu Beginn des Wintersemesters 1935/36 wurde Kern von der Universität Münster als Lehrbeauftragter für pädagogische Psychologie im Philosophischen Seminar angestellt. Damit bekleidete Kern gewissermaßen zwei Nebenämter zugleich, denn das preußische Kultusministerium wie das REM in Berlin unter dem ranghohen NSDAP-Funktionär Bernhard Rust bestätigte diese Beauftragung, sicherte dafür eine finanzielle Vergütung zu und entlastete Kern gleichzeitig teilweise von seiner Tätigkeit als Schulleiter. Parallel setzte sich in einem Schreiben vom 5. Februar 1938 die NSDAP-Gauleitung Westfalen-Nord/Gaustudentenführung beim Oberpräsidenten für die Ernennung Benno Kerns zum Oberstudiendirektor und Schulleiter an der Oberschule am Wasserturm mit den Worten ein: Kern ist „alter Kämpfer und Parteigenosse; er gehört zu den (wenigen) Dozenten, die sich weltanschaulich und politisch als Nationalsozialisten restlos in den Dienst der Bewegung gestellt haben."[47]

In seiner Abendausgabe berichtete der „Münsterische Anzeiger" am 10. Juni 1938, dem Tag der Eröffnung der Schule, von der feierlichen Einführung des neuen Schulleiters. In einer Ansprache machte Kern dort nach Angaben der Zeitung einige programmatische Aussagen:

„An das Lehrerkollegium richtete er die Mahnung, immer der pädagogischen Umformung eingedenk zu sein, in der wir heute stehen. In seinen Worten an die Schüler betonte Oberstudiendirektor Dr. Kern die Wichtigkeit der Charakter- und Willensschulung sowie der körperlichen Ertüchtigung, die in der nationalsozialistischen Erziehung mit Recht den Vorzug vor einseitiger Verstandesbildung genießen. Diese Schule werde ihre eigene Disziplin auf einer neuen Grundlage erhalten. Unter dem Hinweis darauf, daß an dieser Stelle eine Erziehungsarbeit geleistet werde, die zur Verwirklichung der Gedanken des Führers beitragen solle, brachte der Redner dann die Führerehrung aus."[48]

---

45 Aussagekräftige Charakterisierung von Kern bei: Eggert, Heinz-Ulrich: Schulzeit 1938–1949. Zur Vorgeschichte des Wilhelm-Hittorf-Gymnasiums Münster im NS-Staat und in der Nachkriegszeit (Quellen und Forschungen zur Geschichte der Stadt Münster, N.F. 22), Münster 2005, S. 205 und 247–253.

46 LAV NRW W, Provinzialschulkollegium Münster, K 42 XIV/4.

47 Ebd.

48 Münsterischer Anzeiger, 10.6.1938, Nr. 262, Blatt 2.

Mit der Absicht, an seiner Schule eine eigene Art der Disziplin auf einer neuen Grundlage zu entwickeln, meinte Kern jene, in seinem 1933 zuerst erschienenen Buch „Geh an die Arbeit" propagierte Ersetzung der nur direktiven und weniger wirksamen Fremdbefehlstechnik durch die „Schulung der Selbstbefehlstechnik", die zwar die aktive Beteiligung der Lernenden am Arbeitsprozess betont, aber der „Grundsatz: Ersetze den Fremdbefehl durch den Selbstbefehl" bedeute weiterhin: „Kleide deine Vorsätze in Befehlsform, gib dir klare, eindeutige Kommandos."[49]

Die besondere Position und die berufliche wie universitäre Karriere von Benno Kern ist nur verständlich vor dem Hintergrund der massiven Protektion durch die NSDAP. Es war der Partei sehr recht, mit ihm den aus dem Universitätsdienst entlassenen pädagogischen Psychologen Richard H. Goldschmidt zu ersetzen und zugleich einen linientreuen Leiter einer höheren Schule installieren zu können.

Die Vorlesungsverzeichnisse der Universität wiesen von Kern zwischen dem Wintersemester 1935/36 und dem Wintersemester 1944/45 regelmäßig und thematisch überwiegend Lehrveranstaltungen aus der Lern- und Arbeitspsychologie sowie der pädagogischen Psychologie aus. Beispiele hierfür sind „Pädagogische Psychologie" im Wintersemester 1936/37 und „Hauptfragen der Psychologie" im 2. Trimester 1940. Aber in seinem Lehrangebot finden sich auch ideologisch einschlägige Themen wie „Kolloquium über neueres pädagogisches und weltanschauliches Schrifttum" im Wintersemester 1944/45.

Nach zweieinhalb Kriegsjahren sank der Einfluss von Kern an der Universität; dies zeigt eine Anekdote aus dem Frühjahr 1942. Kern hätte eigentlich die Funktion der Abteilungsleitung für Psychologie im Philosophischen Seminar an den neu berufenen Professor der Philosophie und Psychologie Wolfgang Metzger übergeben müssen. Als Metzger bereits im Vorgriff auf seine spätere Berufung im Sommersemester 1942 die Lehrstuhlvertretung übernommen hatte, beschwerte er sich gegenüber dem Rektorat, dass Kern sich geweigert habe, ihm den Schlüssel für das Büro der Leitung der Abteilung C für Psychologie auszuhändigen.[50] Zu Beginn des Wintersemesters 1942/43 musste er den Schlüssel allerdings dann doch herausgeben.[51]

Die am meisten verbreitete Veröffentlichung von Benno Kern ist das Buch „Geh an die Arbeit". Das Buch stellt eine fachlich gehaltene, arbeitspsychologische Analyse und Empfehlung von Lernpraktiken und Übungen zur Leistungssteigerung dar. „Leistungssteigerung ist das Leitwort unseres Buches", schrieb er programmatisch im Vorwort zur Auflage aus dem Jahre 1939. Seine Analysen und Ratschläge zur Psychologie des Übens und der geistigen Schulung sind angelegt als lernpsychologische Instrumente der Leistungsorientierung in Schule und

---

49   Kern, Benno: Geh an die Arbeit. Psychologie und Technik der geistigen Schulung, 1. Auflage, Münster 1933 (3. und 4. Auflage 1939 mit dem Untertitel: Ein Handbuch der Lern- und Arbeitstechnik. 5. Auflage 1954 bis 13. Auflage 1961 gemeinsam mit Gerhard Clostermann wieder mit dem Untertitel: Psychologie und Technik der geistigen Schulung), 3. und 4. Auflage, S. 28 und 32.

50   UAMs, Bestand 8, Nr. 8915.

51   Ob Kern ab Kriegsbeginn überhaupt seine angekündigten Lehrveranstaltungen in vollem Umfang durchgeführt hat, scheint mir fraglich. Denn von 1939 bis 1942 arbeitete er auch in Teilzeitform als Heerespsychologe bei der Wehrmacht und ab 1943 als Hauptlagerleiter der Kinderlandverschickung der Oberschule am Wasserturm in Bad Wiessee in Oberbayern, LAV NRW W, Provinzialschulkollegium Münster, K 42 XIV/4.

Hochschule. Die relativ ideologiefrei gehaltenen Kapitel sind eingebettet in Verbeugungen vor nationalsozialistischer Politik und Denkweise. So hieß es im Vorwort vom 1. Mai 1933 zur 1. Auflage:

„Die Arbeit an diesem Buch wurde überschattet von der schweren politischen Not der vergangenen Jahre. Während des Abschlusses der Arbeit brach über Deutschland die gewaltige nationalsozialistische Revolution herein; mit ihr setzte sich auch auf kulturellem Gebiet eine neue Weltanschauung durch, deren pädagogische Einstellung für die in diesem Werke vertretenen Ansichten einen starken Widerhall erhoffen läßt. [...] Als alter Mitkämpfer der nationalsozialistischen Bewegung möchte ich die Hoffnung ausdrücken, daß dieses Werk mitwirken möge an der Erziehung einer harten geistigen Führungsschicht und am kulturellen Aufbau unseres Vaterlandes."[52]

Heinz-Ulrich Eggert arbeitet in seiner Geschichte der Oberschule am Wasserturm zwischen 1938 und 1949 an einigen Beispielen von Disziplinarkonflikten aus dem schulischen Bereich und dem Lager der Kinderlandverschickung treffend heraus, dass Kern keinen Widerspruch zwischen dem Ziel der Formung des nationalsozialistischen Menschen und der Durchsetzung des Leistungsprinzips sah. In der Erläuterung seines Rollenverständnisses als Schulleiter nahm Kern ausdrücklichen Bezug auf das Führerprinzip.[53] Insofern stand er im NS-internen Konflikt um das rechte Erziehungsverständnis[54] zwischen dem Festhalten an fachlichen Anforderungen in der Schule des NS-Staates (Reichsministerium) und der Unterordnung von Unterricht und Lernen in der Formationserziehung, die Charakter, Gesinnung und Körperlichkeit priorisierten (HJ-Führung), auf der Seite der ersteren Position. In dieser Variante von nationalsozialistischer Erziehung spiegelt sich auch die von Kern angestrebte inhaltliche Schnittmenge seiner Tätigkeit einerseits als Wissenschaftler der Pädagogischen Psychologie und andererseits als Leiter einer Schule. In den Schlussbemerkungen zur 3. und zur 4. Auflage bediente er sich dann auch wieder des martialischen Sprachgebrauchs der nationalsozialistischen Erziehungsliteratur: „Die vollendete Handhabung unserer Schulungsmethode ist nur in härtester, gewaltsamer und zuchtvoller Arbeit zu erzwingen." Es folgt eine Verbeugung vor Adolf Hitler: „Weit und hochgespannt sind die Ziele unseres Führers."[55] und unmittelbar daran anschließend ein allfälliger Appell zur Mitwirkung im NS-System:

„Jeder von uns, der über die notwendigen Voraussetzungen an geistiger und charakterlicher Veranlagung verfügt, muß heute damit rechnen, daß er an irgendeiner Stelle der gewaltigen Kampffront als Mitkämpfer eingesetzt wird."

Obwohl Kern hauptamtlich Lehrer und Schulleiter blieb und nur nebenamtlich an der Universität arbeitete, hat er die münsterische Pädagogik doch mit seiner psychologischen Konzeption des Lernens und seiner Methodik der Arbeit im Sinne der nationalsozialistischen Bewegung

---

52   Kern 1939, S. IV.
53   Vgl. Eggert 2005, S. 249.
54   Vgl. Nagel, Anne C.: Hitlers Bildungsreformer. Das Reichsministerium für Wissenschaft, Erziehung und Volksbildung 1934–1945. Frankfurt am Main 2012, S. 186–205.
55   Ebd., S. 175f.

erkennbar mitgeprägt. Er hat sich dabei so kontinuierlich offensiv für die NSDAP eingesetzt, dass durch das Oberpräsidium Münster sofort zum 1. Juni 1945 seine Dienstbezüge eingestellt worden sind, weil er nach Personalbogen und Fragebogen als „politisch besonders belastet" angesehen wurde.[56] Er kam in ein amerikanisches Internierungslager und starb auf Grund einer langen schweren Krankheit am 30. Dezember 1945 in Velen/Westmünsterland.

Zusammenschau: Lehrende und Studierende im Bereich der Pädagogik

Die Übersichtsgraphik zum wissenschaftlichen Personal der Pädagogik zwischen 1933 und 1945 an der Universität Münster macht deutlich, wie insgesamt ausgedünnt das erziehungswissenschaftlich einschlägige Studienangebot an der Universität Münster während der zwölf Jahre der NS-Diktatur war. In den ersten beiden Jahren 1933 und 1934 wurden die durchschnittlich zwei Veranstaltungen pro Semester von Willy Kabitz noch kurzzeitig ergänzt durch die pädagogischen Seminare, Übungen und Vorlesungen von Bernd Rosenmöller – dem außerordentlichen Professor für Philosophie und Pädagogik; dieser verließ allerdings schon 1934 die Universität Münster. Zwischen 1935 und 1939 reicherte zwar der Dozent Benno Kern die pädagogische Lehre von Kabitz gelegentlich mit pädagogischen Themen an, unterrichtete aber ansonsten überwiegend zu Inhalten aus der Lern- und Arbeitspsychologie. Ab 1940, als das Lehrangebot von Kabitz schon stark auf Grund seiner Krankheit reduziert war, kamen einige stark erziehungstheoretisch orientierte Veranstaltungen des Diäten-Dozenten Dr. Döpp-Vorwald hinzu. Mit der Berufung von Wolfgang Metzger 1942 setzt dann eine massive Verschiebung in Richtung auf das Fach Psychologie ein. Ab diesem Zeitpunkt sind Döpp-Vorwald und Kern in erheblichem Umfang außeruniversitär in der Militärpsychologie und im Schuldienst eingesetzt. Das pädagogische Lehrangebot, wie es 1942 bis 1944/45 in den Vorlesungsverzeichnissen aufgeführt war, erscheint eher wie ein potemkinsches Dorf denn als Abbild des tat-

Personalentwicklung der Lehrenden im Bereich der Pädagogik

1933	1934	1935	1940	1942	1944-1945
Seit 1915 a.o. und seit 1918 o. Prof. für Philosophie und Pädagogik **Willy Kabitz**				o. Prof. für Philosophie und Psychologie (mit Lehrverpflichtungen in Pädagogik) **Wolfgang Metzger**	
	Prof. f. Phil. + Päd. **Bernd Rosenmöller**				Dozent f. Psy. + Päd. **Ernst Bornemann**
			Diäten-Dozent	für Philosophie und Pädagogik Dr. habil. **Heinrich Döpp-Vorwald**	
		Ab WS 1935/36 Lehrbeauftragter, dann Dozent, dann ab 1942 für angewandte Psychologie und praktische Pädagogik OStD Dr.		Honorarprofessor **Benno Kern**	

Abb. 5: Übersicht Personalentwicklung der Lehrenden im Bereich Pädagogik 1933–1945

56   LAV NRW W, Provinzialschulkollegium Münster, K 42 XIV/4 (Personalakte Dr. Benno Kern).

sächlich realisierten Lehrangebotes. Daran ändert auch das eine Seminar im Sommersemester 1944 von Dr. Ernst Bornemann[57] zum berufskundlichen Unterricht nichts. Auch rein quantitativ nahm das nominelle pädagogische Lehrangebot in den letzten dreieinhalb Jahren von NS-Herrschaft und Krieg ab.

Eine ähnliche Tendenz des Rückgangs ist auch bei der Studierendenzahl der Pädagogik festzustellen. Zwar gibt die Immatrikulationsstatistik zu diesem Zeitraum keine exakten Angaben für dieses Fach her, aber aus den verfügbaren Daten über die in der Philosophischen Fakultät eingeschriebenen Studierenden, von denen auch ein Großteil der Nachfrage nach pädagogischer Lehre herrührte, lässt sich diese stete Reduktion näherungsweise bestimmen. 1930 waren in den Fächern der Philosophischen Fakultät noch 2.200 Studentinnen und Studenten immatrikuliert, 1945 waren es nur noch 500.[58] Auch die spärlich verfügbaren Zahlen über die Teilnehmerinnen und Teilnehmer an einzelnen Pädagogik-Veranstaltungen (zum Beispiel einmal acht Studierende im Sommersemester 1935 und gleichfalls einmal im Wintersemester 1935/36)[59] stützen das Bild von einem Miniaturfach Pädagogik.

In geisteswissenschaftlichen Fächern waren bei ihrer Immatrikulation circa 36 Prozent der Studierenden Mitglied in einer NS-Organisation (ohne Hitlerjugend – HJ). Der Organisationsgrad in NS-Verbänden lag bei den Theologien mit unter 10 Prozent sehr viel niedriger und bei den Rechts- und Staatswissenschaften mit über 50 Prozent deutlich höher. Von denen, die das Berufsziel Studienrat/Lehrer angegeben hatten, waren 26,5 Prozent bereits Mitglieder in NS-Organisationen (zum Vergleich: Geistliche: 5 Prozent; naturwissenschaftliche Berufe: 68,6 Prozent).[60] Von den Lehrenden der Pädagogik zwischen 1933 und 1945 an der Universität Münster waren 62 Prozent NSDAP-Mitglieder. Als Maßeinheit der eigenen Berechnung wurde dabei „Lehrende pro Jahr" gewählt, um die Beschäftigungsdauer mit zu berücksichtigen. Zu Beginn der NS-Herrschaft war niemand von den Lehrenden der Pädagogik in der Partei, in den vierziger Jahren waren nahezu alle Lehrenden Parteimitglied.

Auch hier ist wieder der Vergleich mit anderen Disziplinen aufschlussreich: Für die Medizin wurde ein NSDAP-Organisationsgrad von 90 Prozent ermittelt, während in der katholischen Theologie nur 7 Prozent der Lehrenden die Parteimitgliedschaft erworben hatten. Der Durchschnitt für den Lehrkörper der gesamten Universität wird mit 70 Prozent, der Reichsdurchschnitt für 1938 mit 50 Prozent angegeben.[61] Die Pädagogik in Münster war demnach zwar keine NS-Hochburg, lag aber in der Affinität ihrer Angehörigen zur Nazi-Partei im Durchschnitt der deutschen Universitätslandschaft.

---

57 Dr. Ernst Bornemann (1912–1988), parteilos, Hochschullehrer für angewandte Psychologie und Sozialpädagogik. Seine Habilitation 1945 wurde von Wolfgang Metzger betreut. Ab 1945 bis 1977 war er als Privatdozent, außerordentlicher Professor und zuletzt Wissenschaftlicher Rat und Professor an der Universität Münster tätig.

58 Weischer, Christoph: Studierende an der Universität Münster 1920–1960, in: Thamer/Droste/Happ 2012, S. 163–191, hier: S. 174.

59 Siehe Anmerkung 16.

60 Weischer 2012, S. 187f.

61 Kurz, Lothar/Witte, Klaus: Die Entnazifizierung an der Universität Münster, in: Kurz 1980, S. 117–126, hier: S. 118.

Einsortierung in disziplinäre Richtungen von Theorie und Forschung

Bis 1933 gab es einen gewissen Einfluss der katholischen Pädagogik (DIWP) auf die universitäre Erziehungswissenschaft in Münster[62] (etwa durch Bernd Rosenmöller), danach orientierten sich die Lehrenden an recht verschiedenen Ansätzen wissenschaftlichen Denkens über Erziehung, Bildung und Lernen. Willy Kabitz repräsentierte einen philologisch-historischen Ansatz im Rahmen der Bearbeitung neuzeitlicher Philosophie. Der Lehrbeauftragte und Honorarprofessor Kern vertrat im Anschluss an die Wahrnehmungspsychologie eine experimentelle Lern- und Arbeitspsychologie. Eine völkisch-realistische Pädagogik legte der Dozent Döpp-Vorwald seinen Untersuchungen zur Erziehungstheorie zu Grunde. Wolfgang Metzger erörterte Erziehungsfragen vor dem Hintergrund der von ihm systematisch ausgearbeiteten Gestaltpsychologie.

Alle drei – Kabitz, Kern und Döpp-Vorwald – thematisierten auch in einzelnen Lehrveranstaltungen Themen und Ideologeme der NS-Erziehungstheorie. An der Universität Münster lehrte aber kein prominenter Wissenschaftler, der theoretisch und organisatorisch an der Entwicklung einer nationalsozialistischen Erziehungskonzeption mitgewirkt hat; dies unterschied Münster von einer Reihe anderer Universitäten im Reich. An der Universität Berlin wurde 1933 für den Philosophen und NS-Funktionär Professor Alfred Baeumler ein Lehrstuhl für politische Pädagogik eingerichtet. Der Psychologe und Pädagoge Professor Oswald Kroh schuf bis 1938 an der Universität Tübingen ein Studienzentrum, an dem viele spätere SS-Schulungsleiter ausgebildet worden sind. 1938 ging er nach München und 1942 nach Berlin. Ebenfalls in Tübingen führte Professor Gerhard Pfahler mit seiner Erbcharakterkunde ab 1938 die nationalsozialistische Erziehungslehre fort. Von 1930 durchgehend bis 1945 wirkte Professor Wilhelm Hehlmann an der Universität Halle-Wittenberg, der mehrere Auflagen des Pädagogischen Wörterbuchs im nationalsozialistischen Sinne herausgab. An der Universität Jena scharte sich um prominente NS-Rassenforscher (Günther Franz, Karl Astel, Hans F.K. Günter) die zahlreiche Schülerschaft des völkischen Pädagogen Peter Petersen. Und zwischen 1934 und 1945 lehrte in Heidelberg der bekannteste NS-Erziehungstheoretiker Ernst Krieck und veröffentlichte hier eine Vielzahl von programmatischen Schriften zur nationalsozialistischen Erziehung mit großen Auflagen. Baeumler, Krieck, Kroh und Pfahler hatten Lehrstühle für Pädagogik in Verbindung mit Philosophie inne. Hehlmann bekleidete eine Professur für Pädagogik und Jugendkunde, nur Petersens Professur besaß eine Denomination ausschließlich für Erziehungswissenschaft.

B. Formen und Ursachen der Marginalisierung

Viele Befunde zur Pädagogik an der Universität Münster sprechen demnach dafür, dass sie als Disziplin in der NS-Zeit noch weiter als in der Weimarer Zeit an den Rand gedrängt worden ist und sich dem ideologischen Mainstream nationalsozialistischer Weltanschauung eingefügt

---

62   Vgl. Müller, Markus: das Deutsche Institut für Wissenschaftliche Pädagogik 1922–1980. Von der katholischen Pädagogik zur Pädagogik von Katholiken, Paderborn 2014, S. 96–214.

hat. Eine in der quantitativen Dimension ganz ähnliche Diagnose hat auch die disziplinge-schichtliche Forschung über die allgemeine Entwicklung der Pädagogik/Erziehungswissen-schaft im deutschen Reichsgebiet gestellt:

„Vielmehr ist die Erziehungswissenschaft an den Universitäten des ‚Dritten Reiches‘ einem Prozess der Deinstitutionalisierung unterworfen: Nach der bis 1931 erfolgenden Expansion des Personalbestandes an den wissenschaftlichen Hochschulen auf 82 Stellen wurde dieser bis zum Ende des NS-Regimes 1945 auf weniger als die Hälfte, nämlich 37 Professoren abgebaut und befindet sich damit nur knapp über dem Stand von 1919 mit 31 einschlägigen Amtsinhabern."[63]

Welche Gründe und Mechanismen für diesen sowohl deutschlandweiten als auch lokalen Pro-zess des Abbaus und der Gleichschaltung lassen sich nun anführen?

Marginalisierung durch staatliche Studienordnungen

Die Marginalisierung der münsterischen Erziehungswissenschaft ist durch zwei ineinander-greifende Prozesse bestimmt: a) durch politische Anpassung und Selbstgleichschaltung der pädagogischen Akteure von unten und b) durch ideologische und strukturelle Eingriffe und Vorgaben des Staates von oben. Zu den Vorgaben des NS-Staates gehörten einmal im Bereich der Lehrerausbildung die Neufassung der Ordnung der Prüfung für das Lehramt an höheren Schulen vom 16. Juli 1937[64] und zum anderen der Erlass einer Diplomprüfungsordnung für Studierende der Psychologie vom 16. Juni 1941[65] und damit die in Deutschland erstmalige Einführung eines eigenen Studiengangs der Psychologie neben dem Abschluss des Dr. phil. mit dem Haupt- und/oder Nebenfach Psychologie.

Konnten Studierende nach der preußischen Prüfungsordnung für das Lehramt an höheren Schulen von 1917 im Rahmen der Prüfung in Philosophie, die alle Absolventen von Lehramts-studiengängen im Staatsexamen an der Universität zusätzlich zu den Prüfungen in den Un-terrichtsfächern ablegen mussten, Prüfer und Inhalte aus der Pädagogik wählen, so bestimmte 1937 die NS-Reichsregierung apodiktisch: „Die bisher übliche allgemeine Prüfung in Philoso-phie wird ersetzt: 1. durch Berücksichtigung der mit dem Fach verknüpften philosophischen Probleme in der Fachprüfung, 2. durch ein Kolloquium über die grundlegenden politisch-welt-anschaulichen Fragen."[66] An die Stelle berufsspezifischer Fachlichkeit trat hier Politisierung.

Vier Jahre später erhielt dann das Fach Psychologie an den Universitäten mit dem Diplo-mexamen einen eigenen Studiengang. Diplomstudierende – aber eben nicht Lehramtsstudie-rende – mussten im Teilfach Pädagogische Psychologie eine Prüfung ablegen, um „dabei zu erweisen, wieweit der Prüfling imstande ist, sich im Dienste einer seelischen Hygiene des völ-

---

63 Heinze/Horn 2011, S. 320. Zu den Einzelnachweisen siehe Horn 2003, S. 73–90.
64 Deutsche Wissenschaft, Erziehung und Volksbildung (DWEV) 3 (1937), S. 290–294 und S. 363–365.
65 DWEV 7 (1941), S. 255–260.
66 DWEV 3 (1937), S. 365.

kischen Gesamtlebens einzusetzen."[67] Also auch in diesem Fach geschah eine weltanschauliche Instrumentalisierung im Sinne der NS-Ideologie. Da die Diplomprüfungsordnung festlegte, dass nur an Hochschulen dieser Studiengang eingerichtet werden dürfe, an denen das Fach Psychologie durch einen planmäßigen Lehrstuhl vertreten ist,[68] musste an der Universität Münster eine neue Professur geschaffen werden.

In den längeren Auseinandersetzungen in Münster über die Nachfolge von Willy Kabitz, der ja ein Ordinariat für Philosophie und Pädagogik eingenommen hatte, spielten die überregionalen Änderungen der Studienordnungen eine entscheidende Rolle. Die abschließende Argumentation für eine Umwandlung des Lehrstuhls für Philosophie und Pädagogik in einen für Philosophie und Psychologie an der Universität Münster fasste der Rektor Professor Walter Mevius in einem Schreiben vom 18. Dezember 1941 zusammen:

„Infolge der neuen Prüfungsvorschriften ist die Bedeutung der Erziehungswissenschaften für die Universität außerordentlich gesunken. Die Studierenden brauchen Vorlesungen auf diesem Gebiet nicht mehr zu hören. Auch ist es nicht mehr möglich, die Erziehungswissenschaft als Fach im Staatsexamen für das höhere Lehramt zu wählen. Man hat bewußt die gesamte pädagogische Ausbildung zum zukünftigen Lehrer an den höheren Schulen in die Zeit zwischen dem Referendar- und dem Assessorexamen gelegt. Eine ganz andere Entwicklung als die Erziehungswissenschaft hat an den deutschen Universitäten die Psychologie genommen. Die wachsenden Anforderungen, die Staat, Wehrmacht und Wirtschaft an die Psychologie stellen, hat dazu geführt, eine besondere Diplomprüfung für Fachpsychologen einzuführen."[69]

Es ist deutschlandweit keine Ausnahme, dass in Münster 1942 eine ordentliche Professur, die auch für die Erziehungswissenschaft ausgewiesen war, in einen Lehrstuhl umgewidmet wurde, der primär für die Psychologie eingerichtet war. Heinze und Horn stellen fest, „dass im Kontext des Konkurrenzkampfes der sich ausdifferenzierenden Sozial- und Geisteswissenschaften die Pädagogik vor allem zu Gunsten der Psychologie Stellen und Institute abgeben musste."[70] Obwohl der Nationalsozialismus einen „Erziehungsstaat" schaffen wollte, erschienen ihm bald die Pädagogen weniger dienlich als die Berufsgruppe der Psychologen, die für Zwecke der Personalauswahl besonders im zu Kriegszeiten gigantisch aufgeblähten Militär benötigt wurde.

Politische Steuerung der Berufungen durch NS-Organisationen

Die NSDAP mit ihren Unterorganisationen sowie der NS-Staat haben durch eine Fülle von grundlegenden Maßnahmen den Hochschulen zwischen 1933 und 1945 entscheidend ihren Stempel aufgedrückt.[71] Zu nennen sind hier exemplarisch die bereits 1933 erlassenen Gesetze zur Entlassung von Juden, Kommunisten und Sozialdemokraten aus dem Universitätsdienst,

---

67   DWEV 7 (1941), S. 260.
68   Vgl. ebd., S. 255.
69   UAMs, Bestand 9, Nr. 323.
70   Heinze/Horn 2011, S. 320. Siehe auch Geuter 1988, S. 307–351.
71   Vgl. Chroust, Peter: Universität und Studium, in Horn/Link 2011, S. 204–228; vgl. Nagel 2012, S. 228–295.

die systematische Benachteiligung von Frauen bei der Zulassung zum Studium und die Dequalifizierung der Volksschul- und Mittelschullehrerausbildung durch die Einführung von Lehrerbildungsanstalten auf Fachschulniveau im Jahre 1941. Im Bereich der Hochschulorganisation wurde die traditionelle akademische Selbstverwaltung durch das „Führerprinzip" ersetzt. Die Rektoren an allen Universitäten wurden nicht mehr vom Senat gewählt, sondern vom Reichswissenschaftsminister ernannt und waren nur ihm gegenüber verantwortlich. Auch die Prorektoren und die Dekane wurden auf Vorschlag des Rektors vom Reichswissenschaftsminister bestellt.

Hatte der Staat in der Universitätsgeschichte historisch schon lange vor 1933 ein garantiertes Mitwirkungsrecht bei der Berufung von Professoren, so ergab sich jetzt im „Dritten Reich" ein Zusammenspiel von drei Institutionen bei akademischen Personalentscheidungen: Hochschulleitung mit Fakultätsausschuss, REM und Partei samt Unterorganisationen. Eine Lehrbefugnis konnte nur das Ministerium verleihen. Die Richtlinien zur Vereinheitlichung der Hochschulverwaltung von 1935 sahen dann auch rechtsverbindlich bei dieser Entscheidung die verpflichtende Absprache mit der NSDAP vor.[72] An der einzelnen Hochschule war der lokale Vertreter des NSDDB förmlich in jedem Berufungsvorgang zu beteiligen. Ganz ähnlich sah die Lehramtsprüfungsordnung von 1937 für die Pädagogische Staatsprüfung in § 2, Absatz 3 (3) vor: „Zur weltanschaulichen und politischen Haltung ist außerdem rechtzeitig vor der Vorlage der Meldung des Studienreferendars durch die zuständige Schulaufsichtsbehörde eine Äußerung der Partei einzuholen."[73]

In den drei wesentlichen Einstellungsverfahren im Bereich der Erziehungswissenschaft an der Universität Münster zwischen 1933 und 1945 sind dann in den jeweiligen Personalakten akribisch die Voten der NSDAP sowie ihrer Unterorganisationen für Studierende, Lehrer, Dozenten undsoweiter aufgeführt. Sowohl bei den Berufungen von Heinrich Döpp-Vorwald und Wolfgang Metzger als auch im Einstellungsvorgang zu Benno Kern waren die Stellungnahmen der Partei positiv; sie seien jeweils in der Vergangenheit als Nationalsozialisten aktiv gewesen, und es sei sicher, dass diese Wissenschaftler im Sinne des Nationalsozialismus ihre Arbeit an der Universität ausüben würden. Von zentraler Bedeutung war jeweils das Gutachten des NSDAP-Gauleiters, in dessen Gebiet die betreffende Universität lag. Im Falle der Universität Münster war dies der Gau Westfalen-Nord mit Sitz in Münster. Bei Personalentscheidungen spielten auch die Mitgliedschaften in NS-Organisationen und der Partei selbst eine Rolle. In den Personalakten wurden sie exakt aufgeführt – je mehr, um so förderlicher für die Einstellung.

Am Beispiel von Berufungsverfahren zu Wolfgang Metzger kann allerdings gezeigt werden, dass einzelne Parteivoten nicht immer ausschlaggebend waren. Nicht selten äußerten sich verschiedene NS-Organisationen und NSDAP-Ebenen unterschiedlich. So erklärte Metzger selbst zu einer seiner gescheiterten Bewerbungen in den dreißiger Jahren auf Psychologie-Professuren:

„Der schwerste Schlag in dieser Reihe erfolgte 1938, als ich in Halle anderthalb Jahre lang einen Lehrstuhl vertreten hatte, der mir von der dortigen Universität und vom Ministerium fest zugesagt war. Eines

---

72 Vgl. Sievers, Kristina: Rektor und Kurator der Universität Münster. Führertum zwischen Anspruch und Wirklichkeit, in: Thamer/Droste/Happ 2012, S. 27–59, hier: S. 40.
73 DWEV 3 (1937), S. 290.

Tages erschien Reichsleiter Alfred Rosenberg und sein wissenschaftlicher Berater Prof. Baeumler, und ich wurde kurzerhand zugunsten eines ihrer Freunde beiseitegeschoben."[74]

Ein gegenteiliges Beispiel ist im Verfahren der Entscheidung über die Nachfolge von Willy Kabitz 1941 in Münster die vergebliche Unterstützung des NSDAP-Gauleiters Westfalen-Nord für Erich Feldmann, der auf der Berufungsliste der Universität auf Platz 1 vor Metzger platziert worden war. Trotz der abweichenden Auffassung von Gauleiter Alfred Meyer wurde Metzger berufen.[75] Er konnte stattdessen in dieser Situation viele andere positive Voten von NS-Organisation vorweisen und diese Parteiunterstützung war, wie bei den meisten akademischen Personalentscheidungen, ausschlaggebend.

Die strukturelle Gleichschaltung durch die NS-Wissenschaftspolitik gelingt vergleichsweise nicht vollständig!

Die Universität Münster ist in der Region nicht die einzige Institution des Bildungswesens, an der Erziehungswissenschaft gelehrt wurde und Erziehungswissenschaftler gearbeitet haben. Deshalb soll auch kurz in einer regionalgeschichtlichen Perspektive ein Blick auf die Entwicklung und das Geschick von zwei anderen Einrichtungen in Münster und im Münsterland geworfen werden, um eine relative Beurteilungsdimension für die universitäre Erziehungswissenschaft zwischen 1933 und 1945 zu gewinnen. Da ist zum einen das DIWP in der Stadt Münster selbst, das seit 1922 außeruniversitär von katholischen Lehrerverbänden aus ganz Deutschland getragen wurde.[76] Zum anderen sind dies die Ausbildungsstätten für die Lehrer und Lehrerinnen an Volks- und Mittelschulen in der Region. Von 1933 bis 1942 gab es in der Nähe Münsters, aber außerhalb des Münsterlandes lediglich die Hochschule für Lehrerbildung (HfL) in Dortmund, als Nachfolgeinstitution der dortigen Pädagogischen Akademie aus der Zeit der Weimarer Republik; die Stadt Münster wurde erst nach 1945 mit ihren Pädagogischen Hochschulen zum Standort der Grund- und Volksschullehrerausbildung. Zuvor waren durch die Lehrerausbildungsreform 1941/42 von der NS-Reichsregierung die Lehrerausbildungsanstalten (LBA) als Ersatz für die Hochschulen für Lehrerbildung eingerichtet worden. Im Bereich des Regierungsbezirks Münster geschah dies im Kloster Bardel in der Grafschaft Bentheim und in Wadersloh zwischen Oelde und Lippstadt.[77]

Das DIWP war bis 1933 mit der Zentrale in Münster und zehn Außenstellen im deutschsprachigen Raum vor allem mit dem Angebot von pädagogischen Fortbildungskursen für Lehrkräfte, mit der Herausgabe von Zeitschriften wie „Bildung und Erziehung" und der „Vier-

---

74   UAMs, Bestand 207, Nr. 15, Nachtrag zum Fragebogen vom 17.8.1945. Metzgers Deutung kann die auf umfassenden Quellen- und Archivstudien beruhende Untersuchung von Ulfried Geuter nicht bestätigen; vgl. Geuter 1988, S. 357–368.

75   Vgl. Sievers 2012, S. 45.

76   Siehe umfassend: Müller 2014.

77   Vgl. Kuropka, Joachim: Nationalsozialismus und Lehrerausbildung. Ein Beitrag zum Funktionswandel des Lehrerberufs unter besonderer Berücksichtigung der Provinz Westfalen, in: Westfälische Zeitschrift 131/132 (1981/1982), S. 161–189.

teljahresschrift für wissenschaftliche Pädagogik", der Publikation des „Lexikons der Pädagogik der Gegenwart" und neun Bänden eines „Handbuchs der Erziehungswissenschaft" befasst. Das systematische Ziel des Instituts war es, in Absetzung von den Ansätzen der geisteswissenschaftlichen, empirischen oder neukantianischen Erziehungswissenschaft die konsistente Konzeption einer katholischen Pädagogik zu entwickeln. Die naheliegenden Berührungspunkte mit der Universität Münster konzentrierten sich aber vor allem auf die Philosophie. So war Max Ettlinger von 1927 bis 1929 zugleich Leiter des DIPW und ordentlicher Universitätsprofessor für Philosophie und Pädagogik; er bot aber nur gelegentlich in der Universität pädagogische Lehrveranstaltungen an. Im Bereich der Erziehungswissenschaft führte auch der Mitarbeiter des DIPW Bernhard Clostermann von 1925 bis 1929 erziehungswissenschaftliche Lehrveranstaltungen durch. Nur ganz kurz amtierte Bernhard Rosenmöller vom DIPW von 1933 bis 1934 als nichtbeamteter außerordentlicher Professor für Philosophie und Pädagogik in der münsterischen Philosophischen Fakultät. Er hielt auch Seminare und Vorlesungen zu erziehungswissenschaftlichen Themen (zum Beispiel im Wintersemester 1933/34 „Ethik mit Berücksichtigung von Erziehungsfragen"), wechselte aber schnell an die Akademie Braunsberg in Ostpreußen. So bestand eher ein Verhältnis des Nebeneinanders zwischen DIWP und Universitätspädagogik, ohne dass die katholische Pädagogik einen nachhaltigen Einfluss auf Theorie und Forschung der Erziehungswissenschaft an der Hochschule ausgeübt hätte. Dies zeigt auch das Wirken von Dr. Edith Stein in den Jahren 1932 und 1933 am DIPW in Münster, das trotz ihrer pädagogischen Vorträge und Schriften praktisch ohne Resonanz in der Pädagogik der Universität blieb.[78] Die zum katholischen Glauben konvertierte Philosophin stammte aus einer jüdisch-orthodoxen Familie, wurde von den Nationalsozialisten 1942 im Konzentrationslager Auschwitz ermordet und 1998 von der katholischen Kirche heiliggesprochen.

Die feindliche Haltung des Nationalsozialismus gegen den organisierten Katholizismus war ein langfristig angelegtes Element der Ideologie des deutschen Faschismus. Umso überraschender war zunächst das Konkordat zwischen dem Vatikan und dem Deutschen Reich vom Juni 1933, das wie eine Art vorläufiges Stillhalteabkommen wirkte. Im Münsterland hielten sich deshalb auch der NS-Machtapparat in den ersten zwei Jahren nach der Machtergreifung 1933 mit Maßnahmen gegen katholische Einrichtungen und Repräsentanten etwas zurück. Aber schon in dieser Zeit forderte der NSDAP-Funktionär und spätere Honorarprofessor für pädagogische Psychologie an der Universität Benno Kern, der in den zwanziger Jahren in einem Arbeitskreis für experimentelle Psychologie des DIPW mitgearbeitet hatte, das katholische Pädagogik-Institut gleichzuschalten.[79]

Ein besonderer Dorn im Auge der NS-Machthaber war jetzt das Eintreten der katholischen Pädagogen für einen humanen Umgang mit behinderten Menschen. Im Verlaufe der dreißiger Jahre kam es nicht nur zu einer Gleichschaltung, sondern sogar zu einer politisch motivierten Liquidierung des Instituts. Die lokalen NS-Organe setzten dabei eine Mischung aus formaljuristischen und teilweise staatsterroristischen Maßnahmen ein, die 1938 zur offiziellen Schließung des Instituts führte. Die Geheime Staatspolizei (Gestapo) drangsalierte einzelne Vertreter des Instituts, Publikationen wurden verboten und DIPW-Veranstaltungen wurden

---

78   Vgl. Müller 2014, S. 215–222.
79   Belege bei Müller 2014, S. 272.

gesprengt. So wurde die Eröffnungsveranstaltung vom DIPW zum Sommersemester 1935 von einem Trupp von Braunhemden unter der Führung von zwei lokalen NS-Größen und unter dem Gegröle antisemitischer Parolen auseinandergetrieben, weil der ehemalige Professor Max Ettlinger jüdische Vorfahren habe.[80] Da half auch die schützende Hand des Bischofs von Münster, Clemens August Graf von Galen, nicht mehr. Die Nationalsozialisten hatten rigoros die weltanschauliche Konkurrenz der katholischen Pädagogik mundtot gemacht und institutionell beseitigt.

Einen weiteren Einblick in die strukturelle Pervertierung eines Arbeitsfeldes von wissenschaftlichen Pädagogen durch die NS-Herrschaft eröffnet ein Vergleich mit der Umstrukturierung der Ausbildung von Lehrkräften für Volksschulen und Mittelschulen. Erst wurden in Preußen schon 1933 die Pädagogischen Akademien in „Hochschulen für Lehrerbildung" umgewandelt, dann 1941 zu „Lehrerbildungsanstalten" als berufliche Variante höherer Internatsschulen heruntergestuft. Münster am nächstgelegensten war die HfL Dortmund. Gelehrt wurde auch hier Erziehungswissenschaft; gezählt wurde das Fach dort in den Prüfungsordnungen zu den „politisch-weltanschaulichen Grundwissenschaften: Erziehungswissenschaft, Charakter- und Jugendkunde, Vererbungslehre und Rassenkunde, Volkskunde."[81] Im Kollegium der HfL Dortmund waren zwischen 1933 und 1941 zehn Lehrende mit Professorentitel[82] teilweise zu wechselnden Zeiten am Studienangebot der Erziehungswissenschaft beteiligt. Alle waren promoviert und NSDAP-Mitglieder: Hermann Bäcker, Karl Danzfuß, Friedrich Dittmers, Paul von Fragstein, Andreas Hohlfeld, Franz Kade, Ludwig Kiehn, Wilhelm Kölsche, Oswald Muris und Paul Schneider.[83] Sechs von ihnen haben zwischen 1942 und 1945 auch an Lehrerbildungsanstalten gearbeitet. Herausgehoben werden sollte hier nur, dass Professor Wilhelm Kölsche 1926 an der Universität Münster bei Willy Kabitz und Bernhard Rosenmöller zu einem philosophischen Thema promoviert worden war. Erwähnt werden soll auch, dass der Nohl- und Bollnow-Schüler Professor Erich Lehmensick an der Lehrerbildungsanstalt Kloster Bardel beschäftigt war.

Im November 1940 verfügte Hitler persönlich gegen den Willen des Reichswissenschaftsministers Rust und des NSLB, dass die in den Alpen- und Donaugauen erprobten Lehrerbildungsanstalten reichsweit an Stelle der Hochschulen für Lehrerbildung einzuführen seien.[84] In Wirklichkeit war diese Entscheidung eine Notmaßnahme gegen den eklatanten Lehrermangel im niederen Schulwesen zu Beginn des Krieges. Statt eines Studiums nach dem Abitur an einer Hochschule sollte hier die Volks- und Mittelschullehrerausbildung – modern ausgedrückt – von einer Ausbildung im tertiären Bildungssystem ins Sekundarschulwesen heruntergestuft werden. Nach dem Abschluss einer achtjährigen Haupt- beziehungsweise Volksschule konnte in fünf Jahren die erste Prüfung für das Lehramt an Volksschulen abgelegt werden; nach Abschluss einer Mittelschule oder der sechsten Klasse einer höheren Schule war dies sogar in

---

80   Vgl. Müller 2014, S. 274.

81   DWEV 3 (1937), S. 364.

82   Die Verleihung des Professoren-Titels an Lehrende der HfL und der LBA hatte nicht eine Habilitation zur Voraussetzung; diese Professoren wurden wie Studienräte bezahlt.

83   Hesse, Alexander: Die Professoren und Dozenten der preußischen Akademien (1926–1933) und Hochschulen für Lehrerbildung (1933–1941), Weinheim 1995, S. 820 und 826f.

84   Vgl. Hesse 1995, S. 107.

drei Jahren möglich.[85] Das Ausbildungsprogramm bestand aus einer Mischung von vor allem allgemeinen und wenigen beruflichen Fächern. Die Stundentafel sah erst in den beiden letzten Ausbildungsjahren zusammen acht (3+5) Unterrichtsstunden im Fach „Grundfragen der Erziehung" und zusammen sieben (2+5) Stunden in „Allgemeiner Unterrichtslehre und Methodik der Fächer" vor. Die dort vertretene Erziehungslehre war offensiv rassistisch und die Unterrichtslehre methodisch-praktisch angelegt. Neben dem Unterricht wurde allgemein die Erziehung im Gemeinschaftsleben der LBA betont und Hospitationen und Übungen in der Schulpraxis mit zusammen dreizehn (4+9) Stunden im 4. und 5. Ausbildungsjahr vorgegeben. Ziel der Ausbildung sei es, die Jungmannen und Jungmaiden – wie sie im NS-Jargon genannt wurden – zu befähigen, „aus einer in der nationalsozialistischen Weltanschauung wurzelnden Berufsgesinnung die erzieherische Aufgabe des Unterrichtens zu meistern."[86]

Mit akademischem Studium oder traditionellem Schulunterricht hatten die LBA wenig zu tun. Diese Anstalten waren gedacht und wurden praktiziert als Internatsschulen, vorwiegend in ländlichen Kleinstädten gelegen, durchdrungen von nationalsozialistischer Lagerpädagogik und Formationserziehung.[87] „Dienst im permanenten Lager", wie es in einer Wochenendschulung im März 1944 ausgedrückt wurde.[88] Während in den HfL die Kollegien noch als SA-Einheiten organisiert waren, wurden jetzt alle Erzieher und Erzieherinnen sowie alle Lernenden der LBA standardmäßig in die HJ integriert. Die Lernenden wurden zu HJ-Führern ausgebildet und: „Die Leiter der Lehrerbildungsanstalten und Erzieher sollen in Zukunft grundsätzlich Hitler-Jugend-Führer sein", wie es das REM ausdrückte.[89] So waren die LBA schulpädagogisch und schulhistorisch regelrecht Varianten der NS-Ausleseschulen mit inhaltlich und organisatorisch großer Ähnlichkeit zu Nationalpolitischen Eziehungsanstalten und Adolf-Hitler-Schulen. Gleichwohl lehrten an den LBA Dozenten und Professoren der Erziehungswissenschaft, politisch auch instrumentalisiert zu Ausbildern des Nachwuchses für HJ-Führer.

Vergleicht man die NS-Wissenschaftspolitik gegenüber der Erziehungswissenschaft an der Universität Münster mit der Behandlung des DIWP und den Eingriffen in die Volks- und Mittelschullehrerausbildung an den HfL und den LBA, dann fällt zunächst auf, dass überall, aber in unterschiedlichen Graden eine Politisierung und Ideologisierung der Pädagogik vom Nationalsozialismus durchgesetzt wurde. Aber während das außeruniversitäre Institut für katholische Pädagogik schon nach wenigen Jahren radikal beseitigt wurde und die Institutionen der niederen Lehrerausbildung von einem wissenschaftlichen Studium in allgemeinbildende Schulen mit fachschulischer Pädagogik-Ausbildung und HJ-Führerschulung umstrukturiert und damit rigoros herabgestuft worden waren, konnte die Universität Münster und in ihr die Disziplin Erziehungswissenschaft trotz der weitgehenden Zerstörung ihrer Gebäude ihre akademische Gestalt bis zum Ende der NS-Herrschaft 1945 zum Teil bewahren. Innere Formen

85 Vgl. Schmidt-Bodenstedt, Adolf: Neuordnung der Lehrerbildung. Amtliche Bestimmungen, Frankfurt am Main 1942, S. 7 und 199.

86 Zitat: ebd., S. 31; vgl. die Stundentafel: S. 31–33.

87 Wie es schon die Richtlinien für die Lehrerausbildung in den HFL formulierten: der Ausbildung „dient das gemeinsame Leben im Kameradschaftshaus und im Lager, Lagererziehung". DWEV 3 (1937), S. 364.

88 Kuropka 1981/1982, S. 188.

89 Rd. Erl. d. RM f. WEV vom 4.11.1942 – E VI a 6074 EI, in: DWEV 8 (1942), S. 441.

wie akademische Rituale, Prüfungen, Karrierewege für Wissenschaftler, ihr gesellschaftlicher Status und auch der praktizierte soziale Habitus blieben erhalten. Jedoch auch die Universitätspädagogik in Münster wurde von der zwölfjährigen kumulativen Radikalisierung der Gewaltherrschaft des Nationalsozialismus an der Macht sowie der Weltkriegskatastrophe zutiefst infiziert und verletzt.

Die Beharrungskraft und Autorität der alteuropäischen Institution Universität und das Interesse der NS-Herrscher an der Unterstützung des bürgerlichen Elitemilieus für ihre Politik schützten sie allerdings vor der völligen politischen Funktionalisierung, wenn nicht sogar ihrer Abschaffung. Dies zeigt nicht zuletzt das Scheitern der Pläne des NS-Chefideologen Alfred Rosenberg, eine „Hohe Schule der NSDAP" als oberste Einrichtung für nationalsozialistische Forschung, Lehre und Erziehung aufzubauen.[90] Zuletzt war es der katastrophale Verlauf des Zweiten Weltkrieges, der bewirkte, dass 1944 und 1945 der Studien- und Forschungsbetrieb der münsterische Erziehungswissenschaft nahezu völlig zum Erliegen kam und ihr bisheriges Personal primär als Militärpsychologen, Erziehungsberater oder Leiter von lagerförmigen Einrichtungen der Kinderlandverschickung tätig wurden.

Die Entnazifizierungsverfahren münsterischer Pädagogen tragen praktisch nichts zur kritischen Aufarbeitung der Erziehungswissenschaft in der NS-Zeit bei

Die Entnazifizierungsverfahren der drei im „Dritten Reich" an der Universität Münster im Bereich der Pädagogik tätigen Wissenschaftler, die Parteigenossen waren, haben nichts zur Reeducation oder Demokratisierung, geschweige denn zur kritischen Reflexion der Verstrickung von wissenschaftlicher Pädagogik mit dem Nationalsozialismus beigetragen. Methode und Praxis der Entnazifizierung führten dazu, dass die Selbstrechtfertigung der NS-Unterstützer und die Eigenperspektive der Betroffenen dominierte.

Der erste Schritt der Entnazifizierung war nahezu unmittelbar nach Kriegsende die Personalentscheidung der Regionalverwaltung der britischen Militärregierung in Abstimmung mit der zuständigen deutschen Bürokratie. Wer hier „Black" statt „Grey" oder „White" eingestuft wurde, ist sofort aus dem Dienst entlassen worden.[91] So ist es Oberstudiendirektor und Honorarprofessor Benno Kern am 1. Juni 1945 ergangen. Der zweite Schritt bezog an der Universität Münster einen sogenannten „Informationsausschuss" unter Leitung des Mathematikers Heinrich Behnke ein. An ihn mussten alle in die Untersuchung einbezogenen Wissenschaftler bis zum 1. Januar 1946 einen Fragebogen mit Belegmaterialien ausfüllen. Ein solcher Fragebogen ist für Benno Kern (ausgefüllt nach seinem Tod durch den Sohn Eugen Kern),[92] von Heinrich Döpp-Vorwald selbst[93] und auch von Wolfgang Metzger[94] eingereicht worden. Anschließend musste in einem dritten Schritt ein ausführlicherer Fragebogen an die regionale Militärregie-

90 Vgl. Piper, Ernst: Alfred Rosenberg. Hitlers Chefideologe, München 2005.
91 Vgl. Respondek, Peter: Die Universität nach 1945. Wiedereröffnung und Entnazifizierung im Kontext britischer Besatzungspolitik, in: Thamer/Droste/Happ 2012, S. 225–248, hier: S. 235–239.
92 LVA NRW R, NW 1039, K 38.
93 LAV NRW R, NW 1039, Nr. 1239.
94 LAV NRW R, NW 1039-M, Nr. 331.

rung abgegeben werden.[95] Auf dieser Grundlage wurde Metzger schnell in Kategorie V „Entlastete" und Döpp-Vorwald in Kategorie IV „Mitläufer" eingestuft. Deshalb durfte Metzger sofort noch vor Jahresende 1945 wieder lehren; Döpp-Vorwald konnte erst im Februar 1947 seine Arbeit an der Universität wieder aufnehmen. Gelegentlich schloss sich ein abschließender vierter Schritt vor einem Berufungsausschuss an. In einem solchen Berufungsverfahren wurde Döpp-Vorwald dann am 11. März 1949 endgültig in Kategorie V „Entlastete" eingruppiert.[96]

Der Oberpräsident in Münster hatte schon wenige Tage nach Kriegsende entschieden, dass die Dienstbezüge für den Oberstudiendirektor Benno Kern eingestellt werden, weil er laut Personalbogen und nach dem ersten Fragebogen des Entnazifizierungsverfahrens als „politisch besonders belastet" allein schon wegen seiner NSDAP-Mitgliedschaft vor 1933 angesehen wurde. Kern wurde somit bereits in der ersten Welle der Entnazifizierung entlassen. Er war schon Ende des Jahres 1945 gestorben.[97]

Der Entnazifizierungshauptausschuss des Stadtkreises Münster musste sich drei Jahre später am 26. August 1948 erneut mit dem Fall Kern befassen. Die Witwe Herta Kern und ihre beiden Söhne standen in den ersten Nachkriegsjahren praktisch mittellos da. Deshalb ging es jetzt um die Frage, ob ihnen das volle gesetzliche Ruhegehalt aus der Tätigkeit ihres Mannes und Vaters zustehe. Der Ausschuss hörte vier Zeugen, die Kern aus dem Schuldienst gekannt haben: den ehemaligen rheinischen Oberschulrat und nachmaligen stellvertretenden Schulleiter an der Wasserturmschule Dr. Wilhelm Poethen, Kerns seinerzeitigen Stellvertreter in der Schulleitung Dr. Ludwig Humborg, den aktuellen Leiter dieser Oberschule Karl Hagemann und die Schulsekretärin Fräulein Breuer. Sowohl Poethen als auch Humborg waren bis 1945 NSDAP-Mitglieder. Der Ausschuss kam zu der Entscheidung, Kern habe sich

„als ein Mann einwandfreier Gesinnung bewährt. Nie hat er versucht, seine politische Meinung andersdenkenden Vertretern seines Kollegiums aufzudrängen oder den Lehrplan mit Nazigeist zu durchdringen. [...] Nach dem Urteil der o.a. Zeugen ist die Bestellung des Verstorbenen zum Leiter der Oberschule am Wasserturm auf pädagogische Qualität, nicht auf seine politische Haltung zurückzuführen".[98]

Den Nachfahren von Benno Kern wurde mit diesem Beschluss rückwirkender Reinwaschung der Anspruch auf die ungekürzte Pension zugestanden. Dabei hat wohl vor allem Mitleid mit den von Armut bedrohten Angehörigen eine ausschlaggebende Rolle gespielt. Den Vorgang beurteilt Eggert in seiner Untersuchung zur Schulgeschichte der Oberschule am Wasserturm sehr plausibel, „dass hier zwei ebenfalls erheblich in die politischen Verhältnisse der NS-Herrschaft verstrickte Funktionsträger über die Exkulpierung ihres Vorgesetzen juristisch und vor allem psychologisch die eigene Reinwaschung betrieben."[99] Dass Kern bei seiner beruflichen Karriere im Schulwesen erheblich durch die NSDAP protegiert worden ist, geht nämlich aus

---

95   Von der Durchführung von Spruchkammerverfahren, die in der Zeit danach in geringerem Umfang auch in der britischen Zone nach dem Vorbild der amerikanischen Besatzungsmacht durchgeführt wurden, ist für die drei hier behandelten Erziehungswissenschaftler nichts bekannt.
96   LAV NRW R, NW 1937 BIV 3402.
97   Siehe die Personalakte: LAV NRW W, Provinzialschulkollegium Münster, K 42 XIV/4.
98   Ebd.
99   Eggert 2005, S. 253.

den Quellen eindeutig hervor. Seine Tätigkeit als Lehrbeauftragter, Honorarprofessor und Ab-
teilungsleiter an der Universität sowie seine Veröffentlichungen spielten bei dieser Teilrehabili-
tierung keine Rolle; insofern leistete Kerns Entlassung und das Entnazifizierungsverfahren zu
seiner Person keinerlei Beitrag zur kritischen Aufarbeitung der Pädagogik an der Universität
Münster im „Dritten Reich".

Das sehr zügig noch im Jahre 1945 abgeschlossene Entnazifizierungsverfahren von Wolfgang Metzger offenbart eine erfolgreiche Strategie der Selbststilisierung eines Parteigenossen
zum heimlichen Gegner des Nationalsozialismus. In seinem ausführlichen Nachtrag und den
ergänzenden Anmerkungen zum Fragebogen[100] stellte er zunächst korrekt seine freundschaftli-
che und faire Zusammenarbeit mit der teilweise jüdischen Kollegenschaft bei der Entwicklung
der Gestaltpsychologie dar, die ja tatsächlich auch ohne Bezüge zu rechtsextrem-nationalis-
tischen Theorien von Gesellschaft und Persönlichkeit war. Seine vielfältigen internationalen
Kontakte wurden in einer Liste von 47 (!) Namen und Adressen herausgestellt, die von ihm als
Leumundszeugen für seine NS-kritische Haltung benannt worden sind. Seine wissenschaftliche Karriere sei immer wieder von NS-Verbänden behindert worden. In die SA sei er im Dezember 1933 „unter dem Druck der Dozentenschaft" eingetreten. Sein SA-Sturm habe im Mai
1937 den Antrag gestellt, ihn in die NSDAP aufzunehmen. Abgesehen von der Tendenz, seine
Mitgliedschaften in NS-Organisationen als gegen seinen Willen zustande gekommen darzu-
stellen, widerspricht die letzte Behauptung der Feststellung von 1942 in seiner Personalakte der
Universität Münster, dass er seit dem 1. Mai 1933 unter der Nr. 4.702.876 Mitglied der NS-
DAP geworden ist.[101] Letztlich versucht Metzger, seine Mitgliedschaften in der NSDAP und
in anderen NS-Verbänden als Mittel zur effektiven Absicherung seiner Aktivitäten als Gegner
nationalsozialistischer Pädagogik erscheinen zu lassen:

„Daneben versuchte ich allerdings meine Parteizugehörigkeit nutzbar zu machen, indem ich jede erreich-
bare verantwortliche Stelle auf jedem mir gangbaren Weg immer wieder auf den hoffnungslosen Zustand
hinzuweisen versuchte, in den Erziehung und Unterricht seit 1933 geraten waren, und besonders auf das
völlige sittliche Versagen aller Versuche einer Gemeinschaftserziehung, wie sie in HJ, BDM und anderen
neu gegründeten Einrichtungen angestellt werden."[102]

Den Aufsatz von 1942, in dem Metzger völkische und rassistische Weiterungen der Gestaltpsychologie publiziert hatte, spielte er in seinen Anmerkungen zum Fragebogen mit den Worten herunter, er „könnte allenfalls als teilweise politisch gewertet werden".[103] In der psycho-
logiegeschichtlichen Literatur werden diese Äußerungen Metzgers sehr kontrovers beurteilt.
So schreibt beispielsweise der Psychologe und Kommunikationswissenschaftler Steffen-Peter
Ballstaedt am 17. Mai 2017:

„Auf der einen Seite eine radikal negative Bewertung: Die Aufsätze [von Metzger, vO] gehen weiter als
nur eine sprachliche Anpassung, sondern die Texte sind streng linientreu, denn Metzger versucht, den

---

100   UAMs, Bestand 215, Nr. 15.
101   UAMs, Bestand 8, Nr. 8915.
102   Ebd., Nachtrag zum Fragebogen vom 17.8.1945, S. 2.
103   Ebd.

Ansatz der Gestaltpsychologie auf die Politik zu übertragen. [...] Das ist eine Übertragung des Gestalt-prinzips der Ähnlichkeit auf die Gesellschaft, die an Deutlichkeit nichts zu wünschen übriglässt. [...] Eine positivere Einschätzung vertreten seine Anhänger und Verehrer [...]. Sie sehen in den Aufsätzen eine geschickte Anpassung, eine geistige Mimikry, um die Ideen und die Forschungstradition der Gestaltpsy-chologie weiter verbreiten zu können."[104]

Die sehr schnelle Entlastung Metzgers im Rahmen der Entnazifizierung leistet wiederum keine Hilfe zur Aufklärung über das Verhältnis von wissenschaftlicher Pädagogik und Nationalso-zialismus an der Universität Münster; lediglich seine Selbstrechtfertigung ist aufgenommen worden, damals wurden keine überprüfenden Untersuchungen angestellt oder abweichende Stellungnahmen eingeholt.[105]

Heinrich Döpp-Vorwald berief sich in seinen umfangreichen Erläuterungstexten aus dem Jahre 1945 zum Fragebogen der Militärregierung und gegenüber dem Informationsausschuss der Universität Münster[106] bezüglich seiner Zugehörigkeit zu nationalsozialistischen Verbän-den auf einen Automatismus der Aufnahme und nennt sie eine „Zwangsläufigkeit der Zuge-hörigkeit zu Dozentenschaft, NSD-Dozentenbund und NS-Lehrerbund". Er gab zu, dass die Diktion einzelner Formulierungen in Veröffentlichungen „für heutige Ohren freilich anstößig klingen. Es liegt mir ja auch durchaus fern und widerstrebt zu leugnen, dass ich in jenen ersten Jahren nach 1933 geglaubt und gehofft habe, dass hier ein neuer Weg zu einem echten Volks-dienst möglicherweise eröffnet sei." Er betonte dann aber: „So hatte ich mich schon vor dem Krieg vom Nationalsozialismus innerlich völlig distanziert, und schon lange war ich wirklich erbitterter Gegner des NS-Systems."[107]

In dem erziehungstheoretisch argumentierenden Text hat er zuvor gegenüber der Militär-regierung vorgetragen, die von ihm vertretene „völkisch-politische Erziehungslehre" stütze sich auf die Existenzphilosophie von Kierkegaard und Jaspers sowie eine christliche Lebenshaltung und grenze sich deutlich gegen die nationalsozialistische Erziehungslehre von Krieck und Baeumler ab. Wie er nun aber die universelle Reflexion auf menschliche Existenz und christ-lichen Glauben mit der partikularen Orientierung auf das eigene Volk in Übereinstimmung gebracht haben will, erläuterte er hier nicht. An Hand seiner 1941 zuerst gedruckten Habilita-tionsschrift führte er vielmehr aus:

104   Ballstaedt, Steffen-Peter: Wolfgang Metzger: ein deutscher Gelehrter. Vortrag vor dem Genealogi-schen Arbeitskreis Tübingen am 17.5.2017, https://www.ballstaedt-kommunikation.de/wp-content/uploads/Wolfgang_Metzger.pdf (Zugriff: 8.8.2023).

105   Lediglich im Nachgang zur Entlastungsentscheidung sind 1947 in den Entnazifizierungsakten einige studentische Aussagen gegen Metzger wegen der Einforderung von nationalsozialistischen Bekennt-nissen in Veranstaltungen und der Vorteilsnahme auf Grund seiner Parteizugehörigkeit dokumentiert. Metzger nutzte die Möglichkeit, diese „Verleumdungen" schriftlich zurückzuweisen. Auf der anderen Seite haben eine ehemalige Studentin und ein Student unaufgefordert noch 1947 und 1948 Metzger in Bescheinigungen testiert, er habe in seinen Veranstaltungen nie nationalsozialistisches Gedanken-gut vertreten. LAV NRW R, NW-1039-M, Nr. 331.

106   LAV NRW R, NW-1039, Nr. 1239, Döpp-Vorwald: Über meine wissenschaftlichen Veröffentlichun-gen in ihrem Verhältnis zum Nationalsozialismus, 6 Seiten, undatiert (vor dem 14.10.1945). UAMs, Bestand 207, Nr. 225, Brief von Döpp-Vorwald an Prof. Behnke vom 14.10.1945, 4 Seiten.

107   Ebd. Alle drei Zitate aus dem Schreiben an Behnke vom 14.10.1945.

„[Sie] enthält – auf seinen weltanschaulich aktuellen Gehalt angesehen – eine grundsätzliche Kritik an dem biologisch fundierten Menschenbild des Nationalsozialismus und an den daraus entspringenden Versuchen der nationalsozialistischen Erziehungslehre, sich auf rein biologischen Prinzipien und Grundbegriffen zu begründen. Demgegenüber wird der Ursprung aller erzieherischen Phänomene in der ‚geistigen‘, d.i. über-biologischen, über rassemässigen, humanistisch verstandenen Natur des Menschen betont."[108]

Der Lehrer von Döpp-Vorwald, Peter Petersen, erklärte dann auch in einer Bescheinigung für seinen Schüler gegenüber der Universität Münster vom 30. Oktober 1945, dass Döpp-Vorwald nur erzwungenermaßen Mitglied der NSDAP geworden sei und sich den Kernlehren des Nazismus gegenüber stets ablehnend verhalten habe.[109] Gleichwohl wird er zunächst bis zum Februar 1947 vom Dienst suspendiert, danach trotz seiner Einstufung als „Mitläufer" an der Universität wieder eingestellt und dann 1949 in einem Revisionsverfahren sogar der Kategorie V „Entlastete" zugeordnet. In Ergebnis und Inhalt war auch dieses Entnazifizierungsverfahren eher Reinwaschung als Aufarbeitung.

Auch die Wiedergutmachung an Opfern des Nationalsozialismus und die Wiedereinstellungen von Emigranten kann man im weiteren Sinne zur Zurückdrängung des Nazismus nach 1945 zählen. Relevant für die Pädagogik an der Universität Münster ist in diesem Zusammenhang die Art und Weise, wie mit Richard Hellmuth Goldschmidt umgegangen worden ist. Er hatte als Psychologe bis 1933 auch gelegentlich pädagogische Lehrveranstaltungen angeboten. Während seiner von den Nationalsozialisten erzwungenen Emigration im Ausland übte er zunächst einen unbezahlten Lehrauftrag an der Universität Amsterdam aus. 1939 war er nach England emigriert, wo er verschiedene Gastprofessuren am Queen's College in Oxford und am University College in London sowie später an der Universität Edinburgh innehatte. Während dieser Zeit gerieten er und seine Familie in eine erhebliche finanzielle Notlage.[110] Bereits im Dezember 1945 äußerte Goldschmidt den Wunsch, an die Universität Münster zurückzukehren. Die Entscheidung darüber zögerte sich drei Jahre hinaus. Beispielsweise hatte der Dekan der Philosophisch-Naturwissenschaftlichen Fakultät seine wissenschaftlichen Leistungen zwischenzeitlich in herabsetzender Weise beurteilt und ihn persönlich mit den Worten diskreditiert: „Unglücklicherweise sieht er mit seinem rotbraunen Barte auch gar nicht einnehmend aus."[111] Erst 1949 wurde er auf der Stelle einer Diätendozentur wieder eingestellt, 1951 dann für ein Jahr bis zu seiner Emeritierung als außerordentlicher Professor geführt. Während dieser Jahre hat er die psychologische Lehre für die Studierenden der Medizin übernommen. Die unwürdige Behandlung dieses rassisch Verfolgten endet in einem geheimnisvollen „Ein-Raum-Ein-Mann-Institut" in einer eigenständigen Abteilung neben dem Psychologischen Institut unter Wolfgang Metzger.[112]

---

108   Ebd. Zitat aus dem Text „Über meine wissenschaftlichen Veröffentlichungen ...", S. 5.
109   Vgl. UAMs, Bestand 207, Nr. 225.
110   Vgl. Hettwer 2018.
111   UAMs, Bestand 63, Nr. 35, Schreiben des Dekans Prof. Beckmann vom 28.12.1946, zitiert nach: Drüding, Markus: Das Philosophische Seminar in Münster, in: Thamer/Droste/Happ 2012, S. 569–602, hier: S. 592.
112   Vgl. Hettwer 2018, S. 702.

Folgen nach 1945

Die unaufgearbeitete Verstrickung von Pädagogik und Nationalsozialismus in Münster blieb auch bis Ende der sechziger Jahre eine Belastung für die Arbeit von Erziehungswissenschaft-lern an der Universität. Dies wird besonders plastisch daran erkennbar, dass in dieser Zeit der Pazifist, Emigrant und Sozialpädagoge Professor Friedrich Siegmund-Schultze sowie der rassisch verfolgte NS-Gegner und Bildungstheoretiker Professor Ernst Lichtenstein mit den Ex-Parteigenossen Professor Heinrich Döpp-Vorwald und Professor Wolfgang Metzger in der Philosophischen Fakultät zusammenarbeiten mussten. Es gab auch keine Möglichkeiten des Anknüpfens an unbelastete münsterische wissenschaftliche Traditionen aus der Weimarer Zeit. Niemand kritisierte Döpp-Vorwald, wenn er seine Legende und erziehungstheoretische Rechtfertigung der angeblich widerständigen Reformpädagogik Peter Petersens fortschrieb.[113] Beschweigen, Verdrängen und Ausklammern der jüngeren Disziplingeschichte war wohl die vorherrschende Umgangsweise mit dieser Konstellation. Erst ab den siebziger Jahren begann in der münsterischen Erziehungswissenschaft eine der ernsthaften Vergangenheitsaufklärung verpflichtete Analyse nationalsozialistischer Pädagogik,[114] zunächst aber ohne lokalen Bezug.

---

113   Zum Beispiel: Döpp-Vorwald, Heinrich: Die Erziehungslehre Peter Petersens, Ratingen 1962. Döpp-Vorwald 1967 (Neuauflage seiner Habilitationsschrift von 1941).

114   Exemplarisch seien hier neben vielen Einzelstudien genannt: Steinhaus, Hubert: Hitlers Pädagogische Maximen, Frankfurt am Main 1981; Blankertz 1982.

ANHANG

Rechtfertigungstext von Dr. Heinrich Döpp-Vorwald im Rahmen seines Entnazifizierungsverfahrens aus dem Jahre 1945 (vor dem 14. Oktober 1945)[i]

Dr. phil. habil. H. Döpp-Vorwald   <u>Anlage III zum Fragebogen</u>
Dozent   <u>der Militärregierung</u>

<u>Über meine wissenschaftlichen Veröffentlichungen</u>
<u>in ihrem Verhältnis zum Nationalsozialismus</u>

Meine wissenschaftliche Arbeit habe ich begonnen als Schüler von Professor Dr. Dr. h.c. P e t e r
P e t e r s e n , dem Leiter der Erziehungswissenschaftlichen Universitäts-Anstalt, (zur Zeit
1945/46, Dekan der sozial-pädagogischen Fakultät der Universität Jena), bei dem ich 1925–
1927 studierte, dessen langjähriger Assistent ich später war (1929–1940) und mit dem mich
noch heute eine enge persönliche und sachliche Freundschaft verbindet. Petersen ist im In- und
Ausland als einer der führenden Vertreter der besten deutschen freiheitlichen pädagogischen
Überlieferung von Pestalozzi und Fröbel her bekannt. Sein Ruf gründet sich vor allem auf die
Schöpfung des sogenannten „Jena-Planes", eines Planes zur inneren und äußeren Neuformung
des Schulwesens in einem humanen und sozialen Geiste, und auf seine führende Mitarbeit zwischen 1920 und 1933 in der internationalen, auf Völkerverständigung ausgerichteten „europäischen Erziehungsbewegung", insbesondere im „Weltbund zur Erneuerung der Erziehung"
(„New Education Fellowship", Sekretariat früher London, Tavistock Square), sowie auf die Herausgabe der Schriftenreihe „Pädagogik des Auslands" (Verlag Hermann Böhlau's Nachf., Weimar). Vor 1933 war daher die Jenaer Erziehungswissenschaftliche Anstalt – von Erziehern und
Studentengruppen aus allen Ländern häufig besucht – ein Zentrum des zwischenvolklichen
pädagogischen Gedankenaustausches und das Ausland hat ihren Leiter – abgesehen von vielen
kürzeren Vortragsreisen – zwischen 1925 und 1933 wiederholt für längere Zeit als Gastlehrer
an seine Universitäten und Lehrerbildungsanstalten berufen, so die U.S.A., ferner Chile und
die Südafrikanische Union. Politisch hat Petersen immer der christlich-demokratischen Mitte
nahegestanden. Noch bei den letzten Reichstagswahlen vor 1933 war er in Thüringen auf der
Liste der Christlich-Sozialen als Kandidat aufgestellt. Es ist bekannt, dass er auch nach 1933
seinen Weg in ruhiger schlichter Arbeit unbeirrt und ohne Konzessionen weitergegangen ist.[ii]
    In der von diesem Namen bestimmten geistigen Atmosphäre der Jenaer Erziehungswis-
senschaftlichen Anstalt und konform mit ihr sind meine ersten wissenschaftlichen Veröffentlichungen entstanden. Die in den Jahren 1926/27 geschriebene Dissertation „<u>Lebendige Be-</u>
<u>wegung und Menschenbildung. Versuch über psychologische Grundfragen der Gymnastik</u>"
(Weimar 1929, Verlag Hermann Böhlau's Nachf.) befasst sich mit pädagogischen Problemen
der in jenen Jahren – eben im Zusammenhang mit der Neueuropäischen Erziehungsbewegung
– sehr lebendigen gymnastischen Bestrebungen, welche die Leibesübungen in einem künstleri-
schen und antimilitaristischen Sinne (Vergl. dort S. 8/9) reformieren sollten. Verschiedene frü-
here Aufsätze von mir aus den Jahren 1925–1927 hatten schon das gleiche Thema behandelt.

Ein weiterer Aufsatz aus jener Zeit „Die gegenwärtige Situation der Wissenschaft von der Erziehung" (in „Erziehung und Bildung. Wissenschaftliche Beilage zur Preußischen Lehrerzeitung", 11.Jahrg.1930, Nr.16, S.119 ff.) gibt einen Überblick über die bunte Mannigfaltigkeit des damaligen deutschen pädagogischen Lebens.

Die zeitlich folgende Arbeit „Die weltanschaulichen Grundlagen des Jena-Planes" (in „Die Neue Deutsche Schule", 5. Jahrg. 1931, Nr. 6, S. 410ff.) enthält in der Bejahung der freiheitlich-menschlichen Tendenzen und der Toleranz dieses Planes, in der Abgrenzung gegen andere weltanschauliche Strömungen und in der Ablehnung aller dogmatischen und – wie man später sagte – „totalitären" Lebensvergewaltigungen auch so etwas wie mein eignes politisches Glaubensbekenntnis jener Jahre (Vergl. besonders S. 422ff.).

In der sodann im nächsten Jahr erschienenen Schrift „Erziehungswissenschaftlicher Unterricht und menschliche Existenz" (Weimar 1932, Verlag Hermann Böhlau's Nachf.) wird aus derselben Grundhaltung heraus ein spezielles Thema der Unterrichtslehre behandelt. Es kommt hier schon im Titel ein neues Motiv zu Worte, das dann hinfort in allen meinen späteren Arbeiten wiederkehrt: die Begegnung mit der Existenzphilosophie (Kierkegaard, Griesbach, Jaspers, Heidegger) und der Auswertung der in ihr für das Erziehungsproblem liegenden fruchtbaren Ansätze. –

Wer – zumal als jüngerer Mensch – nach der Umwälzung von 1933 aus dem überkommenen Geiste deutscher wissenschaftlicher und pädagogischer Tradition heraus auch weiterhin an dem inneren Leben des deutschen Volkes Anteil nahm und sich – gemäß seinem Beruf – für die Weiterentwicklung auf wissenschaftlichem und pädagogischem Gebiet irgendwie mitverantwortlich fühlte, dem blieb – wollte er nicht gänzlich abseits stehen – nur der Versuch übrig, der neuen Wirklichkeit durch loyale, innerlich jedoch der ursprünglichen Linie getreue Mitarbeit möglichst viel Gutes und Gesundes abzugewinnen, ein Versuch, der sich zwar bald als unmöglich erwies, der aber zunächst vielleicht doch nicht ganz aussichtslos erscheinen musste. In diesem Sinne nahmen meine nächsten Veröffentlichungen zu einigen aktuellen Fragen Stellung, wie sie durch die Umgestaltung des Erziehungswesens aufgeworfen wurden.

Ein Aufsatz „Hitlerjugend und Schule" (in „Deutsches Bildungswesen" 1934, Nr. 7, S. 384ff.) befasst sich zunächst mit Fragen der Erziehungspraxis. Er entstand aus der gerade damals in der Lehrerschaft umgehenden tiefen Besorgnis wegen der Tendenzen der HJ, alle eigentlich erzieherischen Aufgaben an sich zu ziehen und die Schule zu einer bloßen Unterrichtsanstalt ohne echte Erziehungsaufgaben zu degradieren. Demgegenüber will der Aufsatz auf die der Schule auch in der neuen Lage verbleibenden und unverlierbaren eigenständigen erzieherischen Möglichkeiten hinweisen.

Die sodann folgende Schrift mit dem Titel „Pädagogischer Realismus als Gegenwartsaufgabe" (Weimar 1935, Verlag Hermann Böhlau's Nachf.) behandelt wieder ein theoretisches Thema, nämlich die Frage nach dem grundsätzlichen Verständnis der Welt und des Menschen, dass der neuen Erziehungswirklichkeit entspricht und sie angemessen begründen kann. Es wird versucht, als solches tragfähiges Fundament einer volkhaft-politischen Erziehungslehre ein realistisches Menschenbild zu zeichnen, „realistisch" in einem Sinne, wie er sich von dem Daseinsverständnis der Existenzphilosophie her ergibt und wie ihn im Anschluss daran vor allem die neuere evangelische Theologie und Pädagogik (Gogarten, M. von Tiling) herausgearbeitet hat. Es war also dem Verfasser darum zu tun, die sogenannte „völkisch-politische" Erziehungslehre auf ein tieferes existentielles Verständnis des Menschen in der Welt zurückzuführen und sie als Abwandlung einer allgemeinen Grundhaltung zu verstehen, wodurch ihr freilich die beanspruchte dogmatische Ausschliesslichkeit entzogen gewesen wäre. Dieser Deutungsversuch und die Parallelstellung des „völkisch-politischen" Realismus (Krieck, Baeumler) mit dem Realismus christlicher Lebenshaltung hat denn auch bei den rechtgläubigen Vertretern nationalsozialistischer Erziehungslehre damals wenig Gegenliebe gefunden, und ein offiziöser Kritiker (in „Der deutsche Volkserzieher", 1. Jahrg. 1936, Nr. 21, S. 1002) urteilte daher – von seinem Standpunkt aus durchaus mit Recht, wie später offenkundig wurde – über das Buch: „Der Begriff der Ehre und des Politischen sieht der Verfasser garnicht; eine politische Erziehung ist ihm daher fremd. Und wenn er schliesslich die Meinung ausspricht, „dass die HJ von vornherein nicht ein pädagogisches, sondern ein politisches Phänomen" sei, so zeigt sich hierin die Unzulänglichkeit seines Erziehungs- und Wirklichkeitsbegriffes sehr drastisch: den Weg zur Wirklichkeit des Nationalsozialismus und seiner Erziehung hat diese Schrift nicht gefunden".

Der nächste größere Aufsatz „Erziehung und Bildung. Eine grundsätzliche Besinnung" (in „Bayerische Lehrerzeitung", 70. Jahrg. 1936, Nr. 40 u. 41, S. 613 bzw. 629ff.) bringt eine Untersuchung dieser beiden erziehungswissenschaftlichen Grundbegriffe. Er bemüht sich um ihre klare Abgrenzung und ist gerichtet gegen die Tendenz der – im Anschluss an den weltanschaulichen Biologismus des Nationalsozialismus – sich an der Wissenschaft vom organischen Leben orientierenden Bildungstheorien (vor allem Ernst Krieck's) den Wesensunterschied zwischen dem Bildungsgeschehen als einen Vorgang organischen Wachstums und dem eigentlichen Erziehungsgeschehen, das sich in der überorganischen Sphäre geistig-ethnischen Entscheidungslebens abspielt, zu verwischen. Demgegenüber wird nachdrücklich der tiefe Abstand echter Erziehung zu innerer Verantwortung von bloßer Haltungsbildung durch typenprägende Zuchtformen (Vergl. Alfred Baeumler's Begriff der „Formationserziehung") betont.

Eine weitere Arbeit „Gemeinschaftserziehung durch Fest und Feier" (in „Bayerische Lehrerzeitung", 71. Jahrg. 1937, Nr. 29, S. 425ff.) behandelt wieder ein Thema der erzieherischen Praxis aus dem Schul- und Unterrichtsleben.

Mein letztes und für mich wichtigstes Buch „Erziehungswissenschaft und Philosophie der Erziehung" (Berlin 1941, Verlag Walter de Gruyter), das als Ganzes eine gegenüber dem bisherigen Zustand der Erziehungstheorie vertiefte philosophisch-anthropologische Grundlegung der Pädagogik anstrebt, enthält – auf seinen weltanschaulich aktuellen Gehalt hin angesehen – eine grundsätzliche Kritik an dem biologisch fundierten Menschenbild des Nationalsozialismus und an den daraus entspringenden Versuchen der nationalsozialistischen Erziehungslehre, sich auf rein biologischen Prinzipien und Grundbegriffen zu begründen.[iii] Demgegenüber wird der Ursprung aller erzieherischen Phänomene in der „geistigen", d.i. über-biologischen, über-rassemäßigen, humanistisch verstandenen Natur des Menschen betont. Es wird also ein Thema wieder aufgenommen und vertieft, das bereits in dem Aufsatz „Erziehung und Bildung" anklang. Diese Kritik an den Grundlagen nationalsozialistischer Pädagogik, die im Wesentlichen als eine Auseinandersetzung mit Ernst Krieck als dem seit 1933 anerkannt führenden Erziehungstheoretiker in Deutschland durchgeführt wird, ist dann in ihrer Tendenz auch recht verstanden worden, und das Buch wurde in der nationalsozialistischen Fachpresse hinsichtlich seiner weltanschaulichen Ausrichtung einmütig abgelehnt. So bescheinigt mir das offizielle Literaturblatt des NS-Lehrerbundes – „Schrifttum für den deutschen Erzieher" 1942, Nr. 3/4 –, dass „zu einem Einbau (der Erziehungslehre) in eine lebensträchtige Weltsicht ... auf jeden Fall Krieck mehr beigetragen hat als Petersen und Döpp-Vorwald zusammen", und bezeichnet das Buch als „Prototyp geisteswissenschaftlicher Analyse, die dem instruktiven Denken ausweicht und so den Schritt vom bewussten Erfahren über erkennendes Anschauen zum Tun als Ausdruck der ersteren nicht zu finden vermag". Und in dem „Amtlichen Schulblatt für den Sudetengau" vom 15.8.42 wird – sachlich ziemlich zutreffend – über das Buch ausgeführt: „Sein (des Verfassers) oberstes Ideal ist der alte überirdische Gott, während das letzte Ideal bei Krieck das Leben selbst ist. Als Bindeglied bleibt ihm die Liebe in ihren verschiedensten Abwandlungen von Güte, Treue, Demut, Mitleid, Dienstbereitschaft, Opfersinn, Einsatzbereitschaft, Fürsorge, während ihm die Ehre nur gelegentlich als Nebenstufe der erziehenden Kräfte erscheint. Dem humanisierenden Erziehungsideal des ‚Erweckens der Schaukräfte im Menschen' setzt Döpp-Vorw. zwar das Tun hinzu, ohne das die Kräfte der Erziehung nicht wirksam werden können; aber unserem kämpferischen, von der Ehre angespornten Erziehungsideal kann dieses Schwanken zwischen dem Ziel vergeistigter Betrachtungsweise und seinem etwas aktiveren Realismus nicht genügen" – Zusammenfassend wird mir dann dort das Zeugnis ausgestellt, dass hier „von vornherein die neue Grundeinstellung fehlt".

Dr. H. Döpp-Vorwald [iv]

---

i   LAV NRW R, NW 1039, Nr. 1239/10, Bestandteil der Entnazifizierungsakte Heinrich Döpp-Vorwald. Das maschinenschriftliche Original im Umfang von fünf Seiten wird hier wortwörtlich und vollständig transkribiert wiedergegeben; lediglich offensichtliche Tippfehler wurden korrigiert.

ii   Die neuere bildungshistorische Forschung hat im Unterschied zu dieser Einschätzung von Döpp-Vorwald die ab 1933 ständig zunehmende politische Anpassung Peter Petersens an den Nationalsozialismus sowie biologistisch-rassistische Auffassungen herausgearbeitet. Siehe insbesondere den Aufsatz: Petersen, Peter: Die erziehungswissenschaftlichen Grundlagen des Jenaplanes im Lichte des Nationalsozialismus, in: Die Schule im nationalsozialistischen Staat 11 (1935), Nr. 6, S. 1–5. Besonders kritisch die Untersuchung: Ortmeyer, Benjamin: Mythos und Pathos statt Logos und Ethos. Zu den Publikationen führender Erziehungswissenschaftler in der NS-Zeit: Eduard Spranger, Hermann Nohl, Erich Weniger und Peter Petersen. Weinheim 2009. Zur Führungslehre des Unterrichts von Peter Petersen aus dem Jahre 1937: von Olberg, Hans-Joachim: Etappen didaktischen Denkens von der Aufklärung bis 1945, in: Porsch, Raphaela (Hg.): Einführung in die Allgemeine Didaktik, Münster/New York 2016, S. 73–99.

iii Gegen die Selbstinterpretation von Heinrich Döpp-Vorwald, er habe sich insgesamt gegen die biologistische, nationalsozialistische Erziehungslehre ausgesprochen, verweist die ausführliche Studie von Döpp 2003, S. 457f., darauf hin, dass Döpp-Vorwald 1936 positiv vom „Durchdringen des Rassegedankens in der Erziehungslehre" geschrieben habe und sich öffentlich nur mit der Erziehungskonzeption von Ernst Krieck kritisch auseinandergesetzt hat, als dessen Resonanz in der nationalsozialistischen Erziehungspolitik bereits nachließ. Döpp-Vorwald habe eine allgemeine Distanzierung von der nationalsozialistischen Erziehungskonzeption vermieden und selbst lediglich eine Variante völkisch-politischer Erziehungslehre vertreten. Robert Döpp führt auch einige Rezensionen in offiziellen und parteiamtlichen NS-Erziehungszeitschriften an, die im Unterschied zu den von Döpp-Vorwald angeführten Beurteilungen in seiner Selbstrechtfertigung von 1945 seine Position positiv und als NS-konform bewerten.

iv Handschriftliche Unterschrift.

Ewald Terhart

Neubeginn, Expansion, Integration – Pädagogik und Erziehungswissenschaft in Münster von der Nachkriegszeit bis 1990

Die wissenschaftsgeschichtliche Perspektive auf die Entwicklung von Disziplinen wird zunehmen auch auf Lokalgeschichte(n) gerichtet. Das gilt auch für die akademische Pädagogik beziehungsweise Erziehungswissenschaft. Zur Lokalgeschichte dieses Faches beziehungsweise dieser Disziplin in Münster liegen bislang nur vereinzelte Studien vor. Der vorliegende Band vervollständigt das bisher noch lückenhafte Bild.

Im folgenden Beitrag geht es um die Zeit von der Nachkriegszeit, die einen mühsamen (partiellen) Neubeginn für die Pädagogik in Münster mit sich brachte, über die Zeit der sehr starken Expansion des Faches in den 1970er-Jahren, bis hin zu den 1980er-Jahren: der Integration der Pädagogischen Hochschule Münster in die Universität Münster und deren speziell für die Erziehungswissenschaft komplizierten und folgenreichen Verlauf. Auch wird auf außeruniversitäre erziehungswissenschaftliche Einrichtungen in Münster eingegangen. Insgesamt stehen eher strukturell-institutionelle Fragen im Mittelpunkt; individuelle Biographien und wissenschaftliche Positionen beteiligter Personen werden nur gestreift. Ebenso kann eine Einordnung der münsterschen in die allgemeine Entwicklung der deutschen Erziehungswissenschaft nur punktuell erfolgen.

1. Neubeginn der Pädagogik an der Universität nach 1945

Die Westfälischen Wilhelms-Universität Münster wurde nach dem Ende des Zweiten Weltkriegs mit Genehmigung der Alliierten am 3. November 1945 wieder eröffnet. Das Fach Pädagogik war zu der Zeit Teil der 1943 entstandenen „Abteilung Psychologie und Pädagogik" in der noch bis 1948 bestehenden „Philosophischen und Naturwissenschaftlichen Fakultät". Ab dem Wintersemester 1946/47 wurden wieder pädagogische Lehrveranstaltungen durchgeführt, und zwar unter anderem von Heinrich Döpp-Vorwald,[1] der im Rahmen seines Entnazifizierungsverfahrens als „Mitläufer" eingestuft worden war. 1949 wurde er zum außerplanmäßigen Professor ernannt. Weitere Lehrbeauftragte und wenige Honorarprofessoren wie Bernhard Rosenmöller und Friedrich Siegmund-Schulze kamen hinzu. Letzterer lehrte zwischen 1948 und 1959 zunächst als Gast- und dann als Honorarprofessor für Sozialpädagogik und Sozialethik an der Universität Münster. Bernhard Rosenmöller (1883–1974) war ein katholisch geprägter Philosoph, von 1923 bis 1931 Mitglied im Leitungsgremium des Deutschen Instituts *für wissenschaftliche Pädagogik* und arbeitete danach als Professor in Braunsberg und Breslau.

---

[1]   Zu H. Döpp-Vorwald vgl. Holtkemper, Franz-Jürgen/Gründer, Konrad (Hg.): Pädagogische Blätter. Heinrich Döpp-Vorwald zum 65. Geburtstag, Ratingen 1967, sowie Harten, Hans-Christian/Neirich, Uwe/Schwerendt, Matthias: Rassenhygiene als Erziehungsideologie des Dritten Reichs, Berlin 2006, S. 174–177. Zu Döpp-Vorwald vgl. auch die Dissertation seines Enkels Robert Döpp: Jenaplan-Pädagogik im Nationalsozialismus. Ein Beitrag zum Ende der Eindeutigkeit. Münster 2002, insbesondere S. 452–458. Döpp-Vorwald wurde 1927 bei Peter Petersen promoviert und hat sich 1937 in Jena auch habilitiert.

Nach dem Krieg war Rosenmöller für kurze Zeit (1946–1949) Gründungsrektor der Pädagogischen Akademie Paderborn und arbeitete dann bis zu seiner Emeritierung 1959 als Honorarprofessor an der Universität Münster.

Aufgrund der wachsenden Studierendenzahlen in der Gymnasiallehrerbildung konnte nach langen Bemühungen 1950 das „Pädagogische Seminar" als selbstständige Einrichtung innerhalb der Philosophischen Instituts in der Philosophischen Fakultät erneut etabliert und zugleich die neu geschaffene ordentliche Professur für Pädagogik und Philosophie mit Alfred Petzelt[2] (1886–1967) besetzt werden. Petzelt erhielt sowohl im Nationalsozialismus als auch nach dem Zweiten Weltkrieg in der Sowjetischen Zone faktisch ein Berufsverbot. Bei seiner Berufung an die Universität Münster war er bereits 64 Jahre alt und wurde 1955 emeritiert. Sein Nachfolger wurde Ernst Lichtenstein[3] (1900–1971; Emeritierung 1969). Für eine kurze Zeit, nämlich von 1961 bis zu seiner Berufung nach Marburg 1963, war der später sehr bekannte Erziehungswissenschaftler Wolfgang Klafki (1927–2016) Mitglied des münsterschen Pädagogischen Seminars, und zwar als Assistent von Lichtenstein. Ebenfalls nur für kurze Zeit, von 1959 bis 1961, hatte Leonard Froese ein planmäßiges Extraordinariat inne, bevor er nach Marburg wechselte. Heinrich Döpp-Vorwald rückte dann auf dieses Extraordinariat, wurde 1964 zum ordentlichen Professor ernannt und 1969 emeritiert.

Die Konstellation aus Lichtenstein und Döpp-Vorwald ist durchaus bemerkenswert: Im Zeitraum von 1955 bis 1969, also für 14 Jahre, waren sie unmittelbare Fachkollegen, aber mit sehr unterschiedlichem Hintergrund: Döpp-Vorwald (katholisch) begann 1940 zunächst als „Diäten-Dozent" (bezahlter Dozent) seine Arbeit an der Universität Münster. Er war Mitglied der NSDAP und anderer nationalsozialistischer Organisationen und wurde nach dem Krieg als „Mitläufer" eingestuft. Durch interne Beförderungen, Umsetzungen auf andere Stellen etcetera hat er schließlich 1964 eine ordentliche Professur erreicht. Lichtenstein (evangelisch) war Gymnasiallehrer und Fachleiter, wurde aufgrund jüdischer Vorfahren mit Beginn der NS-Zeit verfolgt und ging 1933 an die Deutsche Schule in Athen. Er kehrte Ende 1944 nach Deutschland zurück, wurde unter anderem Präsident der Gesellschaft für christlich-jüdische Zusammenarbeit (1948–1953) und habilitierte sich in München für Philosophie und Pädagogik. Ab 1949 war er Professor an der Universität Erlangen und ab 1955 an der Universität Münster.

---

2   Zu A. Petzelt, der dem katholischen Milieu zuzurechnen ist, vgl. Westermann, Henrik: Prinzip und Skepsis als Grundbegriffe der Pädagogik, Frankfurt a. M. 2005, sowie die Seite des Petzelt-Archivs an der Universität Karlsruhe, Rekus, Jürgen: http://www.ibap.kit.edu/lehr-lernforschung/467.php (Zugriff: 15.4.2024). Zeitgenossen sprachen auch von der „Petzelt-Schule". Vgl. dazu Vogel, Peter: Die neukantianische Pädagogik und die Erfahrungswissenschaften vom Menschen, in: Oelkers, Jürgen/ Schulz, Wolfgang K./Tenorth, Heinz-Elmar (Hg.): Neukantianismus. Kulturtheorie, Pädagogik und Philosophie, Weinheim 1989, S. 127–164. Zum katholischen und evangelischen (und zum Teil auch „kritischen") Theorie-Milieu in der Pädagogik/Erziehungswissenschaft der 1960er- bis 1980er-Jahre vgl. Tenorth, Heinz-Elmar: Erziehungswissenschaft in Deutschland – nationale Form, kulturelle Differenzen, in: Pedagógiatörténeti Szemle 1 (4) (2015), S. 62–94.

3   Zu Ernst Lichtenstein vgl. Menze, Clemens: Gedenkrede auf Ernst Lichtenstein (1900–1971), in: Reden auf Ernst Lichtenstein, gehalten auf der Gedenkfeier der Universität Münster am 13. Dezember 1971 (Schriften der Gesellschaft zur Förderung der Westfälischen Wilhelms-Universität zu Münster, 64), Münster 1973, S. 5–37. Weitere Informationen auch auf der homepage der Deutschen Schule Athen: https://dsa-erinnert.org/lichtenstein-lebenslauf/ (Zugriff: 11.4.2024).

2. Außeruniversitäre Pädagogik beziehungsweise Erziehungswissenschaft in Münster

Wie an anderen größeren Universitätsstandorten, so war auch in Münster die akademische Befassung mit pädagogischen beziehungsweise erziehungswissenschaftlichen Fragen nicht auf die Universität beschränkt. Auch außerhalb der Universität gab es Einrichtungen erziehungswissenschaftlicher Art. Sie waren häufig konfessionell geprägt und dienten in dieser Ausrichtung auch der Verknüpfung von Wissenschaft und pädagogischer Praxis.

Deutsches Institut für wissenschaftliche Pädagogik (1922–1980)

Katholische Lehrerverbände und Akademiker, darunter der Philosoph und Pädagoge Max Ettlinger (1877–1929), gründeten 1922 das Deutsche Institut für wissenschaftliche Pädagogik (DIWP) in Münster. Eine „katholische Pädagogik" sollte als Bollwerk gegen jeglichen Relativismus dienen. So entstand ein mit ansehnlichem Etat ausgestattetes Forschungs- und Fortbildungszentrum, an dem unter anderen Edith Stein (1891–1942) in den Jahren 1932/33 als Dozentin arbeitete. 1938 wurde das Institut zwangsweise geschlossen. Nach der „Entchristlichung" der Gesellschaft durch den Nationalsozialismus wurde das Institut zunächst für eine betont konfessionelle Bildungspolitik ab 1950 unter Kurt Haase wiedererrichtet. Alfred Petzelt, mittlerweile Pädagogikprofessor, und Franz Pöggeler (1926–2009) arbeiteten als bekannte Vertreter der universitären Pädagogik im DIWP mit. Die Leitung ging interimsweise bis 1963 zunächst auf den Kirchenhistoriker Bernhard Kötting (1910–1996) über. Ab 1970 ging es im DIWP auch um die damals aktuelle Curriculumforschung. Doris Knab (*1928) war Leiterin des EVI-CIEL-Projekts zur Lehrplanentwicklung in der Grundschule (EVI-CIEL steht für „Evaluation und Implementation von Curriculum Institutionalisierte Elementarerziehung"). Eine Initiative unter Aloysius Regenbrecht von der Pädagogischen Hochschule (PH) Münster (1929–2004) führte die wissenschaftliche Begleitung der Friedensschule Münster als private katholische Gesamtschule durch. Die deutschen Bischöfe lösten das Institut schließlich 1980 nach längeren Auseinandersetzungen unter anderem wegen seines vermeintlich zu schwach ausgeprägten katholischen Profils auf.[4]

Comenius-Institut

Das Comenius-Institut wurde 1954 von evangelischen Lehrer- und Erzieherverbänden in Verbindung mit der Evangelischen Kirche in Deutschland (EKD) als eingetragener Verein gegrün-

---

4 Vgl. die umfassende Darstellung der Geschichte des DIWP bei Müller, Markus: Das Deutsche Institut für wissenschaftliche Pädagogik 1922–1980. Von der katholischen Pädagogik zur Pädagogik von Katholiken, Paderborn 2014. Das DIWP veranstalte zu der Zeit auch die „Salzburger Symposien für wissenschaftliche Pädagogik" und gab die „Vierteljahrsschrift für wissenschaftliche Pädagogik" (mit) heraus. Vgl. dazu Kauder, Peter: Das Salzburger Symposion 1964–2014: Ein Blick auf einen „Gesprächskreis" der Systematischen Pädagogik aus Sicht der erziehungswissenschaftlichen Wissenschaftsforschung, in: Vierteljahrsschrift für wissenschaftliche Pädagogik 91 (2015) 4, S. 475–532.

det und hat seit 1957 seinen Sitz in Münster – bis heute. Das Comenius-Institut, Evangelische Arbeitsstätte für Erziehungswissenschaft e.V., ist eine Einrichtung der evangelischen Landeskirchen in Deutschland, der evangelischen Lehrer- und Schulverbände und der Evangelischen Kirche in Deutschland (EKD). Zu seinen Aufgaben gehört die Bearbeitung von Aufgaben in den Bereichen Pädagogik und Theologie, Wissenschaft und Öffentlichkeit, Praxis und Politik, Kirche und Schule.[5]

3. Gründung des Instituts für Erziehungswissenschaft und Expansionsphase ab 1971

In den 1960er-Jahren stiegen aufgrund hoher Zahlen in der Gymnasial- und Realschullehrerbildung die Anforderungen an das vergleichsweise kleine „Pädagogische Seminar" der Universität Münster.[6] Die Etablierung des neuen Diplomstudiengangs Erziehungswissenschaft führte zu einer weiteren, sehr massiven Verschärfung der Lehrsituation zu Beginn der 1970er-Jahre. Gleichzeitig kam es mit der Wiederbesetzung der beiden Lehrstühle – auf Lichtenstein folgte 1969 Herwig Blankertz (1927–1983) auf der Professur für Pädagogik und Philosophie, auf Döpp-Vorwald (1969 emeritiert) folgte erst 1973[7] Dietrich Benner (*1941) – schrittweise zu einer Erhöhung sowohl der Zahl der Professoren (1977: sechs Lehrstühle und weitere Professorenstellen) als auch der wissenschaftlichen Mitarbeiter. Diese personelle Vergrößerung des Faches war ein Ergebnis von Blankertz' Berufungsverhandlungen.

Im Zuge der Neugliederung der Universität in Fachbereiche im Frühjahr 1971 wurde das Pädagogische Seminar zum Institut für Erziehungswissenschaft (IfE) im „Fachbereich 9 Erziehungswissenschaft, Soziologie, Publizistik". Erstmals genannt wird das IfE in der Einladung zur Fachbereichskonferenz am 28. Januar 1971. Bereits früher, im Zusammenhang mit seiner Berufung im Jahre 1969, hatte Blankertz beim Ministerpräsidenten des Landes Nordrhein-Westfalen eine Umbenennung des „Pädagogischen Seminars" in „Institut für Erziehungswissenschaft" beantragt. Der Senat der Universität stimmte in seiner Sitzung am 7. Mai 1973 der Umbenennung zu. Blankertz wurde erster Geschäftsführender Direktor des neu gegründeten Instituts für Erziehungswissenschaft. Er war nicht nur dort eine prägende Figur, sondern wurde in den 1970er-Jahren zu einem der bekanntesten Erziehungswissenschaftler Deutschlands, und zwar aufgrund seiner Arbeiten zu Theorie- und Methodenproblemen der Erziehungswissenschaft, durch sein traditionsstiftendes Lehrbuch „Theorien und Modelle der Didaktik" und

---

5   Zum Comenius-Institut Münster vgl. Elsenbast, Volker/Pithan, Annebelle/Schreiner, Peter/Schweitzer, Friedrich (Hg.): Wissen klären – Bildung stärken. 50 Jahre Comenius-Institut, Münster 2004.

6   Zur Entwicklung der Zahl der Lehramtsstudierenden in Münster vgl. den Beitrag von Martin Rothland in diesem Band.

7   Ungewöhnlich aus heutiger Sicht: Der bisherige Lehrstuhlinhaber Döpp-Vorwald hat durch zwei Sondervoten zu verhindern versucht, dass der Erstplatzierte, der Psychologe und Psychoanalytiker Peter Fürstenau (Universität Gießen), den Ruf erhielt. Der Ruf an ihn wurde trotzdem erteilt; die Berufung kam jedoch nicht zustande, und auch die weiteren Kandidaten auf der Liste sagten ab. Am Ergebnis des nun notwendig werdenden zweiten Verfahrens wurde Dietrich Benner berufen – und nahm den Ruf an. Diese Komplikationen erklären die lange Vakanz der Professur, vgl. dazu ausführlich Rothland, Martin: Disziplingeschichte im Kontext. Erziehungswissenschaft an der Universität Münster nach 1945, Bad Heilbrunn 2008, S. 192f.

durch den Schulversuch „Kollegstufe NW", der eine Integration von gymnasialer Oberstufe und beruflichen Schulen in *einer* Schulform anstrebte. Nicht zuletzt prägte er eine große Zahl von Schülern („Blankertz-Schule"), deren Mitglieder dann ab Mitte der 1970er- sowie in den 1980er-Jahren viele Professuren in der Erziehungswissenschaft besetzten.[8] In diesem zeitlichen und sachlichen Zusammenhang der Gründung und späteren Expansion des Instituts für Erziehungswissenschaft der Universität sind zwei weitere Neugründungen im erziehungswissenschaftlichen Feld in Münster zu erwähnen:

Fachhochschule Münster

Die Fachhochschule (FH) Münster wurde am 1. August 1971 auf der Basis des Zusammenschlusses von staatlichen und privaten Bau- und Ingenieurschulen sowie Einrichtungen mit berufsbezogener Fachausbildung gegründet. Damals lag die Zahl der Studierenden bei etwa 2.300 – heute sind es knapp 14.000 Studierende, die in 84 Studiengängen mit einem für Fachhochschulen überdurchschnittlichen Anteil an Master-Angeboten (aktuell 39) studieren. Begleitet von einem hausinternen Promotionskolleg qualifizieren sich derzeit zudem rund 110 kooperativ (mit Universitäten) Promovierende. Der dem IfE der Universität thematisch benachbarte Fachbereich Sozialwesen der FH Münster, 1971 mit wenigen Professorenstellen gegründet, weist heute 33 Professuren sowie über 2.200 Studierende im Wintersemester 2018/19 auf. Seit dem Jahre 2000 betreiben Universität Münster und FH Münster gemeinsam den Lehramtsstudiengang für Lehrende an Schulen der beruflichen Bildung, organisiert vom Institut für Berufliche Lehrerbildung (IBL) an der FH Münster.[9]

Katholische (Fach-)Hochschule NRW in Münster

Im Wintersemester 1971/72 startete die Abteilung Münster der „Katholischen Fachhochschule NRW" (heute die Katholische Hochschule NRW). Die Katholischen Fachhochschulen gingen aus dem Zusammenschluss von 14 höheren Fachschulen für Sozialarbeit, Sozialpädagogik und Heilpädagogik hervor. Im Fachbereich Sozialwesen der Abteilung Münster werden momentan die BA/MA-Studiengänge Soziale Arbeit/Sozialpädagogik und Heilpädagogik sowie seit länge-

8   Zur Blankertz und zur Blankertz-Schule vgl. auch Kutscha, Günther: Bildung unter dem Anspruch von Aufklärung. Zur Pädagogik von Herwig Blankertz. Weinheim/Basel 1989; Unger, Tim: Blankertz und die Freiheit. Eine bildungstheoretische Relektüre des Beziehungsgeflechts von Utilität, Distanz und Kritik in den Arbeiten von Herwig Blankertz, in: Lisop, Ingrid/Schlüter, Anne (Hg.): Bildung im Medium des Berufs? Diskurslinien der Berufs- und Wirtschaftspädagogik, Frankfurt a. M. 2009, S. 251–268; Tenorth, Heinz-Elmar: Karrierekatalysator und Theoriediffusion. Notizen zur Blankertz-Schule in der Erziehungswissenschaft, in: Adick, Christel/Kraul, Margret/Wigger, Lothar (Hg.): Was ist Erziehungswissenschaft? Donauwörth 2000, S. 97–125. In ganz anderer Weise hat H. Blankertz tatsächlich „Schule gemacht": In Nordrhein-Westfalen gibt es drei Berufskollegs, die den Namen „Herwig Blankertz-Schule" tragen.

9   Hart, Thilo/Kettschau, Irmhild (Hg.): Beruflich. Kooperativ. Modellhaft. Zehn Jahre Institut für berufliche Lehrerbildung, Münster 2012.

rem Ehe-, Familien und Lebensberatung angeboten. Derzeit sind 1.100 Studierende eingeschrieben; im Bereich „Sozialpädagogik und Heilpädagogik" lehren aktuell 12 Professor:innen.[10]

Das neu gegründete Institut für Erziehungswissenschaft wies ursprünglich eine Direktorialverwaltung auf, das heißt die Ordinarien (H- beziehungsweise später C-4 Professoren) hatten jeweils eine Direktorenposition inne und nur das Direktorium bestimmte über die Geschicke des Instituts. Im Kontext der Studentenbewegung und der Demokratisierung der Hochschulen wurde jedoch zunächst am IfE in Münster eine drittelparitätisch besetzte Institutskonferenz als entscheidendes Gremium eingesetzt. „Drittelparitätisch" bedeutet, dass die drei Statusgruppen (Professoren, wissenschaftliche Mitarbeiter, Studierende) mit gleichviel Stimmen in dem Gremium vertreten waren. Die Drittelparität wurde jedoch nach Konflikten bereits 1974 wieder abgeschafft und man kehrte zur Direktorialverwaltung des Instituts zurück.

Das neue, wachsende Institut hatte große Probleme mit der Bewältigung der extrem stark steigenden Zahl der Hauptfachstudierenden im neu etablierten Diplom-Studiengang Erziehungswissenschaft sowie mit den ebenso extrem steigenden Zahlen in der Lehrerbildung. Zu Beginn der 1970er-Jahre erhöhte sich die Zahl der Lehramtsstudierenden an der Universität Münster auf 10.000. Auch die Zahlen im Hauptfachstudiengang stiegen: Im Fach Pädagogik im Rahmen des traditionellen Magister-Studiums befanden sich in den Jahren vorher immer nur wenige hundert Studierende im Hauptfachstudiengang. Der im Wintersemester 1970/71 mit zunächst 230 Studierenden gestartete Diplom-Studiengang Erziehungswissenschaft wies im Wintersemester 1973/74 bereits knapp 1.500 Studierende auf. Zum Wintersemester 1974/75 musste schließlich eine Numerus-Clausus-Regelung für diesen Studiengang eingeführt werden. Wie überall in den deutschen Universitäten entwickelte sich das kleine, bislang akademisch zum Teil eher „exotische" Fach Pädagogik in den 1970er-Jahren zu einem Massenfach mit massenhafter Nachfrage nach Lehre und Prüfungen.[11]

In der Lehre führte diese extreme Zunahme der Studierendenzahlen zu völlig überfüllten Seminaren. Teilnehmerbegrenzungen, Anmeldeverfahren und Punktesysteme, die der Organisation von Studium und Lehre hätte dienen können, gab es noch nicht. Verschärfend kam hinzu, dass in der damaligen Zeit in der zum Massenfach werdenden Erziehungswissenschaft (in Münster) nur sehr wenige Vorlesungen angeboten wurden, die der Bewältigung größerer Massen von Studierendenden hätten dienen können. Durch Tutorenprogramme, Arbeitsgruppen, Anmietung von zusätzlichen Seminarräumen etcetera wurde versucht, dem Andrang Herr zu werden. Die Studienordnungen waren, verglichen mit heute, äußerst weitmaschig. Der individuelle Studienverlauf konnte und musste sehr selbstbestimmt gestaltet werden – für manche

10   Vgl. zur Geschichte der Fachhochschulen in NRW Stelzer-Rothe, Thomas/Samanpour, Ali Reza (Hg.): 50 Jahren Fachhochschulen in NRW. Von der Fachhochschule im Jahre 1971 zur Hochschule für angewandte Wissenschaft im Jahre 2022, Berlin 2022.

11   Das IfE versuchte, die gestiegene Lehrnachfrage durch zahlreiche Lehraufträge aufzufangen; Lehrbeauftragte wurden auch in den wenigen curricularen Pflichtelementen des Diplom-Studienganges eingesetzt (z.B. Schulrecht, Jugend- und Sozialrecht). Dazu gehörten auch einige Hochschullehrer der PH Münster, die von Beginn der 1970er-Jahre bis z.T. in die 1980er-Jahre hinein Lehraufträge an der Universität Münster wahrnahmen (Fritz Loser, Christian Salzmann, Aloysius Regenbrecht u.a.). Es handelte sich dabei gewissermaßen um eine vorgezogene Integration (einzelner Mitglieder) der Fachgruppe Erziehungswissenschaft der PH Münster in die Lehre des Instituts für Erziehungswissenschaft der Universität Münster.

Studierende eine Chance, für andere eher eine Last beziehungsweise ein Risiko. Die hohen Studierendenzahlen führten dann zeitverzögert zu analog hohen Zahlen von Prüfungsfällen beziehungsweise Abschlussarbeiten. Der Ansturm konnte nur bewältigt werden, indem die Gruppe der akademischen Mitarbeiter („Mittelbau") sowohl bei den Vordiplom- und Diplom-Prüfungen als auch bei den Staatsprüfungen (Lehramt) Prüfungsberechtigung erhielt. Das Wahlverhalten der Studierenden tendierte bei der Prüferwahl teilweise stark zum „Mittelbau", eine Asymmetrie, die von einigen Professoren besorgt wahrgenommen wurden. Die im Vergleich zu anderen Fächern ungewöhnlich hohe Lehr- und Prüfungsleistung führte dazu, dass viele Vertreter des „Mittelbaus" innerhalb des Machtgefüges des Instituts eine sehr starke, ja teilweise autonome Stellung einnehmen konnten. Dies machte das Institut innerhalb der Universität Münster verdächtig – und war bald auch disziplinweit bekannt. Hilbert Meyer, zu der Zeit Mitarbeiter Blankertz', schildert die Situation in seinen autobiographischen Skizzen:

„Das Institut für Erziehungswissenschaft der Uni war, als Herwig Blankertz den Ruf nach Münster annahm, vorsichtig ausgedrückt, verlottert. Es gab 11.000 Lehramtsstudierende mit dem Ziel Gymnasium, viel zu wenig Personal, hoffnungslos überfüllte Seminare, kein mit der gültigen Prüfungsordnung abgestimmtes Lehrangebot und eine Prüfungspraxis, in der x-beliebige Themen abgeprüft werden konnten. Einen der ersten Beschlüsse, den Herwig Blankertz nach seiner Wahl zum Dekan durchsetzte, lautete, dass ab sofort nur noch die Noten ‚bestanden/nicht bestanden' vergeben wurden, weil angesichts der Überfüllung der Seminare eine differenzierende Notengebung schlicht nicht zu leisten war. Darüber hinaus galt der Grundsatz: ‚Wer lehrt, prüft!' Das hatte zur Folge, dass ich als Wissenschaftliche Hilfskraft Mitglied des Landesprüfungsamtes wurde und in jedem Semester 35 bis 40 Prüfungen abnahm."[12]

In der gemeinsamen Fachbereichskonferenz (heute: Fachbereichsrat) des Fachbereichs 9 war die Zusammenarbeit der Fächer Erziehungswissenschaft, Soziologie und Publizistik zum Teil von Konflikten geprägt, da einzelne Fächer des Fachbereichs aufgrund politischer Koalitionen und Fronten in andere Fächer „hineinregierten". So bildeten sich in der Fachbereichskonferenz zum Teil Mehrheiten gegen das ausdrückliche Votum der Hochschullehrer eines Instituts. Da zeitweise die Professoren der Erziehungswissenschaft aufgrund solcher Stimmen- und also Machtverhältnisse ihre Beschlüsse zur Erziehungswissenschaft auf Fachbereichsebene nicht durchsetzen konnten, gab es um 1975 (erfolglose) Bestrebungen der Erziehungswissenschaft, den Fachbereich zu verlassen.

In den frühen 1970er-Jahren waren alle Universitäten in Deutschland (wie in der westlichen Welt insgesamt) insbesondere in den geistes- und sozialwissenschaftlichen Fächer durch eine mehr oder weniger deutliche konservativ/progressiv beziehungsweise rechts/links Spaltung geprägt, die sich zugleich als eine Art Generationenkonflikt darstellte, da in den expandierenden sozial- und geisteswissenschaftlichen Fächern nunmehr viele jüngere Wissenschaftler (Professoren und Mitarbeiter) den Lehrkörper bestimmten. Dieser Kulturkampf in den Universitäten und Fakultäten ist damals und seitdem vielfach zum Gegenstand von Analysen, Polemiken, Filmen, Romanen, Karikaturen, Kabarett, Groteske etcetera geworden. Auch das neu gegründete Institut für Erziehungswissenschaft der Universität Münster war dementsprechend

---

12   Meyer, Hilbert: Befriedigende Arbeit in Einstürzenden Neubauten – Ein autobiographischer Bericht, Oldenburg 2022, S. 38, https://uol.de/hilbert-meyer/autobiografisches/arbeit (Zugriff: 11.4.2024).

insgesamt eher reformorientiert und im weiteren Sinne linksliberal bis links ausgerichtet, wobei es intern gleichwohl große Unterschiede hinsichtlich das Grades an „Radikalität" gab. Innerhalb der eher konservativen Universität Münster waren der linke Fachbereich 9 und dessen Institute jedenfalls eine Besonderheit.

Interessante *empirisch gestützte* Einblicke in die damalige hochschulpolitisch stark zerklüftete Landschaft gibt eine Dissertation von Beate Clemens-Lodde aus dem Jahre 1974. Für ihre Arbeit zum hochschuldidaktischen Selbstverständnis von Lehrenden in Münster hat sie insgesamt 124 Lehrende befragt: 24 der Germanistik (Ältere Abteilung), 24 der Germanistik (Neuere Abteilung), 40 Rechtswissenschaftler, 36 Erziehungswissenschaftler. Es werden klare fachkulturelle Unterschiede deutlich:

> „Zusammenfassend läßt sich sagen, dass die Ergebnisse einen relativ einheitlichen Trend innerhalb der Fächer widerspiegeln. Erziehungswissenschaftler und Germanisten der Neueren Abteilung lehnen die kontrollierende Rolle des Lehrenden als Bewerter von Leistungen stärker als die Germanisten der Älteren Abteilung und die Rechtswissenschaftler ab; sie bejahen dagegen mehr als die Vertreter der beiden anderen Fächer eine Hilfestellung für die Selbsteinschätzung der eigenen Leistungen durch die Studenten. Erziehungswissenschaftler und Germanisten der Neueren Abteilung lehnen auch die lenkende Rolle des Lehrenden stärker ab und befürworten mehr als die beiden anderen Fachgruppen ein Lehrverhalten, das den Studenten ermöglicht, ihre eigenen Interessen zu artikulieren und im Seminar zu verwirklichen."[13]

> „Partizipatives Lehrverhalten wird am günstigsten und extrinsisch motivierendes am ungünstigsten von den Erziehungswissenschaftlern und an zweiter Stelle von den Germanisten der Neueren Abteilung eingeschätzt; danach folgen die Germanisten der Älteren Abteilung und schließlich die Rechtswissenschaftler. Erwartungsgemäß unterscheiden sich auch die Unterrichtsvorstellungen von Mittelbauangehörigen von denen der Hochschullehrer: Partizipative Unterrichtsmaßnahmen werden von den Mittelbauangehörigen stärker und direktive weniger bejaht als von den Hochschullehrern."[14]

In der Arbeit wird auch deutlich, dass das damals ganz neue Forschungsfeld der „Hochschuldidaktik" teilweise von den in dieser Studie Befragten, aber auch generell eher kritisch beurteilt wurde: Fachfremde könnten die Lehrsituation und Lehrpraxis in einem bestimmten Fach doch gar nicht beurteilen.

Im Jahr 1977 strukturierte sich das Institut für Erziehungswissenschaft in die folgenden sechs Abteilungen, die jeweils von einem Lehrstuhlinhaber (Direktor) geleitet wurden:

» Allgemeine Erziehungswissenschaft und Schultheorie (Dietrich Benner)

» Wissenschaftstheorie/Didaktik (Herwig Blankertz)[15]

---

13   Clemens-Lodde, Beate: Einstellung von Lehrenden zu intrinsisch und extrinsisch motivierendem Lehrverhalten. Eine Befragung in den Fächern Germanistik, Rechtswissenschaft und Erziehungswissenschaften an der Universität Münster. Inaugural-Dissertation zur Erlangung des Doktorgrades der Philosophischen Fakultät der Westfälischen Wilhelms-Universität Münster (Westf.), Münster 1973, S. 200.

14   Ebd., S. 225.

15   Im Wintersemester 1971/72 und Sommersemester 1972 hatte Blankertz zwei Forschungsfreisemester. Im Anschluss daran, von 1972 bis 1978 war Blankertz von seiner Professur beurlaubt, um die

» Allgemeine Erziehungswissenschaft/Erziehungstheorie (Hans Bokelmann)

» Pädagogische Psychologie/Empirische Pädagogik (Jürgen Henningsen)

» Sozialhistorische Curriculum- und Lernfeldforschung (Anneliese Mannzmann)

» Sozialpädagogik (Dieter Sengling)

Diese Struktur hatte bis zur Integration der Fachgruppe Erziehungswissenschaft der Pädagogischen Hochschule Münster im Jahre 1985 Bestand.

4. Die Integration der Pädagogischen Hochschule Münster in die Universität Münster

Die in den 1960er-Jahren begonnene Bildungsreform und Bildungsexpansion waren mit einem starken Ausbau und einer gravierenden Umstrukturierung nicht nur der Schul-, sondern auch der Universitäts- und Hochschullandschaft verbunden. Universitäten expandierten, Pädagogische Hochschulen wurden zu Universitäten oder zusammen mit Fachhochschulen zu Gesamthochschulen ausgebaut, um dann schließlich doch zu Universitäten umgewandelt zu werden. An Orten, an denen sowohl eine Universität als auch eine Pädagogische Hochschule (PH) existierte, wurde letztere in die jeweilige Universität integriert.

Abb. 1: Pädagogische Hochschule Westfalen-Lippe Abteilung Münster, Gebäude in der Scharnhorststraße

Wissenschaftliche Begleitung (WBK) des Schulversuchs Kollegstufe NW zu leiten. Seine Vertretung übernahm die habilitierte Münsteraner Historikerin Anneliese Mannzmann (1925–2016), die auf dieser Stelle bis zu ihrer Emeritierung im Jahre 1990 verblieb. Für Blankertz wurde nach dem Ende der Beurlaubung für die WBK eine Stelle *ad personam* geschaffen, die nach seinem tragischen Tod im Jahre 1983 (als Folge eines Verkehrsunfalls) nicht wieder besetzt wurde.

In Nordrhein-Westfalen wurde die Integration der Pädagogischen Hochschulen in die Universitäten (beziehungsweise Gesamthochschulen) in den 1970er-Jahren vorbereitet. Ziel war es, die traditionelle Trennung zwischen nicht-akademischer Bildung für die „niederen" Lehrämter (für die Volksschule beziehungsweise Grund- und Hauptschule, zum Teil auch für die Realschule) und der voll-akademischen Bildung für die „höheren" Lehrämter (für das Gymnasium, für berufliche Schulen, zum Teil auch für Realschulen) zu überwinden. Die alte Volksschullehrerbildung beziehungsweise die Grundschul- und Hauptschullehrerbildung sollten akademisiert und in den Universitäten die Gymnasial- und Realschullehrerbildung stärker pädagogisch beziehungsweise allgemein- und fach*didaktisch* ausgerichtet werden. Sicherlich spielten auch Kostengründe eine Rolle, denn im Verwaltungsbereich konnten durch die Zusammenlegung der beiden Institutionen – von der Rektorenstelle bis zum Postdienst – viele Personalstellen eingespart werden.[16]

Die Zusammenführung der beiden in Geschichte, Selbstverständnis und Auftrag sehr weit voneinander entfernten Institutionen wie Pädagogischen Hochschulen auf der einen und Universitäten auf der anderen Seite führte zu jahrelangen, auf allen Ebenen ausgetragenen, zum Teil erbitterten Auseinandersetzungen. Der Öffentlichkeit war dies jedoch nicht ohne weiteres zu vermitteln, ging es in ihren Augen doch schlicht um die eine konkrete Aufgabe: Lehrerbildung. In den beteiligten Institutionen sah man das ganz anders: Es ging ums Ganze – um unterschiedliche Haltungen zur Tradition der Trennung von „höherer" und „niederer" Schulbildung und der entsprechenden Lehrämter und Lehrerbildungen sowie schließlich um unterschiedliche Verständnisse von Pädagogik als Wissenschaft in den Pädagogischen Hochschulen einerseits und den Universitäten andererseits. Um dies nachvollziehen zu können, soll in Form eines Exkurses ein Blick auf die Geschichte der Ausbildung der „niederen" Lehrer (in Münster) geworfen werden, und zwar von den Anfängen am Ende des 18. Jahrhunderts bis heute.

Exkurs: Volksschullehrer- beziehungsweise Grund- und Hauptschullehrerbildung in Münster

Die Anfänge der Ausbildung für den „niederen" Lehrer in Münster liegen bei Bernhard Heinrich Overberg (1754–1826), dem katholischen Schulreformer, ursprünglich Kaplan in Everswinkel. Eingesetzt vom bischöflichen Generalvikar und Bildungsreformer Franz von Fürstenberg (1729–1810) führte er in Münster 1783/84 eine „Normalschule" für Elementarschullehrer ein und unterrichtete dort auch selbst. Die Normalschule konnte von bereits ihren Beruf ausübenden Elementarschullehren, aber auch von Präparanden besucht werden; Teilnehmer wurden in einem sechs- bis achtwöchigen Kurs (weiter)qualifiziert. Die Bezeichnung „Normalschule" deutet an, dass durch diese Fortbildungskurse die damals durch die Reformer geschaffene neue *Norm* (heute: „Standard") für angemessenes Lehrerhandeln in die Praxis umgesetzt werden sollte. Weitere Normalschulen in der Region bestanden in Paderborn, Arnsberg, Recklinghausen und Velen. Die Normalschule in Münster (und anderswo) war, wie Over-

---

16   Zur PH-Integration in NRW allgemein vgl. Scheven, D.: Das Ende der Pädagogischen Hochschulen? Integration in die Universitäten am Beispiel Nordrhein-Westfalen, in: Recht der Jugend und des Bildungswesens 33 (1985), H. 1, S. 14–23.

berg selbst auch beklagte, im Grunde ein Behelf; sie wurde 1826 geschlossen. Zugleich wurde 1824 – von Overberg begrüßt – ein Lehrerseminar gegründet, und zwar in Büren bei Paderborn. Die preußischen Bildungsreformer setzten auf das Lehrerseminar als Ausbildungsstätte mit zweijährigen Ausbildungskursus für angehende Elementarschullehrer. Bereits 1776 erhielt Minden eine solche Einrichtung für die Provinzen Minden und Ravensberg, 1784 Wesel für Kleve und Mark (1806 nach Soest verlegt), in der Grafschaft Lippe wurde 1781 ein Lehrerseminar in Detmold gegründet. Im Jahre 1826 wurde eine Abschlussprüfung eingeführt, deren Bestehen Vorteile bei der Einstellung gegenüber Nicht-Seminaristen brachte. Um 1830 hatte noch mehr als die Hälfte der praktizierenden Elementarschullehrer gar keine Ausbildung erhalten. Bemerkenswert ist zudem, dass in Münster bereits seit 1825 ein jüdisches Lehrerseminar bestand. In der näheren Umgebung gab es Lehrerseminare in Coesfeld (katholisch), Warendorf (katholisch) und Burgsteinfurt (evangelisch).

Gesondert zu erwähnen ist, dass ab 1832 in Münster (ebenso in Paderborn) ein kirchlich-privates Lehrerinnenseminar bestand. Der Direktor war bis 1841 Caspar Franz Krabbe (1794–1866).[17] Krabbe war Pfarrer, Schulrat und von 1852 bis 1858 Vertreter Münsters im preußischen Abgeordnetenhaus. 1846 bis 1866 gab er das Monatsblatt für katholisches Unterrichts- und Erziehungswesen heraus, kämpfte gegen die Säkularisierung der Volksschule und ist der damaligen katholischen Erziehungslehre zuzurechnen.

In Preußen wurden die Lehrerseminare nach dem Ersten Weltkrieg geschlossen (ab 1925), da die Volksschullehrerbildung nunmehr in größtenteils weiterhin konfessionellen, zum Teil aber auch simultanen Pädagogischen Akademien stattfinden sollte; endlich wurde auch das Abitur zur Zugangsvoraussetzung zum Volksschullehrerberuf erklärt. Auch für Münster war eine Pädagogische Akademie geplant; sie wurde aber nicht realisiert. Im westfälischen Raum blieb Dortmund bis 1933 der einzige Standort einer Pädagogischen Akademie. Im Nationalsozialismus wurden die Akademien zum Teil ab 1933 in Hochschulen für Lehrerbildung umgewandelt, dann ab 1942 vielfach auf das Niveau von Lehrerbildungsanstalten heruntergefahren. Eine Lehrerinnenbildungsanstalt bestand in Borghorst.

Nach dem Zweiten Weltkrieg wurden für die Volksschullehrerausbildung konfessionell ausgerichtete Pädagogische Akademien wieder eingeführt. In Westfalen gab es zunächst fünf Ausbildungsorte, einer davon war 1947 in Münster-Emsdetten (katholisch). Diese Institution wurde 1953 in die Pädagogische Akademie Münster (katholisch) umgewandelt. Seit 1960 bestand auch eine evangelische Hochschule für Volksschullehrerausbildung in Münster. Beide Einrichtungen wurden 1962 in die Pädagogische Hochschule Münster I und II umgewandelt, um bereits 1965 als Münster I und Münster II in den Verbund „Pädagogischen Hochschule Westfalen-Lippe" integriert zu werden. 1969 wurden die beiden konfessionellen Abteilungen zusammengelegt und die Ausbildung der Grund- und Hauptschullehrer entkonfessionalisiert. Die Pädagogischen Hochschulen erhielten den Status der „wissenschaftlichen Hochschule", sie erhielten wie Universitäten das Promotionsrecht („Dr. paed.") und auch den neuen Diplom-Studiengang „Erziehungswissenschaft". Insofern konnte man in den 1970er-Jahren sowohl an der Universität als auch an der

---

17 Vgl. die Hinweise bei Jeismann, Karl-Ernst: Die Bildungsinstitutionen zwischen 1815 und 1945, in: Jakobi, Franz-Josef (Hg.): Geschichte der Stadt Münster, Bd. 2, Münster 1994, S. 663–726, insbesondere S. 696–699. Zu Krabbe vgl. ausführlicher Zumegen, Ferdinand: Caspar Franz Krabbe als münsterländischer Schulorganisator und Pädagoge. Universität Münster, Diss. phil., Münster 1926.

Pädagogischen Hochschule den Grad des Diplom-Pädagogen erwerben. 1980 erfolgte, wie erwähnt, die Auflösung der PH Münster und ihre schrittweise, zunächst additive Anfügung, dann ab 1985 die tatsächliche Integration – „Fach zu Fach" – in die Universität Münster.[18]

Die für Volksschullehrkräfte vorgesehene Ausbildung an den Pädagogischen Akademien beziehungsweise Hochschulen kann beziehungsweise konnte man mit einiger Berechtigung tatsächlich als „Lehrer*bildung*" bezeichnen. Sie wurde bis weit in die 1950er-Jahre hinein als pädagogisch-praktisch ausgerichtet Persönlichkeits- und Haltungsbildung der zukünftigen Volksschullehrer verstanden. „Volkstümliche Bildung", das traditionelle Bildungsideal der Volksschule, wurde – im Gegensatz zur „höheren Bildung" der Gymnasiasten – als eher einfache, lebensweltnahe, konfessionell geprägte Bildung der Massen verstanden (Schreiben, Lesen und Rechnen, Heimat- und Naturkunde, Religion, Singen und Zeichnen, Turnen, Werken und Nadelarbeit etcetera). In dieser Ausrichtung bereitete sie auf ein Arbeitsleben in Landwirtschaft, Haushalt, Handwerk, Gewerbe, Industrie vor. Die Arbeit der Volksschullehrer wurde demgemäß als eine ganzheitlich-pädagogische, bildnerische Tätigkeit in einer Mischung aus Intellektualität, Musikalität und Konfessionalität verstanden. Die Vorbereitung der Volksschullehrer auf ihren Beruf geschah durch entsprechende „Lehrerbildner": Sie waren diejenigen, die als Volksschullehrer bereits Erfahrungen gesammelt, Fähigkeiten demonstriert sowie Engagement, adäquate Gesinnung und Strebsamkeit gezeigt hatten und nun in der „Akademie" beziehungsweise der Pädagogischen Hochschule eingesetzt wurden. Diese „Lehrerbildner" fühlte sich dem im staatlichen Rahmen zu realisierenden pädagogisch-bildnerischen und im Grundsatz reformpädagogisch Auftrag des Volksschulwesens verpflichtet.

In diesem emphatischen Sinne war der „Lehrerbildner" nicht nur einfach und profan ein Lehrer für Lehrer, er sah sich als „Bildner" zukünftiger „Bildner", zu dessen Eigenart es gehörte, in jungen, zum Volksschullehrerberuf motivierten Menschen deren (*in nuce* hoffentlich schon vorhandene) „Bildner"-Qualität zu entfalten, damit sie sich zum „geborenen Erzieher entwickeln können", wie Eduard Spranger dies paradox und eben deshalb kennzeichnend formuliert hat.[19] Hiermit war ein sehr hohes, idealistisch-reformpädagogisch geprägtes Berufsideal formu-

---

18   Zur Geschichte der Elementar- bzw. Volksschullehrerbildung in Münster vgl. Amtliches Schulblatt für den Regierungsbezirk Münster: 200 Jahre Schule im Regierungsbezirk Münster. Ein Beitrag zur Bildungsgeschichte Westfalens, Münster 1985; Stolze, Barbara: Ausbildung und Berufstätigkeit von Volksschullehrerinnen in Westfalen 1832–1926. Eine institutionengeschichtliche und berufsbiografische Studie, Pfaffenweiler 1995; Stroop, Udo: Preußische Lehrerinnenbildung im katholischen Westfalen. Das Lehrerinnenseminar in Paderborn (1832–1926), Schernfeld 1992; Stratmann, Hildegard: Lehrer werden. Berufliche Sozialisation in der Volksschullehrer-Ausbildung in Westfalen 1871–1914, Münster 2006; Kuropka, Hans-Jürgen: Nationalsozialismus und Lehrerausbildung. Ein Beitrag zum Funktionswandel des Lehrerberufs unter besonderer Berücksichtigung der Provinz Westfalen, in: Westfälische Zeitschrift 131/132 (1981/82), S. 161–189; Peters, Walter: Lehrerausbildung in Nordrhein-Westfalen 1955–1980, Frankfurt 1996; Blömeke, Sigrid: „... auf der Suche nach festem Boden": Lehrerausbildung in der Provinz Westfalen 1945/46. Professionalisierung versus Bildungsbegrenzung, Münster 1999; dies.: 1945 – „Jahr Null" in der westfälischen Lehrerausbildung. Kontinuitäten und Diskontinuitäten nach dem Ende des Nationalsozialismus, in: Westfälische Forschungen 50 (2000), S. 315–345; Hanschmidt, Alwin: Schulreform durch Lehrerbildung. Zur Professionalisierung der Lehrerschaft in Westfalen um 1800, in: Westfalen. Hefte für Geschichte, Kunst und Volkskunde 79 (2001), S. 119–134.

19   Zum spezifischen Typus des „Lehrerbildners" gestern und heute vgl. Terhart, Ewald: „Lehrerbildner" – auf der Suche nach einer verlorenen Profession. Allgemeines und Persönliches, in: PFLB – Zeit-

liert, das vor allem von Standesvertretern der Volksschullehrerschaft und den Lehrerbildnern an den Pädagogischen Akademien/Hochschulen demonstrativ vor sich her getragen wurde. Dieser Typus des „Lehrerbildners" war eine pädagogische und standespolitische Ideal- beziehungsweise Wunschfigur, die auf die real zwar längst versunken, im Kanon dieser Schulpädagogik aber ständig weiter transportierten Schulexperimente der Reformpädagogik der frühen 20. Jahrhunderts zurückging. Insofern wollte man – gut pädagogisch – nicht auf die jeweils gegebene, sondern auf eine beschworene bessere Schulpraxis vorbereiten, die man wiederum aus Vorbildern aus der Vergangenheit gewann.

Wie weit dies gelang, war und ist auch aufgrund der damals noch weitgehend fehlenden empirischen Forschung nicht mehr zu sagen.[20] Als dann in den 1960er-Jahren mit der modernen Erziehungswissenschaft Begriffe wie Wissenschaftsorientierung, empirische Forschung, auf Wissenschaft gestützte Professionalität etcetera als modernes Leitbild für alle Lehrerberufe (!) auftauchten, erkannte man dies in Teilen der Pädagogischen Hochschulen (ganz richtig) als Angriff auf das eigene, normativ-idealistische „Lehrerbild" und auf das damit assoziierte Idealbild vom „Lehrerbildner". Mit ihm setze man auf Personalität; „Professionalität" dagegen galt als Ausdruck zwischenmenschlicher Kälte und Manifestation fehlgeleiteter modernistischer, szientistischer Wissenschaftsgläubigkeit. Soviel zum Hintergrund des Selbstverständnisses und der spezifischen Binnenkultur der Pädagogischen Hochschulen. Und diese Hochschulen sollten nun ab 1980 in Universitäten integriert bezeihungsweise zu Universitäten ausgebaut werden. Kulturkonflikte massivster Art waren absehbar.[21]

5. Folgen der Integration der Pädagogischen Hochschule

Was bedeutete die Integration der Pädagogischen Hochschule Münster in die Universität Münster speziell für die Erziehungswissenschaft? Schaut man auf die äußere Seite, so brachte sie zunächst eine deutliche Vergrößerung der Zahl der Professoren und Mitarbeiter im Fach Erziehungswissenschaft der Universität Münster mit sich. Kam in anderen Fächern eine eher kleine Gruppe von Personen der Pädagogischen Hochschule (zum Beispiel Fachdidaktik Deutsch für Grund- und Hauptschule) zu einer größeren der Universität hinzu (Germanistik), so trafen 1980 bei der Erziehungswissenschaft 47 Stellen (wissenschaftlicher Dienst) aus dem IfE der Universität und 45 Stellen (wissenschaftlicher Dienst) aus der PH zusammen (Gesamtsumme: 92). Auf dieser Ebene, insgesamt betrachtet, ist das Verhältnis der beiden Personalkörper aus-

　　schrift für Schul- und Professionsentwicklung 3 (2021), H. 5, S. 26–37, https://doi.org/10.11576/pflb-4775 (Zugriff: 15.4.2024).

20　Vgl. Klaus-Jürgen Tillmann in seinem Rückblick auf sein Lehramtsstudium an der PH Dortmund (1966ff.): Tillmann, Klaus-Jürgen: Erziehungswissenschaft und Schulreform. Erfahrungen aus vierzig Jahren, in Wischer, Beate (Hg.): Erziehungswissenschaft auf dem Prüfstand, Weinheim 2009, S. 51–689.

21　Die Integration der beiden Lehrerbildungsinstitutionen Pädagogische Hochschule und Universität bedeutete an allen Standorten auch die Zusammenfügung der bisher getrennten Staatlichen Prüfungsämter für – vereinfacht gesprochen – das „niedere" und das „höhere" Lehramt. Auch hier: langsames Zusammenwachsen!

gewogen. Schaut man aber ausschließlich auf die Professorenstellen, kamen zu den acht Stellen des IfE weitere 13 Professorenstellen der Fächergruppe Erziehungswissenschaft der PH hinzu.

Professuren in der Erziehungswissenschaft der Universität Münster (Stand 1985)*	Professuren in der Erziehungswissenschaft aus der (ehemaligen) PH Münster (Stand 1985)*
Austermann, Anton	Biermann, Rudolf
Benner, Dietrich	Bosch, Doris
Bokelmann, Hans	Breloer, Gerhard
Hansen, Georg	Gies, Heinz
Hohmeier, Jürgen	Glowka, Detlef
Kordes, Hagen	Heitkämper, Peter
Kossolapow, Line	Huber, Wilfried
Loewer, Hans Dietrich	Holtstiege, Hildegard
Mannzmann, Anneliese	Krüger-Potratz, Marianne
Scherer, Hansjörg	Niethammer, Arnolf
Sengling, Dieter	Preuss, Eckhard
Sturzebecher, Klaus	Regenbrecht, Aloysius
Tietze, Wolfgang	Schulz-Benesch, Günter
	Steinhaus, Hubert
	Weinberg, Johannes
	Werres, Walter
	Wittenbruch, Wilhelm
	von den Steinen, Sigrid

* 1985 war gegenüber 1980 der Zahl der Professorenstellen im IfE gestiegen, die Zahl der Professorenstellen in der erziehungswisseschaftlichen Fachgruppe der ehemaligen PH gesunken.

Bei der im ersten Schritt ab 1980 erfolgenden additiven Anfügung der PH an die Universität kamen die Fächer eben doch noch nicht zusammen, denn zunächst wurden die PH in Form von drei zusätzlichen Fachbereichen an die bestehende Fachbereichsstruktur und -nummerierung der Universität angehängt. Ab 1985 wurde dann universitätsweit eine integrative Fach-zu-Fach-Zuordnung vorgenommen, das heißt jedes Fach der PH wurde einem analogen Fach der Universität zugeordnet. Die Fächergruppe Erziehungswissenschaft der PH wurde in das Institut für Erziehungswissenschaft der Universität integriert.[22] Auch aufgrund seiner Größe wurde 1985

22   Vgl. Koch, Helmut H./Kremnitz, G.: Die „Integration" der Pädagogischen Hochschule in die Universität. Ein bildungspolitisches Lehrstück, in: Kurz, Lothar (Hg.): 200 Jahre zwischen Dom und Schloß. Ein Lesebuch zur Vergangenheit und Gegenwart der Westfälischen Wilhelms-Universität Münster, Münster 1980, S. 152–165, sowie die neueren beiden Studien von Martin Rothland zum Thema: Rothland, Martin: Dualismus der Tradition – Einheit in der Praxis? Universitäre Erziehungs-

das Institut für Erziehungswissenschaft in den „Fachbereich Erziehungswissenschaft" transformiert, der sich in fünf verschiedene Institute gliederte und bis 1999 Bestand hatte.

Philosophische Fakultät

Fachbereich 9 Erziehungswissenschaft 1985–1999*

Institut für Allgemeine und Historische Erziehungswissenschaft	Institut für Pädagogische Lernfeld-und Berufsfeldforschung/ Sozialgeschichte der Pädagogik	Institut für Sozialpädagogik, Weiterbildung und empirische Pädagogik	Institut für Theorie der Schule und der Bildungsadministration	Institut für Schul- und Unterrichtsforschung
Erziehungs- und Bildungstheorie	Sozialhistorische Curriculum- und Lernfeldforschung	Sozialpädagogik	Schultheorie und Bildungsplanung Medienpädagogik und Unterrichtstechnologie	Geschichte des neuzeitlichen Erziehungswesens/ Bildungstheorie
Bildungs- und Schultheorie	Didaktik/ Bildungsgangforschung	Erwachsenenbildung/ Außerschulische Jugendbildung	Geschichte der Schule Reformpädagogik Päd. Anthropologie	Pädagogik der Schule/Theorien des Lehrens und Lernens Empirische Unterrichtsforschung
Vergleichende Erziehungswissenschaft	Vorschulerziehung/ Kreativitätsforschung/ Geschichte der Kindheit	Vorschulerziehung/ Pädagogik der frühen Kindheit	Lehrplan- und Unterrichtstheorie, Schulreform	Didaktik und Schulorganisation Curriculum- und Medienforschung
Pädagogische Psychologie		Empirische Pädagogik/Lernprozessforschung		

* Zusätzlich bestand eine „Arbeitsstelle Interkulturelle Studien/Ausländerpädagogik", die keinem der fünf Institute zugeordnet war. – In der Übersicht sind die Arbeitsbereiche, in denen Angehörige der ehemaligen PH Münster versammelt sind, grau unterlegt. Die Übersicht wurde entnommen aus: Rothland, Disziplingeschichte, S. 277).

wissenschaft und die Folgen der PH-Integration in Forschung und Lehre, in: Erziehungswissenschaft 17 (2006), S. 49–68, und ders.: Wider die „Gleichschaltung von Fachdidaktikern und Fachwissenschaftlern". Der universitäre Widerstand gegen die Integration der Pädagogischen Hochschulen und die Realisierung der Zusammenführung am Beispiel der Universität Münster, in: Jahrbuch für Universitätsgeschichte 11 (2008), S. 135–154. Als bemerkenswerten, sehr persönlich-autobiographisch gehaltenen Bericht über die alte PH-Welt und die Integrationsphase in Münster vgl. Holtstiege, Hildegard: Episoden. Einblicke in den Hochschulalltag, Hamburg 2022. Einen sehr interessanten Bericht über das Zusammentreffen von pädagogischer PH-Welt und der jungen Generation gesellschaftskritischer Erziehungswissenschaftler im Kontext des Ausbaus der PH Essen zur Gesamthochschule Essen präsentiert Breyvogel, Wilfried: Die „grundständige" Lehrerausbildung an der Gesamthochschule/ Universität Essen, in: Runde, Ingo (Hg.): Lehrerausbildung an Rhein und Ruhr im 20. Jahrhundert. Symposium 40 Jahre Pädagogische Hochschule Ruhr in Duisburg, Duisburg 2011, S. 123–133.

Da nach einer Ära des Lehrermangels in den 1960er-Jahren in den 1980er-Jahren eine sehr hohe Lehrerarbeitslosigkeit (Pieper 1984) mit bis zu 30.000 arbeitslosen Lehrkräften im Jahre 1985 herrschte,[23] wurde bundesweit und auch in Münster Personal in der Lehrerbildung und vor allem in der Erziehungswissenschaft abgebaut. Das bedeutet: In diesem Jahrzehnt wurde dem Fach Erziehungswissenschaft praktisch jede freiwerdende Personalstelle ersatzlos gestrichen; dies galt bundesweit. Ausdruck dieser Tatsache ist, dass in Münster in der Erziehungswissenschaft zwischen 1978 (Berufung von Hansjörg Scherer) und 1992 (Berufung von Jens Naumann), also im Verlauf von 14 Jahren, keine Neuberufung auf eine Professorenstelle vollzogen wurde. Der gesamte Personalbestand schrumpfte, denn auch sehr viele freiwerdende Stellen im akademischen „Mittelbau" wurden ersatzlos gestrichen. Die nach einem Jahrzehnt der radikalen Expansion nunmehr erfolgende radikale Kürzung des Personals in allen Fächern der Lehrerbildung führte in den 1980er-Jahren zu wachsenden Schwierigkeiten des wissenschaftlichen Nachwuchses in allen an Lehrerbildung beteiligten Fächern.

Zum Zeitpunkt der Zusammenführung der beiden „Erziehungswissenschaften" an der Universität und an der Pädagogischen Hochschule gab es, wie oben erwähnt, insgesamt 92 Stellen. Dietrich Benner und Aloysius Regenbrecht beschreiben 1990 den Prozess folgendermaßen:

„Von diesen insgesamt 92 Stellen sind seit der Zusammenführung 20 Stellen des ehemaligen Instituts für Erziehungswissenschaft an der Universität und 25 Stellen aus dem Stellenbestand der ehemaligen

Abb. 2: Sitzung der Gemeinsamen Organisationskommission zur PH-Integration im Senatssaal der Universität, 1979

23   Pieper, Beate: Vom Lehrermangel zur Lehrerarbeitslosigkeit. Bildungspolitik als geschichtliches Dilemma, Münster 1984.

Pädagogischen Hochschule entweder bereits abgezogen oder durch Gesetz ‚kw-gestellt'[24] worden. Die Erziehungswissenschaft in Münster hat damit durch Umsetzung und gesetzliche Streichung bis heute 30 Stellen verloren, weitere 15 tragen einen kw-Vermerk und können nicht wieder besetzt werden. Mit diesen 45 Stellen ist der Stellenbestand gegenüber 1980 um 49 Prozent verringert worden."[25]

Unabhängig von den Schwankungen im Lehrerzyklus war in den 1980er-Jahren im gesamten Universitätssystem der wissenschaftliche Nachwuchs zunehmend und im wahrsten Sinne „auf verlorenem Posten". In der Expansionsphase der 1960/70er-Jahre war sehr junges Personal als Professoren oder Akademische Räte auf Dauerstellen gekommen. Diese Expansion sorgte zugleich auch für sehr viel wissenschaftlichen Nachwuchs – und dieser fand deshalb keine Stellen, weil ein sehr großer Teil der Stelleninhaber vergleichsweise jung war. Die „natürliche" Erneuerungsquote fiel für viele Jahre aus; die Zahl der arbeitslosen promovierten und habilitierten Erziehungswissenschaftler stieg zunehmend. Eine unvorhersehbare Entspannung ergab sich dann durch die deutsche Wiedervereinigung 1990 und den anschließenden Neuaufbau der Erziehungswissenschaft in den neuen Bundesländern. Nun wurden schlagartig sehr viele gebraucht. Aus Münster wechselten in die neuen Länder: Dietrich Benner ging an die Humboldt-Universität zu Berlin, Meinert Meyer an die Universität Halle, Herwart Kemper an die Universität Erfurt und die Privatdozentin Renate Girmes an die Universität Magdeburg.

In den 1990er- und 2000er-Jahren konnte der Schrumpfungsprozess verlangsamt beziehungsweise gestoppt und in sein Gegenteil, also in erneutes Wachstum, verwandelt werden. Im Jahre 1999 wurde aus der in der Tat sehr unübersichtlichen Struktur des Fachbereich Erziehungswissenschaft im Zuge einer Neugliederung einiger Fachbereiche der Universität Münster der neue Fachbereich 6 „Erziehungswissenschaft und Sozialwissenschaften" mit den Fächern Erziehungswissenschaft, Kommunikationswissenschaft, Politikwissenschaft und Soziologie. Damit war auf Fachbereichsebene die Situation vor der PH-Integration wieder hergestellt.

---

24   Die Abkürzung „kw" bedeutet „künftig wegfallend", d.h. die Stelle wird mit ihrem Freiwerden gestrichen.

25   Vgl. Benner, Dietrich/Regenbrecht, Aloysius: Der Fachbereich Erziehungswissenschaft an der Westfälischen Wilhelms-Universität Münster, in: Erziehungswissenschaft 1 (1990), S. 67–75, hier: S. 72f.

Martin Rothland

Lehrer:innenbildung als Moment erziehungswissenschaftlicher Disziplinentwicklung an der Universität Münster[1]

Dass die Lehrer:innenbildung und die Erziehungswissenschaft als vergleichsweise junge akademische Disziplin zusammengehören wie Ei und Henne, scheint eher eine Selbstverständlichkeit zu sein, die kaum einer wissenschaftsgeschichtlichen oder einer detaillierten lokalen Rekonstruktion bedarf, auch wenn das Verhältnis von Lehrer:innenbildung und -beruf auf der einen und Erziehungswissenschaft auf der anderen Seite allgemein als spannungsreich, problematisch oder als besorgniserregend charakterisiert wird.[2] Ebenfalls spannungsreich, aber – historisch wie gegenwärtig – nicht selbstverständlich, ist der Zusammenhang von Lehrer:innenbildung und Universität,[3] wobei die Lehrer:innenbildung, um noch einmal ein aussagekräftiges Bild aus der Vogelwelt zu bemühen, mit ihrer Verankerung an den Universitäten auch als „Kuckucksei im akademischen Nest" beschrieben wurde.[4] Damit ist jedoch der erstgenannte Zusammenhang von Lehrer:innenbildung und Erziehungswissenschaft bereits nicht mehr so selbstverständlich, wie es auf den ersten Blick erscheint, ist die Erziehungswissenschaft allen Kritikern und (Selbst-)Zweifeln zum Trotz doch eine im deutschen Universitätswesen fest verankerte, etablierte wissenschaftliche Disziplin.[5] Auch wissenschaftsgeschichtlich ist eine traditionell philosophisch ausgerichtete, wissenschaftliche Auseinandersetzung mit Fragen der Bildung und Erziehung nachwachsender Generationen an den Universitäten gewiss nicht

1   Wiederabdruck des im Folgenden genannten Beitrags in überarbeiteter Fassung mit freundlicher Genehmigung des LWL-Instituts für westfälische Regionalgeschichte: Rothland, Martin: Lehrerbildung und Erziehungswissenschaft. Rekonstruktion eines zentralen Moments erziehungswissenschaftlicher Disziplinentwicklung am Beispiel der Universität Münster, in: Rudloff, Wilfried (Hg.): Regionale Bildungs- und Wissenschaftsgeschichte im 20. Jahrhundert (Westfälische Forschungen, 60), Münster 2010, S. 313–334.

2   Tenorth, Heinz-Elmar: Erziehungswissenschaft und Lehrerberuf. Historiographische Notizen über ein notwendig spannungsreiches Verhältnis, in: Zeitschrift für pädagogische Historiographie 9 (2003), S. 101–109. Böhme, Jeanette/Cramer, Colin/Bressler, Christoph (Hg.): Erziehungswissenschaft und Lehrerbildung im Widerstreit!? Verhältnisbestimmungen, Herausforderungen und Perspektiven, Bad Heilbrunn 2018.

3   Blömeke, Sigrid: Universität und Lehrerbildung, Bad Heilbrunn 2002. Terhart, Ewald: Universität und Lehrerbildung. Perspektiven einer Partnerschaft, in: Casale, Rita/Horlacher, Rebekka (Hg.): Bildung und Öffentlichkeit, Weinheim 2003, S. 203–219. Scheid, Claudia/Wenzl, Thomas (Hg.): Wieviel Wissenschaft braucht die Lehrerbildung? Zum Stellenwert von Wissenschaftlichkeit im Lehramtsstudium, Wiesbaden 2020.

4   Steinbach, Matthias: Kuckucksei im akademischen Nest? Zum Einfluss von Lehrerbildung und Pädagogik auf eine deutsche Traditionsuniversität im 19. und 20. Jahrhundert, in: Jahrbuch für Universitätsgeschichte 6 (2003), S. 139–160.

5   Tenorth, Heinz-Elmar: „Laute Klage, stiller Sieg!". Über die Unaufhaltsamkeit der Pädagogik in der Moderne, in: Benner, Dietrich/Lenzen, Dieter/Otto, Heinz-Uwe (Hg.): Erziehungswissenschaft zwischen Modernisierung und Modernitätskrise (Zeitschrift für Pädagogik. Beiheft, 29), Weinheim 1992, S. 129–139. Rothland, Martin: Erziehungswissenschaft zwischen realer Macht und praktischer Folgenlosigkeit. Zur Normalität einer wissenschaftlichen Disziplin, in: Die Deutsche Schule 98 (2006), S. 510–514.

von vornherein und zwangsläufig an das Studium der angehenden Lehrkräfte gebunden. Von Selbstverständlichkeiten ist schließlich erst recht nicht auszugehen, wenn es um die Rolle und die Bedeutung der Erziehungswissenschaft *in* der Lehrer:innenbildung geht.[6]

Alle drei angesprochenen Verhältnisse, Lehrer:innenbildung und Erziehungswissenschaft, Lehrer:innenbildung und Universität und schließlich die Rolle der Erziehungswissenschaft in der – ersten, universitären Phase der – Lehrer:innenbildung sind in ihrer Entwicklung und Verstetigung miteinander wechselseitig verbunden. Die Akademisierung von Lehrer:innenberuf und -bildung, die schließlich in das universitäre Studium für *alle* Lehrämter nach der Integration der Pädagogischen Hochschulen in den 1970er- und 1980er-Jahren in den meisten Ländern der Bundesrepublik mündete, war ein gewichtiger Faktor bei der Etablierung und Formierung der Erziehungswissenschaft als akademische Disziplin nach 1945. Mit ihr ging neben dem bis heute dominierenden Studium der Unterrichtsfächer der Ausbau erziehungswissenschaftlicher Anteile an der akademischen ersten Phase der Lehrer:innenbildung einher. Die Verbindung mit der Lehrer:innenbildung und der Anstieg erziehungswissenschaftlicher Studienanteile führte schließlich zusammen mit den seit den 1960er-Jahren eingeführten Diplom-Studiengängen zu einer beispiellosen Expansion und internen Differenzierung der Erziehungswissenschaft, die gegenwärtig allein unter Berücksichtigung der Hauptfachstudiengänge neben der Wirtschafts- und Rechtswissenschaft, der Humanmedizin und der Germanistik zu den größten universitären Studienfächern in Deutschland gehört.[7] Im universitären Ausbildungssystem zählt die Erziehungswissenschaft zudem zu den wissenschaftlichen Disziplinen, die die größte Zahl von hauptfachausgebildeten Master- beziehungsweise Diplom- und Magister-Absolvent:innen (sowie Lehramtsstudierenden mit dem Unterrichtsfach Pädagogik) im geisteswissenschaftlichen Fächerkanon hervorbringen.[8]

An der Universität Münster hat die Erziehungswissenschaft nach ihrer Neu-Etablierung ebenfalls eine immense Expansion erlebt. Sie gehört heute auch dort zu den größten wissenschaftlichen Disziplinen mit hohen Anteilen an der Gesamtzahl der Studierenden. Am Beispiel der Erziehungswissenschaft an der Universität Münster soll im Folgenden die Bedeutung der Lehrer:innenbildung für die Formierung und Etablierung der Disziplin im lokal-institutio-

---

6   Rothland, Martin: Legenden der Lehrerbildung. Zur Diskussion einheitsstiftender Vermittlung von „Theorie" und „Praxis" im Studium, in: Zeitschrift für Pädagogik 66 (2020), S. 270–287. Terhart, Ewald: Erziehungswissenschaft in der Lehrerinnen- und Lehrerbildung, in: Cramer, Colin/König, Johannes/Rothland, Martin/Blömeke, Siegrid (Hg.): Handbuch Lehrerinnen- und Lehrerbildung, Bad Heilbrunn 2020, S. 575–584.

7   Rauschenbach, Thomas/Züchner, Ivo: Standorte und Studiengänge, in: Otto, Heinz-Uwe/Krüger, Heinz-Hermann/Merkens, Hans/Rauschenbach, Thomas/Schenk, Barbara/Weishaupt, Horst/Zedler, Peter (Hg.): Datenreport Erziehungswissenschaft. Befunde und Materialien zur Lage der Entwicklung des Faches in der Bundesrepublik, Opladen 2000, S. 25–32. Radhoff, Melanie/Ruberg, Christiane: Studiengänge und Standorte der Lehrerinnen- und Lehrerbildung, in: Abs, Hermann Josef/Kuper, Harm/Martini, Renate (Hg): Datenreport Erziehungswissenschaft 2020, Opladen 2020, S. 79–113, S. 51–78.

8   Rauschenbach, Thomas/Züchner, Ivo: Studierende, in: Otto/Krüger/Merkens/Rauschenbach/Schenk/Weishaupt/Zedler 2000, S. 33–46. Kerst, Christian/Wolter, Andrä: Studienabschlüsse, Übergänge und beruflicher Verbleib der Absolventinnen und Absolventen, in: Abs/Kuper 2020, S. 79–113.

nellen Kontext nach 1945 bis in die 1960er-Jahre rekonstruiert und zeitlich darüber hinaus das Verhältnis von Lehrer:innenbildung und Hauptfachstudiengängen nach der Etablierung des Diplom-Studiengangs skizziert werden. Auf der Basis der quantitativen Daten wird damit über die Phase der Disziplinformierung und dauerhaften Institutionalisierung hinaus die Bedeutung der Lehrer:innenbildung für den disziplinären Alltag vor Ort nachgezeichnet. Zunächst sind jedoch einige wissenschaftshistoriographische Vorbemerkungen zur Einordnung und Bedeutung einer lokalen Rekonstruktion wissenschaftlicher Disziplinentwicklung zu machen, die auf den Entwurf eines mikrohistorischen Ansatzes in der Disziplinhistoriographie der Erziehungswissenschaft zurückgehen.[9]

1. Vorab: Zur Bedeutung einer lokalen Rekonstruktion erziehungswissenschaftlicher Disziplinentwicklung

Die lokale Rekonstruktion der disziplinären Entwicklung der Erziehungswissenschaft in der unmittelbaren akademischen Umwelt einer ausgewählten Universität – hier der Universität Münster – lässt sich zwischen der Makrohistorie der Gesamtdisziplin und einer disziplingeschichtlichen Detailforschung, die sich etwa allein einzelnen Wissenschaftler:innenbiographien widmet, verorten. Dabei steht die Mikrohistorie der Erziehungswissenschaft „vor Ort" nicht im Gegensatz zur Geschichte der Gesamtdisziplin. Vielmehr sind die Thesen und Ergebnisse der Disziplingeschichte auf der makrohistorischen Ebene häufig der Ausgangspunkt einer kontextuellen Untersuchung. Der Unterschied zwischen den beiden Perspektiven liegt in den jeweils spezifischen Grenzen der Erkenntnisinteressen und -möglichkeiten. Auf der Makroebene lassen sich Hauptlinien der historischen Entwicklung der Disziplin herausarbeiten; der historische Wandel lässt sich allgemein beschreiben und das Faktum des Wandels lässt sich zeitlich bestimmen. Eine mikrohistorische Rekonstruktion der Erziehungswissenschaft im lokal-institutionellen Kontext kann dagegen den Gang der gesamtdisziplinären Entwicklung und die Bedeutung zentraler Momente wie das der universitären Lehrer:innenbildung am Einzelbeispiel konkretisieren und in seiner Dynamik, Reichweite und Prozesshaftigkeit darstellen. Durch entsprechende Fallstudien kann die Historiographie der Gesamtdisziplin immer wieder mit Details konfrontiert und zu weiteren Überlegungen und grundlegenden Annahmen angeregt werden, die sich ihrerseits dann wieder am disziplingeschichtlichen Einzelfall zu bewähren haben.[10]

Zur Klärung des Verhältnisses von lokaler Disziplinentwicklung und der Geschichte der Gesamtdisziplin ist im Rahmen der Rekonstruktion der Genese der Erziehungswissenschaft unter anderem danach zu fragen, ob die Perspektive lediglich einen „Fall von" sichtbar macht, also nur ein Exempel einer allgemeinen Dynamik und Entwicklungstendenz darstellt, wie es für den Faktor Lehrer:innenbildung im Rahmen der Disziplinformierung und Etablierung gewiss zutrifft. Entsprechend eines solchen, von der Mikroebene ausgehenden Verhältnisses zur

9   Rothland, Martin: Disziplingeschichte im Kontext. Erziehungswissenschaft an der Universität Münster nach 1945, Bad Heilbrunn 2008.

10   Schröder, Wilfried: Disziplingeschichte als wissenschaftliche Selbstreflexion der historischen Wissenschaftsforschung, Frankfurt a.M. 1982.

Makroebene der Gesamtdisziplin könnte es das Ziel einer mikrohistorischen, lokalen Disziplingeschichtsschreibung sein, die Geschichte und Entwicklung der Disziplin in bestimmten
Kontexten als – im überschaubaren Rahmen zu rekonstruierendes – Abbild der gesamtdisziplinären Entwicklung herauszuarbeiten.

Die Disziplingeschichte im lokal-institutionellen Kontext ist auf der Ebene der mikrohistorischen Betrachtung jedoch grundsätzlich nicht als exemplarisches Beispiel für die Geschichte
der Gesamtdisziplin zu verstehen. Die disziplinäre Entwicklung in den spezifischen Kontexten
verläuft auf der Mikroebene aufgrund der charakteristischen, je unterschiedlichen Bedingungen und Einflussfaktoren, die sich unter anderem aus der Diversität des institutionellen Rah-
mens der Universität ergeben, bei aller Ähnlichkeit – etwa mit Blick auf die Bedeutung der
Lehrer:innenbildung für die disziplinäre Entwicklung – durchaus heterogen; ein Verhältnis,
demzufolge ein Teil beziehungsweise die Teile beispielhaft für das Ganze stehen, schließt sich
aus. Die Vielzahl von unterschiedlich beeinflussten, disziplinären Entwicklungen im lokal-institutionellen Kontext einer Universität ist zwar Teil der Geschichte der Gesamtdisziplin und
prägt zusammen in ihrer Pluralität und Differenz, aber auch in ihren Übereinstimmungen
und Ähnlichkeiten, ihr Bild – sie geben es aber nicht exemplarisch wider. Denn das Ganze
der Geschichte der Erziehungswissenschaft umfasst auch Entwicklungen, Bedingungen und
Einflussfaktoren, die oberhalb der hier thematisierten Mikroebene der einzelnen Institutiona-
lisierungsorte anzusiedeln sind und sich nicht auf diese zurückführen lassen. Die Geschichte
der erziehungswissenschaftlichen Disziplin ist demnach mehr als die Summe der lokalen, kon-
textuell geprägten Entwicklungen.

Worin liegen nun aber konkret das historiographische Potenzial und die Vorzüge einer lokalen Rekonstruktion der Erziehungswissenschaft, wie sie im Folgenden vorgenommen wird?
Allgemein hat sich die Historiographie der deutschen Erziehungswissenschaft lange Zeit in
erster Linie auf die Rekonstruktion der kognitiven Entwicklung der Disziplin konzentriert
und infolgedessen nicht allein die Genese ihrer sozialen Gestalt auf der Ebene der Gesamtdisziplin vernachlässigt, sondern auch die Entwicklung der Erziehungswissenschaft in ihren
konkreten und für die Disziplingenese maßgeblichen institutionellen Kontexten der einzelnen
Universitäten unberücksichtigt gelassen. Der faktische Gang der Disziplinentwicklung der
Erziehungswissenschaft kann jedoch nicht anhand der historischen Folge von ausgewählten
Theorien, Konzepten und Methoden auf einer disziplininternen, kognitiven Ebene untersucht
werden. Ebenso wenig kann die Realgeschichte der Disziplin in *gesamtdisziplinären Synthesen*
empirisch erfasster Entwicklungstrends und -tendenzen angesichts lokaler und institutioneller
Variabilitäten, wie sie im Rahmen einer empirisch-sozialhistorischen Forschung zur Gestalt der
Erziehungswissenschaft als Elemente der disziplinären Wirklichkeit seit Mitte der 1980er-Jah-
re herausgestellt wurden, hinreichend rekonstruiert werden. Die *historische Realität und Praxis
der Erziehungswissenschaft* ist indes in ihrer charakteristischen und konkreten, sozialen Erscheinungsform unter Berücksichtigung maßgeblicher Realisierungskontexte sowie institutioneller
und infrastruktureller Konstitutionsbedingungen über den Ansatz einer mikrohistorischen
Rekonstruktion der Geschichte und Entwicklung der Erziehungswissenschaft „vor Ort" erfass-
bar.

Schließlich kann die Historiographie der Erziehungswissenschaft einzelne, im Kontext
identifizierbare Einflüsse, Bedingungen, beschleunigende oder retardierende Momente unter

Berücksichtigung der maßgeblichen Entscheidungsträger:innen und ihrer handlungsleitenden Vorstellungen und Beweggründe, also die konkreten Verlaufsformen und -muster der Disziplinentwicklung nur dann erfassen, wenn der Fokus entsprechender Untersuchungen hinreichend eng gesetzt wird. Je weiter der Fokus einer Untersuchung der Disziplingeschichte ist, desto schwieriger wird es, die einzelnen, maßgeblichen Konstitutionsbedingungen und Gründe für die zu beobachtende Entwicklung zu identifizieren.

In der Disziplingeschichte der Erziehungswissenschaft sind nun aber auch Entwicklungsprozesse und -verläufe zu beobachten, die nicht separat allein an einzelnen Universitätsstandorten stattfanden, sondern auf einer übergreifenden, gesamtdisziplinären Ebene die Disziplin insgesamt betreffen und in ihrer Entwicklung beeinflussten (beispielsweise die Etablierung des Diplomstudiengangs, die Integration der Pädagogischen Hochschulen in die Universitäten und der damit verbundene institutionelle Strukturwandel Ende der 1970er-, Anfang der 1980er-Jahre oder aber generell der Faktor Lehrer:innenbildung).[11] Sie können mittels einer konzentrierten, mikrohistorischen Perspektive allein nicht angemessen erfasst werden. Die konkrete Umsetzung dieser allgemeinen Entwicklungsprozesse und grundlegenden Veränderungen fand allerdings im Rahmen konkreter institutioneller Kontexte an einzelnen Standorten statt und lässt sich detailliert und unter Berücksichtigung spezifischer Einflüsse in den maßgeblichen „Wirklichkeitsdimensionen" allein auf einer mikrohistorischen Ebene studieren. Mit Einschränkung könnte sogar von der *Lokalität* der Disziplinformierung und -etablierung, der Expansion und des Wandels der Erziehungswissenschaft gesprochen werden.

2. Die Lehrer:innenbildung und ihre Bedeutung für die Disziplinformierung und Etablierung der Erziehungswissenschaft an der Universität Münster

2.1 Ausgangspunkt einer eigenständigen disziplinären Formierung: Die philosophische und pädagogische Vorprüfung nach 1945

Von Beginn an war die Genese der „wissenschaftlichen Pädagogik" mit der Ausbildung der Kandidat:innen sowohl für das höhere Lehramt als auch für das Volksschullehramt verknüpft. Ein bedeutender Anstoß zur (Weiter-)Entwicklung der Pädagogik als Wissenschaft erfolgte etwa durch die Akademisierung der Volksschullehrer:innenbildung in der Weimarer Zeit, die in Hamburg, Leipzig und Braunschweig an den Universitäten angesiedelt, in der Regel aber an den auf Initiative der Vertreter der Geisteswissenschaftlichen Pädagogik wie Nohl und Spranger seit 1926 neu begründeten Pädagogischen Akademien durchgeführt wurde. An der überwiegenden Mehrzahl der Universitätsstandorte blieb damit die Ausbildung allein für das höhere Lehramt einer der entscheidenden Entwicklungsfaktoren der wissenschaftlichen Pädagogik an den Universitäten.

---

11 Horn, Klaus-Peter: Professionalisierung und Disziplinbildung. Zur Entwicklung des Diplomstudiengangs Erziehungswissenschaft, in: Apel, Hans Jürgen/Horn, Klaus-Peter/Lundgreen, Peter/Sandfuchs, Uwe (Hg.): Professionalisierung pädagogischer Berufe im historischen Prozess, Bad Heilbrunn 1999, S. 295–317.

Auch nach 1945 war das Schicksal der wissenschaftlichen Pädagogik unmittelbar mit der Entwicklung der Lehrer:innenbildung verbunden, zumal neben der Promotion an einzelnen Standorten bis in die 1960er-Jahre kein pädagogischer Hauptfachstudiengang existierte. Die institutionelle „Berechtigung" der universitären Erziehungswissenschaft basierte demzufolge zunächst allein auf ihrem Beitrag zur Ausbildung der Kandidaten für das höhere Lehramt. Vor 1945 war die Erziehungswissenschaft an den wissenschaftlichen Hochschulen nach einer Phase der Expansion in der Weimarer Republik in der Zeit des Nationalsozialismus häufig zugunsten der Psychologie stark dezimiert worden und ihre Stellung im Kanon der Disziplinen wieder problematisch geworden.

Diese Entwicklung spiegelt sich auch in der Ausgangslage der wissenschaftlichen Pädagogik an der Universität Münster wider. An der am 3. November 1945 wiedereröffneten Universität bestand nach dem Ende der nationalsozialistischen Herrschaft das 1942 gegründete Institut für Psychologie und Pädagogik, das auch nach Kriegsende von dem ebenfalls 1942 berufenen Gestaltpsychologen Wolfgang Metzger geleitet wurde. Eine eigenständige institutionelle Verankerung der wissenschaftlichen Pädagogik existierte damit an der Universität Münster ebenso wenig wie ein eigenständiges Ordinariat. Gleichwohl bestand die Notwendigkeit der Wiederaufnahme der Lehrtätigkeit im Bereich der Pädagogik, die vor der Machtergreifung durch Willy Kabitz als ordentlichem Professor für Philosophie und Pädagogik und durch den außerordentlichen Professor für Philosophie und Pädagogik Bernhard Rosenmöller vertreten wurde.

Die erste pädagogische Lehrveranstaltung an der Universität Münster in der Nachkriegszeit sollte zum Sommersemester 1946 angeboten werden. Aus einem Schriftwechsel zwischen Metzger und dem Dekan der Philosophisch-Naturwissenschaftlichen Fakultät[12] geht hervor, dass im April und Mai 1946 darüber beraten wurde, den Oberschulrat Dr. Friedrich Müller mit der Abhaltung Pädagogischer Vorlesungen zu beauftragen.[13] Der Oberpräsident der Provinz Westfalen übertrug am 23. Mai 1946 Müller einen unbesoldeten Lehrauftrag für das Sommersemester 1946. Er sollte die Pädagogik in einer Vorlesung mit dem Titel „Aus dem Leben der höheren Schulen" und gegebenenfalls in Übungen vertreten. Da Müller das Schreiben erst am 17. Juni erhielt, war es ihm jedoch nicht mehr möglich, die Vorlesung im Sommersemester 1946 zu halten. Stattdessen bot er sie im darauffolgenden Wintersemester 1946/47 an.

Bereits im Sommer 1946 war in einer Sitzung der Philosophisch-Naturwissenschaftlichen Fakultät der Erweiterung der Lehrtätigkeit von Metzger auf Pädagogik zugestimmt worden.[14] Im Stellenplan der Universität Münster (Ordinariate – Stand: 1. März 1947) wird der Lehrstuhl von Metzger dann auch mit den Lehrfächern Psychologie und Pädagogik bezeichnet.[15]

---

12   In der Philosophischen Fakultät waren bis 1948 auch die Naturwissenschaften und die Mathematik angesiedelt. Aufgrund der Größe der naturwissenschaftlichen Fächer wurde die Fakultät daher häufig als Philosophische-Naturwissenschaftliche Fakultät tituliert. Die Trennung in eine Philosophische und in eine Mathematisch-Naturwissenschaftliche Fakultät erfolgte mit Zustimmung der Kultusministerin im März 1948.

13   Universitätsarchiv Münster (UAmS), Bestand 62, Nr. 293.

14   UAmS, Bestand 62, Nr. 536, Protokoll der Fakultätssitzung, 24.7.1946.

15   Landesarchiv Nordrhein-Westfalen Abteilung Rheinland (LAV NRW R), Bestand NW 25, Nr. 168, Bd. 1.

Die Lehrveranstaltungen von Metzger behandelten jedoch keine pädagogischen Themen im engeren Sinne und wiesen in den Ankündigungen auch nur selten pädagogische Akzente auf.

Die wissenschaftliche Pädagogik wurde an der Universität Münster in der unmittelbaren Nachkriegszeit stattdessen neben dem Lehrbeauftragten Friedrich Müller durch den 1947 ernannten Honorarprofessor Bernhard Rosenmöller, durch den 1948 ernannten Honorarprofessor Friedrich Siegmund-Schultze (Sozialethik und Sozialpädagogik) und den bereits 1940 nach Münster gekommenen Petersen-Schüler Heinrich Döpp-Vorwald vertreten, der neben dem Lehrbeauftragten Müller bereits früh nach Ende des Krieges wieder pädagogische Lehrveranstaltungen anbot.

Insgesamt stellte sich die Lage der wissenschaftlichen Pädagogik in den ersten Jahren nach der Befreiung vom Nationalsozialismus nicht als besonders aussichtsreich dar. Institutionell verbunden mit der Psychologie in einer deutlich untergeordneten Position war ihre Entwicklung im Vergleich zum Stand vor 1933 an einem Tiefpunkt angelangt.[16] Von einer etablierten wissenschaftlichen Disziplin lässt sich mit Blick auf die Erziehungswissenschaft an der Universität Münster zu diesem Zeitpunkt nicht sprechen.

Den Ausgangspunkt der Neu-Etablierung und weiteren Entwicklung der wissenschaftlichen Pädagogik an der Universität Münster nach 1945 bildet die in der Ordnung der Wissenschaftlichen Prüfung für das Lehramt an höheren Schulen im Lande Nordrhein-Westfalen vom 8. Dezember 1948 unter dem § 5 vorgesehene Vorprüfung in den Fächern Philosophie und Pädagogik, die nach dem sechsten Semester und in der Regel vor dem achten Semester abzulegen war. Diese Prüfung setzte in einem bestimmten Umfang pädagogische und philosophische Studienanteile voraus.

Auch wenn das philosophische und pädagogische Begleitstudium, das in die Vorprüfung des Philosophicums beziehungsweise Paedagogicums mündete, neben dem fachwissenschaftlichen Kernstudium der Gymnasiallehrer nicht dem Studium der Pädagogik als Wissenschaft, sondern eher in einem weitergehenden Verständnis der allgemeinen Bildung diente, so schrieb die Ordnung der wissenschaftlichen Prüfung für das Lehramt an höheren Schulen in Nordrhein-Westfalen die Notwendigkeit eines universitären pädagogischen Lehrangebots und damit auch wissenschaftlicher pädagogischer Fachvertreter:innen fest, die ihrerseits absehbar eine entsprechende Form der Organisation und Institutionalisierung beanspruchen würden. Wenn auch lediglich in dem begrenzten Rahmen eines gegenüber den Fachstudien nachrangigen Begleitstudiums, so wurde mit der akademischen Ausbildung für das höhere Lehramt in der unmittelbaren Nachkriegszeit auch das Studium der Pädagogik an der Universität alsbald wieder verankert.

Die Lage der wissenschaftlichen Pädagogik im Kontext der Universität Münster hatte sich damit allerdings noch keineswegs verbessert. Vielmehr zeigt sich an den ablehnenden Reaktionen gegenüber pädagogischen Studienanteilen im Rahmen des Lehramtsstudiums innerhalb der Philosophischen Fakultät und der ebenfalls von der Lehrer:innenbildung stark betroffenen Mathematisch-Naturwissenschaftlichen Fakultät, wie gering der Status der personell nur minimal vertretenen wissenschaftlichen Pädagogik war. Ungeachtet der Verankerung der Pädagogik im Studium für das höhere Lehramt wurde nicht daran gedacht, der Pädagogik einen

16   Rothland 2008, S. 118ff.

größeren Stellenwert in der Fakultät beziehungsweise im universitären Kontext zuzugestehen. Die Widerstände waren trotz der Begrenzung auf ein Begleitstudium erheblich, die Lage der wissenschaftlichen Pädagogik an der Universität Münster nach wie vor unsicher.

Die im Folgenden zu skizzierende Gegenwehr dürfte nicht zuletzt durch die Einsicht hervorgerufen worden sein, dass angesichts der desolaten personellen wie auch der institutionell unselbstständigen Lage die Erfüllung der Anforderungen eines pädagogischen Begleitstudiums im Rahmen der akademischen Lehrer:innenbildung unweigerlich einen Ausbau der wissenschaftlichen Pädagogik zur Voraussetzung gehabt hätte. Und so verwies Heinrich Döpp-Vorwald in einer 26 Seiten umfassenden Stellungnahme zur geplanten philosophisch-pädagogischen Vorprüfung für die Kandidat:innen des höheren Lehramts zum Abschluss seiner Ausführungen auch darauf, dass ein solches „umfängliches pädagogisches Prüfungsgeschäft" aufgrund der personellen Voraussetzungen gerade mit Blick auf die pädagogischen Fachvertreter gar nicht zu bewältigen sei und eine erhebliche Ergänzung des Personals Voraussetzung dafür wäre, die anfallende Arbeit quantitativ überhaupt bewältigen zu können.[17] Um die Vorprüfung in Pädagogik ordnungsgemäß in der vorgeschriebenen Form durchführen und das notwendige, vorhergehende pädagogische Ausbildungsprogramm anbieten zu können, sei es überdies unerlässlich, einen ordentlichen Lehrstuhl für Pädagogik zu begründen und eine zweite Diätendozentur sowie zwei Lehrbeauftragte beziehungsweise Lehrassistenten einzurichten. Angesichts der absehbar steigenden Zahlen von Studierenden der Pädagogik sei es zudem notwendig, ein eigenständiges Pädagogisches Institut zu schaffen.

Der Dekan der Mathematisch-Naturwissenschaftlichen Fakultät reagierte auf das Memorandum von Döpp-Vorwald in unmissverständlicher Weise: Er machte deutlich, dass die Mathematisch-Naturwissenschaftlichen Fakultät „die Forderung auf Ausbildung in Pädagogik während des akademischen Studiums zurückweisen" müsse. Der Raum, der dem Fachstudium in dem Vorschlag von Döpp-Vorwald noch zugestanden würde, wäre zu gering beziehungsweise würde zu deutlich reduziert. Im Übrigen seien seit Ostern 1948 wieder zwei Referendarsjahre vorgesehen, sodass damit Zeit genug für die Ausbildung in Pädagogik *im Anschluss* an ein universitäres Fachstudium vorhanden sei.[18] Auch von Seiten der Philosophischen Fakultät selbst regte sich umgehend Widerstand: Ihre Vertreter stellten heraus, dass das Studium der Unterrichtsfächer nicht durch starke Anforderungen im Fach Pädagogik beeinträchtigt werden dürfe, wie sie im Rahmen der neuen Prüfungsordnung mitsamt der Vorprüfung nun vorgesehen würden. Sie verwiesen ebenfalls auf die pädagogische Ausbildung in der Referendarzeit. Mit diesen Stellungnahmen, die dem Vorbereitungsdienst im Anschluss an das Studium der Unterrichtsfächer die pädagogische Ausbildung zuwies, schlossen die Vertreter der Mathematisch-Naturwissenschaftlichen Fakultät sowie der Philosophischen Fakultät – vermutlich durchaus bewusst – an die Regelung der Preußischen Prüfungsordnung vom 28. Juli 1917 an, die die Pädagogik zum größten Teil an einen zweiten, nichtuniversitären Ausbildungsabschnitt verwies und eine pädagogische Prüfung im Anschluss an die zweite Ausbildungsprüfung (Seminar- und Probejahr) vorsah.[19]

17 UAMs, Bestand 62, Nr. 210 (Altsignatur), Stellungnahme, 16.11.1948.
18 UAMs, Bestand 62, Nr. 210 (Altsignatur).
19 Müller-Rolli, Sebastian: Lehrer, in: Langewiesche, Dieter/Tenorth, Heinz-Elmar (Hg.): Handbuch der deutschen Bildungsgeschichte, Bd. 5: Die Weimarer Republik und die nationalsozialistische Dik-

In der Sitzung der Philosophischen Fakultät vom 21. Januar 1949 wurde erneut prophezeit, dass in Folge der neuen Prüfungsordnung für die Kandidat:innen des höheren Lehramts durch ein „Zwangsstudium" in den Fächern Philosophie und Pädagogik eine Benachteiligung der Haupt- beziehungsweise Unterrichtsfächer eintreten werde.[20] Während Heinrich Döpp-Vorwald sich in der folgenden Fakultätssitzung vom 4. Februar 1949 inhaltlich mit der neuen Prüfungsordnung auseinandersetzte und die Konzentration auf die Geschichte der Pädagogik kritisierte, wurde von Seiten anderer Angehöriger der Fakultät wiederholt darauf verwiesen, dass die pädagogische Ausbildung auch in der Referendarszeit und nicht an der Universität durchgeführt werden müsse. Allerdings wurden in der Fakultätssitzung vom 4. Februar 1949 auch andere Stimmen vernehmbar, die eine Vermehrung der Lehrenden für Pädagogik als Folge der zu erbringenden Prüfungsleistungen im Rahmen des Lehramtsstudiums für durchaus angemessen hielten. Wolfgang Metzger, Leiter des Instituts für Psychologie und Pädagogik, sprach sich darüber hinaus für die Einrichtung eines Instituts für Pädagogik aus, damit die neuen Anforderungen, die an die Pädagogik im Rahmen der Lehrer:innenbildung gestellt würden, auch in einem angemessenen institutionellen Rahmen erfüllt werden könnten – wobei mit Blick auf diese schon deutlich weiter gehende Forderung für Metzger die daraus resultierende institutionelle Eigenständigkeit der Psychologie nicht unerheblich gewesen sein wird.

Ein Gutachten zur philosophisch-pädagogischen Vorprüfung wurde angeregt, erarbeitet und während der Fakultätssitzung am 24. Februar 1949 verlesen. Im Anschluss daran kam es zu einer lebhaften Diskussion, die im Kern wiederum um die Frage kreiste, ob die praktisch-pädagogische Ausbildung an der Universität in den ersten Semestern erfolgen solle oder in die Referendarszeit gehöre – eine Frage, die jedoch zu *keinem* Zeitpunkt zur Diskussion stand, geschweige denn von der Fakultät hätte entschieden werden können. Einigkeit über diese strittige Frage konnte jedenfalls nicht erreicht werden.[21]

Neben der generellen Kritik beziehungsweise grundsätzlichen Ablehnung pädagogischer Anteile an der universitären Ausbildung der Kandidat:innen für das höhere Lehramt war auch der Stellenwert der Pädagogik selbst im Rahmen der Vorprüfung umstritten. Vor allem die Konkurrenz zur Philosophie und das gespannte Verhältnis zwischen den beiden Disziplinen kommen in der Diskussion um die philosophischen und pädagogischen Anteile im Rahmen der Vorprüfung zum Ausdruck. In einer Besprechung von Vertretern der Philosophischen und Naturwissenschaftlichen Fakultäten der Universitäten Münster, Köln und Bonn im Kultusministerium forderten die Vertreter der Philosophischen Fakultät der Universität Münster einen Vorrang der philosophischen vor der pädagogischen Vorprüfung, die von den übrigen Anwesenden unterstützt wurde. Interessanterweise sprach sich auch die Mathematisch-Naturwissenschaftliche Fakultät der Universität Münster von Anfang an – und selbst noch in einer Stellungnahme vom 16. Januar 1962 – vehement gegen die Pädagogik als Teil der Vorprüfung und für die Philosophie aus.[22]

Döpp-Vorwalds vielseitiges Memorandum zur Vorprüfung in Pädagogik aus dem Jahre 1948 zielte indes im Gegensatz zu den zuvor skizzierten Positionen in eine ganz andere Rich-

tatur, München 1989, S. 240–258.

20   UAMs, Bestand 62, Nr. 437, Protokoll der Fakultätssitzung, 21.1.1949.

21   UAMs, Bestand 62, Nr. 537, Protokolle der Fakultätssitzungen, 4.2. und 24.2.1949.

22   UAMs, Bestand 62, Nr. 210 (Altsignatur).

tung und trat für die Stärkung und Differenzierung der Pädagogik im Lehramtsstudium und in der Vorprüfung ein. Es wundert nicht, dass diese Forderung, die diametral zu den oben genannten Vorstellungen vieler Angehöriger der Philosophischen sowie der Mathematisch-Naturwissenschaftlichen Fakultät stand, nicht auf große Gegenliebe stieß, sondern eher noch mehr Anlass zu der Sorge gab, das Studium der Fächer könne vernachlässigt werden. Dass jedoch die Diskussion um die Pädagogik als fest verankerter Teilbereich des Begleitstudiums für das höhere Lehramt neben der Philosophie noch bis Anfang der 1960er-Jahre fortdauernd Kritik und immer gleich bleibend ablehnende Reaktionen hervorrief beziehungsweise mit einem eindeutigen Votum für den philosophischen Anteil zu Lasten der – in dieser Zeit noch vornehmlich in der philosophischen Tradition stehenden – Pädagogik einherging, verwundert zunächst doch und macht die Beständigkeit der Ablehnung einer Beteiligung der wissenschaftlichen Pädagogik an der universitären Lehrer:innenbildung deutlich. Dieser Umstand markiert aber zugleich auch, wie schwach und unsicher der Status der wissenschaftlichen Pädagogik innerhalb der Philosophischen Fakultät und darüber hinaus im Kontext der Universität Münster und wie gering ihre Akzeptanz war – von einer Reputation als wissenschaftliche Disziplin ganz zu schweigen.

Dessen ungeachtet wurde trotz der beträchtlichen Gegenwehr und fakultätsinternen Widerstände mit der Einführung der Vorprüfung in den Fächern Philosophie und Pädagogik im Rahmen des Studiums für das höhere Lehramt die Ausgangsbasis für die Neu-Etablierung und den Ausbau der wissenschaftlichen Pädagogik (auch) an der Universität Münster geschaffen. Die von Döpp-Vorwald im November 1948 in diesem Zusammenhang formulierten Forderungen nach einer Vermehrung des wissenschaftlichen Personals, nach der Errichtung eines Ordinariats für Pädagogik sowie eines Pädagogischen Instituts wurden in den folgenden Jahren allesamt realisiert. Die besondere Bedeutung der Lehrer:innenbildung für die disziplinäre Entwicklung der Erziehungswissenschaft an der Universität Münster, aber auch an den übrigen westdeutschen Universitäten, wird hier in der Phase der Neu-Etablierung der wissenschaftlichen Pädagogik im lokal-institutionellen Kontext nachvollziehbar. Zugleich wird auch deutlich, dass die oben einleitend geltend gemachten Selbstverständlichkeiten mit Blick auf das Verhältnis Lehrer:innenbildung, wissenschaftliche Pädagogik beziehungsweise Erziehungswissenschaft und Universität nicht galten.

2.2 Folgen der Verankerung pädagogischer Anteile an der universitären Lehrer:innenbildung: Institutionelle Etablierung und Eigenständigkeit

Bereits am 22. Dezember 1947 bat der Dekan der Philosophischen und Naturwissenschaftlichen Fakultät Herbert Grundmann trotz der skizzierten Widerstände das Kultusministerium des Landes Nordrhein-Westfalen um die Errichtung eines planmäßigen Ordinariats für Pädagogik an der Universität Münster.[23] Die Notwendigkeit dieses Ordinariats wurde damit begründet, dass zwar Pädagogik bereits Prüfungsfach im Staatsexamen für das wissenschaftliche Lehramt wie auch im Rahmen der Promotion sei und in Zukunft mit erhöhten Anforderungen

---

23   UAMs, Bestand 9, Nr. 326.

an die pädagogische Ausbildung mit Blick auf künftige Lehrpläne und Studienordnungen zu rechnen, in der Philosophischen und Naturwissenschaftlichen Fakultät aber noch kein Lehrstuhl für Pädagogik vorhanden sei.

Der an das Kultusministerium herangetragenen Bitte schloss sich auch der Rektor der Universität Münster an. Er verwies darauf, dass gerade die Ausbildung des Nachwuchses für das höhere Lehramt in der Philosophischen und Naturwissenschaftlichen Fakultät eine entsprechende Vertretung der Pädagogik notwendig mache, da ein Großteil der 1.200 Studierenden dieser Fakultät als zukünftige Studienräte anzusehen sei.

Der Antrag wurde jedoch zweimal abgelehnt. Erst im Verlauf des Jahres 1949 wurde schließlich doch der Errichtung eines ordentlichen Lehrstuhls für Pädagogik für das Jahr 1950 zugestimmt und im Sommer 1949 eine Kommission für die Besetzung gegründet. Die wissenschaftliche Pädagogik an der Universität Münster wurde damit über ein personenunabhängiges Ordinariat fest als Disziplin neben den anderen institutionalisiert. Der Ausbaustand blieb allerdings vergleichsweise gering, auch wenn – als ein weiterer, in seiner Bedeutung nicht zu unterschätzender Schritt auf dem Weg zu einer sich etablierenden Wissenschaft im universitären Kontext – die institutionelle Ablösung von der Psychologie nur wenig später erfolgte und somit eine weitere Voraussetzung für eine eigenständige Entwicklung und Behauptung geschaffen wurde.

Auf der Fakultätssitzung vom 15. Juli 1949 beantragte Wolfgang Metzger, nachdem er dies bereits im Vorjahr angeregt hatte, ein eigenes Institut für Pädagogik zu etablieren.[24] Am 20. März 1950 stellte der Rektor der Universität Münster über den Universitätskurator dann den Antrag an den Kultusminister, das „Institut für Psychologie und Pädagogik" in ein „Psychologisches Institut" umzuwandeln und zugleich ein „Pädagogisches Seminar" einzurichten, dem der erste Lehrstuhl für Pädagogik anzugliedern sei. Diesem Antrag wurde von Seiten des Ministeriums zugestimmt.[25]

In Münster verfügte die wissenschaftliche Pädagogik nun fünf Jahre nach Kriegsende erstmalig in der Geschichte der Universität mit dem Pädagogischen Seminar über eine eigenständige Organisationsform. Und mit dem für das Jahr 1950 neu zu errichtenden Ordinariat für Pädagogik konnte sie zudem nunmehr eine beständige Form der Institutionalisierung aufweisen und hatte sich – zumindest formal, wenn auch im Vergleich zu anderen Disziplinen in bescheidenem Maße – etabliert.

Der neu errichtete Lehrstuhl für Pädagogik blieb im Wintersemester 1949/50 noch vakant. Es wurde allerdings erwartet, ihn bis zum Sommersemester 1950 zu besetzen.[26] Die Vorschlagsliste, die von der Berufungskommission erarbeitet und von der Fakultät verabschiedet worden war, wurde am 31. Januar 1950 an das Kultusministerium gesandt. An erster Stelle stand Otto-Friedrich Bollnow, ordentlicher Professor für Philosophie und Pädagogik an der Universität Mainz. An zweiter Stelle wurde Alfred Petzelt genannt.[27]

---

24   UAMs, Bestand 62, Nr. 537, Protokoll der Fakultätssitzung, 15.7.1949.

25   UAMs, Bestand 9, Nr. 370; UAMs, Bestand 62, Nr. 357, Schreiben des Wissenschaftsministeriums, 11.4.1950.

26   UAMs, Bestand 62, Nr. 243, Schreiben des Dekans der Philosophischen Fakultät, 25.1.1950.

27   UAMs, Bestand 9, Nr. 327, Schreiben des Dekans der Philosophischen Fakultät, 31.1.1950.

Otto-Friedrich Bollnow lehnte den Ruf an die Universität Münster ab, sodass der Weg für eine Berufung von Alfred Petzelt zum ordentlichen Professor für Pädagogik frei war. Er wurde zunächst mit Wirkung vom 1. April 1950 von der Kultusministerin mit der vertretungsweisen „Wahrnehmung der Geschäfte des neu errichteten Ordinariats für Pädagogik" beauftragt[28] und schließlich am 19. Februar 1951 – im Alter von 65 Jahren – zum ordentlichen Professor und am 14. September 1951 zum Beamten auf Lebenszeit ernannt.[29]

Lang währte Petzelts Wirkungszeit an der Universität Münster, wie unmittelbar abzusehen war, nicht. 1954 wurde er emeritiert, vertrat den Lehrstuhl für Pädagogik dann allerdings noch bis 1955. Bis zum Sommersemester des Jahres 1958 bot er darüber hinaus Lehrveranstaltungen an.[30]

Auch wenn Alfred Petzelt aufgrund seines fortgeschrittenen Alters zum Zeitpunkt der Berufung nur wenige Jahre seine Disziplin als erster Ordinarius für Pädagogik vertreten konnte, so beginnt an der Universität Münster in der Nachkriegszeit gleichwohl mit dem Jahr seiner Berufung 1951 die Vertretung der Disziplin der Erziehungswissenschaft im engeren Sinne.[31] Der Dekan der Philosophischen Fakultät hatte daher nicht ganz Unrecht, als er im Zusammenhang mit der Besetzung dieses Ordinariats von der „Einbürgerung der pädagogischen Studien" an der Universität Münster sprach.[32]

Nachfolger Petzelts wurde Ernst Lichtenstein, der zugleich auch einen Ruf an die Freie Universität Berlin erhalten hatte, den er jedoch ablehnte, sodass im Februar 1955 auf der Fakultätssitzung bekannt gegeben werden konnte, dass Lichtenstein neuer Ordinarius für Pädagogik an der Universität Münster wird.[33]

2.3 Stellenausbau im Zuge des Anstiegs der Lehramtsstudierendenzahlen

Seitdem 1950 das pädagogische Ordinariat an der Universität Münster errichtet worden war, hatte sich vor allem durch die Einführung der Philosophischen und Pädagogischen Vorprüfung für alle Kandidat:innen des höheren Lehramts und durch die steigende Zahl der Lehramtsstudierenden insgesamt die Gesamtzahl der Pädagogikstudierenden auf circa 3.000 Personen erhöht, denen allein ein Lehrstuhl gegenüber stand. Ernst Lichtenstein berichtete, dass in seinen Seminaren mittlerweile 200 bis 220 Teilnehmer:innen zu betreuen waren.[34] In Anbetracht dieses Missverhältnisses und der daraus resultierenden Studiensituation wurde bereits im Sommer 1955 von Seiten einzelner Vertreter der Philosophischen Fakultät auf die Notwendigkeit eines zu errichtenden zweiten Lehrstuhls für Pädagogik an der Universität Münster verwiesen.

28   UAMs, Bestand 62, Nr. 243, Schreiben, 31.3.1950.
29   LAV NRW R, Bestand NW 172, Nr. 619. UAMs, Bestand 63, Nr. 103.
30   UAMs, Bestand 63, Nr. 103.
31   Horn, Klaus-Peter: Erziehungswissenschaft in Deutschland im 20. Jahrhundert. Zur Entwicklung der sozialen und fachlichen Struktur der Disziplin von der Erstinstitutionalisierung bis zur Expansion, Bad Heilbrunn 2003.
32   UAMs, Bestand 9, Nr. 327, so der Dekan in dem die Vorschlagsliste begleitenden Schreiben, 31.1.1950; vgl. auch die Überschrift dieses Kapitels II.1.
33   UAMs, Bestand 62, Nr. 537, Protokoll der Fakultätssitzung, 25.2.1955.
34   UAMs, Bestand 62, Nr. 402, Schreiben, 15.2.1957.

1957 hielt es die Fakultät für angezeigt, für die Pädagogik ein Extraordinariat zu beantragen, dessen erster Inhaber Heinrich Döpp-Vorwald werden sollte.[35] Der Dekan der Philosophischen Fakultät wandte sich im März 1957 an den Kultusminister und bat um die Einrichtung eines planmäßigen Extraordinariats für Pädagogik.[36] Zur Begründung wurde auch hier die mit Einführung der Philosophischen und Pädagogischen Prüfung deutlich angestiegene Zahl der Studierenden, die das Staatsexamen für das Höhere Lehramt anstreben, angeführt. Der entstandene Lehrbedarf sei nur durch einen zweiten, voll verantwortlichen Fachvertreter zu befriedigen.

Im Juli 1957 wurde dieser Antrag im Rahmen der Anträge der Philosophischen Fakultät für das Rechnungsjahr 1958 wiederholt – jedoch ohne Erfolg:[37] Ein Extraordinariat für Pädagogik wurde von Seiten des Ministeriums nicht bewilligt. Da ebenfalls auch ein Extraordinariat für Philosophie beantragt worden war, wurde stattdessen ein Extraordinariat für Pädagogik *und* Philosophie im Haushaltsplan 1958 für die Universität Münster vorgesehen.

Der Dekan der Philosophischen Fakultät, Otto Most, bemerkte mit Blick auf die Bewilligung eines kombinierten Extraordinariats, dass dies in fachlicher wie in personeller Hinsicht der Situation nicht entspreche. Er verwies abermals auf die Belastungen durch die Philosophisch-Pädagogische Vorprüfung, die in gleicher Weise die Vertreter der Philosophie wie der Pädagogik in Anspruch nehmen würden. Im Dezember 1957 wurde von der Philosophischen Fakultät die Umwandlung des im Haushaltsplan 1958 vorgesehenen planmäßigen Extraordinariats für Philosophie und Pädagogik in ein planmäßiges Extraordinariat für Pädagogik beantragt, vom Kultusministerium bewilligt und im August 1959 mit Leonhard Froese besetzt.[38]

1962 beantragte die Philosophische Fakultät die Anhebung des Extraordinariats für Pädagogik zum Ordinariat im Haushaltsplan für das Rechnungsjahr 1964. Der Antrag wurde bewilligt und durch Stellenanhebung entstand zum 1. Januar 1964 das zweite Ordinariat für Pädagogik, das Heinrich Döpp-Vorwald übertragen wurde. Leonhard Froese hatte bereits 1960 die Universität Münster wieder verlassen und einen Ruf an die Universität Marburg angenommen.

Die personelle Erweiterung konnte indes mit den wachsenden Zahlen der Lehramtsstudierenden nicht schritthalten. Im Zusammenhang mit einer Umfrage des Wissenschaftsrates hinsichtlich des Bedarfs neuer Lehrstühle für die Jahre 1965 bis 1970 gaben Lichtenstein und Döpp-Vorwald für das Pädagogische Seminar an, dass aufgrund der wachsenden Zahl der Studierenden für das Lehramt und der von der Westdeutschen Rektorenkonferenz deutlich gemachten Verantwortung der Universitäten für die erziehungswissenschaftliche Ausbildung der Studierenden die Einrichtung neuer, zusätzlicher pädagogischer Lehrstühle in der Philosophischen Fakultät der Universität Münster vonnöten sei. Dies sei auch deshalb unumgänglich, da – wie andernorts auch – Lehrstühle für Pädagogik mit besonderen Schwerpunkten errichtet werden müssten. Zwei parallele Lehrstühle für Pädagogik, wie sie an der Universität Münster bestanden, waren im Grunde nicht mehr in der Lage, das sich ausdifferenzierende Gebiet der Erziehungswissenschaft ausreichend zu vertreten. Döpp-Vorwald und Lichtenstein hielten bis

---

35   UAMs, Bestand 62, Nr. 538, Protokoll der Fakultätssitzung, 18.1.1957.
36   UAMs, Bestand 62, Nr. 335 Schreiben, 1.3.1957. Zudem wurde ein Extraordinariat für Osteuropäische Geschichte beantragt.
37   UAMs, Bestand 62, Nr. 335, Antrag der Philosophischen Fakultät, 2.7.1957.
38   LAV NRW R, Bestand NW 178, Nr. 647; UAMs, Bestand 62, Nr. 538, Protokoll der Fakultätssitzung, 10.7.1959.

1970 drei neue Lehrstühle für notwendig: Ein Lehrstuhl für Schulpädagogik und Allgemeine Didaktik (unter besonderer Berücksichtigung der Gymnasialpädagogik), ein Lehrstuhl für Vergleichende Pädagogik und ein Lehrstuhl für Pädagogik mit besonderer Berücksichtigung der Sozialpädagogik und Erwachsenenbildung.[39]

In einer weiteren Begründung für den Ausbau der wissenschaftlichen Pädagogik an der Universität Münster machte Lichtenstein darüber hinaus deutlich, dass neben den Studierenden für das Höhere Lehramt auch die wachsende Zahl der künftigen *Realschullehrer:innen* zu einem stetigen Anwachsen der Belastung der beiden vorhandenen Lehrstühle führe, da diese Pädagogik als Pflichtfach sechs Semester studieren.

Trotz deutlichem universitätsinternen Widerspruchs beharrte Lichtenstein auf der Forderung nach drei im Zeitraum von 1965 bis 1970 neu zu errichtenden Lehrstühlen, musste sich jedoch in der Sitzung der Hochschulpolitischen Kommission der Universität Münster im November 1964 bereit erklären, seine Bedarfsforderung auf zwei Lehrstühle und eine Honorarprofessur für Schulpädagogik zu reduzieren.[40] Im selben Monat kamen dann auch die Vertreter der Philosophischen Fakultät zusammen, um die Vorschläge der einzelnen Fachvertreter für die Errichtung neuer Ordinariate zur Diskussion und Abstimmung zu stellen. Gegen die empfohlene Beantragung zweier Lehrstühle für Pädagogik sprachen sich 18 Fakultätsmitglieder aus, 17 waren dafür und zehn enthielten sich. Damit war die Bedarfsforderung der Pädagogik fakultätsintern – wenn auch nur knapp – abgelehnt worden. Mit 43 Ja- und einer Gegenstimme wurde stattdessen für die Beantragung beziehungsweise Einrichtung *eines* neuen Lehrstuhls für Pädagogik gestimmt.

Die Folgen des von der Mehrheit der Philosophischen Fakultät verhinderten Ausbaus der wissenschaftlichen Pädagogik in der zweiten Hälfte der 1960er-Jahre sollten schon bald in Gestalt katastrophaler Studienbedingungen für die Lehramtskandidaten sowie Haupt- und Nebenfachstudierenden deutlich sichtbar werden, denn auch die Errichtung eines dritten Lehrstuhls war noch lange nicht in Sicht, während die Zahl der Studierenden weiterhin zunahm. Ein entsprechender personeller Ausbau der Erziehungswissenschaft war trotz der zunehmend besorgniserregenden Lage des Pädagogischen Seminars nicht abzusehen.

Gegen Ende der 1960er-Jahre standen der vergleichsweise kleinen Gruppe der Studierenden im Hauptfach Pädagogik die immer größer werdenden Massen der Kandidat:innen für das Höhere und das Realschul-Lehramt sowie die nicht unbeträchtliche Zahl der bisher unerwähnt gebliebenen Nebenfachstudierenden und der Hauptfachstudierenden im Unterrichtsfach Pädagogik gegenüber, unter denen der Lehrbetrieb am Pädagogischen Seminar im Wintersemester 1967/68 regelrecht zusammenbrach. Die immensen Belastungen in der Lehre und umfangreiche Prüfungsverpflichtungen ergaben sich im Detail aus den folgenden Studiengängen, an denen die Erziehungswissenschaft beteiligt war: Studierende für das Realschullehramt belegten Pädagogik als drittes Prüfungsfach im wissenschaftlichen Staatsexamen. Die Studienordnung für die Anwärter:innen auf das Lehramt an Realschulen sah im Übrigen vor, dass Pädagogik

---

39   UAMs, Bestand 121, Nr. 20, Schreiben an den Dekan der Philosophischen Fakultät, 27.11.1964. Überlegungen Lichtensteins in gleicher Sache finden sich in: UAMs, Bestand 62, Nr. 181 (Altsignatur).

40   UAMs, Bestand 62, Nr. 181 (Altsignatur), Sitzung der Hochschulpolitischen Kommission, 12.11.1964.

gleichrangig zu den schulischen Unterrichtsfächern zu studieren sei. Die Anwärter:innen für das Lehramt an höheren Schulen besuchten während der ersten sechs Semester ihres Studiums Vorlesungen und Seminare der Pädagogik. Hinzu kamen die Hauptfachpädagog:innen, also diejenigen, die im Fach Pädagogik promovierten oder in Pädagogik beziehungsweise Sozialpädagogik die Magisterprüfung anstrebten sowie diejenigen, die das Fach Pädagogik als Lehrfach (Fakultas) im wissenschaftlichen Staatsexamen gewählt hatten.

Die aus der Beteiligung an diesen Studiengängen resultierende hohe Belastung des Pädagogischen Seminars wird anhand der Belegungen der Lehrveranstaltungen und der Studierendenzahlen deutlich: Die Universitätsquästur verzeichnete im Wintersemester 1967/68 3.059 Hörer:innen in pädagogischen Vorlesungen und 2.491 Studierende, die an Seminaren der Pädagogik teilnahmen (zusammen 5.550 Belegungen). Im Sommersemester 1968 besuchten 2.643 Hörer:innen pädagogische Vorlesungen und 2.730 Studierende pädagogische Seminare. Insgesamt waren damit 5.373 Belegungen für dieses Semester zu verzeichnen.[41]

Mit dem Ziel, Lehrer:in an einer Realschule zu werden, studierten im Wintersemester 1966/67 1.611, im Sommersemester 1967 1.587 Personen. 2.865 Studierende wählten im Wintersemester 1966/67 das Höhere Lehramt, 2.812 im Sommersemester 1967. Hinzu kommen circa. 620 Fachpädagog:innen, die Pädagogik im Haupt- und vor allem Nebenfach studierten.[42]

Angesichts dieser Zahlen hatte die Pädagogik innerhalb der Philosophischen Fakultät allein unter Berücksichtigung der Hauptfachstudierenden und der wesentlich größeren Zahl an Nebenfachstudierenden die zweitschlechteste Relation von Ordinarien zu den Studierenden (1:310) und den zweitgrößten Fehlbetrag an Lehrkräften, ohne die Hauptbelastung des Pädagogischen Seminars durch das Realschullehrerstudium und das pädagogische Begleitstudium für alle Anwärter:innen des Höheren Lehramts überhaupt zu berücksichtigen, die durch das weitere Anwachsen der Studierendenzahlen zunahm. Die Pädagogik war damit bereits zu diesem Zeitpunkt an erster Stelle zu den Massenfächern der Philosophischen Fakultät zu zählen, noch bevor der Diplomstudiengang Erziehungswissenschaft eingeführt und die Pädagogische Hochschule in die Universität integriert wurden.

3. Quantitative Relationen: Lehramtsstudium und erziehungswissenschaftliche Hauptfachstudiengänge

Über den im vorhergehenden Abschnitt rekonstruierten Zeitraum hinaus wird im Folgenden die Bedeutung der Lehrer:innenbildung für die Erziehungswissenschaft an der Universität Münster im Vergleich zu den Hauptfachstudierenden auf der Basis der Studierendenzahlen skizziert. Mit Beginn der systematischen Erfassung der Lehramtsstudierenden an der Universität Münster zum Wintersemester 1971/72 stieg ihre Zahl bis zum Wintersemester 1978/79 von 5.981 auf 9.940 an, wobei die Zahl der Lehramtsstudierenden für das Realschullehramt, die den kleineren Anteil an der Gesamtzahl ausmachen, leicht rückläufig war. Die Zahl der Studierenden für das Lehramt am Gymnasium stieg dagegen deutlich an.

41   UAMs, Bestand 121, Nr. 20; UAMs, Bestand 62, Nr. 356. Die Universitätskasse und Quästur hat dem Pädagogischen Seminar in einem Schreiben vom 13.8.1968 diese Belegungszahlen mitgeteilt.
42   UAMs, Bestand 62, Nr. 356.

Nach einem leichten Rückgang der Studierendenzahlen im Wintersemester 1979/80 stieg die Zahl der Lehramtsstudierenden infolge der Integration der Pädagogischen Hochschule, Abteilung Münster, im Wintersemester 1980/81 noch einmal sprunghaft auf 13.658 an. Dem Entwicklungstrend der Lehramtsstudiengänge an den westdeutschen wissenschaftlichen Hochschulen entsprechend ging die Zahl der Lehramtsstudierenden an der Universität Münster in den folgenden Jahren dann wiederum deutlich zurück, bis sie zum Ende der 1980er-Jahre erneut anstieg (Abbildung 1).

Wird nun die durchschnittliche *Belastungs*relation zwischen Hauptfach- und Lehramtsstudierenden (unter Berücksichtigung der Lehr-, Betreuungs- und Prüfungsbelastungen) betrachtet, so wird am Beispiel der Universität Münster deutlich, dass sich die Etablierung des Diplom-Studiengangs seit 1970 und die gestiegene Nachfrage im Rahmen des Magisterstudiengangs nicht derart nachhaltig auf die Studien-, Lehr- und auch Forschungssituation ausgewirkt hat, wie dies auf der Makroebene für die Gesamtdisziplin angenommen wird. Auf dieser Ebene der gesamtdisziplinären Betrachtung wird davon ausgegangen, dass sich die Relationen innerhalb des Qualifikationsdreiecks „Diplom-Magister-Lehramt" erkennbar zugunsten der Hauptfachstudiengänge verschoben haben und das Studium in den Diplom- und Magisterstudiengängen bundesweit überwiegend den Hauptteil der universitären Lehre beansprucht.[43]

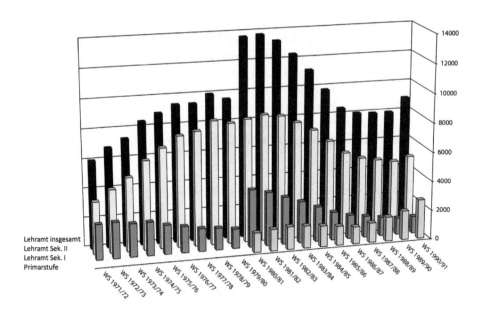

Abb. 1: Lehramtsstudierende an der Universität Münster 1970/71 bis 1990/91 (Aus: Jahresbericht des Rektors der Westfälischen Wilhelms-Universität Münster, 1990, 1995, 2001)

---

43   Otto, Hans-Uwe/Zedler, Peter: Zur Lage und Entwicklung des Faches Erziehungswissenschaft in Deutschland, in: Otto/Krüger u.a. 2000, S. 15–23.

Wird von der üblichen Bestimmung der Belastungsrelation zwischen Hauptfach- und Lehramtsstudierenden ausgegangen, die das Verhältnis der Lehramtsstudierenden im erziehungswissenschaftlichen Begleitstudium zu den Hauptfachstudierenden mit 6:1 bewertet,[44] so ergibt sich für die Erziehungswissenschaft an der Universität Münster zunächst mit Blick auf die Entwicklung der Studierendenzahlen im Hauptfach und den mit 1/6 der Hauptfachstudierenden bewerteten Lehramtsstudierenden (gezählt als entsprechend reduzierte Zahl von Studierenden) das folgende Bild (Abbildung 2).

Bereits anhand dieser Abbildung wird deutlich, dass die Lehramtsstudierenden trotz der Bewertung der von ihnen ausgehenden Lehr-, Betreuungs- und Prüfungsbelastungen mit einem Verhältnis von 6:1 zu den Hauptfachstudierenden an der Universität Münster weitgehend die Zahl der Hauptfachstudierenden (Diplom, Magister, Promotion – *ohne* Studierende mit dem Unterrichtsfach Pädagogik für die Sekundarstufe II) in der Zeit vom Wintersemester 1971/72 bis zum Wintersemester 1989/90 übertreffen. Wird die Entwicklung der Belastungsrelation zwischen den Hauptfachstudierenden und den Lehramtsstudierenden in dem gleichen Zeitraum (Abbildung 3) betrachtet, so zeigt sich, dass nach Einführung des Diplomstudiengangs bis Mitte der 1970er-Jahre die Hauptfachstudiengänge kurzzeitig einen größeren Anteil an der universitären Lehre beanspruchen, in der Folgezeit das Beanspruchungsverhältnis bis

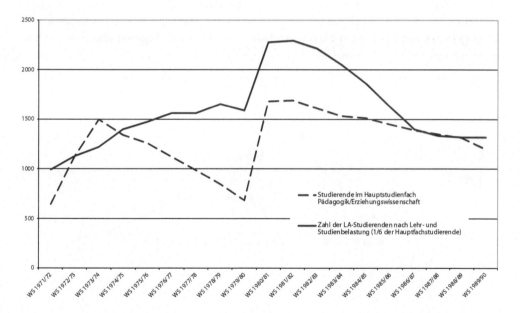

Abb. 2: : Entwicklung der Hauptfach- und Lehramtsstudierenden nach Maßgabe der entstehenden Lehrbelastungen (Lehr-, Betreuungs- und Prüfungsbelastungen)

---

44   Ebd. sowie Weishaupt, Horst/Zedler, Peter: Lehre und Prüfung, in: Otto/Krüger u.a. 2000, S. 135–144.

zur Integration der Pädagogischen Hochschule aufseiten der Lehramtsstudierenden jedoch wieder deutlich steigt. Im Wintersemester 1979/80, dem letzten Semester vor der Integration der Pädagogischen Hochschule, sind die Lehr-, Betreuungs- und Prüfungsbelastungen durch das erziehungswissenschaftliche Begleitstudium schließlich etwas mehr als zweimal so hoch, wie die Belastungen, die aus den Hauptfachstudiengängen ohne das Unterrichtsfach Pädagogik resultieren.

Mit dem Anstieg der Zahl der Hauptfachstudierenden sowie – in geringerem Maße – der Lehramtsstudierenden infolge der Integration der Pädagogischen Hochschule entwickelt sich die Belastungsrelation wieder hin zu einem fast ausgeglichenen Verhältnis zwischen den Belastungen, die von den Hauptfachstudierenden, und denen, die von den Lehramtsstudierenden für die Lehre und Lehrenden ausgehen. Allerdings beanspruchen die Hauptfachstudiengänge lediglich im Wintersemester 1987/88 mit einem leicht größeren Anteil die erziehungswissenschaftliche Lehre, während in den übrigen Semestern die Beanspruchung durch die Lehramtsstudierenden – wenn auch zum Teil ebenfalls nur leicht – überwiegt.

Festzuhalten ist, dass sich die Relationen zwischen den Hauptfachstudiengängen und dem erziehungswissenschaftlichen Begleitstudium generell im Rahmen der Auslastung der erziehungswissenschaftlichen Lehre zugunsten der Hauptfachstudiengänge entwickelt haben, wenn etwa der Vergleich mit der Zeit vor Einführung des Diplomstudiengangs herangezogen wird. Nach Einführung des erziehungswissenschaftlichen Diploms und dem Anstieg der Studierendenzahlen, der schließlich schnell durch verschiedene Maßnahmen der Zugangsbeschränkung gestoppt wurde, bestimmte das erziehungswissenschaftliche Begleitstudium bis zur Inte-

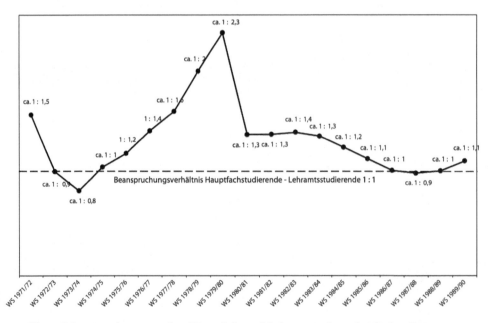

Abb. 3: Belastungsrelation zwischen Hauptfach- und Lehramtsstudierenden (Lehr-, Betreuungs- und Prüfungsbelastungen)

gration der Pädagogischen Hochschule wieder in rasch zunehmendem Maße den (Lehr-)Alltag der Erziehungswissenschaftler:innen an der Universität Münster. Erst mit der Integration der Pädagogischen Hochschule konnte der schnelle Rückgang der Zahl der Hauptfachstudierenden aufgefangen werden und im Zuge dessen, trotz einer ebenfalls gestiegenen Zahl an Lehramtsstudierenden, das Verhältnis zwischen Hauptfach- und Lehramtsstudierenden und die damit korrespondierende Belastungsrelation in etwa an das Niveau vom Wintersemester 1971/72 kurz nach Einführung des Diplomstudiengangs und vor der Einführung der Zulassungsbeschränkungen anschließen.

Bilanzierend ist zu betonen, dass mit Blick auf die Entwicklung der Studierendenzahlen an der Universität Münster zu keinem Zeitpunkt seit Einführung des Diplomstudiengangs und der damit einhergehenden Expansion der Zahl der Hauptfachstudierenden bis Ende der 1990er-Jahre ein deutliches Übergewicht der erziehungswissenschaftlichen Hauptfach- gegenüber den Lehramtsstudiengängen bestand. Vielmehr wurde und wird der universitäre Alltag der Erziehungswissenschaft gemessen an den Lehr-, Betreuungs- und Prüfungsbelastungen nach wie vor maßgeblich, zumindest aber zu gleichen Teilen neben den Hauptfachstudierenden durch das erziehungswissenschaftliche Begleitstudium aller Lehramtsstudierenden geprägt. Zurückzuführen ist dies nicht – wie vordergründig angenommen werden könnte – auf die Integration der Pädagogischen Hochschule im Jahr 1980. Stattdessen hat die Integration der Pädagogischen Hochschule die Belastungsrelation zwischen den erziehungswissenschaftlichen Hauptfach- und den Lehramtsstudierenden deutlich zugunsten der *Hauptfachstudierenden* beeinflusst und zumindest quantitativ insofern keinesfalls allein die Lehrer:innenbildung über die infolge des institutionellen Strukturwandels nun auch an der Universität vertretenen Lehramtsstudiengänge gestärkt.

4. Zusammenfassung und Fazit

Die Lehrer:innenbildung ist nicht allein aufgrund der hier skizzierten quantitativen Entwicklungen als das zentrale Moment der Genese und als prägender Faktor des disziplinären Alltags der Erziehungswissenschaft auf der charakteristischen Ebene des institutionellen Kontextes der Universität herauszustellen, über den die vergleichsweise junge Wissenschaft den Status einer nur schwach beziehungsweise gar nicht eigens institutionalisierten philosophierenden Klein-Disziplin überwinden konnte.[45] Am Beispiel der erziehungswissenschaftlichen Disziplinentwicklung an der Universität Münster kann die Bedeutung der Verwissenschaftlichung von Lehrer:innenarbeit und -bildung für die Genese der Erziehungswissenschaft herausgestellt und an konkreten Entwicklungsverläufen festgemacht werden. Zugleich wurden über die Berücksichtigung der Einflüsse und Widerstände beispielsweise der Philosophischen Fakultät und der Mathematisch-Naturwissenschaftlichen Fakultät gegen eine Verankerung und einen Ausbau der wissenschaftlichen Pädagogik die maßgeblichen Realisierungskontexte der eng an das Studium für die höheren Lehrämter gekoppelten Disziplinformierung und Etablierung

---

45   Terhart, Ewald: Berufskultur und professionelles Handeln bei Lehrern, in: Helsper, Werner/Combe, Arno (Hg.): Pädagogische Professionalität. Untersuchungen zum Typus pädagogischen Handelns, Frankfurt a.M. 1996, S. 448–471.

fernab von jeglichen Selbstverständlichkeiten erkennbar. Die eindeutige Ablehnung pädagogischer Anteile am gymnasialen Lehramtsstudium durch die Mehrzahl der Fakultätsvertreter sowie die lange Dauer der Debatte machen deutlich, wie schwach und unsicher der Status der wissenschaftlichen Pädagogik innerhalb der Philosophischen Fakultät und darüber hinaus im Kontext der Universität und wie gering ihre Reputation als wissenschaftliche Disziplin über Jahrzehnte hinweg war.

Im Rahmen der Rekonstruktion der Geschichte der erziehungswissenschaftlichen Disziplin und ihrer sozialen Konstitutionsbedingungen an der Universität Münster ergibt sich mit Blick auf den maßgeblichen Subkontext der Philosophischen Fakultät allerdings ein ambivalentes Bild: So waren es zwar mehrheitlich ihre Vertreter, die sich noch bis in die 1960er-Jahre – zuweilen im Verbund mit Angehörigen der Mathematisch-Naturwissenschaftlichen Fakultät – gegen eine Verankerung pädagogischer Anteile im Lehramtsstudium wehrten. Zugleich wurde aber bereits Ende 1947 ein Vorschlag zur Errichtung und Besetzung eines neuen Lehrstuhls für Pädagogik ohne nennenswerte Widerstände erarbeitet. Auch die folgenden Ausbaumaßnahmen der Erziehungswissenschaft, die dem aktuellen Bedarf zum Zeitpunkt ihrer Umsetzung in der Regel allerdings längst nicht mehr entsprachen, wurden von der Mehrzahl der Fakultätsangehörigen und von den Vertretern der Universitätsverwaltung (wenn auch zögerlich) mitgetragen und unterstützt. Die Philosophische Fakultät als entscheidender sozialer und institutioneller Rahmen für die Entwicklung der Erziehungswissenschaft im lokalen Kontext erwies sich demnach also nicht allein als hemmender oder gar verhindernder Einflussfaktor in der Disziplinentwicklung. Zuweilen, so scheint es, konnten sich selbst die hartnäckigsten Gegner dem Auf- und Ausbau einer eigenständigen Erziehungswissenschaft angesichts eines steigenden Bedarfs insbesondere von Seiten der Lehramtsstudierenden nicht versperren.

Die in den vorhergehenden Ausführungen zusammenfassend als zentrales Moment der erziehungswissenschaftlichen Disziplinentwicklung an der Universität Münster herausgestellte Lehrer:innenbildung schien – im Gegensatz zur Etablierung des Magisterstudiengangs als erstem eigenständigen erziehungswissenschaftlichen Hauptfachstudiengang 1960 – mit der Einführung eines eigenständigen Diplom-Studiengangs zehn Jahre später an Bedeutung zu verlieren. War die Entwicklung der erziehungswissenschaftlichen Disziplin zunächst vor allem an die schulspezifischen Studiengänge gebunden, so folgte unmittelbar auf die Einführung des Diplomstudiengangs ein erheblicher Anstieg der Hauptfachstudierenden (Diplom) und im Zuge dessen eine beispiellose disziplinäre Expansion, die über die quantitative Entwicklung hinaus die Disziplin insgesamt nachhaltig verändert hat, hier jedoch mit Blick auf die Universität Münster nicht behandelt wurde.

Anders als für die Gesamtdisziplin angenommen wird, wurde die *Praxis* der Erziehungswissenschaft an der Universität Münster auch nach Einführung des Diplomstudiengangs allerdings weiter vor allem in der Lehre durch die Lehrer:innenbildung maßgeblich geprägt. Die Relationen innerhalb des Qualifikationsdreiecks „Diplom-Magister-Lehramt" haben sich nicht derart zugunsten der Hauptfachstudiengänge verschoben, dass diese schließlich in Münster wie an der Mehrzahl der übrigen Universitätsstandorte den überwiegenden Hauptteil der universitären Lehre beanspruchen. Stattdessen konnte bis Ende der 1980er-Jahre kein deutliches Übergewicht der erziehungswissenschaftlichen Hauptfach- gegenüber den Lehramtsstudiengängen festgestellt werden.

Zusammenfassend ist festzuhalten, dass die Genese der Erziehungswissenschaft an der Universität Münster nach 1945 und die Ausbildung im Rahmen der Lehramtsstudiengänge in einem unmittelbaren Zusammenhang stehen. Darüber hinaus werden der Alltag und die Praxis der Disziplin vor Ort auch nach Einführung der Hauptfachstudiengänge, die für die Erziehungswissenschaft wichtige Schritte auf dem Weg zu einer – wenn auch nicht im Kuhn'schen Sinne – „normalen" Wissenschaft bedeuteten, weiterhin in hohem Maße durch die Lehrer:innenbildung beziehungsweise die große Zahl der Lehramtsstudierenden geprägt.

Die enge Verbindung von Disziplinentwicklung und Lehrer:innenbildung und die große Bedeutung des Begleitstudiums für das Lehramt – heute unter dem Sammelbegriff der Bildungswissenschaften gefasst – stellt indes keine Besonderheit des Universitätsstandorts Münster dar, sondern spiegelt vielmehr in weiten Teilen die *Normalität* der Erziehungswissenschaft vor allem an großen Universitätsstandorten mit integrierter Pädagogischer Hochschule wider. Und zu dieser Normalität gehört es auch, dass aus dem einst gering geschätzten Kuckucks-Ei im akademischen Nest eine etablierte, hoch differenzierte, lehr- und forschungsstarke wissenschaftliche Disziplin erwachsen ist.

Tim Zumhof

Vom pädagogischen Seminar zum Institut für Erziehungswissenschaft. Herwig Blankertz und die Dis-/Kontinuitäten im Richtungs- und Methodenstreit der Erziehungswissenschaft (1969–1983)

Im Oktober des Jahres 1969 beantragte der frisch berufene Professor für Pädagogik und Philosophie Herwig Blankertz (1927–1983) im „Einvernehmen mit den Hochschullehrern, Assistenten und der Studierendenschaft" beim Ministerpräsidenten des Landes Nordrhein-Westfalen die Umbenennung des 1950 gegründeten Pädagogischen Seminars an der Westfälischen Wilhelms-Universität Münster. Als Begründung für die Umbenennung schrieb Blankertz an den Ministerpräsidenten:

„Der Begriff ‚Pädagogik' ist mehrdeutig. Er bezeichnet die Praxis der Erziehung, die von ihr abhängigen Kunstlehren, die weltanschaulich, theologisch oder philosophisch abgeleiteten Erziehungspostulate, aber auch die Wissenschaft von der Erziehung. Die Bezeichnung von Universitätseinrichtungen als ‚Pädagogische Seminare' stammt aus einer Zeit, da die Mehrdeutigkeit des Begriffs ‚Pädagogik' dem vorherrschenden lebensphilosophischen Interesse an Unmittelbarkeit entgegenkam und überdies die wissenschaftliche Aufgabe dieser Einrichtungen ungeklärt war. Inzwischen hat sich die Situation erheblich geändert. Die Pädagogik als Wissenschaft ist, wenn auch nicht vollständig, eingeordnet in den Zusammenhang der Sozialwissenschaften, widersteht einer unkritischen Unifizierung von Theorie und Praxis, wie sie für die geisteswissenschaftliche Pädagogik charakteristisch war, bedient sich nicht allein der traditionellen hermeneutisch-pragmatischen Methode, sondern wendet sich auch den modernen empirischen, den mathematisch-statistischen und informationstheoretischen Verfahren zu. Nach dem gegenwärtigen Sprachgebrauch scheint dafür als Terminus allein ‚Erziehungswissenschaft' angemessen zu sein, während ‚Pädagogik' eine einseitige Festlegung auf das geisteswissenschaftliche Verständnis nahelegt."[1]

Blankertz bittet, das Pädagogische Seminar in „Institut für Erziehungswissenschaft" umbenennen zu dürfen. Er verweist darauf, dass nicht nur entsprechende neugegründete Institute an Reformuniversitäten – wie an der Universität Konstanz –,[2] sondern „auch ältere, der Tradition des Münsteraner Pädagogischen Seminars durchaus vergleichbare Institute" – wie zum Beispiel an der Universität Bonn – sich neuerdings als ‚erziehungswissenschaftliche' Institute ausweisen. Auch die „Philosophische Fakultät der Westfälischen Wilhelms-Universität selbst habe bereits einen dahingehenden Schritt unternommen," erklärt Blankertz weiter, „als sie am 8.2.1969 Herrn Dr. [Rudolf] Lassahn die Venia legendi für Erziehungswissenschaft"[3] erteilt habe.

---

1   Universitätsarchiv Münster (UAMs), Bestand 121, Nr. 14, Blankertz an den Herrn Ministerpräsidenten des Landes Nordrhein-Westfalen, 15.10.1969.

2   Vgl. hierzu Mälzer, Moritz: Auf der Suche nach der neuen Universität. Die Entstehung der „Reformuniversitäten" Konstanz und Bielefeld in den 1960er Jahren, Göttingen 2016.

3   UAMs, Bestand 121, Nr. 14, Blankertz an den Herrn Ministerpräsidenten des Landes Nordrhein-Westfalen, 15.10.1969.

Abb. 1: Herwig Blankertz

Die von der Seminarversammlung – also von Professoren, Assistenten, Räten, Hilfskräften und Studentenvertretern – am 9. Juni 1969 einstimmig verabschiedete neue Satzung trug bereits den Titel: „Satzung des Erziehungswissenschaftlichen Instituts der Universität Münster (bisher Pädagogisches Seminar)". Blankertz, der die Professur von Ernst Lichtenstein (1900–1971) übernommen hatte, erklärte in seinem Begleitschreiben vom 18. Juni an den Kurator der Universität, dass die Beratungen zur Satzung schon begonnen hätten, bevor er berufen worden war und der Entwurf in keiner Weise auf seine Initiative zurückgehe. Gleichwohl betonte er, dass er diese Satzung „mitvertrete und bejahe".[4] Am 24. November 1969 billigte die Philosophische Fakultät „einstimmig die Umbenennung des Pädagogischen Seminars in der genannten Form".[5] Der Ministerpräsident bat jedoch in seinem Antwortschreiben darum, die „Umbenennung des Pädagogischen Seminars in ein Seminar für Erziehungswissenschaften [sic!]" zunächst noch zurückzustellen, bis „die weitere Erörterung in der Frage der Gründung von Universitäten mit erziehungswissenschaftlichem Schwerpunkt"[6] fortgeschritten seien. Währenddessen wurde am 15. April 1970 bereits der neue Fachbereich 9: Erziehungswissenschaft, Soziologie und Publizistik eingerichtet und zwei Jahre später, also 1972, trug das Institut seinen neuen Titel.[7]

Mit der Namensänderung folgte man in Münster einem veränderten Selbstverständnis der Disziplin, das sich angesichts forschungsmethodischer, wissenschaftstheoretischer und diszip-

4   UAMs, Bestand 9, Nr. 9 und Nr. 1803, Blankertz an den Kurator der Westfälischen Wilhelms-Universität, 18.6.1969.

5   UAMs, Bestand 62, Nr. 544, Protokoll der Fakultätssitzung (24.11.1969).

6   UAMs, Bestand 9, Nr. 1803, Der Ministerpräsident des Landes Nordrhein-Westfalen an den Rektor der Westfälischen Wilhelms-Universität, 22.1.1970. – Im März 1970 legte die nordrhein-westfälische Landesregierung ihr „Nordrhein-Westfalen-Programm 1975" vor, in dem die Gründung von acht neuen Universitäten mit erziehungswissenschaftlichem Schwerpunkt vorgesehen war, um neue Lehrkräfte auszubilden. Am 27. April 1971 beschloss man die Gründung fünf neuer integrierter Gesamthochschulen in Duisburg, Essen, Paderborn, Siegen und Wuppertal. – Vgl. hierzu Mecklenbrauck, Ilka: Universitätsstandorte der 1960er und 1970er Jahre. Eine empirische Analyse von Rahmenbedingungen und Herausforderungen in der Wissensgesellschaft, Dortmund 2015, S. 169.

7   Vgl. Bokelmann, Hans: Gedenkworte des Dekans des Fachbereichs 9 Erziehungswissenschaft/Soziologie/Publizistik, in: Schlüter, Wilfried: Herwig Blankertz und Jürgen Henningsen zum Gedenken (Schriftenreihe der der Westfälischen Wilhelms-Universität Münster, Neue Folge, Heft 3), Münster 1984, S. 7–13, hier: S. 8. – Aus den Akten geht allerdings hervor, dass das Rektorat erst in seiner Sitzung vom 12.4.1973 beschloss, dem Senat zu empfehlen, der Umbenennung des Pädagogischen Seminars in Institut für Erziehungswissenschaft zuzustimmen (vgl. UAMs, Bestand 334, Nr. 251). Als in der Senatssitzung vom 7.5.1973 darauf hingewiesen wurde, dass das Institut bereits den neuen Namen führe, wurde die Vorwegnahme der erst jetzt genehmigten Umbenennung missbilligend zur Kenntnis genommen. Man bat den Kanzler, dem Fachbereich 9 eine entsprechende Rüge zukommen zu lassen. In der nachfolgenden Abstimmung stimmte der Senat der Vorlage bei drei Enthaltungen zu (vgl. UAMs, Bestand 9, Nr. 9).

linpolitischer Entwicklungen durchsetzte und die Wolfgang Brezinka (1928–2020) mit dem Titel seines Buches „Von der Pädagogik zur Erziehungswissenschaft" (1971) auf den Punkt brachte.[8] Gleichwohl war der Begriff der „Erziehungswissenschaft" nicht weniger vieldeutig als die Rede von der „Pädagogik". „Was Brezinka unter dem Titel ‚Von der Pädagogik zur Erziehungswissenschaft' geschrieben hat, ist mir zwar bekannt und muß von mir als *eine* der möglichen Positionen in Rechnung gestellt werden", bekundet Blankertz in einem Brief an Wolfgang Ritzel (1913–2001), „nötigt mich aber nicht zur Unterwerfung im Sprachgebrauch, ebenso wie ich umgekehrt Brezinka nicht veranlassen kann, sich des Ritzelschen Begriffsverständnisses und Sprachgebrauchs zu befleißigen."[9]

Die Vertreterinnen und Vertreter des Faches waren sich zwar einig, dass pädagogische Forschung als *Erziehungswissenschaft* eine eigenständige, akademische Disziplin sei. Worin aber ihr Forschungsgegenstand bestünde, wie er zu untersuchen sei, auf welche Weise eine Abgrenzung zur *Pädagogik* geschaffen werden könne und in welchem Verhältnis diese Wissenschaft zur Politik und Gesellschaft stand, wurde keineswegs eindeutig geklärt.

Im Folgenden geht es darum zu zeigen, inwiefern die mikro- und lokalgeschichtlich rekonstruierbare Umbenennung mit den disziplinpolitischen und wissenschaftstheoretischen Transformationsprozessen zusammenhing, welche wissenschaftstheoretischen Positionen im Zuge dieser sozialwissenschaftlichen Wende in Konkurrenz miteinander traten (1), welche Position Herwig Blankertz in diesem Methoden- und Richtungsstreit der bundesrepublikanischen Erziehungswissenschaft einnahm (2) und welche Konsequenzen das Ende der Bildungsexpansion laut Blankertz für das Selbstverständnis der Erziehungswissenschaft hatte (3).

1. Von der Pädagogik zur Erziehungswissenschaft

Blankertz verfasste Anfang der 1980er-Jahre eine Reihe von Studienbriefen über die „Geschichte der Pädagogik von der Aufklärung bis zum 1. Weltkrieg" für die Fernuniversität/Gesamthochschule Hagen. Unter der Überschrift „Studierhinweise" schreibt er zu Beginn der ersten Kurseinheit:

„Sie studieren Erziehungswissenschaft. Der Ihnen hier vorliegende Studienbrief aber handelt von der Geschichte der Pädagogik. Wahrscheinlich haben Sie bei Ihren Studien bereits gemerkt, daß die beiden Begriffe ‚Erziehungswissenschaft' und ‚Pädagogik' vielfach gleichbedeutend benutzt werden; sie meinen aber nicht immer das gleiche. Der Titel ‚Geschichte der Erziehungswissenschaft' wäre für diesen Studienbrief unzutreffend. *Erziehungswissenschaft* ist der jüngere Begriff. Er bringt den Charakter einer modernen *Einzelwissenschaft*, d.h. einer von der Philosophie abgelösten Disziplin zur Geltung. Als Einzelwissenschaft gehört die Erziehungswissenschaft zu den Human- oder Sozialwissenschaften, sie hat

---

8   Brezinka, Wolfgang: Von der Pädagogik zur Erziehungswissenschaft. Eine Einführung in die Metatheorie der Erziehung, Weinheim 1971. – In späteren Auflagen verzichtete Brezinka auf den Slogan und nannte sein Buch: Metatheorie der Erziehung. Eine Einführung in die Grundlagen der Erziehungswissenschaft, der Philosophie der Erziehung und der praktischen Pädagogik. 4., vollständig neubearbeitete Auflage des Buches „Von der Pädagogik zur Erziehungswissenschaft", München 1978.

9   UAMs, Bestand 276, Nr. 21, Blankertz an Ritzel, 11.5.1982.

enge Beziehungen zur Soziologie, zur Psychologie und anderen Wissenschaften vom Menschen. Ihre Geschichte reicht nur einige Jahrzehnte zurück."[10]

Obwohl sich die Verwendung des Wortes „Erziehungswissenschaft" bereits im Jahr 1766 bei August Ludwig von Schlözer (1735–1809) – nämlich in seiner Vorrede zum „Magazin für Schulen und Erziehung überhaupt" – nachweisen lässt,[11] ist mit der nur „einige Jahrzehnte" zurückliegenden Geschichte der Erziehungswissenschaft, die Blankertz hier andeutet, der Prozess einer disziplinpolitischen Selbstbehauptung gemeint, die ihren nachhaltigsten Ausdruck in der Gründung der Deutschen Gesellschaft für Erziehungswissenschaft (DGfE) im Jahr 1964 fand. Sie war begleitet von einem Ringen um die Profilierung erziehungswissenschaftlicher Forschung nicht nur in Abgrenzung zur Pädagogik und Philosophie, sondern auch in der Verhältnisbestimmung zur Soziologie und Psychologie.

Bei der Gründung der DGfE auf der Konferenz der westdeutschen Universitätspädagogen am 29. und 30. April 1963 in Hamburg wurde die Entgegensetzung von Erziehungswissenschaft und Pädagogik augenscheinlich. Die Konferenzteilnehmerinnen und -teilnehmer befassten sich mit der Frage, so Blankertz in seinem Tagungsbericht, „ob es nötig und möglich sei, neben den *pädagogischen* Fachverbänden und den Lehrervereinigungen eine Gesellschaft zu gründen, die die *Erziehungswissenschaft* in Deutschland zu repräsentieren und ihr ein Forum zu bieten habe."[12] Als wissenschaftlicher Fachverband sollte die Gesellschaft aus Mitgliedern bestehen, die Qualifikations- und Forschungsarbeiten vorweisen konnten, die also nicht pädagogisch, sondern forschend tätig seien. Für die Gründungsmitglieder stand fest: „Nicht ‚Pädagogik' sondern ‚Erziehungswissenschaft' gehöre deshalb auch in den Titel einer solchen Gesellschaft."[13]

Angesichts der „Dominanz der geisteswissenschaftlichen Pädagogik nach 1945"[14] konnte Wilhelm Flitner (1889–1990) noch in den 1950er-Jahren mit viel Zuspruch seiner Kollegen behaupten, dass die Erziehungswissenschaft eine „hermeneutische Disziplin"[15] sei. Dieser Forschungsansatz erwies sich jedoch als eine methodische und inhaltliche Einengung. Bereits im Jahr 1946 hatte Erich Hylla (1887–1976), der Berater der Erziehungsabteilung des US-amerikanischen Hohen Kommissars und Mitbegründer der Internationalen Hochschule für päda-

10   Blankertz, Herwig: Geschichte der Pädagogik von der Aufklärung bis zum 1. Weltkrieg. 1. Kurseinheit, Hagen 1980, S. II.

11   Vgl. Tenorth, Heinz-Elmar: Erziehungswissenschaft, in: Benner, Dietrich/Oelkers, Jürgen (Hg.): Historisches Wörterbuch der Pädagogik, Weinheim/Basel 2004, S. 341–382, hier: S. 341.

12   Blankertz, Herwig: Konferenz der westdeutschen Universitätspädagogen 1963, in: Sonderdruck aus Pädagogische Rundschau 17 (1963), S. 879–880, hier: S. 880 [Herv. d. d. Verf.].

13   Scheuerl, Hans: Zur Gründungsgeschichte der Deutschen Gesellschaft für Erziehungswissenschaft. Vorgeschichte – Konstituierung – Anfangsjahre, in: Zeitschrift für Pädagogik 33 (2) (1987), S. 267–287, hier: S. 274.

14   Kersting, Christa: Pädagogik im Nachkriegsdeutschland. Wissenschaftspolitik und Disziplinentwicklung 1945-1955, Bad Heilbrunn 2008, S. 73.

15   Flitner, Wilhelm: Die Geisteswissenschaften und die pädagogische Aufgabe [1958], in: Erlinghagen, Karl/Flitner, Andreas/Herrmann, Ulrich (Hg.): Wilhelm Flitner. Gesammelte Schriften, Bd. 3, Paderborn 1989, S. 370–377, hier: S. 376.

gogische Forschung in Frankfurt am Main,[16] darauf hingewiesen, dass pädagogische Forschung an den deutschen Universitäten fast völlig beschränkt sei

„auf Probleme der Erziehungsphilosophie und -theorie. Fragen der Schulverwaltung, der Schulunterhaltung, Messungen und Tests der Schulgebäude und Schulausstattung, der Lehrerbildung, der Lehrplangestaltung, selbst der pädagogischen und Kinderpsychologie werden arg vernachlässigt. Pädagogische Bestandsaufnahmen sind praktisch unbekannt."[17]

Die Pädagogik sei daher in der Nachkriegszeit und den Folgejahren, so Blankertz, in die Situation eines „potentiellen Hochstaplers" geraten, da sie die öffentlich an sie herangetragene Erwartung eines wissenschaftlich gesteuerten Auf- und Ausbaus des deutschen Erziehungs- und Bildungswesens wegen „ihrer methodologischen Rückständigkeit"[18] gar nicht erfüllen konnte. Erstmals in der Geschichte des deutschen Erziehungs- und Bildungswesens sollten, so Blankertz, Innovationen bis ins Einzelne geplant, schulorganisatorische Änderungen unter Berücksichtigung aller Bedingungsfaktoren und Nebenwirkungen berechnet sowie neue Unterrichtsgebiete durch Theorien, Experimente und Erfolgskontrollen eingeführt werden.[19] Hierzu fand eine Mobilisierung und Kooperation verschiedener Forschungsdisziplinen statt, die bisher nur wenig mit pädagogischen Frage- und Problemstellungen befasst waren. Neben der Pädagogischen Psychologie wendeten sich nun auch die (Erziehungs- und Bildungs-)Soziologie,[20] die Rechtswissenschaft und die Ökonomie pädagogischen Problem- und Fragestellungen zu – vor allem an außeruniversitären Forschungseinrichtungen. Das Deutsche Institut für Internationale Pädagogische Forschung (DIPF), das 1963 aus der Frankfurter Hochschule für Internationale Pädagogische Forschung hervorgegangen war, sowie das Institut für Bildungsforschung in der Max-Planck-Gesellschaft, das auf eine Initiative hin von Hellmut Becker (1913–1993) im Jahr 1963 gegründet wurde (und in dessen wissenschaftlichem Beirat auch Herwig Blankertz ab 1973 saß), zeichneten sich durch ein integratives Wissenschaftsprogramm aus, das durch seine Evidenzbasierung demonstrativ von hermeneutischen Ansätzen abrückte und sich den Methoden der empirischen Sozialforschung zuwandte.[21]

16   Vgl. Führ, Christoph: Institutsgründung als Lebensarbeit. Erich Hylla und die Gründung der Hochschule für Internationale pädagogische Forschung in Frankfurt a.M. als Beispiel deutscher Gelehrtenpolitik in der Nachkriegszeit, in: Geißler, Gert/Wiegmann, Ulrich (Hg.): Außeruniversitäre Erziehungswissenschaft in Deutschland. Versuch einer Bestandsaufnahme, Köln/Weimar/Wien 1996, S. 15–31.

17   Hylla, Erich: Erziehung in Deutschland. Bericht und Vorschläge der Amerikanischen Erziehungskommission [1946], in: Frommelt, Bernd/Rittberger, Marc (Hg.): GFPF & DIPF. Dokumentation einer Kooperation seit 1950 (Materialien zur Bildungsforschung, 26), Frankfurt a.M. 2010, S. 55.

18   Blankertz, Herwig: Pädagogik unter wissenschaftstheoretischer Kritik, in: Oppolzer, Siegfried/Lassahn, Rudolf (Hg.): Erziehungswissenschaft 1971 zwischen Herkunft und Zukunft der Gesellschaft, Wuppertal 1971, S. 20–33, hier: S. 20.

19   Vgl. ebd.

20   Vgl. hierzu Behrmann, Günter C.: Gründerjahre der Bildungssoziologie, in: Soziologie 42 (2013) 2, S. 169–184.

21   Vgl. Brehm, Britta: Zu den Anfängen der Bildungsforschung in Westdeutschland 1946–1963. Ein wissenschaftsgeschichtlicher Blick auf eine ‚vergessene' Geschichte, in: Reh, Sabine/Glaser, Edith / Behm, Britta/Drope, Tilman (Hg.): Wissen machen. Beiträge zu einer Geschichte erziehungswissen-

Der Übergang zu einer erfahrungswissenschaftlichen Erziehungswissenschaft wurde zuweilen auch von Fachvertretern als ein Reinigungsprozess beschrieben. Auf dem Weg zu einer werturteilsfreien Wissenschaft galt es auch, sich weltanschaulicher und normativer Überzeugungen zu entledigen. Der Erziehungswissenschaftler Rudolf Lochner (1895–1978) monierte etwa, „daß unter dem Decknamen Pädagogik immerfort vieles mitläuft, was mit eigentlicher Erziehungswissenschaft gar nichts zu tun hat."[22] Aus solchen Einwänden hörte Blankertz die Kritik heraus,

„daß die Pädagogik noch gar keine Wissenschaft sei, den Titel der Theorie zu Unrecht trage, mehr als Ideologie oder gehobener Journalismus zu klassifizieren sei und daß, wenn die empirische Forschung hier erst einmal grundlegenden Wandel geschaffen habe, der größte Teil der bisherigen pädagogischen Literatur nur noch Makulatur sei."[23]

Jürgen Henningsen (1933–1983), der in Münster ab 1972 am umbenannten Institut für Erziehungswissenschaft neben Herwig Blankertz, Hans Bokelmann (1931–2016) und Dietrich Benner (ab 1973) den vierten Lehrstuhl bekleidete (und hier ab 1977 die Abteilung Pädagogische Psychologie/Empirische Pädagogik leitete),[24] nahm den Hegemonieanspruch empirischer Forschung in der Erziehungswissenschaft polemisch zur Kenntnis. In seinem kritischen Plädoyer aus dem Jahr 1964 schreibt er:

„Mit der Mode der sogenannten empirischen Forschung ist in die Pädagogik ein Pathos hineingelangt, das eine grundsätzliche Besinnung schwierig macht. Schluß mit den pädagogischen Schreibtischspekulationen! Weg mit den schöngeistigen Romantizismen! Fakten! Prozente! Wirklichkeit! Exaktheit! Kontrolle! Der Hunger nach Empirie, die Gier auf handfestes Material ist in der Pädagogik übermächtig geworden. Man sucht Rückendeckung bei der exakten Forschung, bei Psychologen und Soziologen, schlachtet Erhebungen und Umfrageergebnisse aus, panzert seine Gesprächsbeiträge mit Statistiken und Tabellen."[25]

Dieser Methoden- und Richtungsstreit, der auch in Anlehnung an die Debatte in der Soziologie zwischen Adorno und Popper als „Positivismusstreit in der deutschen Erziehungswissenschaft"[26] bezeichnet wurde, hatte nicht nur mit der (Neu-)Begründung des Wissenschaftscha-

---

schaftlichen Wissens in Deutschland zwischen 1945 und 1990 (Zeitschrift für Pädagogik, Beiheft, 63), Weinheim/Basel 2017, S. 34–69.

22   Lochner, Rudolf: Deutsche Erziehungswissenschaft. Prinzipiengeschichte und Grundlegung, Meisenheim a. G. 1963, S. 55.

23   Blankertz, Hedwig: Pädagogische Theorie und empirische Forschung, in: Neue Folge der Ergänzungshefte zur Vierteljahrsschrift für wissenschaftliche Pädagogik, Ergänzungsheft 5 (1966a), S. 65–78, hier: S. 65.

24   Vgl. Rothland, Martin: Disziplingeschichte im Kontext. Erziehungswissenschaft an der Universität Münster nach 1945 (Beiträge zur Theorie und Geschichte der Erziehungswissenschaft, 29), Bad Heilbrunn 2008, S. 203.

25   Henningsen, Jürgen: Test, Experiment, Befragung. Ein kritisches Plädoyer. 2., veränderte Auflage, Essen 1964, S. 11.

26   Büttemeyer, Wilhelm/Möller, Bernhard (Hg.): Der Positivismusstreit in der deutschen Erziehungswissenschaft, München 1979.

rakters der Erziehungswissenschaft zu tun, sondern auch mit ihrer Stellung in der Gesellschaft. Blankertz konstatierte daher Mitte der 1960er-Jahre:

„Die pädagogische Diskussion hat heute einen sachlich, methodologisch und terminologisch sehr viel weiteren Horizont als in der Vergangenheit. Vielfältige Gründe sind dafür maßgeblich; im wesentlichen sind sie bedingt einerseits durch die gegenüber den anderen Wissenschaften vom Menschen verspätete Wendung zu positivistisch-empirischen Verfahren, andererseits durch eine veränderte Stellung der Erziehung in der Gesellschaft. Die Signaturen dieses Prozesses lassen sich in der gegenwärtigen pädagogischen Literatur in dreifacher Weise ablesen: erstens bricht ein starkes anthropologisches Interesse [...] die schulpädagogische Enge auf; zweitens dringen sozialwissenschaftliche Methoden, Begriffe und Kriterien in die Erziehungswissenschaft ein [...]; drittens schließlich beginnt die Pädagogik, in größerem Ausmaß ein neues Verhältnis zu Politik und Gesellschaft, Berufsausbildung, Technik und Ökonomie zu gewinnen. [...] Bildungspolitik, Bildungsökonomie und Bildungsnotstand sind geläufige Termini geworden, die uns allen schon wie selbstverständlich über die Lippen gehen [...]."[27]

Der Bedeutungsgewinn von Bildungspolitik, Bildungsökonomie und Bildungsplanung in den 1960er Jahren hatte nicht zuletzt mit den Aktivitäten der Organisation for Economic Cooperation and Development (OECD)[28] zu tun, die aus der OEEC hervorgegangen war und sich ab 1961 aus einer international-vergleichenden Perspektive mit dem Zusammenhang von Bildung und wirtschaftlichem Wachstum befasste. Ein erstes Anzeichen hierfür war die Konferenz „Economic Growth Policies and Educational Investment" im Oktober 1961 in Washington, auf der Bildungs- und Finanzpolitiker gemeinsam mit Wirtschaftswissenschaftlern tagten und an deren Abschlussbericht „Targets for Education in Europe in 1970" (1962) unter anderem der deutsche Bildungsökonom und spätere Direktor des Instituts für Bildungsforschung in der Max-Planck-Gesellschaft Friedrich Edding (1909–2002) beteiligt war. Ein Jahr später wurde von der OECD das Programme for Educational Investment and Planning (EIP)[29] ins Leben gerufen, das die Mitgliedsländer – darunter auch Westdeutschland – aufrief, umfassende statistische Daten zu sammeln, um durch den Einsatz quantitativer Auswertungsverfahren Planungsprozesse im Bildungswesen effektiver zu gestalten, Ergebnisse hinsichtlich des Wirtschaftswachstums zu optimieren und so den Technologiewettlauf mit den Ostblock-Staaten zu gewinnen.[30]

---

27   Blankertz, Herwig: Bildungstheorie und Ökonomie, in: Rebel, Karlheinz (Hg.): Pädagogische Provokationen I. Texte zur Schulreform. Theorie der Bildung, Organisation der Schule, Ausbildung der Lehrer, Weinheim/Berlin 1966, S. 61–86, hier: S. 61f.

28   Die Organisation for European Economic Cooperation (OEEC) wurde nach dem Zweiten Weltkrieg eingerichtet, um den Wiederaufbau Europas und die Umsetzung des Marshall-Plans zu begleiten. – Vgl. OECD, 75th anniversary of the creation of the OEEC. From the ashes of war to the foundations for lasting co-operation. https://www.oecd.org/about/history/oeec/ (Zugriff: 19.3.2024).

29   Der vollständige Titel des Programms lautete: Programme for Educational Investment and Planning in Relation to Economic Growth, an offshoot of Resolution No. 9 on investment in education passed by the European Ministers of Education at their third conference held in Rome in October 1962.

30   Vgl. Ydesen, Christian/Grek, Sotiria: Securing organisational survival: a historical inquiry into the OECD's work in education during the 1960s, in: Paedagogica Historica 56 (2020) 3, S. 412–427. Vgl. auch Teixeira, Pedro N.: Early Interest, Lasting Scepticism: The Views about Education at the OECD (1960s-1980s), in: Œconomia. History, Methodology, Philosophy 9 (2019) 3, S. 559–581.

Abb. 2: Jürgen Henningsen

Öffentliche Aufmerksamkeit gewannen diese Themen in Westdeutschland durch publizistische Warnrufe. Der deutsche Altphilologe, Religionsphilosoph und Schulleiter Georg Picht (1913–1982) publizierte in der Wochenzeitschrift „Christ und Welt" eine Reihe von Artikeln, in denen er unter anderem ausgehend von einer OECD Erhebung zum Angebot und zur Nachfrage von wissenschaftlichen Fachkräften[31] die westdeutsche Öffentlichkeit vor einem kommenden Bildungsnotstand warnte. Aus den Statistiken schloss er, dass umfassende Bildungsreformen nötig seien, um die volkswirtschaftliche Konkurrenzfähigkeit der Bundesrepublik mit den westlichen Nachbarländern in Zukunft garantieren zu können. Der Soziologe Ralf Dahrendorf (1929–2009) forderte wenig später in einer sechsteiligen Essayserie in der Wochenzeitung „DIE ZEIT" – ebenfalls ausgehend von Zahlen der OECD und unter anderem in Anlehnung an Arbeiten seines Kollegen Friedrich Edding – eine aktive Bildungspolitik, die gleiche Bildungschancen für

alle ermöglichen solle, um dem Anspruch der Bildung als Bürgerrecht gerecht zu werden und bisher ungenutzte Begabungsreserven in der Bevölkerung abschöpfen zu können.

Bereits vor der von Picht medial geschickt prononcierten „Bildungskatastrophe"[32] und Dahrendorfs „Plädoyer für eine aktive Bildungspolitik"[33] berieten zunächst im Deutschen Ausschuss für das Erziehungs- und Bildungswesen (1953–1965) – „der letzten Bastion geisteswissenschaftlich-reformpädagogischen Denkens"[34] –, später dann im Deutschen Bildungsrat (1966–1975), Politiktreibende und Sachverständige über bildungspolitische Reformmaßnahmen von der Vorschulerziehung bis zur Gesamthochschule.[35] Herwig Blankertz war Mitglied in der Unterkommission „Berufliches Schulwesen" im Deutschen Ausschuss für das Erziehungs- und Bildungswesen. Später berief man ihn als Gutachter in den Ausschuss „Lernprozesse (Sekundarstufe II)" der Bildungskommission des Deutschen Bildungsrats. Ungeachtet der Tatsache, dass die Ergebnisse unterschiedlich bewertet wurden, schlüpften Erziehungswissenschaftler:innen in diesem Zeitraum durch ihre Beteiligung an Gutachten und Empfehlungen

---

31   Vgl. OECD: Resources of Scientific and Technical Personnel in the OECD Area: Statistical Report of the Third International Survey on the Demand for and Supply of Scientific and Technical Personnel, Paris 1963.

32   Picht, Georg: Die deutsche Bildungskatastrophe. Analyse und Dokumentation, Olten/Freiburg i.Br. 1964.

33   Dahrendorf, Ralf: Bildung ist Bürgerrecht. Plädoyer für eine aktive Bildungspolitik, Hamburg 1965.

34   Terhart, Ewald: Wolfgang Klafki als Berater der Bildungspolitik – mit einigen Anmerkungen zu Schulreform und Erziehungswissenschaft in den 1970er Jahren, in: Lin-Klitzing, Susanne/Arnold, Karl-Heinz (Hg.): Wolfgang Klafki: Allgemeine Didaktik, Fachdidaktik, Politikberatung. Beiträge zum Marburger Gedenksymposium, Bad Heilbrunn 2019, S. 251–265, hier: S. 254.

35   Vgl. Glaser, Edith: Pädagogik und Politik. Der Deutsche Ausschuss für das Erziehungs- und Bildungswesen und seine Empfehlungen als ein Beitrag zur Wissensgeschichte der Erziehungswissenschaft in der frühen Bundesrepublik, in: Reh u.a. 2017, S. 88–107.

in die Rolle von Politikberater:innen und avancierten zu Persönlichkeiten des öffentlichen Interesses.[36]

Auf dem DGfE Kongress im Jahr 1970 in Berlin, der unter dem Titel „Erziehungswissenschaft – Bildungspolitik – Schulreform"[37] veranstaltet wurde, sollte daher nicht nur der Methoden- und Richtungsstreit weiter ausgehandelt, sondern auch die Frage nach der gesellschaftlichen und politischen Funktion der Erziehungswissenschaft diskutiert werden. Wie verhielt sich Blankertz, der zwischen 1969 und 1983 zu den meistgenannten Referenzautoren im erziehungswissenschaftlichen Diskurs der Bundesrepublik gehörte,[38] zu diesen Fragen?

2. Kritische Erziehungswissenschaft

Im Jahr 1958 wurde Blankertz in Göttingen bei Erich Weniger (1894–1961), einem der letzten Vertreter der geisteswissenschaftlichen Pädagogik, über den Begriff der Pädagogik im Neukantianismus promoviert.[39] Blankertz habilitierte sich vier Jahre später an der Wirtschaftshochschule in Mannheim mit einer problemgeschichtlichen Arbeit über Berufsbildung und Utilitarismus und gelangte, nachdem er eine Professur für Philosophie an der Pädagogischen Hochschule Oldenburg (1963–1964) und eine Professur für Wirtschaftspädagogik an der Freien Universität Berlin (1964–1969) innehatte, an die Westfälische-Wilhelms Universität Münster (1969–1983).[40]

Bereits auf dem III. Salzburger Symposion 1966, das die „Bedeutung der Empirie für die Pädagogik als Wissenschaft"[41] zum Thema hatte, nahm Blankertz Stellung zum Verhältnis von pädagogischer Theorie und empirischer Forschung in der Erziehungswissenschaft. Er begrüßte die Ausweitung empirischer Forschung und wies Henningsens mit „großer Beredsamkeit und moralischem Augenaufschlag" geführtes „Plädoyer" gegen die in den Sozialwissenschaften entwickelten empirischen Verfahren „als Missverständnisse, Begriffsverwechslungen und Gefühlsargumente"[42] zurück. Zugleich war er jedoch der Auffassung, dass empirische Forschung

---

36 Vgl. hierzu Tenorth, Heinz-Elmar: Politikberatung und Wandel der Expertenrolle oder: Die Expertise der Erziehungswissenschaft, in: Fatke, Reinhard/Oelkers, Jürgen (Hg.): Das Selbstverständnis der Erziehungswissenschaft. Geschichte und Gegenwart (Zeitschrift für Pädagogik, Beiheft, 60), Weinheim/Basel 2014, S. 139–171. Vgl. auch Terhart (2019).

37 Horn, Klaus-Peter/Herrlitz, Hans-Georg/Berg, Christa: Kleine Geschichte der Deutschen Gesellschaft für Erziehungswissenschaft. Eine Fachgesellschaft zwischen Wissenschaft und Politik, Wiesbaden 2004, S. 104.

38 Vgl. Keiner, Edwin: Erziehungswissenschaft 1947–1990. Eine empirische und vergleichende Untersuchung zur kommunikativen Praxis einer Disziplin, Weinheim 1999, S. 83.

39 Vgl. Blankertz, Herwig: Der Begriff der Pädagogik im Neukantianismus, Weinheim 1959.

40 Vgl. Horn, Klaus-Peter: Erziehungswissenschaft in Deutschland im 20. Jahrhundert. Zur Entwicklung der sozialen und fachlichen Struktur der Disziplin von der Erstinstitutionalisierung bis zur Expansion, Bad Heilbrunn 2003, S. 192.

41 Ipfling, Heinz-Jürgen: Bedeutung der Empirie für die Pädagogik als Wissenschaft. Bericht über das III. Salzburger Symposion vom 31. Mai bis 4. Juni 1966, in: Vierteljahrsschrift für wissenschaftliche Pädagogik 42 (1966) 4, S. 306–313.

42 Blankertz 1966a, S. 71.

notwendigerweise auf eine überempirische, sie begründende und kritisierende Theorie ange-
wiesen sei.

> „Pädagogische Theorie, die sich notwendig überempirisch versteht, nicht weil Empirie verachtet oder das
> empirische Argument gering geschätzt ist, sondern weil Empirie begründet werden soll, diese Theorie
> führt mit der Waffe der empirischen Forschung über das Faktum des Gegebenen hinaus, um das empiri-
> sche Leben selbst auf eine andere Stufe zu heben: daß Fortschritt sei!"[43]

Eine solche *kritische* Erziehungswissenschaft ist für Blankertz eine Handlungswissenschaft, die
wie die geisteswissenschaftliche Pädagogik eine praktische Wissenschaft von der Erziehung
und für die Erziehung bleibt, aber die naive Unmittelbarkeit des Theorie-Praxis-Verhältnisses
der geisteswissenschaftlichen Pädagogik ausschaltet, indem sie objektivierende, empirisch-ana-
lytische Verfahren einsetzt, ohne aber dem Selbstmissverständnis erfahrungswissenschaftlicher
Ansätze – wertfrei und voraussetzungslos betrieben werden zu können – aufzusitzen. Es bedürfe beim Einsatz empirischer Forschungsmethoden einer ideologiekritischen Hinterfragung
ihrer politisch-gesellschaftlichen Funktion, das heißt einer hermeneutischen Identifikation
des leitenden Erkenntnisinteresses bei der Erforschung edukativer Vorgänge.[44] Denn bei der
Erforschung edukativer Vorgänge müsse die Frage geklärt werden, ob Erziehung hierbei auf
politisch-ökonomische Implikationen zurückgeführt und so der Unterschied zwischen politischer Ökonomie und Erziehungswissenschaft beziehungsweise zwischen politischem und
pädagogischem Handeln getilgt werde. Wird Erziehung nicht reduziert auf die Funktion einer
Erfüllungsgehilfin politisch-ökonomischer Zielsetzungen, dann lasse sie sich im Rahmen der
europäischen Bildungstradition als Freisetzung von Subjektivität verstehen.

Aus diesen meta- oder wissenschaftstheoretischen Überlegungen geht gleichwohl kein ein-
heitliches Forschungsdesign hervor. Blankertz bestimmte das Verhältnis von Wissenschaftstheorie und wissenschaftlicher Forschungspraxis vielmehr in Analogie zum Verhältnis von Erziehungstheorie und pädagogischer Praxis:

> „Ebensowenig wie Wissenschaftstheorie die Wissenschaftspraxis determiniert oder gar hervorbringt,
> so wenig kann pädagogische Theorie der Zuchtmeister erzieherischer Praxis sein. An den älteren, nor-
> mativen Weltanschauungspädagogiken ist das oft genug demonstriert worden, in der neueren Literatur
> gelegentlich unter dem Titel der Deduktionsproblematik behandelt und entsprechend auch für die sich
> instrumentalistisch verstehenden, positivistisch-erfahrungswissenschaftlichen Theorien der Erziehungs-
> technologie mit dem gleichen Resultat nachgewiesen. Eine Erziehungswissenschaft, die sich dieser Situa-
> tion bewußt ist, [...] nenne ich eine kritische. ,Kritische Erziehungswissenschaft', ,kritische Pädagogik'
> oder ,kritische Theorie der Erziehung' ist im Sinne meiner Definition mit dem Adjektiv ,kritisch' bezo-
> gen einerseits auf den Kritizismus der Kantischen Philosophie, andererseits auf die ,kritische Theorie' der
> Frankfurter Soziologie."[45]

---

43   Ebd., S. 75.
44   Vgl. Blankertz 1971, S. 20–33.
45   Blankertz, Herwig: Pädagogische Theorie und erzieherische Praxis im Spiegel des Verhältnisses von
      Wissenschaftstheorie und Wissenschaftspraxis, in: Vierteljahrschrift für wissenschaftliche Pädagogik
      55 (1979), S. 385–398, hier: S. 388.

Aufschluss darüber, wie die Forschungspraxis einer kritischen Erziehungswissenschaft aussehen könnte, bieten ein kursorischer Blick auf Blankertz' eigene Studien zum Verhältnis von Bildung und Arbeit sowie seine Einschätzungen der Begleitforschung zu Schulversuchen und bildungspolitischen Reformmaßnahmen.

In seinen Studien zum Verhältnis von Bildung und Arbeit vertrat Blankertz die These, dass die „Wahrheit der allgemeinen Bildung" die „berufliche"[46] sei, wenn – wie schon Eduard Spranger (1882–1963) argumentierte – der Mensch und nicht der Betrieb im „Vordergrund"[47] stünde. Aus dieser Position heraus monierte Blankertz an der Habilitationsschrift von Heinrich Abel (1908–1965) über „Das Berufsproblem im gewerblichen Ausbildungs- und Schulwesen Deutschlands" (1963) unter anderem, dass pädagogisches Denken und Handeln hier in einem „Mittelraum"[48] zwischen normativen Ansprüchen und sozio-historischen Tatsachen angesiedelt, aber eben nicht vor dem Hintergrund bildungstheoretischer Überlegungen beurteilt werde. Abels Studie, die im deutschsprachigen Raum erste Ansätze einer empirischen Berufsbildungsforschung aufbot, verkenne aber, so Blankertz, dass „mit den Mitteln des humanistischen Bildungsdenkens der Beruf als Möglichkeit der freigesetzten Subjektivität"[49] begriffen werden könne – oder anders formuliert: Abels empirischer Berufsbildungsforschung fehle eine sie begründende und kritisierende (Berufs-)Bildungstheorie.

Blankertz setzte mit dieser Auslegung des neuhumanistischen Bildungsbegriffs im Anschluss an die Berufsbildungstheorie zwar eine traditionelle „Argumentationsweise"[50] im Sinne der Theoriebildung geisteswissenschaftlicher Pädagogik fort, zugleich kritisierte er damit aber auch das anhaltende „deutsche Bildungs-Schisma",[51] das heißt die im internationalen Vergleich einmalige institutionelle und curriculare Segregation von allgemeiner und beruflicher Bildung, die später auch im Strukturplan der Bildungskommission des Deutschen Bildungsrates für die Verhinderung von Chancengleichheit kritisiert wurde.

Glaubt man der Anekdote vom „lesende[n] Ministerialbeamten",[52] dann war es die Lektüre von Blankertz' Habilitationsschrift über „Berufsbildung und Utilitarismus" (1963), die die SPD geführte Landesregierung in Nordrhein-Westfalen dazu veranlasste, das Experiment einer institutionellen und curricularen Integration von allgemeiner und beruflicher Bildung im

---

46   Blankertz, Herwig: Berufsbildung und Utilitarismus. Problemgeschichte Untersuchungen, Düsseldorf 1963, S. 121.

47   Spranger, Eduard: Humanismus der Arbeit [1952], in: Bähr, Hans Walter/Bollnow, Otto Friedrich/ Dürr, Otto (Hg.): Eduard Spranger. Gesammelte Schriften, Bd. 3: Schule und Lehrerberuf, Heidelberg 1970, S. 210–222, hier: S. 222.

48   Blankertz, Herwig: Berufspädagogik im ‚Mittelraum'. Bericht und kritische Anmerkungen zu Heinrich Abels Studie über das Berufsproblem, in: Die berufsbildende Schule 17 (4) (1965), S. 244–249.

49   Ebd., S. 248.

50   Tenorth, Heinz-Elmar: Erziehungswissenschaftliche Forschung und ihre Methoden, in: Benner, Dietrich/Tenorth, Heinz-Elmar (Hg.): Bildungsprozesse und Erziehungsverhältnisse im 20. Jahrhundert. Praktische Entwicklungen und Formen der Reflexion im historischen Kontext (Zeitschrift für Pädagogik, Beiheft, 42), Weinheim/Basel 2000, S. 264–293, hier: S. 277.

51   Baethge, Martin: Das deutsche Bildungs-Schisma: Innovationen zwischen institutionellem Wandel und Pfadkontinuitäten, in: Göppel, Rolf (Hg.): Bildung ist mehr. Potentiale über PISA hinaus. 9. Heidelberger Dienstagsseminar, Heidelberg 2008, S. 83–103.

52   Gruschka, Andreas: Herwig Blankertz. Berufsbildung und Utilitarismus, in: Böhm, Winfried/Fuchs, Brigitta/Seichter, Sabine (Hg.): Hauptwerke der Pädagogik, Paderborn 2009, S. 46–49, hier: S. 46.

Rahmen eines Modellversuchs zu wagen. Zur Vorbereitung dieses Kollegschulversuchs setzte
der sozialdemokratische Kultusminister Fritz Holthoff (1915–2006) noch vor seinem Ausscheiden eine Planungskommission unter dem Vorsitz von Herwig Blankertz ein, der hierfür
von seinen Aufgaben an der Universität Münster freigestellt wurde.[53] Die „Blankertz-Kom-
mission"[54] legte ihre erste Empfehlung im Jahr 1972 vor.[55] Auf ihrer Grundlage sollte eine
Forscher:innengruppe – die Wissenschaftliche Begleitung Kollegstufe (WBK) –, zu der auch
Blankertz gehörte, in Zusammenarbeit mit den beteiligten Versuchsschulen konstruktiv am
Versuchsaufbau mitarbeiten und zugleich das Reformprojekt nach Prinzipien der Handlungsforschung evaluieren.[56]

Blankertz war der Auffassung, dass die Evaluation von Schulversuchen – wie der Gesamtschule, der integrierten Sekundarstufe II beziehungsweise der Kollegstufe oder die Beantwor-
tung der Frage, ob Geschichtsunterricht in Gesellschaftslehre aufgehen kann, ob Normenbü-
cher für die Abiturprüfung den Hochschulzugang gerechter machen und so weiter – „nicht
als wissenschaftliches Binnenproblem aufrecht gehalten werden"[57] könne, da hier die Grenzen zwischen Wissenschaft und Politik verwischen. Wissenschaftliche Begleitforschung von
Schulversuchen diene, so Blankertz, einer evidenzbasierten Bildungspolitik als Legitimations-
grundlage, zugleich liefern Wissenschaftler:innen als Politikberater:innen überhaupt erst die
Empfehlungen für Bildungsreformen, an deren Implementierung sie mitunter selbst beteiligt
seien. Von einer interessen- oder voraussetzungslosen Forschung könne in diesen Fällen nicht
gesprochen werden, da Wissenschafler:innen und die politisch Verantwortlichen ein gemeinsames Interesse am Erfolg des Schulversuchs hätten.

Ebenso beziehen sich politische Gegner der dem Reformversuch zugrundeliegenden Zie-
le – wie insbesondere der Chancenegalisierung – auf die Begleitforschung, um ein mögliches
Scheitern der im Reformversuch untersuchten bildungspolitischen Maßnahmen anzumahnen.
Hierbei werde, so Blankertz, nicht offen das bildungspolitische Ziel der Chancenegalisierung
kritisiert, da eine solche Kritik politisch nicht opportun sei, sondern aus dem potentiellen
Scheitern werde der Schluss gezogen, dass es pädagogisch nicht zu erreichen sei und das Bil-

---

53   Vgl. Rothland 2008, S. 199–202.
54   Ebd., S. 199.
55   Vgl. Kultusminister NRW (Hg.): Kollegstufe NW (Schriftenreihe des KM zur Strukturförderung des
      Bildungswesens, 17), Ratingen 1972. – Zwei weitere Empfehlungen folgten: Der Text „Sekundarstu-
      fe II: Kollegstufe NW. Vorschläge zur Übernahme der Bildungsratsempfehlungen für die Neuord-
      nung der Sekundarstufe II auf den nordrhein-westfälischen Modellversuch" wurde am 20.12.1974
      beschlossen und im Jahr 1976 öffentlich zugänglich gemacht. Die dritte Empfehlung „Sicherung von
      Abschlüssen und Berechtigungen für die Hauptphase des Modellversuchs Kollegstufe NW" wurde
      am 28./29.10.1975 verabschiedet, aber nie gedruckt veröffentlicht. – Vgl. hierzu Fingerle, Karlheinz:
      … warum und wie die Kollegschule (nicht) gescheitert ist, in: Lisop, Ingrid/Schlüter, Anne (Hg.):
      Bildung im Medium des Berufs? Diskurslinien der Berufs- und Wirtschaftspädagogik, Frankfurt a.M.
      2009, S. 223–250, hier: S. 224.
56   Vgl. hierzu Gruschka, Andreas (Hg.): Ein Schulversuch wird überprüft – Das Evaluationsdesgin für
      Kollegstufe NW als Konzept handlungsorientierter Begleitforschung, Kronberg 1976.
57   Blankertz, Herwig: Was heißt ‚Erfolg' oder ‚Scheitern' von Bildungsreformen? Zur Wissenschafts-
      theorie und Ideologiekritik pädagogischer Evaluation, in: Mitter, Wolfgang/Weishaupt, Horst (Hg.):
      Forschungsstrategien und Organisationsmuster der wissenschaftlichen Begleitung von Modellversu-
      chen im Bildungswesen, Frankfurt a.M. 1976, S. 29–46, hier: S. 34.

dungswesen die der Pädagogik vorgeordnete gesellschaftliche Chancenverteilung nicht ändern könne. Kritiker argumentieren, dass bildungspolitische Reformmaßnahmen vielmehr der pädagogischen Handlungsmaxime zu folgen hätten, „jedem Kind zur Entfaltung und Nutzung der ihm jeweils *gegebenen* Chancen zu verhelfen".[58]

Angesichts dieser Verflechtungen von Wissenschaft und Politik sei die Frage, wann ein schulischer Modellversuch als gescheitert oder gelungen betrachtet werden könne, nicht allein eine wissenschaftlich zu beantwortende, sondern immer auch ein politisch-ökonomischer Aushandlungsprozess. Blankertz weist darauf hin, dass historische Phasen expansiver und restriktiver Bildungspolitik immer schon einhergingen mit Bedarfs- und Begabungsargumentationen. Wenn „der Bedarf größer [ist] als der gegebene Entwicklungsstand des Bildungswesens zu decken vermag, so gilt Begabung als durch pädagogische Eingriffe förderbar, ist der Bedarf geringer, so gilt Begabung als unverrückbare Grenze, die zu überschreiten jeder Pädagogik versagt ist".[59]

Blankertz merkte daher an, dass die in der US-amerikanischen Evaluationsforschung verbreiteten empirischen Untersuchungsmethoden für die Evaluation von bildungspolitischen Reformvorhaben unbrauchbar seien, da sie „unpolitisch und unhistorisch im Blick auf den gesellschaftlichen Stellenwert und auf die soziale Dynamik von Schulversuchen"[60] seien. Mit dieser Kritik sollte keineswegs eine „Empiriefeindlichkeit"[61] zum Ausdruck gebracht werden. Blankertz war vielmehr der Ansicht, dass es bei der Evaluation von Schulversuchen eines Forschungsdesigns bedürfe, „welches die konflikthafte Aushandlung und Auseinandersetzung darüber, was als Erfolg oder Scheitern [des Reformvorhabens; TZ] zu betrachten sei, in die Evaluationstätigkeit selbst"[62] aufnehme.

Begleit- und Evaluationsforschung im Kontext bildungspolitischer Reformmaßnahmen bedürfe aber nicht nur einer ideologiekritischen Hinterfragung ihrer politisch-gesellschaftlichen Funktion, das heißt einer hermeneutischen Identifikation des leitenden Erkenntnisinteresses, sondern müsse sogar im Sinne der Handlungsforschung kritisch und konstruktiv „Hilfe für den Erfolg des Schulversuchs"[63] liefern.

3. Von der Erziehungswissenschaft zur Pädagogik

Auf dem Salzburger Symposion im Jahr 1966 forderte Blankertz noch, dass Theorie „mit der Waffe der empirischen Forschung über das Faktum des Gegebenen hinaus" führen solle, „um das empirische Leben selbst auf eine andere Stufe zu heben: daß Fortschritt sei!"[64] Dieser Fortschritts- und Wissenschaftsoptimismus sowie die damit verbundenen utopischen Energien ka-

---

58   Blankertz, Herwig: Was heißt: ein Bildungswesen ‚pädagogisch' zu verbessern?, in: Derbolav, Josef (Hg.): Grundlagen und Probleme der Bildungspolitik. Ein Theorieentwurf, München 1977, S. 79–87, hier: S. 82.

59   Ebd.

60   Blankertz 1976, S. 39.

61   Blankertz, Herwig/Gruschka, Andreas: Handlungsforschung: Rückfall in die Empiriefeindlichkeit oder neue Erfahrungsdimension?, in: Zeitschrift für Pädagogik 21 (1975) 5, S. 677–686.

62   Blankertz 1976, S. 35.

63   Ebd., S. 40.

64   Blankertz 1966a, S. 75.

men in den 1970er-Jahren zum Erliegen. Im Jahr 1978, als Blankertz die Begleitforschung zum Kollegschulversuch hinter sich ließ und in den regulären Universitätsbetrieb zurückkehrte, sprach er vom „Ausgang der Bildungsreform"[65] und deutete damit auf einen Epochenumbruch hin, der die Erziehungswissenschaft zu einer selbstkritischen Bestandsaufnahme auffordere.

Diese Tendenzwende zeigte sich für Blankertz in dreierlei Hinsicht: Sie fand ihren Ausdruck erstens im Ende der Reformeuphorie, die die Erziehungswissenschaft zwar nicht selbst hervorgebracht habe, die aber von ihr wie von keiner anderen Disziplin zum eigenen Leitthema gemacht wurde. Seit dem Bonner Forum „Mut zur Erziehung" im Januar 1978 zeigte sich aber eine „offensiv gewordene Tendenzwende in der Bildungspolitik",[66] die nach Blankertz' Ansicht „nur temporärer Art, nicht mehr als eine Atempause"[67] sei. Gleichwohl war er sich bewusst, dass eine Erziehungswissenschaft im Übergang zu einer Phase konsolidierender Bildungspolitik, welche nicht weiter auf institutionellen Aus- und Umbau des Bildungswesens sowie auf wissenschaftliche Politikberatung setze, auf eine „Identitätskrise des Faches"[68] zulaufen werde.

Blankertz glaubte zweitens ein Ende des institutionellen Ausbaus der Erziehungswissenschaft zu sehen. In Münster wurden zwischen 1969 und 1978 nicht nur die beiden bestehenden Ordinariate neubesetzt, sondern sogar vier weitere Lehrstühle eingerichtet. Dieser Stellenzuwachs setzte sich entgegen Blankertz' Diagnose zumindest in Münster durch die Integration der Pädagogischen Hochschule weiter fort.

Drittens sah Blankertz den Vorschusskredit auf technisch verwertbare Handlungsanweisungen zur gesellschaftlichen Funktionalisierung von Erziehung und Schule als erschöpft an. Den übersteigerten Erwartungen an ein erziehungswissenschaftliches Planungs- und Steuerungswissen wurde weder konsequent widersprochen noch konnte die erwartete Relevanz der Erziehungswissenschaft für pädagogisches und bildungspolitisches Handeln unter Beweis gestellt werden. Exemplarisch illustriert Blankertz das am „Ende der Curriculumeuphorie",[69] das heißt an der uneingelösten Hoffnung, Lehrpläne durch planenden und steuernden Eingriff rational zu gestalten. „Was die Curriculumforschung von der lehrplantheoretischen Tradition abhob, war die szientistische Erwartung an konstruktive und technologisch handhabbare Antworten auf pädagogische Herausforderungen."[70] Die Enttäuschung dieser Erwartungen führte zu einer „antiszientistischen Stimmung",[71] der Blankertz glaubte durch die Rekonstruk-

---

65   Blankertz, Herwig: Handlungsrelevanz pädagogischer Theorie. Selbstkritik und Perspektive der Erziehungswissenschaft am Ausgang der Bildungsreform, in: Zeitschrift für Pädagogik 24 (1978), S. 171–182.

66   Blankertz, Herwig: Die Sekundarstufe II. Perspektiven unter expansiver und restriktiver Bildungspolitik, in: Lenzen, Dieter (Hg.): Enzyklopädie Erziehungswissenschaft, Bd. 9: Sekundarstufe II – Jugendbildung zwischen Schule und Beruf, Teil 1: Handbuch, Stuttgart 1982, S. 321–339, hier: S. 336.

67   Blankertz 1977, S. 86.

68   Gruschka, Andreas: Herwig Blankertz – eine klassische Auslegung der ‚europäischen Bildungstradition' vor der Herausforderung durch Ökonomie und Technik, in: Bolder, Axel/Heinz, Walter R./ Kutscha, Günter (Hg.): Deregulierung der Arbeit – Pluralisierung der Bildung?, Opladen 2001, S. 294–314, hier: S. 300.

69   Blankertz, Herwig: Rekonstruktion geisteswissenschaftlicher Lehrplantheorie nach dem Ende der Curriculumeuphorie, in: Siegener Hochschulblätter 5 (1982) 2, S. 18–29.

70   Ebd., S. 22.

71   Ebd., S. 20.

tion geisteswissenschaftlicher Lehrplantheorien begegnen zu können, um didaktischen Überlegungen wieder Gehör zu verschaffen. Selbst am „antipositivistischen"[72] Emanzipationsbegriff zeigte sich die technokratische Verführbarkeit und Selbstüberschätzung der Erziehungswissenschaft. Wenn Emanzipation zur Kategorie einer lernzielorientierten Didaktik gemacht und einer Operationalisierung und Effektivitätskontrolle ausgeliefert werde, ginge, so Blankertz, der Sinn von Erziehung verloren. In diesem Zusammenhang konstatierte er:

„Erzieherisches Handeln ist an keiner Stelle *nur* ein technisches. Im Ernst hat das ja auch kaum einer von uns behauptet. Aber aufgrund der Entwicklung unserer Disziplin ist die Erinnerung notwendig. Sie bedeutet keine Rücknahme des Wissenschaftsanspruchs, auch keine verdeckte Theoriefeindlichkeit, sondern Betonung der systematisch unhintergehbaren Spannungsmomente von erziehungsphilosophischer Reflexion und technisch verfügbarem Steuerungswissen."[73]

An anderer Stelle warnte Blankertz eindringlicher, dass „das Ganze der Pädagogik, die Erziehung, [...] einen szientistisch nicht einholbaren Sinn" enthalte.

„Dieser Sinn ist eine in der europäischen Bildungstradition aufgehobene Realität. Darum darf die Pädagogik trotz des durch ihre Geschichte herausgearbeiteten und nicht mehr zurücknehmbaren szientistischen Votums für die Wissenschaft der technischen Zivilisation nicht im Szientismus aufgehen. [...] Die Pädagogik ist vielmehr gerade um ihrer kritischen Funktion willen an die Überlieferung von Philosophie und Umgangsweisheit rückgebunden."[74]

Blankertz' wiederholte Bezugnahme zur europäischen Bildungstradition, Erziehungsphilosophie und Geschichte zeigte sich schon während seiner Zeit als Vorstandsvorsitzender der DGfE, als er sich erfolglos darum bemühte, für den 5. DGfE-Kongress eine:n Redner:in für den angedachten Eröffnungsvortrag zum Thema „Die Selbstbehauptung der Tradition des europäischen Erziehungsdenkens gegenüber Behaviorismus und Politökonomie"[75] zu finden. Seinem ehemaligen Lehrer Rudolf Jung (1903–1984) schrieb er in dieser Zeit, dass er mit dem Gedanken spiele, „eine Geschichte der neueren Pädagogik – so ab Comenius – im Zusammenhang einer Bildungsgeschichte zu schreiben"[76] und deutete hiermit auf die eingangs erwähnten Studienbriefe über die Geschichte der Pädagogik hin, die Anfang der 1980er-Jahre erschienen. Blankertz diskutierte diese Hinwendung zur Geschichte auch mit seinem Kollegen Klaus Mollenhauer. In einem Brief vom 18. Oktober 1979 teilte dieser Blankertz' Auffassung und schrieb:

---

72   Blankertz 1978, S. 177.

73   Ebd., S. 178.

74   Blankertz 1982, S. 28–29.

75   Vgl. Reh, Sabine: Die Geschichte der Pädagogik nach dem Ende des Fortschritts. Zur Krise des Erzählens über die Pädagogik bei Blankertz, in: Zumhof, Tim/Oberdorf, Andreas (Hg.): Herwig Blankertz und die pädagogische Historiografie, Münster 2022, S. 115–132, hier: S. 124.

76   UAMs, Bestand 276, Nr. 21, Blankertz an Jung, 24.9.1979. – Vgl. hierzu Oberdorf, Andreas: Die Entstehung der Geschichte der Pädagogik, in: Zumhof/Oberdorf 2022, S.19–33.

„Ich bin die Meta-Theorie inzwischen auch ziemlich satt, aber etwas schwer tue ich mich doch: Was kommt für unsereinen danach? – Nun: Ich will mich wieder stärker der Geschichte zuwenden, in struktureller Absicht. Aber ist das nicht wiederum ein Meta-Thema? Welche Alternativen gibt es sonst, wenn man keine Lust mehr hat, technisch aufwendige empirische Projekte in Angriff zu nehmen, oder Begleitforschung zu machen?"[77]

4. Fazit: Dis-/Kontinuitäten im Methoden- und Richtungsstreit der Erziehungswissenschaft (1969–1983)

Die pädagogische Forschung an westdeutschen Universitäten, die traditionell geisteswissenschaftlich ausgerichtet war und methodisch eher Bezüge zur Philosophie aufwies, geriet in den 1960er-Jahren angesichts sozialwissenschaftlicher Befunde außeruniversitärer Forschungseinrichtungen und durch den Bedeutungszuwachs bildungspolitischer Reformmaßnahmen in der Öffentlichkeit unter Druck. Mit der „Politik der inneren Reformen",[78] die eine umfassende Modernisierung der Politik- und Verwaltungsstrukturen einleiten sollte, war die Einführung und Nutzung neuer Planungs-, Informations- und Evaluierungsverfahren verbunden. Die Erziehungswissenschaft/Pädagogik wurde von diesem Sog einer „Verwissenschaftlichung des Sozialen"[79] erfasst. An der Universität Münster zeichnete sich diese Entwicklung bereits vor der Berufung von Herwig Blankertz ab. Lichtenstein, Blankertz' Vorgänger am Pädagogischen Seminar, erklärte 1964 in einem Schreiben an die Philosophische Fakultät, dass ein Bedürfnis bestehe

„nach einer wissenschaftlichen Differenzierung des Faches, das in der deutschen Pädagogik gegenüber dem im Ausland längst eingetretenen Zustand durch eine wissenschaftstheoretisch nicht mehr mögliche Selbstbeschränkung auf den philosophischen Aspekt der Pädagogik überdeckt wurde".[80]

In diesem Sinne wurde die Umbenennung des Pädagogischen Seminars in „Institut für Erziehungswissenschaft" bereits Ende der 1960er-Jahre vorbereitet. Der Methoden- und Richtungsstreit unter den Mitgliedern der neugegründeten Deutschen Gesellschaft für Erziehungswissenschaft war zu diesem Zeitpunkt schon entbrannt. Diese Auseinandersetzung, die mit der (Neu-)Begründung der Erziehungswissenschaft, ihrem Verhältnis zu Politik und Gesellschaft sowie zu ihren Nachbardisziplinen zu tun hatte und zu der Blankertz in seiner Antrittsvorlesung ausführlich Stellung nahm, beeinflusste jedoch als meta- beziehungsweise wissenschaftstheoretische Auseinandersetzung nur mittelbar die Ausgestaltung pädagogischer Forschung.

---

77 UAMs, Bestand 276, Nr. 29, Klaus Mollenhauer an Herwig Blankertz, 18.10.1979. – Ich danke Sebastian Gräber für diesen Archiv-Fund.

78 Schmidt, Manfred G.: Die ‚Politik der inneren Reformen' in der Bundesrepublik Deutschland 1969–1976, in: Politische Vierteljahrsschrift 19 (1978) 2, S. 201–253.

79 Raphael, Lutz: Verwissenschaftlichung des Sozialen als methodische und konzeptionelle Herausforderung für eine Sozialgeschichte des 20. Jahrhunderts, in: Geschichte und Gesellschaft 22 (1994) 2, S. 165–193.

80 UAMs, Bestand 121, Nr. 20, Lichtenstein an Dekan der Philosophischen Fakultät, 27.11.1964.

Wissenschaftstheorie konnte, wie Blankertz einräumte, weder „Zuchtmeister"[81] wissenschaftlicher Praxis sein, noch folgte die konkrete Forschungspraxis einem idealtypischen Forschungsstil. Der mit der Bildungsexpansion verbundene Prozess einer Ausdifferenzierung der Erziehungswissenschaft in Teildisziplinen und professionsspezifische Handlungsfelder machte in den 1960er- und 1970er-Jahren auch vor der wissenschaftstheoretischen Standortbestimmung keinen Halt, wie sich allein an der Variationsbreite von Entwürfen kritischer Erziehungswissenschaft/Pädagogik zeigen lässt.[82] Blankertz führte diese Vielfalt von „metatheoretischen Aussagen" auf den „labilen Status dieser Disziplin im institutionellen Gefüge der Wissenschaften"[83] zurück.

Blankertz' wissenschaftstheoretischer Entwurf einer kritischen Erziehungswissenschaft sowie seine eigenen Studien zum Verhältnis von Bildung und Arbeit beziehungsweise zur Begleitforschung des Kollegstufenversuchs blieben im Kern einer geisteswissenschaftlichen Theoriebildung verbunden. Blankertz hielt sowohl an klassischen Begriffen und Argumentationsweisen als auch am Primat der Praxis fest. Der Übergang zu einer kritischen Erziehungswissenschaft bestand für Blankertz in der Ausschaltung der naiven Unmittelbarkeit des Theorie-Praxis-Verhältnisses durch objektivierende Verfahren empirisch-analytischer Forschung. Ihr Einsatz bedürfe jedoch zusätzlich einer ideologiekritischen Aufdeckung ihrer politisch-gesellschaftlichen Funktion, das heißt einer hermeneutischen Identifikation des leitenden Erkenntnisinteresses. Denn für Blankertz war es nicht allein die Auseinandersetzung zwischen der hermeneutischen Tradition geisteswissenschaftlicher Pädagogik und der empirischen Sozialforschung, die zu einer Wende von der Pädagogik zur Erziehungswissenschaft führte, sondern auch die „ideologiekritische Konfrontation" und die mit ihr verbundene Einsicht in die *gesellschaftliche* Basis der ‚einheimischen Begriffe' der Pädagogik und deren mögliche bewußtseinsverfälschende Funktion im Kontext von politischen Auseinandersetzungen".[84]

Blankertz wendete Begriffe und Ansätze der geisteswissenschaftlichen Pädagogik gesellschaftstheoretisch und ideologiekritisch – oder gab sie gleich als solche aus: Über Erich Wenigers These, dass Lehrpläne das Resultat gesellschaftlicher Kämpfe seien und keine Produkte pädagogischer Ableitungen, schreibt Blankertz, dass hiermit „die sozialwissenschaftliche Wende der Erziehungswissenschaft um Jahrzehnte"[85] vorweggenommen wurde. Den neuhumanistischen Bildungsbegriff Humboldts deutete er im Anschluss an die Berufsbildungstheorie Sprangers und richtete ihn kritisch gegen segregierende Momente im westdeutschen Bildungswesen sowie gegen Abels empirische Berufsbildungsforschung. Im Rahmen der Evaluations- und Begleitforschung zum Kollegstufenversuch optierte Blankertz für einen Ansatz der Handlungsforschung, in dem pädagogische Forschung sich nicht auf eine „heuchlerisch oder irrtümlich behauptete Neutralität" zurückziehe, sondern für die Ziele des zu evaluierenden Versuchs inso-

---

81 Blankertz 1979, S. 388.
82 Vgl. Rieger-Ladich, Markus: Pädagogik als kritische Theorie? Intellektuelle Stellungskämpfe nach 1945, in: Fatke u.a 2014, S. 66–84.
83 Blankertz 1979, S. 385.
84 Blankertz/Gruschka 1975, S. 678.
85 Blankertz, Herwig: Die Geschichte der Pädagogik. Von der Aufklärung bis zur Gegenwart, Wetzlar 1982, S. 266.

fern engagiert eintrete, als dass er ihn in die „Offenheit eines pädagogischen Sinnhorizonts"[86] einstellt und ihn auch gegen seinen politischen Auftraggeber verteidigt. Blankertz' wiederholte Bezugnahme zur Geschichte der Pädagogik, zur europäischen Bildungstradition und Erziehungsphilosophie war ein Versuch, die Eigenstruktur der Erziehung als einen identitätsstiftenden und überzeitlichen Grundgedanken der Pädagogik herauszuarbeiten und ihn gegenüber der zunehmenden technisch-szientifischen Vereinnahmung von Erziehung, Bildung und Unterricht in Stellung zu bringen.

Die Forderung nach einer realistischen Wendung in der pädagogischen Forschung führte in Münster somit zwar nicht unmittelbar zu einem Ausbau empirischer Forschungsaktivitäten, wohl aber zu einer gesellschaftstheoretischen und ideologiekritischen Wendung. Die „Dominanz der theoretisch-analytischen Forschung"[87] blieb damit am pädagogischen Seminar wie am Institut für Erziehungswissenschaft ungebrochen.

---

86   Blankertz 1978, S. 180.
87   Rothland 2008, S. 324.

Bernd Zymek

Vor und nach Bologna: Generationenwechsel, Strukturwandel und Rationalisierungsprozesse. Das Institut für Erziehungswissenschaft der Universität Münster 1993–2010

Das Institut für Erziehungswissenschaft an der Universität Münster entwickelte sich seit Anfang der 1990er-Jahre als eine universitätsspezifische Variante der Geschichte der deutschen Erziehungswissenschaft in einem Handlungsfeld, das von umfassenden sozialen Prozessen und politischen Weichenstellungen abgesteckt wurde und die folgende Darstellung strukturieren. Diese waren:

» die historisch beispiellose Expansion des amtlichen Aufgabenfeldes der akademischen Erziehungswissenschaft in der Folge von politischen Strukturentscheidungen,

» die demographisch bedingten und systemimmanenten Konjunkturen in pädagogischen Berufs- und Handlungsfeldern,

» der landesspezifische und internationale Strukturwandel der Universitäten und die institutionelle Verankerung der Erziehungswissenschaft,

» die Ausdifferenzierung und fachliche Profilierung der Erziehungswissenschaft als akademische Disziplin an der Universität Münster sowie

» die Eigendynamik des statusgruppenbezogenen Personalbestands des Instituts.

1. Die Ausgangssituation

Bis in die 1960er-Jahre war das Pädagogische Seminar, seine Professoren in Münster (und anderen Universitätsstandorten) Anlaufstation nur für die kleine Gruppe der Studentinnen und Studenten gewesen, die das Fach im Rahmen des traditionellen Magisterstudiums[1] oder einer Promotion gewählt hatten oder als künftige Gymnasiallehrerinnen und -lehrer in wenigen, beliebigen Lehrveranstaltungen und einer mündlichen Prüfung des traditionellen „Philosophicums" kennenlernten. Die Professuren hatten zumeist eine venia legendi für das ganze Gebiet der Pädagogik beziehungsweise Erziehungswissenschaft, manchmal ergänzt durch einen fachlichen Schwerpunkt „mit besonderer Berücksichtigung". Das änderte sich radikal Anfang der 1970er-Jahren, als die universitäre Erziehungswissenschaft in den dynamischen Expansions- und Professionalisierungsprozess pädagogischer Berufe dieser Jahre einbezogen wurde. Drei Weichenstellungen hatten nachhaltige Folgen für die Aufgaben und Struktur der Institute: Der Prozess der Expansion und Differenzierung der Erziehungswissenschaft begann – erstens – mit der Einrichtung eines speziellen Diplomstudiums (in Münster zum Winterse-

---

1   In Münster erst Ende der 1960er-Jahre eingeführt.

mester 1970/71), mit dem ein auf pädagogische Berufsfelder bezogenes Fachstudium angeboten wurde (Sozialpädagogik, Erwachsenenbildung, Schule). Da parallel ähnliche Prozesse in anderen Fächern stattfanden, zum Beispiel in der Soziologie und in den Politikwissenschaften, wurde Erziehungswissenschaft als zweites oder drittes Fach im Rahmen von Diplomstudienordnungen als eine Studienoption möglich und attraktiv. Noch folgenreicher für die erziehungswissenschaftlichen Institute im Bundesland Nordrhein-Westfalen war – zweitens –, dass die Landesregierung mit dem Lehrerausbildungsgesetz (LABG) von 1976 das Studium für alle Lehrämter zusammenfassend neu ordnete und in diesem Zusammenhang den Stellenwert erziehungs- und sozialwissenschaftlicher Studienanteile für Studierende aller Lehrämter quantitativ ausweitete und strukturell aufwertete. Nicht nur für das Lehramt der Primarstufe, sondern auch der Sekundarstufe I und II, schrieb die neue Prüfungsordnung ein sogenanntes „e"-Studium im Umfang eines Nebenfachs sowie eine schriftliche und mündliche Examensprüfung vor.[2] Das Gesetz wurde in den folgenden Jahren immer wieder novelliert, bestimmt aber bis heute eine landesspezifische Struktur der Lehrkräfteausbildung, die den erziehungswissenschaftlichen Instituten in Nordrhein-Westfalen ein großes Aufgabenfeld zuweist. Hinzu kam schließlich – drittens –, dass die Landesregierung seit den 1970er-Jahren auch die Strategie verfolgte, dort wo am Hochschulstandort auch Pädagogische Hochschulen existierten, diese sukzessiv in die bestehenden oder neugegründeten Universitäten zu integrieren und damit auch die Ausbildung der Grund- und Hauptschullehrerinnen und -lehrer zur Aufgabe der Universitäten zu machen.[3]

Damit wurde das amtliche Aufgaben- und Themenfeld der erziehungswissenschaftlichen Institute erheblich ausgeweitet. Aber von der Landespolitik wurden nur in sehr begrenztem Umfang adäquate Konsequenzen für die personelle Ausstattung der Institute gezogen. Und die Situation verschärfte sich zunehmend. Nach dem restriktiven Urteil des Bundesverfassungsgerichtes über die Zulässigkeit des Numerus Clausus vom 18. Juli 1972 (BVerfGE 33, 303) wurde auf bundes- und landespolitischer Ebene die Grundsatzentscheidung getroffen, das grobe Missverhältnis von wachsender studentischer Nachfrage und fehlenden Lehrkapazitäten nicht durch einen generellen Numerus Clausus (wie zum Beispiel in der Medizin), sondern in den historisch-philologischen Fächern, den Sozial-, Wirtschafts- und Rechtswissenschaften durch eine „Untertunnelung des Studentenbergs" mit den bestehenden Lehrkapazitäten zu bearbeiten. Diese Strategie wurde mit der Argumentation gerechtfertigt, dass es sich um eine Übergangssituation und „temporäre Überlast" der Universitäten für die stark besetzten Jahrgänge der „Baby Boomer"-Generation handele. Die dynamisch steigende Bildungsbeteiligung wurde hierbei aber unterschätzt. Die Unterausstattung der Universitäten entwickelte sich in den folgenden Jahrzehnten zum Dauerzustand und zur neuen Normalität der Universitäten.

---

2   Ministerialblatt für das Land Nordrhein-Westfalen, 8. April 1976, 29. Jg/Nr. 26, S. 357–433, https://recht.Nordrhein-Westfalen.de/lmi/owa/br_mbl_show_pdf?p_jahr=1976&p_nr=26 (Zugriff: 21.4.2024). – Für das Gymnasiallehramt war ein Studium im Umfang von insgesamt 160 Semesterwochenstunden (SWS) vorgeschrieben, davon 80 SWS im ersten Fach, 40 SWS im zweiten Fach und ebenfalls 40 SWS als „Erziehungs- und sozialwissenschaftliches Studium".

3   Vgl. Rothland, Martin: Disziplingeschichte im Kontext. Erziehungswissenschaft an der Universität Münster nach 1945 (Beiträge zur Theorie und Geschichte der Erziehungswissenschaft, 29), Bad Heilbrunn 2008, und den Beitrag von Ewald Terhart in diesem Band.

Die akademische Lehre fand sehr oft in Form von Großvorlesungen und überfüllten Seminaren statt, die zum nicht geringen Teil von einem „akademischen Mittelbau" mit unbefristeten Vollzeitstellen und hohem Lehrdeputat durchgeführt wurde, dem das Recht zu selbstständiger Lehre und – etwa in den erziehungswissenschaftlichen Fachbereichen – sogar das Recht zur Abhaltung von Examensprüfungen übertragen wurde beziehungsweise werden musste.

Neben dem Missverhältnis von wachsenden Studierendenzahlen und begrenzten Lehrkapazitäten war die Situation in den Fächern, die an der Lehrkräfteausbildung beteiligt waren, seit den 1970er- und 1980er-Jahren überlagert von den schwankenden Konjunkturen auf dem Lehrkräftearbeitsmarkt und damit den Beschäftigungschancen der Absolventinnen und Absolventen in den Lehramtsstudiengängen. Die jahrelang aussichtsreichen Einstellungschancen für Studierende der Lehramtsstudiengänge bis Ende der 1970er-Jahre und dann nachfolgend die Erfahrung von Lehrerarbeitslosigkeit beeinflussten – jeweils zeitverzögert – die Neigung zur Aufnahme und die Motivation zum Abschluss eines Lehramtsstudiums.[4] Es gehört zu den Paradoxien der deutschen Sozialgeschichte, dass das LABG von 1976 eine reformierte Lehrerausbildung initiierte, die den erziehungswissenschaftlichen Anteil des Studiums der Lehramtskandidaten erhöhte, in der Umsetzung aber eine Generation von Studierenden betraf, die in den 1980er-Jahren kaum Chancen auf eine Anstellung im Schuldienst haben sollte.

Diese allgemeinen Rahmenbedingungen prägten die Ausbildungssituation der erziehungswissenschaftlichen Institute an den verschiedenen Universitätsstandorten im Bundesland Nordrhein-Westfalen unterschiedlich, abhängig davon welche Hochschulen am Ort traditionell vorhanden waren und welche neuen Hochschulangebote entwickelt wurden. Deshalb mussten an jedem Hochschulstandort in Nordrhein-Westfalen jeweils spezifische Lösungen zu schwierigen Strukturfragen konflikthaft ausgehandelt werden: ob Diplomstudiengänge eingerichtet werden sollten oder nicht; wie die Belastungen der Umsetzung des LABG auf die verschiedenen Institute verteilt werden sollten; ob und wie die Integration der Pädagogischen Hochschulen in die Universität erfolgen sollte. Am Hochschulstandort Münster wurden sämtliche Dimensionen der Expansion, Differenzierung und Integration der Erziehungswissenschaft kumulativ relevant: die Universität war traditionell über Westfalen hinaus ein Ausbildungsstandort für alle Gymnasialfächer und Realschulen; hier war auch früh auf das Angebot eines Diplomstudiums gesetzt worden; am Ort existierten zunächst zwei konfessionelle pädagogische Hochschulen, die dann zu einer zusammengeführt und schließlich in die Universität integriert wurden.[5]

Vor diesem Hintergrund und im historischen Rückblick zeigen sich die 1990er-Jahren am Institut für Erziehungswissenschaft der Universität Münster als eine historische Phase, in der sich langfristige Prozesse der Kontinuität und des Neubeginns überlappten, in der die bestehenden konflikthaltigen Konstellationen weiterbearbeitet werden mussten, in der aber ein Generationenwechsel und damit eine strukturelle Konsolidierung des Instituts gelangen.

---

4   Vgl. Zymek, Bernd/Heinemann, Ulrich: Konjunkturen des Lehrerarbeitsmarkts und der Beschäftigungschancen von Frauen vom 19. Jahrhundert bis heute, in: Die Deutsche Schule 112 (2020) 4, S. 364–380.

5   Vgl. hierzu den Beitrag von Ewald Terhart in diesem Band.

2. Demographische, soziale und politische Rahmenbedingungen seit den 1990er Jahren

Die Entwicklung der Studierendenzahlen in der 1990er-Jahren war geprägt von den zunächst noch stark besetzten, dann aber immer schwächeren Geburtenjahrgängen der 1970er-Jahre, überlagert allerdings von der weiter steigenden Bildungsbeteiligung. Die Zahl der Abiturientinnen und Abiturienten stieg in Nordrhein-Westfalen von 21.809 im Jahr 1970 auf 41.707 im Jahr 1980 und erreichte ihren vorläufigen Höhepunkt mit 50.663 im Jahr 1990. Der Frauenanteil stieg im gleichen Zeitraum von 43,2 Prozent auf 50,3 Prozent. Danach begann sich der Geburtenrückgang auch auf die Zahl der Abiturientinnen und Abiturienten und damit der potenziellen Studierenden auszuwirken.[6] In den 1980er-Jahren verzeichnete die Universität Münster jährlich um die 8.000 Erstimmatrikulationen (1989/90: 8.305), die Zahl sank Mitte der 1990er-Jahre leicht ab (1994/95: 7.512), erreichte Anfang des neuen Jahrtausends einen neuen kurzen Höhepunkt (2001/02: 8.387; 2003/04: 8.586) und geht seitdem kontinuierlich zurück (2009/10: 6.779).[7]

Für diese Jahrgangskohorten war ein Studium der Erziehungswissenschaft – als Diplomstudiengang oder als zweites und drittes Fach in einer Fächerkombination – an der Universität Münster offenbar eine attraktive Perspektive. Die Zahl der Studierenden, die das Fach Erziehungswissenschaft als erstes, zweites oder drittes Fach belegt hatten, stieg von 1.316 (+642, +665) im Wintersemester 1992/93 auf 2.227 (+768, +629) im Wintersemester 1999/2000 und blieb in den folgenden Jahren (mit zeitweiligen Schwankungen) auf diesem Niveau (2010/11: 2.112; +850, +252).[8] Die Zahl der Abschlüsse mit Diplom stieg stetig an.[9]

Auch die Neigung, ein Lehramtsstudium aufzunehmen, war in den 1990er-Jahren weiter hoch und die Perspektiven der Absolventinnen und Absolventen von Lehramtsstudiengängen wieder aussichtsreicher. Nachdem in den 1980er-Jahren nur ganz wenige eine Chance auf Anstellung im Schuldienst gehabt hatten, ergaben sich in den 1990er-Jahren neue günstigere Rahmenbedingungen für Neueinstellungen auf dem Lehrkräftearbeitsmarkt. Nach dem demographischen Tiefpunkt Mitte der 1980er Jahre stieg die Zahl der Schülerinnen und Schüler zeitweilig wieder an. An den Grundschulen des Bundeslandes Nordrhein-Westfalen waren im Jahr 1985 nur noch 633.133 Kinder unterrichtet worden, bis zur Jahrtausendwende stieg ihre Zahl wieder auf 825.517 an. Für den Lehrkräftearbeitsmarkt noch bedeutsamer war die Konstellation, dass in der zweiten Hälfte der 1990er-Jahre die stark besetzten Kohorten von Lehre-

---

6   Ministerium für Schule und Weiterbildung des Landes Nordrhein-Westfalen: Quantitative Entwicklung des Bildungswesens 1950 bis 1996, Statistische Übersicht Nr. 294, Düsseldorf 1997, Tab. 2.25 und 2.27.

7   Rektorin der Westfälischen Wilhelms-Universität Münster (Hg.): Jahrbuch der WWU 2009, Münster 2010, S. 72.

8   IT.Nordrhein-Westfalen – Statistisches Landesamt Nordrhein-Westfalen: Landesdatenbank, Tab. 21311-09i: Studierende nach Hochschularten, Hochschulen, Studienfächern, Belegungen und Geschlecht – Land – Wintersemester; Hochschule: Universität Münster, Studienbereich: Erziehungswissenschaft (Pädagogik), Düsseldorf 2024.

9   Vgl. ebd. u. Tab. 21321-06i: Hochschulabsolventen nach Hochschularten, Hochschulen, Fächergruppen, Studienbereichen, Abschlussprüfungen und Geschlecht – Land – Prüfungsjahr; Hochschule: Universität Münster, Studienbereich: Erziehungswissenschaft (Pädagogik), Düsseldorf 2024.

rinnen und Lehrern, die in den 1960er und 1970er Jahren eingestellt worden waren, nun sukzessiv in den Ruhestand eintraten und damit einen steigenden Ersatzbedarf entstehen ließen.[10]

Die Entwicklung der Zahlen der Studienanfängerinnen und -anfänger in Nordrhein-Westfalen, die den Abschluss eines Lehramtsstudiums anstrebten, scheint der neuen Konstellationen zu entsprechen. Die Zahlen stiegen von 1993 bis 1996 von 7.897 auf 8.904, ging dann allerdings bis 2000 wieder auf 5.544 zurück.[11]

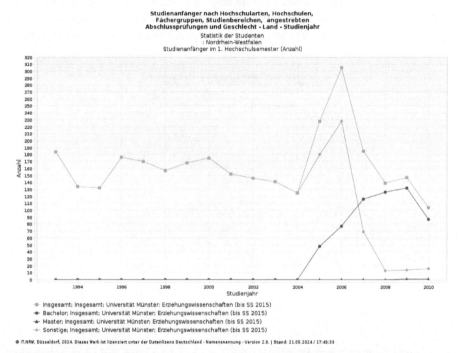

Abb. 1: Statistisches Landesamt Nordrhein-Westfalen: Landesdatenbank, Tabelle 21311-24i: Studienanfänger nach Hochschularten, Hochschulen, Fächergruppen, Studienbereichen, angestrebten Abschlussprüfungen und Geschlecht – Land – Studienjahr; Hochschule: Universität Münster, Studienbereich: Erziehungswissenschaft (Pädagogik), Düsseldorf 2024.

10 Vgl. Landesamt für Datenverarbeitung und Statistik Nordrhein-Westfalen: Allgemein bildende Schulen in Nordrhein-Westfalen 2000, Düsseldorf 2003, S. 277–287, https://www.statistischebibliothek.de/mir/servlets/MCRFileNodeServlet/NWHeft_derivate_00002787/B112200000_A.pdf (Zugriff: 21.4.2024).

11 Die Zahlen der Studienanfänger, die in Nordrhein-Westfalen ein Lehramtstudium anstrebten, war in den 1990er Jahren zunächst noch sehr hoch: 1993: 7.897, 1994: 8.307, 1995: 8.685, 1996: 8.904, 1997: 8.128) und sackte dann deutlich ab (1998: 6.352, 1999: 5.623, 2000: 5.544), vgl. IT.Nordrhein-Westfalen – Statistisches Landesamt Nordrhein-Westfalen: Landesdatenbank, Tab. 21311-21i: Studienanfänger nach Prüfungsgruppen, angestrebten Abschlussprüfungen und Geschlecht – Land – Studienjahr, Düsseldorf 2024.

Die globalen Zahlen für die Universität Münster im Wintersemester 2001/02 deuten beispielhaft an, wie groß in diesen Jahren der Anteil der Studierenden war, für den ein Lehr- und eventuell auch Prüfungsangebot sicherzustellen war: Von den 42.517 Studentinnen und Studenten, die zu diesem Zeitpunkt an der Universität Münster studierten, strebten fast ein Viertel (9.441) eine Abschlussprüfung in einem der Lehramtsstudiengänge an. Davon fielen 5.689 auf das Lehramt an Gymnasien, 1.493 auf das Lehramt an Realschulen, und 2.259 auf das Lehramt für die Primarstufe. An der Universität Münster blieb diese Zahl bis zur Umstellung der Studiengänge auf das Bachelor-Master-System etwa auf diesem Niveau.[12] Mit den verbesserten Einstellungschancen stieg in den 1990er-Jahren auch die Motivation der Lehramtsstudierenden an der Universität Münster wieder an, das Studium mit einem Examen abzuschließen.[13]

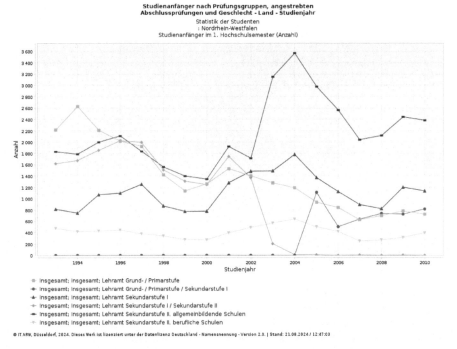

Abb. 2: Statistisches Landesamt Nordrhein-Westfalen: Landesdatenbank, Tabelle 21311-21i: Studienanfänger nach Prüfungsgruppen, angestrebten Abschlussprüfungen und Geschlecht – Land – Studienjahr; Prüfungsgruppe: nach Lehrämtern, Düsseldorf 2024.

12 Rektorin der Westfälischen Wilhelms-Universität Münster 2010, S. 46. – Die Universität Münster war 2008 nicht nur im Bundesland Nordrhein-Westfalen, sondern in ganz Deutschland mit großem Abstand die Universität mit den meisten Lehramtsprüfungen, vgl. ebd., S. 55.

13 Vgl. Statistisches Landesamt Nordrhein-Westfalen: Landesdatenbank, Tab. 21321-07i: Hochschulabsolventen nach Hochschularten, Hochschulen, Abschlussprüfungen, Fächergruppen und Geschlecht – Land – Prüfungsjahr; Hochschule: Universität Münster, Düsseldorf 2024; der Rückgang der Zahl der Absolventen ab 2007/08 erklärt sich aus der Einführung der neuen Bachelor/Master-Studiengänge.

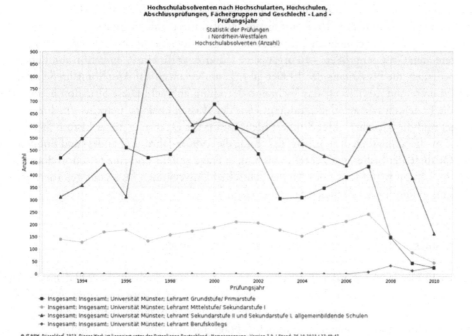

Abb. 3: Statistisches Landesamt Nordrhein-Westfalen: Landesdatenbank, Tabelle 21321-07i: Hochschulabsolventen nach Hochschularten, Hochschulen, Abschlussprüfungen, Fächergruppen und Geschlecht – Land – Prüfungsjahr; Hochschule: Universität Münster, Düsseldorf 2024.

Die Entwicklung der Studierendenzahlen, der Aspirationen und der Abschlüsse in den Lehramtsstudiengängen während der beiden Jahrzehnte vor und nach der Jahrtausendwende stecken den empirischen Rahmen des größten Aufgabenfeldes der Erziehungswissenschaft in Münster ab,[14] der aber allein nur schwer eine Einschätzung ihrer Arbeit und ihres Erfolgs ermöglicht. Erhellend war das wegweisende Gutachten des Wissenschaftsrats vom November 2001 („Empfehlungen zur künftigen Struktur der Lehrerbildung"), das auf der Grundlage einer kritischen Diagnose der Situation des Lehramtsstudiums argumentierte und eine Einschätzung bestätigte, die aber selten offen diskutiert und empirisch kontrolliert wurde. Ein Gutachten der Universität Essen für den Wissenschaftsrat konfrontierte mit dem empirischen Befund, dass „die Studienabschlussquote […] in den Lehramtsstudiengängen vergleichsweise gering" sei und sich für die Studienanfängerkohorten von 1980 bis 1989 nur eine „Quote von um die 50 %" ergebe, die „das Studium mit der Lehramtsprüfung abgeschlossen" haben.[15] Es spricht wenig dafür, dass die Situation an der Universität Münster ganz anders gelagert gewesen

---

14   Der Rückgang der Abschlüsse ab ca. 2007, wie ihn die Kurve der Tabelle zeigt, geht darauf zurück, dass zu dieser Zeit die Umstellung auf Bachelor- und Maserabschlüsse einsetzte.

15   Vgl. Wissenschaftsrat: Empfehlungen zur künftigen Struktur der Lehrerbildung (Berlin 16.11.2001), S. 18, https://www.wissenschaftsrat.de/download/archiv/5065-01.html (Zugriff: 21.4.2024).

sein sollte.[16] Auch das Institut für Erziehungswissenschaft der Universität Münster war noch in den 1990er-Jahren mit der Konstellation konfrontiert, mit begrenzten Lehrkapazitäten ein Angebot von ausreichenden Lehrveranstaltungen – oft mit hochschuldidaktisch nicht zu vertretenden Gruppengrößen – zu organisieren, und zwar für eine Generation von Lehramts-studierenden, die bis Anfang der 1990er-Jahre kaum Chancen auf Anstellung im Schuldienst gehabt hatte und deshalb oft das (Lehramts-)Studium abbrach. Diese Situation betraf nicht nur die Erziehungswissenschaft, sondern – wie der Wissenschaftsrat betonte – mehrere große Fächer und die Mehrheit ihrer Studierenden. Es war die Erfahrung dieser historischen Kons-tellation, die schließlich dazu führte, dass Ende der 1990er-Jahre auf Landes- und Bundeseben die ‚Qualität‘ der bisherigen Lehrerausbildung in Frage gestellt und eine Strukturreform nicht nur des Lehramtsstudiums, sondern der deutschen Universitäten insgesamt gefordert wurde: die Umstellung auf das Bachelor-Master-System.

3. Ausdifferenzierung der Erziehungswissenschaft und Generationenwechsel

In den 1990er-Jahren war der Fachbereich 9 Erziehungswissenschaft, ab 1999 dann die Fach-richtung Erziehungswissenschaft im neuen Fachbereich 6 Erziehungswissenschaft und Sozial-wissenschaften von drei institutionellen Einheiten mit jeweils unterschiedlichen institutionel-len, fachlichen und mentalen Traditionen geprägt, die sich zunächst auch noch weitgehend selbst verwalteten. Im Institut für Allgemeine Erziehungswissenschaft (Institut I) hatten sich die verbliebenen Professorinnen und Professoren sowie die Vertreterinnen und Vertreter des akademischen Mittelbaus verortet, die aus dem alten Institut für Erziehungswissenschaft der Universität übrig geblieben waren und grundlegende (bildungstheoretische, historische, psy-chologische und international-vergleichende) Lehrangebote zu allen Studienordnungen des Fachbereichs bzw. der Fachrichtung Erziehungswissenschaft beitrugen. Im Institut für Schul-pädagogik und Allgemeine Didaktik (Institut II) waren ausschließlich Hochschullehrerin-nen und Hochschullehrer sowie der akademischen Mittelbau der ehemaligen Pädagogischen Hochschulen organisiert, die sich in dieser Tradition der Lehrer:innenbildung und der Re-formpädagogik verstanden. Das Institut für Sozialpädagogik, Weiterbildung und empirische Erziehungswissenschaft (Institut III) und die Mitglieder seiner drei Abteilungen (Sozialpäda-gogik, Erwachsenenbildung, Empirische Erziehungswissenschaft) sahen sich in erster Linie für die Studierenden des Diplomstudiums verantwortlich.[17]

---

16   Eine neuere Zusammenfassung der Forschungslage zu diesem Thema bieten Güldener, Torben/Schü-mann Nils/Driesner, Ivonne/Arndt, Mona: Schwund im Lehramtsstudium, in: Die Deutsche Schule 112 (2020) 4, S. 381–398.

17   Dass sich die Vertreter der drei Institute einem unterschiedlichen Wissenschafts- und Professionsver-ständnis verpflichtet fühlten, wurde etwa im Zusammenhang der Anfang des Jahrtausends aufkom-menden Diskussionen über die Ausweitung des Angebots an Ganztagsschulen offenbar. Während die zu Fragen der Schulpädagogik und Schulentwicklung arbeitenden Fachvertreterinnen und -vertreter ein eher institutionelles Verständnis ihres Forschungsgegenstands und des Tätigkeitsfeldes ihrer Stu-dierenden hatten und sich deshalb einen Beitrag der Sozialpädagogik zur Ausbildung von Sozialarbei-tern an Schulen vorstellen konnten, wehrten die Sozialpädagoginnen und -pädagogen dieses Ansinnen ab – mit Hinweis auf ihr anders geartetes Tätigkeitsfeld und Professionsverständnis als pädagogische

Auch in den 1990er-Jahren setzte sich zunächst der Abbau der Professuren des Fachbereichs weiter fort, sei es durch Pensionierungen, insbesondere am Institut II, sei es durch Wegberufungen, wie im Falle von Dietrich Benner im Jahr 1991 zur Humboldt-Universität zu Berlin. Neue Stellen wurden von der Universität nur sehr zögerlich bewilligt, konnten in wenigen Ausnahmefällen vom Fachbereich nur mit Hinweis auf neue inhaltlich-fachliche Anforderungen im Bereich der pädagogischen Professionen durchgesetzt werden. Damit begann eine neue historische Stufe der Ausdifferenzierung der Erziehungswissenschaft in Münster. Im Jahr 1984 war im Institut I die Professur von Marianne Krüger-Potratz in eine Professur mit der Denomination Ausländerpädagogik/Interkulturelle Studien umgewandelt und damit der Vorgabe des Landesministeriums entsprochen worden, künftig in der Lehrkräfteausbildung diesen Themenkomplex verpflichtend zu behandeln. Die Berufung von Jens Naumann vom Max-Plack-Institut für Bildungsforschung in Berlin auf die neu eingerichtete Professur für Bildungsplanung, -ökonomie, -recht, -politik im Jahr 1993 (bis 2008) war dann die erste Neuberufung eines Professors am Fachbereich seit der von Hansjörg Scheerer (Professur für Empirische und Statistische Methodenlehre) im Jahr 1978 (bis 2009). Dem Institut II gelang die Bewilligung einer Professur mit dem Schwerpunkt Reformpädagogik unter besonderer Berücksichtigung der Montessori Pädagogik, auf die, ebenfalls 1993, Harald Ludwig berufen wurde und sicherte damit ein besonderes thematisches und schulpolitisches Anliegen des Instituts für die nächsten Jahre ab. Die Professur für Allgemeine Didaktik und Didaktik der Pädagogik im Institut I, auf die 1999 Armin Bernhard berufen wurde, konnte unter anderem mit dem Argument begründet werden, die fachliche Betreuung der Studierenden des Unterrichtsfachs Pädagogik an Gymnasien sicherzustellen. Im Institut III wurde 1997 eine Professur für das in jenen Jahren akute Thema Neue Technologien im Bildungs- und Sozialwesen/Medienpädagogik – eingerichtet, auf die 1997 Friedrich Schönweiss berufen wurde.

Von Bedeutung nicht nur für den Hochstandort Münster war es, dass es dem Fachbereich seit Ende der 1990er-Jahre gelang, alle Professuren wieder zu besetzen, die zur Tradition und zum Kernbestand des Instituts und der deutschen Erziehungswissenschaft als fachlich ausdifferenzierte Wissenschaftsdisziplin gehörten. Damit begann in allen drei Instituten ein Generationenwechsel, der bei aller Kontinuität immer auch mit einer inhaltlichen Neuakzentuierung der Professuren verbunden war. Gehalten und fortgesetzt wurde die Bildungsgeschichte durch die Wiederbesetzung der von 1970 bis 1996 von Hans Bokelmann besetzten Professur als Allgemeine und Historische Erziehungswissenschaft im Jahr 1997 mit Bernd Zymek (bis 2009); die Professur für Allgemeine und Systematische Erziehungswissenschaft, von 1973 bis 1991 besetzt von Dietrich Benner, wurde nach mehreren Ausschreibungen und gescheiterten Berufungsverfahren erst 2002 mit Roland Reichenbach wieder besetzt, der 2008 an die Universität Basel wechselte. In der Vergleichenden Erziehungswissenschaft folgte auf Detlef Glowka, der 1976 an die Pädagogische Hochschule (PH) Westfalen-Lippe Abteilung Münster berufen worden war, Jürgen Helmchen im Jahr 2001, die Professuren für Erwachsenenbildung/Außer-

Einzelfallbetreuung – und verteilten die „Gemeinsame Erklärung des Bundesjugendkuratoriums, der Sachverständigenkommission des 11. Kinder- und Jugendberichts und der Arbeitsgemeinschaft für Jugendhilfe „Bildung ist mehr als Schule, Leipziger Thesen zur aktuellen bildungspolitischen Debatte" (Bonn/Berlin/Leipzig, 10. Juli 2002), vgl. https://bundesjugendkuratorium.de/data/pdf/press/bjk_2002_bildung_ist_mehr_als_schule_2002.pdf (Zugriff: 22.5.2024).

schulische Jugendbildung wurden zum einen, in der Nachfolge von Johannes Weinberg (seit 1971 an der PH Westfalen-Lippe Abteilung Münster), im Jahr 2000 mit Rainer Brödel, zum anderen im Jahr 2002 mit Ursula Sauer-Schiffer, in der Nachfolge von Gerhard Breloer (seit 1975), wiederbesetzt. Auf die Professur für Sozialpädagogik folgte im Jahr 2001 Karin Böllert als Nachfolgerin von Jürgen Hohmeier (seit 1979).

Nach der Jahrhundertwende wurde der Generationenwechsel dann auch im Institut II vollzogen, verbunden mit einer strukturellen, inhaltlichen und methodischen Neuorientierung der Themen- und Ausbildungsschwerpunkte. Er begann 1999 mit der Berufung von Stefanie Hellekamps auf eine Professur für Unterrichts-, Bildungs- und Curriculumtheorie.[18] Wenig später im Jahr 2002 folgte die Berufung von Ewald Terhart als Nachfolger von Wilhelm Wittenbruch, der 1976 an die PH Westfalen-Lippe Abteilung Münster berufen worden war, auf die Professur für Schulpädagogik und Allgemeine Didaktik und schließlich die Berufung von Petra Hanke auf die Professur für die Pädagogik der Primarstufe (bis 2010).[19] Ergänzt wurde dieser Generationenwechsel auch hier durch die Einrichtung neuer Professuren, deren Profile die Themen Schule, Schulentwicklung und Unterricht vor allem als empirische Forschungsgegenstände auffassten. Darin zeigte sich ein gewandeltes Verständnis von Schulpädagogik am Institut II.[20] Der Neuorientierung entsprachen die Professur für Pädagogik der Sekundarstufe/ Schulentwicklung, die kurz von Sabine Reh (2003/04) und Kurt Schwippert (2006/07) besetzt wurde. Auf sie folgten 2008 Sabine Gruehn auf eine Professur für Schultheorie und Unterrichtsforschung und Martin Bonsen im Jahr 2009 auf eine Professur für Empirische Schulforschung/Schul- und Unterrichtsentwicklung.[21]

Universitätsweite, überregionale und sogar internationale Aufmerksamkeit erlangten Mitte der 2000er-Jahre Initiativen von Vertreter:innen der Institute II und III für wissenschaftliche Studien und Kooperationen auf dem Gebiet der Begabungsforschung. Sie mündeten in die Gründung des Internationalen Centrums für Begabungsforschung (ICBF) und führten schließlich am Institut II für Christian Fischer zu einer Professur für Begabungsforschung/ Individuelle Förderung. Es gab in diesen Jahren aber auch zwei folgenreiche Weichenstellungen, mit denen Traditionen des Instituts abgerissen und wiederaufgenommen wurden. Ende der 1990er-Jahre beschloss das Institut III, dass die Vorschulerziehung, die in Münster bisher von Wolfgang Tietze, Paul Oswald[22] und zuletzt von Line Kossolapow (bis 2000) mit überregionaler Wirkung als Gegenstand in Forschung und Lehre bearbeitet worden war, nicht weiter durch eine spezielle Professur vertreten sein sollte. Stattdessen wurde im Institut III eine Pro-

18   Umwidmung einer Professur für Allgemeine Didaktik und Schulpädagogik, Nachfolge Rudolf Biermann (seit 1979 Professor an der PH Westfalen-Lippe Abteilung Münster, dann Universität Münster).

19   Umwidmung einer Professur in der Abteilung Lehrplan- und Unterrichtstheorie /Schulreform, Nachfolge Doris Bosch.

20   Zeitweilig war von Professor:innen der ehemaligen Pädagogischen Hochschule noch die Einrichtung einer Professur für Realschulpädagogik ins Gespräch gebracht worden war.

21   Auch eine Professur für Bildungsforschung (Didaktik, Curriculumtheorie, Unterrichtsforschung), die 1979 mit Hagen Kordes besetzt wurde (bis 2007), ging inhaltlich teilweise in das Profil beider Professuren auf.

22   Paul Oswald lehrte 1972 bis zu seiner Emeritierung 1979 an der PH Münster, danach als Emeritus an der Universität Münster, insb. für Montessori-Pädagogik.

fessur für das damals neue und aktuelle Thema Bildungs- und Sozialmanagement, Evaluation eingerichtet, auf die 2003 Wolfgang Böttcher berufen wurde. Dagegen wurde das Thema der Berufsbildung fast gegen den Willen des Instituts in Münster reaktiviert. Nicht zuletzt wegen Herwig Blankertz und seinem Kreis an Schülerinnen und Schülern,[23] ihren Veröffentlichungen und ihrem Engagement für das Reformprojekt der Kollegstufe in Nordrhein-Westfalen galt das Institut in Münster in den 1970/80er-Jahren als einer der wichtigsten Standorte der akademischen Berufspädagogik in Deutschland. Da Blankertz in seiner damals aufsehenerregenden Schrift zur Begründung der Kollegschule ein schultheoretisches und organisatorisches Konzept zur Überwindung des Gegensatzes von Allgemeinbildung und Berufsbildung vorgelegt hatte, vertraten er und sein Schülerkreis in Münster die Position, dass sich damit die Einrichtung einer speziellen Professur für Berufsbildung überholt habe.[24] Anfang 2002 wurde das Institut davon überrascht, dass das Landesministerium und das Rektorat der Universität – ohne das Institut zu informieren und miteinzubeziehen – eine Vereinbarung über einen Modellversuch getroffen hatten, der eine ganz neuartige Kooperation der Universität und der Fachhochschule zur Ausbildung von Lehrkräften für das Berufskolleg vorsah.[25] Eine der Folgen für das Institut war die Einrichtung einer Professur für Berufspädagogik und die Berufung von Sylvia Rahn im Jahr 2007.

Aber der Blick allein auf die Entwicklung der Besetzung der Professuren vermittelt kein angemessenes Bild von Kontinuität und Wandel des Instituts in diesen beiden Jahrzehnten. In den 1990er-Jahren und noch bis zum Ende des ersten Jahrzehnts des 21. Jahrhunderts wurde nicht nur die akademische Lehre aller drei Institute weiterhin zu einem erheblichen Teil von den in den 1970er- und 1980er-Jahren mit unbefristeten Stellen eingestellten Vertreterinnen und Vertretern des akademischen Mittelbaus bewältigt. Neben den zur Personalausstattung der Professuren gehörenden wissenschaftlichen Mitarbeiterinnen und Mitarbeiter mit befristeten Stellen waren im Wintersemester 2001/02 in den drei Instituten noch zehn Akademische Oberräte und fünf wissenschaftliche Angestellte mit unbefristeten Verträgen tätig. Obwohl sie damals ausschließlich für die Lehre eingestellt worden waren und eine wissenschaftliche Weiterqualifizierung nicht vorgesehen war, haben fast alle auch wissenschaftliche Beiträge veröffentlicht. Einige von ihnen haben sich habilitiert (Hans Martin Jürgens, Friedhelm Brüggen, Wolfgang Sander, Helmut Mair, Ursula Reitemeyer-Witt) und wurden auch zu außerplanmäßigen Professorinnen beziehungsweise Professoren ernannt. Die meisten haben sich in der akademischen Selbstverwaltung engagiert und Verwaltungsaufgaben übernommen, einige waren zeitweilig als Geschäftsführende Direktoren der Institute oder wie Hans-Joachim von Olberg als Studiendekan und Friedhelm Brüggen als Finanzdekan des Fachbereichs engagiert. Ob-

---

23   Vgl. Tenorth, Heinz-Elmar: Karrierekatalysator und Theoriediffusion. Notizen zur Blankertz-Schule in der Erziehungswissenschaft, in: Adick, Christel/Kraul, Margret/Wigger, Lothar (Hg.): Was ist Erziehungswissenschaft? Donauwörth 2000, S. 97–125.

24   Vgl. z.B. Blankertz, Herwig: Kollegstufenversuch in Nordrhein-Westfalen – das Ende der gymnasialen Oberstufe und der Berufsschulen, in: Die deutsche Berufs- und Fachschule 68 (1972), S. 2–18.

25   Vgl. von Olberg, Hans-Joachim: Zehn Jahre kooperative Lehrerausbildung für das Berufskolleg in Münster: Prozesse der Studienreform aus Sicht der Universität, in: Hardt, Thilo/Krettschau, Irmgart/Stuber, Franz (Hg.): Beruflich. Kooperativ. Modellhaft. 10 Jahre Institut für Berufliche Lehrerbildung, Münster 2012, S. 43–54.

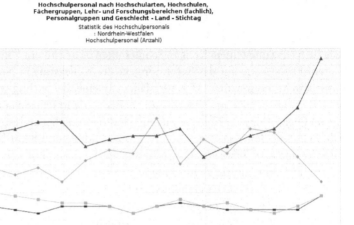

**Hochschulpersonal nach Hochschularten, Hochschulen,
Fächergruppen, Lehr- und Forschungsbereichen (fachlich),
Personalgruppen und Geschlecht - Land - Stichtag**
Statistik des Hochschulpersonals
: Nordrhein-Westfalen
Hochschulpersonal (Anzahl)

Abb. 4: Statistisches Landesamt Nordrhein-Westfalen: Landesdatenbank, Tab. 21341-05i: Hochschulpersonal nach Hochschularten, Hochschulen, Fächergruppen, Lehr- und For-schungsbereichen (fachlich), Personalgruppen und Geschlecht – Land – Stichtag; Hochschule: Universität Münster, Forschungsbereich: Erziehungswissenschaften, Düsseldorf 2024.

wohl dieses Modell des akademischen Mittelbaus mit unbefristeten Stellen schon Ende der 1980er-Jahre von der Landespolitik als beendet erklärt worden war, hat ein Teil dieser Mitglieder des Instituts bis weit in die 2000er-Jahre in vollem Umfang die Aufgaben von Professorinnen und Professoren übernommen.

4. Bologna-Prozess und Strukturwandel der Universitäten

Bis 1999 bildeten die drei Institute einen eigenen „Fachbereich Erziehungswissenschaft" (FB 9) an der Universität Münster. Seit dem 1. April 1999, also zum Sommersemester 1999, wurden sie zusammen mit den Instituten für Soziologie (IfS), Politikwissenschaft (IfPol) und Kommunikationswissenschaft (IfK) in einen neuen „Fachbereich Erziehungswissenschaft und Sozialwissenschaften" (FB 6) integriert und bildeten dort die Lehreinheit Erziehungswissenschaft. Dieser Schritt der administrativen Konzentration war nur die erste Etappe in einem Reformprozess, der im frühen 21. Jahrhundert nicht allein den institutionellen Rahmen und die Verortung der Erziehungswissenschaft betraf, sondern die Arbeit, die Stellung und das Selbstverständnis aller Mitglieder tiefgreifend und nachhaltig verändern sollte. Dabei wirkten zwei, zunächst voneinander unabhängige Reformintentionen zusammen.

Die Veränderungsdynamik wurde – erstens – durch eine breite Diskussion zur Reform der Lehrer:innenbildung befeuert, die in mehreren Bundesländern seit Ende der 1990er-Jahre geführt wurde. Während andere Gremien und Gutachten die Lehrer:innenbildung im Rahmen der bestehenden Strukturen reformieren wollten,[26] nahm der Wissenschaftsrat 2001 in seinen „Empfehlungen zur künftigen Struktur der Lehrerbildung" die Reformbedürftigkeit der Lehrer:innenbildung – und damit ein Strukturproblem vieler großer Fächer der Universitäten – zum Anlass für eine Initiative zu einer grundlegenden Reform der deutschen Universitäten. Hauptmotiv und Ziel dieses Reformvorschlags war es, in Deutschland künftig in Phasen blockierter Berufsperspektiven von Hochschulabsolventinnen und -absolventen den massenhaften Studienabbruch eines grundständigen und langen Lehramtsstudiums zu vermeiden und den Studierenden stattdessen einen ersten polyvalenten Studienabschluss anzubieten, auf den – je nach individueller Motiv- und beruflicher Konjunkturlage – ein berufsorientiertes und -vorbereitendes Masterstudium aufbauen könnte.

Dieses Motiv der Lehrer:innenbildungs- und Universitätsreform geriet in den folgenden Jahren in den Hintergrund, stattdessen wurde – zweitens – mit der Bologna-Erklärung der europäischen Bildungsminister von 1999 die Bachelor-Master-Struktur der Hochschulstudien zum Kern eines großen europapolitischen Projekts, der „Schaffung eines gemeinsamen europäischen Hochschulraums".[27] Seine Umsetzung wurde dann tatsächlich auch in Deutschland während der folgenden Jahre auf allen Ebenen entschieden vorangetrieben,[28] war aber in jedem Bundesland und an jeder Universität ein mit unterschiedlichen Strategien und Ergebnissen verbundener Prozess.[29] Allen Beteiligten war klar, dass eine Sequenzialisierung der Studienstruktur im Sinne des Bachelor-Master-Modells für die traditionellen deutschen Lehramtsstudiengänge ein besonderes Problem darstellen würde.[30] In Nordrhein-Westfalen setzte 2001 das Gutachten des Expertenrats „zur Situation und Optimierung der Hochschullandschaft in Nordrhein-Westfalen"[31] von 2001 mit seinen (ungebetenen) Vorschlägen zur Lehrerbildung die Landesregierung unter Druck und veranlasste schließlich das zuständige Landesministe-

---

26 Vgl. Terhart, Ewald (Hg.): Perspektiven der Lehrerbildung in Deutschland. Abschlussbericht der von der Kultusministerkonferenz eingesetzten Kommission, Weinheim 2000.

27 Vgl. Schriewer, Jürgen: Bologna – ein neu-europäischer Mythos?, in: Zeitschrift für Pädagogik 53 (2007), S. 182–199.

28 Vgl. z.B. die „Ländergemeinsamen Strukturvorgaben (…) für die Akkreditierung von Bachelor- und Masterstudiengängen", die die Kultusministerkonferenz (KMK) 2003 veröffentlichte. https://www.kmk.org/fileadmin/veroeffentlichungen_beschluesse/2003/2003_10_10-Laendergemeinsame-Strukturvorgaben.pdf (Zugriff: 21.4.2024).

29 Vgl. Schmees, Johannes Karl: Lehrer*innenbildung und Bologna-Prozess. Politische Strategien zur Einführung der Bachelor und Masterabschlüsse im Bundesländervergleich, Bad Heilbrunn 2020.

30 Vgl. dazu Terhart, Ewald: Erstes Staatsexamen oder Master of Education – welcher Abschluss für angehende Lehrer, in: Recht der Jugend und des Bildungswesens 1 (2008), S. 94–104.

31 Expertenrat Nordrhein-Westfalen, Gutachten zur Situation und Optimierung der Hochschullandschaft in Nordrhein-Westfalen, Münster 2001. Dazu: Baumgart, Franzjörg/Terhart, Ewald: Gestufte Lehrerbildung in Nordrhein-Westfalen? Die Empfehlungen des Expertenrats Nordrhein-Westfalen zur Lehrerbildung: Grundsätzliche Gegenargumente, pragmatische Bedenken und mögliche Chancen, in: Die Deutsche Schule 93 (2001) 3, S. 332–342.

rium, einen Modellversuch zu „gestuften Studiengänge in der Lehrerausbildung" mit entsprechenden politischen Rahmenvorgaben zu starten. Er begann im Wintersemester 2002/03, zunächst waren nur drei Universitäten beteiligt.[32]

Die Universität Münster gehörte zu den Universitäten in Nordrhein-Westfalen, die früh auf breiter Front in den Bologna-Prozess einstieg. Der aus der Schweiz stammende Wirtschaftshistoriker Ulrich Pfister, der von 2002 bis 2006 Prorektor für Lehre, Studienorganisation, Studienreform und internationale Beziehungen an der Universität Münster war, und der damalige Dekan des neuen Fachbereichs 6, Hansjörg Scheerer, der seinen PhD in den USA erworben hatte, befürworteten beide die Reform und betrieben entschlossen ihre Umsetzung. Schon im Januar 2004 verabschiedete der Senat der Universität eine Rahmenordnung für ein Bachelorstudium, das für ein breites Spektrum von Fächern verpflichtend werden sollte.[33] Am Fachbereich 6 wurden schon während des Jahres 2003 in allen Lehreinheiten intensive Vorbereitungen getroffen, die Studienstrukturen auf curriculare Module und ein Leistungspunktesystem umzustellen. Für den Diplomstudiengang Erziehungswissenschaft wurde in diesem Sinne eine neue Studien- und Prüfungsordnung verabschiedet. Das gesamte Lehrangebot der Lehreinheit Erziehungswissenschaft wurde bereits für das Wintersemester 2003/04 in modularer Struktur gestaltet. Am Institut für Erziehungswissenschaft waren es Hans-Joachim von Olberg als Studiendekan des Fachbereichs und Ewald Terhart – nicht zuletzt durch seine Erfahrungen zum Bachelor-Master-System an der Universität Bochum und durch seinen Vorsitz in der Kommission der Kultusministerkonferenz (KMK) zu den „Perspektiven der Lehrerbildung in Deutschland" ein ausgewiesener Experte für Fragen der Lehrer:innenbildung –, die die Fachkenntnisse und das Engagement einbrachten, um für den Universitätsstandort Münster mit allen Lehramtsstudiengängen Lösungen im Rahmen der neuen Strukturen zu erarbeiten. Der Fachbereich und die Universität beantragten früh eine Aufnahme in den Modellversuch „Gestufte Studiengänge in der Lehrerausbildung", dem mit Erlass des Landesministeriums für Wissenschaft und Forschung vom 7. Oktober 2004 entsprochen wurde. Damit verbunden war die Vorgabe, alle auf Lehrerbildung bezogenen Studiengänge der Universität bis zum Beginn des Wintersemesters 2005/06 auf konsekutive Strukturen umzustellen.

Durch die strukturellen Vorgaben des Ministeriums von 2003 für die Modellphase und dann insbesondere durch die Empfehlungen der sogenannten „Baumert-Kommission", die 2006 zur Auswertung der Reformprozesse gebildet und zu Vorschlägen aufgefordert worden war,[34] schälten sich die Umrisse der neuen Strukturen der Lehrerausbildung in Nordrhein-West-

32   Verordnung zur Durchführung des Modellversuchs „Gestufte Studiengänge in der Lehrerausbildung" (VO – B/M) vom 27. März 2003 (Fn. 1). – Zu den drei Universitäten der ersten Phase gehörte die Ruhr-Universität Bochum, die ein gutes Beispiel für die an mehreren Universitäten vorlaufenden Reformversuche und -modelle darstellt. Vgl. dazu: Baumgart, Franzjörg: Bologna und die RUB, in: Höck, Reiner/Ruhr Universität Bochum (Hg.): Blaues Wunder. 50 Jahre Ruhr-Universität Bochum, Bochum 2015, S. 247–251.

33   Rahmenordnung für die Bachelorprüfungen an der Westfälischen Wilhelms-Universität innerhalb des Zwei-Fach-Modells vom 22. Januar 2004, https://www.uni-muenster.de/imperia/md/content/archaeologie/formulare/b2f_rahmenpruefungsordnung_2004.pdf (Zugriff: 21.4.2024).

34   Ministerium für Innovation, Wissenschaft, Forschung und Technologie: Ausbildung von Lehrerinnen und Lehrern in Nordrhein-Westfalen. Empfehlungen der Expertenkommission zur Ersten Phase,

falen heraus, die schließlich in das neue Lehrerausbildungsgesetz von 2009 eingingen.[35] Es war
– erstens – gelungen, für die Ausbildungsgänge zu den verschiedenen Lehrämtern, ihre jeweiligen Fachstudien, für ihr „Bildungswissenschaftliches Studium", für die erheblich ausgeweiteten
Praxiselemente (Orientierungspraktikum, Berufsfeldpraktikum, Praxissemester, einschließlich
begleitender Lehrveranstaltungen) und für die nun von den Universitäten durchzuführenden
Prüfungsverfahren bis zum Masterabschluss einen gemeinsamen und kohärenten Rahmen zu
schaffen, der formal dem gestuften Strukturmodell entsprach. Im Zuge des Reformprozesses
war – zweitens – die Lehrerbildung institutionell und mental von einer Aufgabe vorrangig der
erziehungswissenschaftlichen Institute zu einer Aufgabe der gesamten Universität geworden,
was in der Einrichtung (und staatlichen Mitfinanzierung) neuer Institutionen zur Koordination und Durchführung der Lehramtsstudien an der Universität seinen sichtbaren Ausdruck
fand (Zentrum für Lehrerbildung, institutionelle Betreuung der Praktika, Prüfungsämter, Geschäftsstelle Bildungswissenschaften). Das zeigte sich an der Universität Münster auch bei der
Ausgestaltung der nun „Bildungswissenschaftliche Studien" genannten Studienanteile. Anders
als an anderen Hochschulstandorten wollte an der Universität Münster – neben der Erziehungswissenschaft, der Sozialwissenschaften und der Philosophie – auch die Psychologie an
der Lehrer:innenausbildung maßgeblich beteiligt sein. Aber diese innovativen Dimensionen
der Bologna-Reform bei den Lehramtsstudien konnten – drittens – nicht darüber hinwegtäuschen, dass in Nordrhein-Westfalen – spätestens seit den Empfehlungen der Baumert-Kommission – von einer Sequenzialisierung der Studienstruktur (entsprechend dem angelsächsischen
Vorbild und der ersten Absichtserklärungen) hinsichtlich der Lehramtsstudiengänge nicht
mehr die Rede sein konnte. Die Bachelorstudien waren nicht wirklich polyvalent, sondern von
Anfang an auf das Abschluss- und Berufsziel von Lehrerinnen und Lehrer ausgerichtet.[36] So
war es schließlich das historische Ergebnis der Reform, das die Tradition der grundständigen
Lehramtsstudien in Deutschland bewahrt blieb, dass neben dem Studium der Medizin und der
Rechtswissenschaften auch das Lehramtsstudium in Deutschland weiterhin als ein Reservat
der Universitäten und ihr Alleinstellungsmerkmal in Konkurrenz gegenüber den Fachhochschulen verteidigt wurde – ein nicht unbedeutender Faktor für die Universität Münster, deren
Studierende der Lehramtsstudiengänge ein Viertel ihre gesamten Studentenschaft stellen.

2007, https://www.aqas.de/downloads/Lehrerbildung/Bericht_Baumert-Kommission.pdf (Zugriff: 21.4.2024).

35 Gesetz über die Ausbildung für Lehrämter an öffentlichen Schulen (Lehrerausbildungsgesetz – LABG) vom 12. Mai 2009, https://recht.Nordrhein-Westfalen.de/lmi/owa/br_bes_text?anw_nr=2&bes_id=12764 (Zugriff: 21.4.2024).

36 So sah es auch das Verwaltungsgericht Osnabrück in seiner grundsätzlichen Entscheidung über die Zulässigkeit einer Zulassungsbeschränkung beim Zugang zu dem Master-Studium in den Lehramtsstudiengängen, vgl. VG Osnabrück, Urteil vom 10.12.2013 – Az.: 1 A 77/33 – und die Entscheidung des OVG Niedersachsen vom 3.7.2013 – Az.: 2 ME 228/13. Vgl. hierzu Zymek, Bernd: Die Zukunft des Lehrerberufs in Deutschland – was wir dazu aus der Geschichte wissen können, in: Die Deutsche Schule 109 (2017) 1, S. 70–90, S. 83–84.

5. Neue Steuerung und Rationalisierung

Diese Strukturreform war nur der namensgebende Rahmen der Gesamtreform. Mit ihr verbunden waren neue Regelungen und Verfahren, die einen umfassenden Struktur- und Kulturwandel der Selbstverwaltung, der Lehre und des Studiums an den deutschen Universitäten – auch an der Universität Münster und in der Lehreinheit Erziehungswissenschaft, die 2006 in ein Institut für Erziehungswissenschaft vereint wurde – mit sich brachten. Dieser Wandel war nicht nur im internationalen Charakter des „Bologna-Prozesses" angelegt, also dem Ziel, eine nationale und internationale Vergleichbarkeit von Studieninhalten und Abschlüssen, die internationale Mobilität von Studierenden sowie die gegenseitige Anerkennung von Hochschulabschlüssen durch eine neue formale Strukturierung der Studieninhalte und ihrer Wertigkeiten (Modularisierung, Credit Points) zu befördern,[37] sondern zentrale Dimension einer umfassenden „Innovationsstrategie", die als „conventional wisdom"[38] die internationale, europäische und deutsche Politik dieser Jahre prägte. Ihr war auch das „Hochschulfreiheitsgesetz" verpflichtet, das Ende 2006 von der CDU/FDP-geführten Landesregierung verabschiedet worden war und zum 1. Januar 2007 in Kraft trat.[39] Es „befreite" die Universitäten von staatlichen Vorgaben und staatlicher Aufsicht und führte aus der Privatwirtschaft entlehnte Elemente der Leitung, Steuerung und Erfolgskontrolle aller Prozesse an den Hochschulen des Landes ein. Die Leitungsorgane der Universitäten, die bisher noch Reste ihrer korporativen Traditionen bewahrt hatten, wurden verkleinert beziehungsweise gestrafft, die Präsidenten beziehungsweise Rektoren, aber auch die Dekane erhielten neue, weitreichende Weisungskompetenzen im Hinblick auf Strukturentwicklungsplanung, Zielvorgaben und insbesondere die Evaluation. Die bisherigen staatlichen Vorgaben (zum Beispiel zum LABG), Genehmigungs- und Anerkennungsverfahren (zum Beispiel Studien- und Prüfungsordnungen) wurden durch ein neues engmaschiges Netz von formalen Strukturen und Verfahren der Akkreditierung und Evaluation ersetzt.

Mit Inkrafttreten des Hochschulgesetzes zum Jahresbeginn 2007 erhielten das Institut und der Fachbereich 6 eine gestraffte Leitung im Sinne des Gesetzes. Waren noch in den 1990er-Jahren – auch in Münster – alle Professorinnen und Professoren sowie alle Habilitierten, Vertreterinnen und Vertreter des Mittelbaus und der Studierenden Mitglieder der Fakultätsversammlung als oberstes korporatives Beschlussorgan des Fachbereichs und der Dekan ein gleicher unter gleichen, der für eine (zumeist nur kurze) Amtszeit die Geschäfte führte, so war nun Ende der 2000er-Jahre der Fachbereichsrat des – Erziehungswissenschaft, Soziologie, Politikwissenschaft und Kommunikationswissenschaft integrierenden – Fachbereichs ein kleines, höchstens fünfzehn Mitglieder umfassendes Gremium und der vom Fachbereichsrat gewählte Dekan eine

37   Diese Ziele waren auch schon angelegt in der Verordnung zur Durchführung des Modellversuchs „Gestufte Studiengänge in der Lehrerausbildung" vom 27. März 2003 in § 2 (4): Die Feststellung der Studienleistungen erfolgt unter Anwendung der Prinzipien des European Credit Transfer System (ECTS).

38   Vgl. hierzu Galbraith, John Kenneth: The Affluent Society, Boston 1958.

39   Hochschulfreiheitsgesetz (HFG) vom 31. Oktober 2006, Gesetz- und Verordnungsblatt (GV) Nordrhein-Westfalen. Ausgabe 2006 Nr. 30 vom 16.11.2006, S. 473–508, https://recht.Nordrhein-Westfalen.de/lmi/owa/br_vbl_detail_text?anw_nr=6&vd_id=1460&vd_back=N474&sg=&menu=1 (Zugriff: 24.4.2024).

Leitungsperson mit bisher nicht gekannten, weitreichenden Kompetenzen. Auch die Selbstverwaltungsstrukturen der Fachrichtung Erziehungswissenschaft des Fachbereichs 6 der Universität Münster wurden weiter gestrafft. Die Fachrichtung erhielt eine neue gemeinsame Leitungsstruktur mit einem geschäftsführenden Direktorium und Verwaltungsleiter. Die bisherigen drei Institute wurden zu Abteilungen des neuen Instituts für Erziehungswissenschaft und gaben sich zum Teil neue Namen, die mitsamt einer neuen Reihung ein gewandeltes Selbstverständnis erkennen ließen: Abteilung I: Schulpädagogik/Schul- und Unterrichtsforschung, Abteilung II: Sozialpädagogik/Erwachsenbildung, Abteilung III: Bildungstheorie und Bildungsforschung. Alte politische und mentale Gegensätze zwischen sich früher weitgehend selbstverwaltenden Instituten waren damit überholt. Die Reform wurde inzwischen nicht mehr als Beschneidung von ehemals korporativen beziehungsweise demokratischen Mitwirkungsrechten empfunden, sondern als willkommene Entlastung von Selbstverwaltungsaufgaben.

Noch um die Jahrtausendwende waren die Professorinnen und Professoren vom Landesministerium berufen und entsprechen der für das Bundesland geltenden Besoldungsordnung und der Stellenausschreibung „vergütet" worden, ihre Stelle mit Mitteln und Personal für ihre Amtszeit „ausgestattet" gewesen. Dienstherr war das Land, an der Universität waren die Professorinnen und Professoren niemandem gegenüber weisungsgebunden. Für die neu berufenen Professorinnen und Professoren waren die Rektorin beziehungsweise der Rektor nun Dienstherr und führte mit ihnen Verhandlungen über ihre individuelle Vertragsgestaltung (Besoldung, Ausstattung), die Vereinbarungen waren zumeist zeitlich befristet; es gab nun aber auch Aufstiegsoptionen, insbesondere von W2 zu W3. Der Dekan hatte jetzt auch Weisungskompetenzen und konnte individuelle Zielvereinbarungen schließen, zum Beispiel im Hinblick auf die Beantragung von Forschungsprojekten und die Einwerbung von Drittmitteln. In den 1990er-Jahren hatte der akademische Mittelbau mit unbefristeten Stellen nicht nur in der Lehre, sondern auch in der Selbstverwaltung eine wichtige und entsprechend selbstbewusste Rolle gespielt.[40] 1997/98 waren am Fachbereich 9 noch dreizehn Akademische Oberräte tätig, zehn Jahre später waren es nur noch vier. Es begann eine neue Epoche der deutschen Universitätsgeschichte, in der die meisten wissenschaftlichen Mitarbeiterinnen und Mitarbeiter auf der Grundlage von befristeten und Kettenverträgen forschten und lehrten.

In den 1990er-Jahren gab es für die drei damaligen Institute des Fachbereichs 9 für jedes Semester ein gemeinsames Lehrangebot. Die unterschiedliche strukturelle und quantitative Stellung der Erziehungswissenschaft und ihrer Fachgebiete in den verschiedenen Studien- und Prüfungsordnungen, die große Zahl der potenziellen Studierenden des Instituts und die begrenzte Zahl der fest angestellten Lehrenden, ergänzt durch eine große Zahl von Lehrbeauftragte, ließ nur grob strukturierte Studienordnungen zu, die formal den Anforderungen der Diplom- beziehungsweise staatlichen Prüfungsordnungen entsprachen und den Dozentinnen und Dozenten einen weiten Ermessensspielraum bei der thematischen Akzentsetzung und Profilierung ihres Lehrangebots und dessen Zuordnung zu Lehr- und Prüfungsgebieten ließ. Es gab eine Stufung des Studiums in Grund- und Hauptstudium und entsprechend klassifizierte Seminarangebot, auch spezifische Einführungsveranstaltungen und Kolloquien beziehungsweise Oberseminare für spezifische Studiengänge und Absolventengruppen. Aber nur ein klei-

---

40   Vgl. den Beitrag von Ewald Terhart in diesem Band.

ner Teil der Lehrveranstaltungen war allein auf Studierende spezifischer Studienordnungen beziehungsweise Prüfungsordnungen ausgerichtet und für diese reserviert. In den Vorlesungen und den meisten Seminaren waren Studierende aus sehr unterschiedlichen Fächern mit sehr unterschiedlichen Studienkulturen versammelt. Die Leistungskontrolle während des Studiums bestand darin, dass die Studierenden auf der Grund- und Hauptstufe ihres Studiums wenige Leistungsnachweise über die Teilnahme oder eine schriftliche Arbeit, eine Klausur oder einen Test in einer Vorlesung oder einem Seminar zu erbringen hatten. Die Zwischenprüfung war rein formal und additiv. Entscheidend für den Abschluss – und eventuell auch die Berufsaussichten nach einem individuell unterschiedlich langen Studium – waren allein die Abschlussarbeit (Diplomarbeit, Staatsexamensarbeit), vor allem aber die schriftlichen und mündlichen Staatsexamens- bzw. Diplomprüfungen und ihr (Gesamt-)ergebnis.

Die Kritik an diesen Strukturen als „zu beliebig" und an der großen Zahl der Studienabbrüche vermischte sich 1997 in Beschlüssen der KMK und der Hochschulrektorenkonferenz (HRK) in einer Strategie zur „Stärkung der internationalen Wettbewerbsfähigkeit des Studienstandortes Deutschland"[41]. Die KMK und die HRK sahen in der „Modularisierung von Studiengängen und der Einführung von Leistungspunktsystemen" ein Instrumentarium mit dem „ein Beitrag zur Modernisierung und Steigerung der Effizienz des deutschen Studiensystems und zur Förderung der internationalen Mobilität der Studierenden" geleistet werden könnte. Ab 1999 war bei der Genehmigung von neuen Bachelor- oder Master-Studiengänge grundsätzlich nachzuweisen, dass der jeweilige Studiengang modularisiert und mit einem Leistungspunktsystem ausgestattet ist.[42] So geschah es auch an der Universität Münster. Vom Wintersemester 2003/04 an war das gesamte Lehrangebot der Lehreinheit Erziehungswissenschaft in modularer Struktur gestaltet.

Was änderte die Reform? Im Vergleich zu den Pflicht- und Wahlpflicht-Bereichen der früheren Studien- und Prüfungsordnungen bedeutete die Strukturierung des Lehrangebots und der Prüfungsordnungen in Form von Modulen[43] keine grundlegende Neuerung. Die Module waren zwar inhaltlich neu strukturiert, aber weiterhin durch so weit gefasste Themen definiert, dass ihnen Lehrveranstaltungen unterschiedlicher Thematik zugeordnet werden konnten. Neu war allerdings, dass die Teilnahme beziehungsweise Mitarbeit der Studierenden in einer Lehrveranstaltung nicht mehr wie früher unverbindlich auf eine Examensprüfung ausgerichtet war, sondern dass nun für jedes Modul verpflichtend Prüfungsleistungen nachzuweisen waren und

41 Stärkung der internationalen Wettbewerbsfähigkeit des Studienstandortes Deutschland – Bericht der KMK an die Ministerpräsidentenkonferenz zu den Umsetzungsmaßnahmen. Beschluss vom 24.10.1997, https://www.kmk.org/fileadmin/veroeffentlichungen_beschluesse/1997/1997_10_24-Staerkung-Wettbewerb-Studienstandort-Deutschl.pdf (Zugriff: 24.4.2024).

42 Rahmenvorgaben für die Einführung von Leistungspunktsystemen und die Modularisierung von Studiengängen. Beschluss der Kultusministerkonferenz vom 15.9.2000, https://www.kmk.org/fileadmin/pdf/PresseUndAktuelles/2000/module.pdf (Zugriff: 21.4.2024).

43 In der Prüfungsordnung für den Bachelor „Erziehungswissenschaft" wird ein Modul beschrieben als mehrere thematisch zusammengehörige Lehrveranstaltungen, die sich über höchstens drei aufeinander folgende Semester erstrecken. Vgl. Prüfungsordnung für den Bachelor „Erziehungswissenschaft" im Rahmen eines Ein-Fach-B.A. Erziehungswissenschaft (Ein-Fach-Modell) an der Westfälischen Wilhelms-Universität, https://www.uni-muenster.de/imperia/md/content/wwu/ab_uni/ab2009/ausgabe30/beitrag1.pdf (Zugriff: 21.4.2024).

dass diese additiv zu einer das gesamte Studium begleitenden Gesamtprüfungsleistung wurden.[44] Dadurch wurde das modularisierte Studium für Studierende und Lehrende zu einem engmaschigen Netz von Bestimmungen über die kompetenzorientierte Formulierung ihrer thematischen Ziele als Teilqualifikation, über die Gewichtung jedes Moduls durch Leistungspunkte, über die verpflichtende Anmeldung zu Lehrveranstaltungen und Prüfungsleistungen, über die Zulässigkeit und Ausgestaltung unterschiedlicher Formen der Erfolgskontrolle sowie über die Bewertung von Prüfungsleistungen. Die Lehrenden hatten zwar weiterhin Spielräume bei der thematischen Akzentuierung ihrer Lehrangebote, aber da jede Lehrveranstaltung und ihre Verfahren der Erfolgskontrolle als Teile eines prüfungs- und abschlussrelevanten Gesamtprozesses konzipiert waren, waren nun auch sie auf bisher ungekannte Weise formalen Bestimmungen über die Offenlegung ihrer Lernziele und über die Begründung und Kriterien der Erfolgskontrolle unterworfen. Und Lehrende wurden nun auch Objekte der Evaluation durch die Studierenden. Zu der neuartigen Rationalisierung der universitären Lehr- und Lernprozesse gehörten notwendigerweise eigens dafür eingerichtete Stellen, die mit Hilfe von dafür entwickelten, digitalen Tools den Gesamtprozess und den Studienverlauf jedes einzelnen Studierenden verwalteten und kontrollierten.

Die Universitäten in Nordrhein-Westfalen, ihre Leitungsorgane, ihre Studierenden und Lehrenden, auch an der Universität Münster, auch am Fachbereich 6, auch am IfE, waren in den 2000er-Jahren von den Vorgaben und der Aufsicht staatlicher Bürokratien „befreit", sie hatten aber im Zuge der Umsetzung des Bologna-Prozesses und der Bestimmungen des Hochschulgesetzes auf allen Ebenen der Universität Formen der Leitung, Steuerung und Evaluation übernommen, die eine neue historische Stufe der Rationalisierung der Universitäten darstellte.

6. Historische Zwischenbilanz: Das Profil der Erziehungswissenschaft an der Universität Münster

Es kann in diesem Zusammenhang kein empirisch fundierter Vergleich der Prozesse und Strukturentscheidungen des Instituts für Erziehungswissenschaft in Münster mit Instituten an anderen Universitäten geleistet werden. Aber die Skizze der Brüche und Kontinuitäten in den zwei Jahrzehnten vor und nach der Jahrtausendwende gibt doch die Umrisse eines spezifischen Profils des Instituts zu erkennen. Die Universität Münster und das Institut haben in diesen zwei Jahrzehnten ihre Stellung als einer der bedeutendsten Standorte erziehungswissenschaftlicher Studiengänge in Nordrhein-Westfalen und darüber hinaus nicht nur verteidigt, sondern weiter ausgebaut. Nach den Bachelor-Master-Reformen wurden weiterhin ein Spektrum erziehungs-

---

44   Vgl. z.B. Erste Änderungsordnung für die Prüfungsordnung für den Bachelor of Arts (B.A.) Erziehungs-Wissenschaft (für Studienanfänger ab WS 2009/2010) an der Westfälischen Wilhelms-Universität vom 7.7.2009, https://www.uni-muenster.de/imperia/md/content/ew/studium/ordnungen/ein-fach-ba-1ae-pruefungsordnung_07-07-09.pdf (Zugriff: 21.4.2024), und die Prüfungsordnung für das Fach Erziehungswissenschaft zur Rahmenordnung für die Bachelorprüfungen an der Westfälischen Wilhelms-Universität Münster innerhalb des Zwei-Fach-Modells vom 14.2.2012, https://www.uni-muenster.de/imperia/md/content/ew/personen/kniffki/po-zfb_14-02-12.pdf (Zugriff: 21.4.2024).

wissenschaftlicher Diplomstudiengänge und schließlich auch (fast) alle Lehramtsstudiengänge des Landes Nordrhein-Westfalen angeboten. Parallel zu dem breit gefächerten Angebot von Studiengängen wurde auch die fachliche Ausdifferenzierung der Erziehungswissenschaft mit der Fortführung oder Neueinrichtung von Professuren für Erziehungswissenschaft mit einem speziellen fachlichen Profil weitergetrieben. Das Institut für Erziehungswissenschaft an der Universität Münster gehörte damit zu den wenigen Instituten in Deutschland, an denen die meisten der Teildisziplinen des Fachs, wie sie damals als Sektionen der Deutschen Gesellschaft für Erziehungswissenschaft (DGfE) organisiert waren, durch Professuren vertreten wurden. In diesem Zusammenhang fand auch in Münster bei der Ausschreibung und Stellenbesetzung von Professuren der disziplin- beziehungsweise wissenschaftshistorische Trend zur empirischen Forschung statt. Dieser erfolgte in Münster aber nicht wie an anderen Standorten mit der Besetzung von Professuren für Erziehungswissenschaften durch Wissenschaftlerinnen und Wissenschaftler aus anderen Fachdisziplinen (wie zum Beispiel aus der Psychologie), fast alle neuen Professorinnen und Professoren hatten ihre Ausbildung und ihren wissenschaftlichen Werdegang in der Erziehungswissenschaft absolviert. Das breite Angebot an (faktisch grundständigen, universitären) Studiengängen und die fachliche Ausdifferenzierung der Professuren zeigte sich auch im Forschungsprofil des Instituts: Die Forschungsberichte der Universität dieser Jahre zeigen,[45] dass am Institut in Münster, trotz der hohen Lehrbelastungen, eine rege Veröffentlichungstätigkeit auf der Grundlage von Forschungen mit „Eigenmitteln"[46] fast aller Mitglieder stattfand; dass aber auch Drittmittel eingeworben wurden, allerdings weniger für Projekte, die von der Deutschen Forschungsgemeinschaft (DFG) gefördert wurden, häufiger von Förderprogrammen des Bundes und des Landes Nordrhein-Westfalen. Am Beispiel der Forschungsaktivitäten des Instituts wurde auch deutlich, dass die Forschungen von Wissenschaftlerinnen und Wissenschaftler (an Universitäten wie Münster) hinsichtlich ihrer inhaltlichen Schwerpunkte inzwischen oft den Charakter von wissenschaftlichen Dienstleistungen, zum Beispiel für Ministerien, Kommunen, Verbände, Vereinen, annahmen und damit einem gesellschaftlichen Trend und einem von den Universitätsleitungen ausdrücklich gewünschten Auftrag entsprachen (Wissenschaftstransfer). Wissenschaftliche Gutachten, (Auftrags-) Studien, Dokumentationen und die Entwicklung von praxis- beziehungsweise anwendungsorientierten „Tools" aller Art waren in diesen Jahrzehnten zu unverzichtbaren Elementen der Evaluation, Planung und Entscheidung auf allen gesellschaftlichen Ebenen geworden, auch auf dem Gebiet der Erziehung und Schulentwicklung, der Jugend- und Sozialpolitik. Das breite Studienangebot, die fachliche Ausdifferenzierung des Instituts und das individuelle Engagement in Forschung und Politikberatung hatte aber auch eine Kehrseite. Eine vom Dekanat im Rahmen seiner erweiterten Zuständigkeiten zeitweilig angestrebte Kooperation bei der Entwicklung von gemeinsamen Forschungsschwerpunkten und entsprechenden Graduiertenprogrammen, die dem Institut ein überregionales Profil hätten geben können, stieß auf allgemeine Skepsis, wurde als Bedrohung des individuellen Promotionsrechts aufgefasst und kam bis 2010 nicht zustande.

45   Vgl. die Forschungsberichte des Instituts ab 1997, https://www.uni-muenster.de/die-universitaet/dokumentationen/forschungsberichte/archiv.html (Zugriff: 21.4.2024).
46   Gemeint sind hier finanzielle Mittel aus dem Haushalt des Instituts, die den Professuren bzw. Mitarbeiterinnen und Mitarbeitern zugewiesen werden.

Andreas Oberdorf/Patrick Gollub

Das Institut für Erziehungswissenschaft der Universität Münster, 2010–2024

1. Einleitung

Wer die jüngste Entwicklung des Instituts für Erziehungswissenschaft an der Universität Münster nicht nur in einer Tabelle abbilden möchte, sondern auch den Versuch unternimmt, wesentliche Beobachtungen dieses Wandels aus lokal-institutioneller Perspektive zu erläutern, stößt bald auf Herausforderungen und Hindernisse. Kritische Stimmen würden zum einen die mangelnde Distanz der Autoren[1] zum Untersuchungsgegenstand und -zeitraum anmerken, zum anderen könnten sie die durchaus berechtigte Frage aufwerfen, welche gesamtdisziplinäre Identität der Erziehungswissenschaft im Hinblick auf die Profilbildung eines Instituts eigentlich vorausgesetzt werden kann. Der Datenreport der Deutschen Gesellschaft für Erziehungswissenschaft (DGfE) hat erst kürzlich wieder deutlich gemacht, dass lokale Strukturen und Forschungsschwerpunkte bei der Konzeption erziehungswissenschaftlicher Studiengänge „relevantere Bezugspunkte" darstellen als eine „gesamtdisziplinäre Identität".[2] Wenn es auch nicht an Versuchen mangelt, einen verbindlichen „disziplinären Kern" bestimmen zu wollen, wie es etwa in Form eines maßgeblich von Peter Vogel und Lothar Wigger initiierten Kerncurriculums Erziehungswissenschaft (KCE)[3] geschehen ist, so hat dieser neben weiteren Versuchen insgesamt „zu wenig bindende Kraft"[4] entfaltet. Sich der komplexen Bestimmung einer disziplinären Identität der Erziehungswissenschaft zu widmen, soll nicht Gegenstand dieses Beitrags sein. Wie laufende Diskussionen im Feld der erziehungswissenschaftlichen Wissenschaftsforschung zeigen, erscheint zudem völlig offen zu sein, wie auf die Frage nach einem disziplinären (Selbst-)Verständnis der Erziehungswissenschaft geantwortet werden müsste, etwa hinsichtlich systematischer, historischer, vergleichender und empirischer Ansätze und Perspektiven. Die dringende Notwendigkeit, sich dieser Aufgabe zu stellen, und zwar auch um in selbstvergewissernder Absicht das Verständnis von Erziehungswissenschaft in Abgrenzung zu den Bildungswissenschaften, der pädagogischen Psychologie und der empirischen Bildungsforschung zu schärfen, wird weiterhin bekundet. Dass hier „unscharfe Grenzen" das disziplinäre Feld kennzeichnen und einen „noch unbestimmten Raum" beschreiben, der eine „erneute Reflexion auf und Bilanzierung der disziplinären Identität" notwendig macht, haben Edith

---

1   Die Autoren haben zur besagten Zeit an der Universität Münster studiert beziehungsweise sind am Institut für Erziehungswissenschaft beschäftigt.

2   Schmidt-Hertha, Bernhard/Tervooren, Anja/Martini, Renate/Züchner, Ivo: Zu Stand und Entwicklung der Erziehungswissenschaft, in: dies. (Hg.): Datenreport Erziehungswissenschaft 2024 (Schriften der Deutschen Gesellschaft für Erziehungswissenschaft (DGfE)), Opladen/Berlin/Toronto 2024, S. 9–20, hier: S. 12.

3   Hierzu vgl. Vogel, Peter: Überlegungen zu einem Kerncurriculum Erziehungswissenschaft, in: Zeitschrift für Pädagogik 45 (1999) 5, S. 733–740; Austermann, Simone/Freitag, Judith/Vogel, Peter/ Wigger, Lothar: Kerncurriculum Erziehungswissenschaft – Konzepte und Erfahrungen, in: Erziehungswissenschaft 15 (2004) 28, S. 37–48.

4   Schmidt-Hertha et al. 2015, S. 12.

Glaser und Edwin Keiner betont.[5] Inwiefern diese Reflexion einen „historischen Identitäts-kern" freilegt, der für das Selbstverständnis der Erziehungswissenschaft heute und in Zukunft von Bedeutung sein könnte – gewiss ohne „Identitätsdogmatik"[6] zu betreiben –, steht ebenso zur Diskussion wie die Beobachtung, dass die „lockeren Grenzen des Feldes der zulässigen Be-griffe"[7] in der (erziehungs-)wissenschaftlichen und forschenden Beschäftigung mit der Theorie und Praxis von Erziehung und Bildung schon auf eine Differenzierung und Integration neuer Strömungen in ein Fach Erziehungswissenschaften – im Plural – hindeuten, worauf Reinhard Fatke und Jürgen Oelkers hingewiesen haben.[8] Vor dem Hintergrund dieser offenen Fragen und Unwägbarkeiten, die eine Bestimmung der (gesamt-)disziplinären Identität von Erzie-hungswissenschaft mit sich bringt, stellt die Frage nach dem lokal-institutionellen Profil eine Möglichkeit dar, die vermutlich nicht nur „interessanter und spannender"[9] ist, in jedem Fall aber die Entwicklung der Erziehungswissenschaft anhand eines begrenzten Untersuchungsfel-des anschaulicher und konkreter fassbar werden lässt, ohne die Befunde zugleich für das gesam-te Fach verallgemeinern zu müssen. Anders gewendet: Wenn im Folgenden versucht wird, die „Fachidentität" der Erziehungswissenschaft zu bestimmen, so beschränkt sich dies ausschließ-lich auf das Profil des Instituts für Erziehungswissenschaft an der Universität Münster.

Vor diesem Hintergrund rekonstruiert der Beitrag zunächst die innere Struktur des Insti-tuts für Erziehungswissenschaft der Universität Münster für den Zeitraum von 2010 bis 2024 und geht der Frage nach, wie sich das Profil des Instituts in dieser Zeit wandelte. Damit richtet sich der Blick auf die lokal-institutionellen Dynamiken zwischen Tradition und Innovation, vor allem hinsichtlich der durch Professuren am Institut für Erziehungswissenschaft vertrete-nen Arbeitsgruppen und -bereiche sowie deren Wandel im veranschlagten Untersuchungszeit-raum. In dieser Hinsicht knüpft der Beitrag zum einen an die Ausführungen von Bernd Zymek an und wird auch notwendigerweise auf einige seiner Ausführungen zurückkommen müs-

---

5   Glaser, Edith/Keiner, Edwin: Unscharfe grenzen – eine Disziplin im Dialog: Pädagogik, Erziehungs-wissenschaft, Bildungswissenschaft, Empirische Bildungsforschung – zur Einleitung, in: dies. (Hg.): Unscharfe Grenzen – eine Disziplin im Dialog (Beiträge zur Theorie und Geschichte der Erziehungs-wissenschaft, 37), Bad Heilbrunn 2015, S. 7–11, hier: S. 9.

6   Pollak, Guido: Wissenschaftsforschung und Wissenschaftstheorie (in) der Erziehungswissenschaft: empirische und/oder normative Grundlagenforschung?, in: Wigger, Lothar (Hg.): Forschungsfelder der Allgemeinen Erziehungswissenschaft, Opladen 2002, S. 231–240, hier: S. 233.

7   Fatke, Reinhard/Oelkers, Jürgen: Das Selbstverständnis der Erziehungswissenschaft: Geschichte und Gegenwart. Einleitung zum Beiheft, in: dies. (Hg.): Das Selbstverständnis der Erziehungswissen-schaft: Geschichte und Gegenwart (Zeitschrift für Pädagogik, Beiheft, 60), Weinheim/Basel 2014, S. 7–13, hier: S. 10.

8   Zu dieser Diskussion vgl. auch das von Katharina Vogel geleitete „Netzwerk Erziehungswissen-schaft|en? Empirie(n), Epistemologie(n) und Geschichte(n) erziehungswissenschaftlicher Theorieen-twicklung und Forschung", http://netzwerk-ew.uni-goettingen.de/ (Zugriff: 11.1.2024).

9   Hierzu nochmals Edwin Keiner, der – im Anschluss an Langewand und Prondczynsky auf „erzie-hungswissenschaftlichen Lokalkulturen" verweist: Keiner, Edwin: Pädagogik, Erziehungswissen-schaft, Bildungswissenschaft, Empirische Bildungsforschung – Begriffe und funktionale Kontext, in: Glaser/Keiner 2015, S. 13–34, hier: S. 15; vgl. hierzu Langewand, Alfred/Prondczynsky, Andreas von (Hg.): Lokale Wissenschaftskulturen in der Erziehungswissenschaft (Beiträge zur Theorie und Ge-schichte der Erziehungswissenschaft, 20), Weinheim 1999.

sen.[10] Wie in seinem Beitrag deutlich wurde, bedingen sich die Struktur der Arbeitsbereiche, die Besetzungen von Professuren (einschließlich der möglichen Umwidmung ihrer jeweiligen Denomination) und die Entwicklungen von Forschung und Lehre gegenseitig.[11] Hinzu treten gesellschafts- und bildungspolitische Trends sowie disziplinpolitische Entwicklungen, die in folgenden Betrachtung allerdings weitgehend ausgeblendet werden müssen. Zum anderen hat schon Klaus-Peter Horn in seiner Studie zur sozialen und fachlichen Struktur der Erziehungswissenschaft zwischen 1919 und 1965 gezeigt, dass sich für die Bearbeitung einer derartigen Fragestellung eine Analyse der Professuren für Erziehungswissenschaft besonders gut als Ausgangspunkt eignet.[12] Ausgegangen wird hier – dies betrifft insbesondere die folgende grafische Darstellung – von der aktuellen Gliederung des Instituts, wie sie der Fachbereichsrat in seiner Sitzung am 18. Oktober 2023 beschlossen hat.[13] Der Zeitpunkt der Integration der vormaligen drei Institute der Lehreinheit Erziehungswissenschaft in *ein* Institut für Erziehungswissenschaft am 1. Oktober 2006 bildete für diese Entwicklung einen Anfangspunkt. Hierfür spricht auch, dass jenes Jahr „den Beginn des großen Personalwechsels" darstellte, „der den Fachbereich noch bis 2010 beschäftigen"[14] sollte, wie der damalige Dekan Hansjörg Scheerer (1943–2014) in seinem Jahresbericht 2006 ankündigte. Dass dies auch so eintrat – und zwar nicht nur wegen der Pensionierung beziehungsweise Emeritierung von Professorinnen und Professoren, sondern zusätzlich durch den Wechsel von Roland Reichenbach (Allgemeine Erziehungswissenschaft) nach Basel und Petra Hanke (Pädagogik der Primarstufe) nach Köln – hat Zymek in seinem Beitrag aufgezeigt. Auf die personellen Veränderungen zwischen 2006 und 2010 wird daher an späterer Stelle noch einmal eingegangen, da diese Entwicklungen auch für die Jahre nach 2010 entsprechend berücksichtigt werden müssen.

---

10   Vgl. hierzu den Beitrag von Bernd Zymek in diesem Band.

11   In Nordrhein-Westfalen ist bei der Ausschreibung von Professuren weder der Hochschulentwicklungsplan zu berücksichtigen noch ist das Ministerium laut der Landeshochschulgesetze in diesen Prozess eingebunden, vgl. Klawitter, Maren: Die Besetzung von Professuren an deutschen Universitäten. Empirische Analysen zum Wandel von Stellenprofilen und zur Bewerber(innen)auswahl, Diss. Univ. Kassel, 2017, https://www.urn.fi/urn:nbn:de:hebis:34-2017091253474 (Zugriff: 6.6.2024), S. 27.

12   Vgl. Horn, Klaus-Peter: Erziehungswissenschaft in Deutschland im 20. Jahrhundert. Zur Entwicklung der sozialen und fachlichen Struktur der Disziplin von der Erstinstitutionalisierung bis zur Expansion, Bad Heilbrunn 2003. – Jüngere Studien zur Disziplingeschichte aus lokal-institutioneller Perspektive betonen mitunter andere Aspekte, indem sie sich mit dem Lehrangebot oder mit den Veröffentlichungen in erziehungswissenschaftlichen Zeitschriften befassen, so etwa Rothland, Martin: Disziplingeschichte im Kontext. Erziehungswissenschaft an der Universität Münster nach 1945 (Beiträge zur Theorie und Geschichte der Erziehungswissenschaft, 29), Bad Heilbrunn 2008, S. 286–309, S. 332–355.

13   Dekanat des Fachbereichs 6 Erziehungswissenschaft und Sozialwissenschaften, Universität Münster: Protokoll der 185. Sitzung des Fachbereichsrats, 18. Oktober 2023, A 23/185/11.

14   Scheerer, Hansjörg: Fachbereich 6 Erziehungswissenschaft und Sozialwissenschaften, in: Rektorat der Westfälischen Wilhelms-Universität Münster (Hg.): Jahresbericht 2006 [Münster, April 2007], https://www.uni-muenster.de/Rektorat/jb06/JB0016.htm (Zugriff: 22.2.2024).

SoSe 2006
WS 2006/07
SoSe 2007
WS 2007/2008
SoSe 2008
WS 2008/09
SoSe 2009
WS 2009/10
SoSe 2010
WS 2010/11
Arbeitsbereich 1 - Bildungstheorie und Bildungsforschung
1 Allgemeine Erziehungswissenschaft
1 alt Allgemeine und Systematische Erziehungswissenschaft
Reichenbach
V
2 Didaktik der Pädagogik / Fachdidaktik Pädagogik
Schützenmeister
3 Digitalisierung in pädagogischen Handlungsfeldern
3 alt Evaluation und Qualitätsentwicklung in Einrichtungen des Bildungs- und Sozialwesens
4 Forschungsmethoden / Empirische Bildungsforschung
4 alt Empirische und Statistische Methodenlehre
Scheerer
5 Historische Bildungsforschung
Zymek
Caruso
6 Internationale und Vergleichende Erziehungswissenschaft
6 alt Vergleichende Erziehungswissenschaft
Helmchen
7 Mehrsprachigkeit und Bildung
7 alt Interkulturelle Pädagogik
7 alt Ausländerpädagogik/Internationale Studien
Krüger-Potratz
Didaktik, Curriculumtheorie, Unterrichtsforschung (Bildungsforschung)
Cordes
Bildungsplanung, -ökonomie, -recht, -politik
Naumann
Arbeitsbereich 2 Berufspädagogik/Berufsorientierung
8 Berufsorientierung
9 Berufspädagogik
Rahn
Arbeitsbereich 3 - Erwachsenenbildung/Weiterbildung
10 Erwachsenen- und Weiterbildung
Brödel
11 Erwachsenenbildung und pädagogische Professionalität
11 alt Erwachsenenbildung/Außerschulische Jugendbildung
Arbeitsbereich 4 - Schulpädagodik und inklusive Bildung
12 Allgemeine Didaktik und Unterrichtsforschung
12 alt Schulpädagogik und Allgemeine Didaktik
13 Grundlagen der inklusiven Bildung und Sonderpädagogik
14 Begabungsforschung und Individuelle Förderung
15 Didaktik und Schulforschung in der inklusiven Bildung
16 Grundschulpädagogik
V V
16 alt Pädagogik der Primarstufe
Hanke
17 Empirische Schulforschung / Schul- und Unterrichtsentwicklung
V
Bonser
17 alt Sekundarstufenpädagogik / Schul-Unterrichtsentwicklung
Schwippert
18 Inklusive Bildung
18 alt Historische Schul- und Curriculumforschung
19 Pädagogische Diagnostik und Potenzialentwicklung
20 Schultheorie / Schulforschung
20 alt Pädagogische Anthropologie und Theorie pädagogischer Prozesse (Montessori-, Reformpädagogik)
Heitkämper
21 Sonderpädagogik im Kontext inklusiver Bildung: Förderschwerpunkt Lernen
Arbeitsbereich 5 - Sozialpädagogik / Pädagogik der frühen Kindheit
22 Pädagogik der frühen Kindheit
22 alt Neue Technologien im Bildungs- und Sozialwesen / Medienpädagogik
Schönwe
23 Sozialpädagogik / Kinder- und Jugendhilfe
24 Theorie und Praxis der Sozialpädagogik
24 alt Kinder- und Jugendhilfe / Beratung
24 alt Sozialpädagogik - Soziale Sicherung und Rehabilitation
b)
Bock
Sozialpädagogik
Ziegler
Pädagogische Professionalisierung gegen sexualle Gewalt: Präsention, Kooperation, Intervention
Schattierungen
hell W1-Professur
mittel W2-Professur (früher H3, C3)
dunkel W3-Professur (früher H4, C4)
Anmerkungen
ohne Füllung = Vakanz
V = Vertretung
a) = Wilbert
b) = Hanses
Dienstantritt von März bis August = Zuordnung zum Sommersemester
Dienstantritt von September bis Februar = Zuordnung zum Wintersemester

Abb. 1: Entwicklung der Professuren am Institut für Erziehungswissenschaft der Universität Münster, 2006–2014

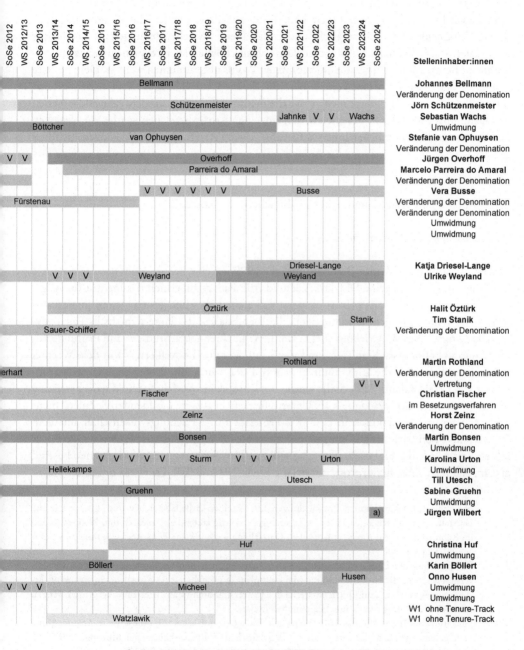

Quellen: Jahresberichte des Rektorats (bis 2006), Personal- und Vorlesungsverzeichnisse
(bis WiSe 2009/10), Personalmitteilungen.
Stand: 31. Mai 2024

Aus der jüngsten Geschichte des Instituts der vergangenen vierzehn Jahre werden im Weiteren sieben Entwicklungen herausgehoben, die aufgrund personeller beziehungsweise struktureller Entscheidungen als strategische und profilbildende Weichenstellungen für das Institut identifiziert werden können.[15] Auf dieser Basis soll anschließend der Versuch einer zusammenfassenden Beurteilung des (gesamt-)disziplinären Profils unternommen werden. Dem beiseite gestellt ist in tabellarischer Form eine Übersicht, die die Entwicklung der Professuren am Institut nachzeichnet.[16] Grundlage hierfür war die Institutsgliederung aus dem Jahr 2023. Neben den Denominationen der Professuren in den einzelnen Arbeitsbereichen werden die aktuellen und ehemaligen Stelleninhaber:innen aufgeführt sowie Vertretungen (bei Vakanzen) deutlich gemacht.

2. Kontinuität und Wandel am Institut für Erziehungswissenschaft

2.1 Fachdidaktik des Unterrichtsfachs Pädagogik

Mit der Berufung von Armin Bernhard im Jahr 1999 auf eine bereits 1996 neu zugewiesene C3-Professur für Allgemeine Didaktik/Fachdidaktik Pädagogik erhielt das Institut für Allgemeine Erziehungswissenschaft (Institut I) erstmals einen Lehrstuhl, dessen Denomination ausdrücklich, wenn auch nicht ausschließlich, die Fachdidaktik des Unterrichtsfachs Pädagogik berücksichtigte. Diese Entwicklung fiel zusammen mit einer neuen Studien- und Prüfungsordnung, die das Lehramtstudium Pädagogik der Sekundarstufe II novellierte.[17] Mit dem Wechsel des Stelleninhabers an die Universität Duisburg-Essen wurde die Professur dann zum Sommersemester 2004 vakant.[18] Die Stelle wurde zunächst, als ein Verfahren zur Wiederbesetzung mit der Denomination „Pädagogik als Unterrichtsfach an allgemeinbildenden Schulen" nicht abgeschlossen werden konnte, in eine W2-Professur für „Erziehungswissenschaft mit dem Schwerpunkt Berufspädagogik" umgewidmet, auf die 2006 Sylvia Rahn berufen wurde.[19] Zur selben Zeit wurde die Fachdidaktik Pädagogik mit Jörn Schützenmeister wieder neu besetzt, erst im Rahmen einer Juniorprofessur, bis die Stelle 2012 als W2-Professur unter der verän-

15 Nur sehr ausgewählt können Entwicklungen aus einzelnen Arbeitsbereichen und -gruppen in die Darstellungen einfließen, da aus den z.T. noch gegenwärtig laufenden Projekten und Kooperationen im Rahmen dieser institutsgeschichtlichen Darstellung – die ja keine Festschrift sein möchte – nicht berichtet werden soll.

16 Zur Erstellung der Tabelle wurde maßgeblich auf die Personen- und Vorlesungsverzeichnisse der Universität Münster, die Struktur- und Entwicklungspläne des Fachbereiches 6 sowie des Institutes für Erziehungswissenschaft und Quellenmaterial des Universitätsarchivs Münster zurückgegriffen. Hierzu vgl. auch den Beitrag von Sabine Happ in diesem Band.

17 Vgl. Studienordnung für das Unterrichtsfach Pädagogik mit dem Abschluss Erste Staatsprüfung für das Lehramt Sekundarstufe II an der Westfälischen Wilhelms-Universität Münster, 21.9.1998, https://www.uni-muenster.de/Rektorat/abuni/ab81302.htm (Zugriff: 22.2.2024).

18 Ab diesem Semester fehlt der Name des bisherigen Stelleninhabers im Personal- und Vorlesungsverzeichnis der Universität Münster, vgl. https://nbn-resolving.org/urn:nbn:de:hbz:6:1-352754 (Zugriff: 3.3.2024).

19 Vgl. Universitätsarchiv Münster (UAMs), Bestand 379, Nr. 68, 77.

derten Denomination „Erziehungswissenschaft mit dem Schwerpunkt Fachdidaktik des Pädagogikunterrichts" verstetigt und aufgewertet wurde. Mit der Einrichtung und Fortführung dieser Professur wurde nicht nur den hohen Anwahlzahlen des Unterrichtsfachs Erziehungswissenschaft/Pädagogik in der gymnasialen Oberstufe in Nordrhein-Westfalen entsprochen,[20] sondern genauso dem beständigen Bedarf an Pädagogiklehrerinnen und -lehrern sowie an fachdidaktischer Forschung und Theoriebildung.

Entsprechende Studiengänge, die zum Unterrichtsfach Pädagogik an Gymnasien und Gesamtschulen führen, werden heute an den Universitäten Bielefeld, Bochum, Wuppertal, Köln, Paderborn und Münster angeboten,[21] wobei nur an den drei letztgenannten Standorten auch (Junior-)Professuren mit entsprechender Denomination vorhanden sind. Dass die Fachdidaktik Pädagogik an der Universität Münster schon seit den späten 1990er-Jahren mit einer eigenen Professur vertreten ist, versteht sich daher nicht von selbst und hat vermutlich auch historische Gründe. 1970 wurde die wissenschaftliche Begleitung der Erprobungsphase des Fachs „Erziehungswissenschaft/Pädagogik am Gymnasium" für Nordrhein-Westfalen einer Arbeitsgruppe am Institut für Erziehungswissenschaft (Peter Menck, Frank Achtenhagen) übertragen, die eine „kritisch-emanzipatorische Konzeption"[22] des Pädagogikunterrichts für allgemeinbildende, später auch für berufsbildende Schulen zur Diskussion stellte.[23] Erst in jüngerer Zeit ist dieser Gedanke, nämlich den Pädagogikunterricht auf eine gesellschaftsorientierte pädagogische Bildung auszurichten, wieder stark gemacht worden.[24] Die fachdidaktische Forschung zum Unterrichtsfach Pädagogik sowie die zum Lehramt Erziehungswissenschaft/Pädagogik führenden Studiengänge haben an der Universität Münster daher Tradition und stellen heute einen forschungsstarken Kern- und Profilbereich des Instituts für Erziehungswissenschaft dar.

2.2 Begabungsforschung und individuelle Förderung

Eine weitere Entwicklung steht in Verbindung mit der 2010 grundlegend umstrukturierten Montessori-Forschungsstelle, die im Zuge der Integration der Pädagogischen Hochschule

20 Vgl. Bubenzer, Kirsten: Schulfach Pädagogik – Formale Gleichheit, diskrete Differenzierung? Entwicklung und aktuelle Situation in der gymnasialen Oberstufe (Didactica Nova, 18), Baltmannsweiler 2010, S. 291–303; Knöpfel, Eckehardt: Pädagogikunterricht in der Sekundarstufe II, in: Püttmann, Carsten/Wortmann, Elmar (Hg.): Handbuch Pädagogikunterricht, Münster/New York 2022, S. 15–31, hier: S. 24f.

21 Landesamt für Qualitätssicherung und Informationstechnologie der Lehrerausbildung: Lehramt an Gymnasien und Gesamtschulen – Unterrichtsfächer und Studienorte, https://www.pruefungsamt.nrw.de/system/files/media/document/file/gyge_standorte-und-facher.pdf, Stand: 22.11.2022 (Zugriff: 22.2.2024).

22 Loges, Karl-Heinz: Pädagogikunterricht in allgemeinbildenden Schulen. Zur Problematik didaktischer Begründungen (Studien zu Bildung und Erziehung), Köln 1981, S. 66–79.

23 Vgl. Menck, Peter: Forschungsprojekt Pädagogikunterricht (FoPP), Forschungsbericht [Münster, 1975], hier v.a.: S. 85–106. – Wir danken Prof. em. Dr. Peter Menck, Universität Siegen, für die freundliche Auskunft per E-Mail, 5.3.2024.

24 Vgl. Bubenzer, Kirsten/Rühle, Manuel/Schützenmeister, Jörn (Hg.): Gesellschaftsorientierte pädagogische Bildung. Pädagogikunterricht als Fach des gesellschaftswissenschaftlichen Aufgabenfeldes (Didaktik der Pädagogik, 2), Münster/New York 2017.

Westfalen-Lippe Abteilung Münster in die Universität Münster in den 1980er-Jahren von Hildegard Holtstiege als Professorin für Systematische Pädagogik etabliert und zwischen 1993 und 2005 von Harald Ludwig als Professor mit dem Schwerpunkt Reformpädagogik/ Montessori-Pädagogik (am ehemaligen Institut II) fortgeführt wurde.[25] Aus der Verbindung von Montessori-Pädagogik mit Begabungsforschung und Individueller Förderung ging 2010 ein „Lehr-Lern-Labor: Diagnose und individuelle Förderung" hervor, das als Lern- und Forschungswerkstatt die adaptive Professionalisierung angehender Lehrpersonen gezielt unterstützt und begleitet.

Davon unabhängig war bereits am 2. Februar 2001 das Internationale Centrum für Begabungsforschung (ICBF) als gemeinsame Einrichtung der Universitäten Münster, Osnabrück und Nijmegen (Niederlande) gegründet worden. Zudem wurde am 1. August 2005 das Landeskompetenzzentrum für Individuelle Förderung Nordrhein-Westfalen (lif Nordrhein-Westfalen) als gemeinsame Einrichtung der Universität Münster, der Qualitäts- und UnterstützungsAgentur – Landesinstitut für Schule (QUA-LiS) Nordrhein-Westfalen sowie des Ministeriums für Schule und Bildung Nordrhein-Westfalen errichtet. Der Forschungsbereich Begabungsforschung und Individuelle Förderung wurde hierdurch dauerhaft institutionalisiert.[26] Seit 2010 wird der Schwerpunkt auch von einer eigenen Professur am Institut für Erziehungswissenschaft im Bereich der Schulpädagogik von Christian Fischer vertreten.[27] Die engen Verflechtungen zwischen den Institutionen prägen am Institut für Erziehungswissenschaft das Lehrangebot durch spezifische Veranstaltungen für angehende Lehrpersonen. Die Studierenden werden dabei an Projekten zur Begabungsforschung und Individuellen Förderung auch praktisch beteiligt. Während vor zwanzig Jahren ein Schwerpunkt der Begabungsforschung eher auf der Förderung besonders begabter Kinder und Jugendlicher lag, besteht heute ein breiteres Verständnis von Begabung als leistungsbezogenem Entwicklungspotenzial, das sich durch individuelle Konstellationen aus Fähigkeiten und Persönlichkeitsmerkmalen ergibt und das dementsprechend von (angehenden) Lehrpersonen (an-)erkannt, gefördert und begleitet werden muss.[28] Diese Erweiterung des pädagogischen Begabungsbegriffs hat – vor allem im Zuge

---

25 Vgl. Holtstiege, Hildegard: Theorie und Praxis in der Münsteraner Montessori-Pädagogik, in: Ludwig, Harald/Fischer, Christian/Grindel, Esther/Klein-Landeck, Michael (Hg.): Montessori-Pädagogik als Modell. 60 Jahre Montessori-Forschung und -Lehre in Münster (Impulse der Reformpädagogik, 20), Münster 2017, S. 71–110; vgl. auch die Homepage des Montessori-Zentrums Münster, https://www. montessorizentrum-muenster.de/über-uns/ (Zugriff: 25.2.2024).

26 Wir danken Christoph Busch vom ICBF und Heribert Woestmann von der ICBF-Stiftung für die freundliche Unterstützung, insbesondere für Bereitstellung des Videomitschnitts der ICBF-Eröffnungsfeierlichkeiten in der Aula der Universität am 2.2.2001.

27 Christian Fischer war 2000 und 2005 wissenschaftlicher Assistent bei Harald Ludwig, bei der neu geschaffenen Professur handelt es sich jedoch nicht um die ehemalige Montessori-Professur. Deren Neuausschreibung geschah mit einer „neutralen" Denomination für Schultheorie/Schulforschung, auf die Sabine Gruehn berufen wurde. Ludwig hatte sich dabei eigentlich für eine Fortführung des Montessori-Schwerpunktes eingesetzt, vgl. Ludwig, Harald: Zur Weiterführung des Forschungs- und Lehrschwerpunktes „Reformpädagogik/Montessori-Pädagogik" an der Universität Münster, in: ders. u.a. 2017, S. 365–369.

28 Christian Fischer [im Interview mit Kathrin Kottke]: Die Akzeptanz der Begabungsförderung hat zugenommen. 20 Jahre Institut für Begabungsforschung, Pressemitteilung der Universität Münster vom 1.2.2021, https://www.uni-muenster.de/news/view.php?cmdid=11524 (Zugriff: 12.3.2024).

der Inklusionsdebatte – dazu beigetragen, dass sich Begabungsforschung und Individuelle Förderung von einem Nischenthema zu einem vielseitig anschlussfähigen und stark nachgefragten Bereich in der Schulpädagogik, der Lehrkräftebildung und der Fort- und Weiterbildung entwickelt hat. Das Institut für Erziehungswissenschaft profitiert von dieser Entwicklung in Forschung, Lehre und Transfer, zumal sich das ICBF verbunden mit dem lif Nordrhein-Westfalen in den vergangenen zwanzig Jahren zu einem international anerkannten und sichtbaren Standort der Begabungsforschung und Individuellen Förderung etablieren konnte. Mit dieser Entwicklung eng verbunden sind zudem die Etablierung des im dreijährigen Turnus stattfindenden Münsterschen Bildungskongresses sowie die Beteiligung der Universität Münster an der vom Bundesministerium für Bildung und Forschung (BMBF) sowie der Kultusministerkonferenz (KMK) geförderten Initiative „Leistung macht Schule" (LemaS) zur Förderung leistungsstarker und potenziell besonders leistungsfähiger Schüler:innen.

2.3 Pädagogik der Frühen Kindheit

Vor der Wiedereinrichtung der Professur für Erziehungswissenschaft mit dem Schwerpunkt Elementarbildung/Pädagogik der frühen Kindheit zum Wintersemester 2015/16 wurde dieser Arbeitsbereich mit der Bezeichnung „Vorschulerziehung" von Line Kossolapow (1970–1978),[29] später dann mit der Doppelbezeichnung „Vorschulerziehung/Pädagogik der frühen Kindheit" von Wolfgang Tietze bis zum Wintersemester 1993/94 am Institut für Sozialpädagogik, Weiterbildung und Empirische Pädagogik im Fachbereichs 9 Erziehungswissenschaft vertreten. Wie Zymek bereits angedeutet hat, erfolgte anschließend die Umwidmung dieser Professur zu dem Schwerpunkt „Neue Technologien im Bildungs- und Sozialwesen/Medienpädagogik", die mit Friedrich Schönweiss bis 2016 besetzt war. Bei der Frage nach der Neubesetzung dieser Professur fiel die Entscheidung zugunsten einer Rückwidmung zum Bereich „Pädagogik der frühen Kindheit" aus. Der Ruf auf diese Professur erging an Christina Huf. Mit der strategischen Wiederaufnahme dieses Schwerpunkts beziehungsweise der Konsolidierung dieses Arbeitsbereichs entsprach das Institut einem allgemeinen Trend, der sich an anderen Hochschulen und Universitäten zur gleichen Zeit zusätzlich in der Entwicklung und Einrichtung von Bachelorstudiengängen für „Kindheitspädagogik" widerspiegelte. Rückblickend kann festgestellt werden, dass die Ausschreibungen und Besetzungen entsprechender Professuren mit dieser oder einer ähnlichen Denomination 2016 einen Höhepunkt erreichten.[30]
Ob dieser deutschlandweite Trend einen Beitrag dazu geleistet hat, die „Profilierung der Pädagogik der frühen Kindheit in Richtung [einer] teildisziplinäre[n] Eigenständigkeit"[31] vor-

---

29   Line Kossolapow wird erst ab dem Wintersemester 1973/74 als Professorin geführt, wie das entsprechende Personal- und Vorlesungsverzeichnis angibt, vgl. https://nbn-resolving.org/urn:nbn:de:hbz:6:1-353288 (Zugriff: 3.3.2024).

30   Vgl. Jahreiß, Samuel: Hat sich die Denomination „Kindheitspädagogik" an deutschen Hochschulen etabliert? Ergebnisse einer Stellenanzeigenanalyse von disziplinären Professuren, in: Diskurs Kindheits- und Jugendforschung 2022, S. 242–248.

31   Vgl. Reyer, Jürgen/Franke-Meyer, Diana: Vorschulreform und der wissenschaftliche Status der „Pädagogik der frühen Kindheit" als Teildisziplin der Erziehungswissenschaft, in: Zeitschrift für Pädagogik

anzutreiben, kann an dieser Stelle nicht beurteilt werden. Zumindest für das Institut für Erziehungswissenschaft kann herausgestellt werden, dass die Arbeitsgruppe „Pädagogik der frühen Kindheit" sich in personeller beziehungsweise struktureller Hinsicht von der mit zwei Professuren vertretenden Sozialpädagogik in Forschung und Lehre abgrenzt und dadurch auch einen eigenen inhaltlichen Beitrag in Forschung und Lehre zum Profil des Instituts vorweisen kann, der unter anderem in einem eigenständigen Profil in den grundständigen erziehungswissenschaftlichen Studiengängen mündet. Der engen Verbindung und Verwandtschaft der drei Arbeitsgruppen wird in Anlehnung an die 2002 reformierte Kommissions- und Sektionsstruktur der DGfE[32] seit 2023 auch mit der Einordnung in einen gemeinsamen Arbeitsbereich (Sozialpädagogik/Pädagogik der frühen Kindheit) weiterhin entsprochen.

2.4 Ausländerpädagogik, Interkulturelle Pädagogik, Mehrsprachigkeit und Bildung

Sprache und Mehrsprachigkeit stellen heute „zentrale Themen der interkulturellen Pädagogik"[33] dar. Am Institut für Erziehungswissenschaft wird diesem thematischen Schwerpunkt mit einer Professur mit dem Schwerpunkt „Mehrsprachigkeit und Bildung" seit 2019 entsprochen. Schon seit Ende der 1980er-Jahre existiert im Fachbereich eine solche Professur, deren Denomination sich in den vergangenen Jahrzehnten allerdings wandelte, indem neue Leitbegriffe aus jeweils aktuellen gesellschafts- und bildungspolitischen Diskussionen bei der Umwidmung und Neubesetzung der Professur entsprechend Berücksichtigung fanden.

Aus der Initiative eines fachbereichsübergreifenden Arbeitskreises „Studienangebot für Lehrer ausländischer Kinder" im Wintersemester 1979/80 war zunächst ein „noch relativ kleines, koordiniertes, pluridisziplinäres Lehrangebot für interessierte Studenten und Lehrer"[34] hervorgegangen, aus dem sich im damaligen Fachbereich Erziehungswissenschaft zum Sommersemester 1986 der Zusatzstudiengang „Ausländerpädagogik einschließlich Deutsch als Fremdsprache/Zweitsprache" herausbildete. Zur selben Zeit nahm die „Arbeitsstelle für Interkulturelle Studien/Ausländerpädagogik" ihre Arbeit auf. Zudem folgte 1988 die Berufung von Marianne Krüger-Potratz auf eine Professur mit entsprechender Denomination. Bereits 1991 wurde im Zuge einer neuen Rechtsverordnung die Umbenennung des Zusatzstudien-

---

56 (2010) 5, S. 725–743, hier: S. 736.

32   Vgl. hierzu DIPF | Leibniz-Institut für Bildungsforschung und Bildungsinformation, BBF | Bibliothek für Bildungsgeschichtliche Forschung – Archiv: DGFE V 450.

33   Gogolin, Ingrid/Krüger-Potratz, Marianne: Einführung in die Interkulturelle Pädagogik, 3. Aufl., Opladen/Toronto 2020, S. 181–203; Fürstenau, Sara: Erziehungswissenschaftliche Perspektive auf Mehrsprachigkeit, in: Gogolin, Ingrid/Hansen, Antje/McMonagle, Sarah/Rauch, Dominique (Hg.): Handbuch Mehrsprachigkeit und Bildung, Wiesbaden, S. 87–91.

34   Hansen, Georg/Krüger-Potratz, Marianne: Einführung in das Zusatzstudium „Ausländerpädagogik einschließlich Deutsch als Fremdsprache/Zweitsprache", in: Krüger-Potratz, Marianne/Knabe, Ferdinande (Hg.): Studienführer zum Zusatzstudiengang Ausländerpädagogik einschließlich Deutsch als Fremdsprache/Zweitsprache an der Westfälischen Wilhelms-Universität (Interkulturelle Studien. Texte, Materialien, Dokumente, 11), Münster 1988, S. 1–9, hier: S. 2.

gangs in „Interkulturelle Pädagogik"[35] vollzogen, während die Arbeitsstelle noch bis Ende der 1990er-Jahre den aus heutiger Perspektive nicht unproblematischen Begriff der „Ausländerpädagogik" im Namen führte.[36] Nach der Emeritierung von Krüger-Potratz folgte zum Wintersemester 2009/10 die Neubesetzung der Professur mit der Denomination „Interkulturelle Pädagogik" durch Sara Fürstenau. Sprachliche Heterogenität beziehungsweise Mehrsprachigkeit im Kontext von Migration, Schule und Familie bestimmte weiterhin Lehre und Forschung der Arbeitsgruppe. Zwischen dem Wechsel von Fürstenau an die Universität Hamburg und der Berufung von Vera Busse auf die zu „Mehrsprachigkeit und Bildung" umgewidmete Professur erfolgte 2016 bis 2018 eine erste Ausschreibung mit der Denomination „Bildung und Migration", die nicht besetzt wurde.[37] Zum Sommersemester 2018 lief nach mehr als dreißig Jahren der Zusatzstudiengang „Deutsch als Zweitsprache/Interkulturelle Pädagogik" aus.

Das Beispiel zeigt, inwiefern das Institut darum bemüht ist, das eigene Profil an aktuellen Trends der Erziehungswissenschaft und ihren jeweiligen Arbeits- und Forschungsschwerpunkten auszurichten und dabei auch Leitbegriffe aus gesellschafts- und bildungspolitischen Debatten aufzunehmen, die für Erziehungswissenschaft und Lehrkräftebildung relevant sind.

2.5 Inklusive Bildung und Sonderpädagogik

Anders als an anderen großen erziehungswissenschaftlichen beziehungsweise lehramtsbildenden Hochschulstandorten in Deutschland (zum Beispiel der Martin-Luther-Universität Halle-Wittenberg) verfügt das Institut in Münster über keine disziplinäre Tradition im Bereich der Inklusiven Bildung sowie der Sonderpädagogik. Dies ist unter anderem damit zu erklären, dass in Nordrhein-Westfalen bis vor wenigen Jahren das Lehramt für sonderpädagogische Förderung nur von den Universitäten in Dortmund und Köln angeboten wurde und auch grundständige sonderpädagogische Studiengänge in Münster nicht etabliert waren. Nach Ratifizierung der UN-Behindertenrechtskonvention durch die Bundesrepublik Deutschland im Januar 2009[38] und der sich anschließenden inklusiven Umgestaltung des Schulsystems erfolgt vorerst ebenfalls keine Einrichtung von Studiengängen oder Professuren.[39]

---

35   Verordnung über die Prüfung zum Erwerb der Zusatzqualifikation „Interkulturelle Pädagogik" (29.10.1991), in: Krüger-Potratz, Marianne (Hg.): Interkulturelle Pädagogik – ein Studienführer (Interkulturelle Studien. Texte, Materialien, Dokumente, 23), Münster 1994, S. 13–16.

36   Hierzu vgl. Gosewinkel, Dieter/Katzy-Reinshagen, Anna: „Ausländer" – Die Herkunft eines Herkunftsbegriffs, in: WBZ Mitteilungen (2021), H. 173, S. 27–30; Böhmer, Anselm: Grundbegriffe der Migrationspädagogik. Pädagogische Positionen, gesellschaftliche Entwicklungen und politische Präferenzen 38 (2020), S. 82–91.

37   UAMs, Bestand 379, Nr. 133.

38   UN-Behindertenrechtskonvention, 2009, https://www.institut-fuer-menschenrechte.de/das-institut/monitoring-stelle-un-brk/die-un-brk (Zugriff: 16.3.2024).

39   Zum Status des Begriffs und Konzepts der „Inklusion" in der Erziehungswissenschaft vgl. Ricken, Norbert: „Inklusion" und die Logik erziehungswissenschaftlicher Grundbegriffe – ein Blick von der Seite, in: Sturm, Tanja/Balzer, Nicole/Budde, Jürgen/Hackbarth, Anja (Hg.): Erziehungswissenschaftliche Grundbegriffe im Spiegel der Inklusionsforschung, Opladen/Berlin/Torono 2023, S. 21–42.

Die Universität Münster konnte – federführend koordiniert durch das Institut für Erziehungswissenschaft – zwischen den Jahren 2016 und 2023 für zwei Förderphasen sehr erfolgreich Drittmittel der Förderlinie „Qualitätsoffensive Lehrerbildung" (QLB) des Bundesministeriums für Bildung und Forschung einwerben.[40] Das münsterische Projekt „Dealing with Diversity. Kompetenter Umgang mit Heterogenität durch reflektierte Praxiserfahrung" war geprägt durch eine interdisziplinäre Forschungs- und Lehrtätigkeit der Erziehungswissenschaft, Psychologie und nahezu aller Fachdidaktiken der Unterrichtsfächer. Der QLB immanent war die stärkere Verankerung der Themenbereiche Heterogenität und Inklusion im Lehramtsstudium und in der Schule.[41] Da dieser Schwerpunkt bislang am Institut für Erziehungswissenschaft wenig sichtbar war, konnte aus den Projektmitteln eine vorgezogene Nachfolge und Änderung der Denomination der mit Stephanie Hellekamps besetzten Professur für „Historische Schul- und Curriculumforschung" realisiert werden. Die zum Sommersemester 2015 eingerichtete Professur „Schulpädagogik: Inklusive Bildung" wurde erst vertreten, war von 2017 bis 2019 mit Tanja Sturm und ist seit Sommer 2021 durch Karolina Urton besetzt.

Um den wachsenden Anforderungen eines inklusiven Schulsystem und einer umfänglich heterogen wahrgenommenen Schüler:innenschaft gerecht werden zu können, wurden die Studienplatzkapazitäten für das Lehramt sonderpädagogische Förderung mit allen sieben Schwerpunkten in Nordrhein-Westfalen zu Beginn der 2020er-Jahre ausgeweitet. Disziplinübergreifend mit dem Institut für Psychologie in Bildung und Erziehung bietet das Institut für Erziehungswissenschaft seit dem Wintersemester 2023/24 Studiengänge für das Lehramt sonderpädagogische Förderung für die Schwerpunkten „Lernen" sowie „Emotionale und soziale Entwicklung" an. Mit der Neueinrichtung verbunden ist für das Institut ein Zuwachs von drei Professuren. Zwei der drei Stellen sind gegenwärtig (April 2024) im Besetzungsverfahren; die Professur für „Erziehungswissenschaft mit dem Schwerpunkt Sonderpädagogik im Kontext inklusiver Bildung: Förderschwerpunkt Lernen" ist seit dem Sommersemester 2024 mit Jürgen Wilbert besetzt. Dieser neue, im Arbeitsbereich „Schulpädagogik und inklusiven Bildung" angesiedelte Profilschwerpunkt des Instituts für Erziehungswissenschaft soll das Lehrangebot und Forschungsprofil verstärken und weiter ausbauen.

2.6 Berufspädagogik und berufliche Bildung

Eine weitere Besonderheit des Instituts für Erziehungswissenschaft stellt die Kooperation zwischen der Universität Münster und der Fachhochschule Münster für die Studiengänge zum Lehramt an Berufskollegs dar. Während die Fachhochschule die Koordination des Angebotes der berufsbezogenen Unterrichtsfächer (zum Beispiel Gesundheit oder Maschinenbau) koordiniert, zeichnet die Universität Münster für die allgemeinbildenden Unterrichtsfächer (zum Beispiel Deutsch oder Mathematik) verantwortlich. Das Institut für Erziehungswissenschaft

---

40   Bundesministerium für Bildung und Forschung (Hg.): Neue Wege in der Lehrerbildung. Die Qualitätsoffensive Lehrerbildung, Berlin 2016, https://www.qualitaetsoffensive-lehrerbildung.de/lehrerbildung/shareddocs/downloads/files/bmbf-neue_wege_in_der_lehrerbildung_barrierefrei.pdf?__blob=publicationFile&v=2 (Zugriff: 16.3.2024).

41   Ebd., S. 27–31.

gestaltet adressatenbezogen mit dem Institut für berufliche Lehrerbildung der Fachhochschule die bildungswissenschaftlichen Studienanteile dieser Studierendenkohorten.

Ursprünglich der Schulpädagogik zugeordnet, bilden die beiden Professuren seit Inkrafttreten der neuen Institutsgliederung 2023 einen eigenständigen Arbeitsbereich. Die oben bereits erwähnte W2-Professur für „Berufspädagogik" wurde 2006 am Institut etabliert und ist nach kurzer Vakanz seit dem Sommersemester 2015 mit Ulrike Weyland besetzt. Dass die Berufspädagogik erst relativ spät als eigenständige Arbeitsgruppe am Institut für Erziehungswissenschaft verankert wurde, zeugt allerdings nicht von einer verspäteten Berücksichtigung der beruflichen Bildung in der Forschung und Lehre zur Erziehungswissenschaft. In Münster wurde bis in die 1990er-Jahre von Anhängern und Vertretern der sogenannten „Blankertz-Schule"[42] die Auffassung vertreten, dass die traditionelle Trennung von allgemeiner und beruflicher Bildung grundsätzlich zu überwinden sei und eine Integration entsprechender Bildungsgänge angestrebt werden müsse. Eine eigenständige Arbeitsgruppe zur Berufspädagogik hätte dieser Auffassung widersprochen. Die Kooperation mit der Fachhochschule löst heute die Idee nach einer Verbindung studienbezogener beziehungsweise wissenschaftspropädeutischer und berufsqualifizierender Studieninhalte wiederum ein. Durch die Verstetigung von Drittmitteln gelang 2019 eine Umwidmung und Aufwertung zu einer W3-Professur für „Berufspädagogik". Damit verbunden war zudem die Schaffung einer W2-Professur für „Berufsorientierung", die seit dem Wintersemester 2020 von Katja Driesel-Lange ausgefüllt wird. Diese Differenzierung im Bereich der beruflichen Bildung führte zu einer nachhaltigen Profilausschärfung des Instituts für Erziehungswissenschaft.

2.7 Digitalisierung in pädagogischen Handlungsfeldern

Weniger als Kontinuität, sondern vielmehr als Reaktion auf gesamtgesellschaftliche, bildungspolitische und innerdisziplinäre Diskurse ist die Einrichtung der Professur „Digitalisierung in pädagogischen Handlungsfeldern" zu werten. Bereits bis 2016 unter dem Schwerpunkt „Neue Technologien im Bildungs- und Sozialwesen/Medienpädagogik" mit Friedrich Schönweiss besetzt, fand am Institut für Erziehungswissenschaft eine forschungs- wie transferintensive Auseinandersetzung mit der ersten Phase schulischer Digitalisierung statt. Die Forschungsaktivitäten wurden dabei nicht nur in grundständigen und lehramtsbezogenen Studiengängen eingebracht, sondern im Zusatzstudiengang „Medien und Informationstechnologien in Erziehung, Bildung und Unterricht" weiter forciert. Der Studiengang lief mit dem Ausscheiden des Stelleninhabers zum Sommersemester 2016 aus. Die oben skizzierte Änderung der Denomination der Professur zum Aufbau des Profils der „Pädagogik der frühen Kindheit" führte zu einer fünfjährigen Abstinenz der Thematik, sofern die Bezeichnung von Arbeitsgruppen zugrunde gelegt wird. Die schon deutlich vor der COVID-19-Pandemie einsetzende bildungspolitische Fokussierung der Thematik zeigt sich unter anderem an der Strategie „Bildung in

---

42   Hierzu vgl. Tenorth, Heinz-Elmar: Karrierekatalysator und Theoriediffusion. Notizen zur Blankertz-Schule in der Erziehungswissenschaft, in: Adick, Christel/Kaul, Margret/Wigger, Lothar (Hg.): Was ist Erziehungswissenschaft? Festschrift für Peter Menk, Donauwörth 2000, S. 97–125.

der digitalen Welt" der KMK aus dem Jahr 2016[43] und war gleichfalls in der Qualitätsoffensive Lehrerbildung[44] angelegt. Die Stellenhülle der Professur Wolfgang Böttchers („Evaluation und Qualitätsentwicklung in Einrichtungen des Bildungs- und Sozialwesens"), der 2020 aus dem Dienst ausschied, wurde für die Etablierung einer Arbeitsgruppe zur „Digitalisierung in pädagogischen Handlungsfeldern" genutzt und konnte erstmals zum Sommersemester 2020 besetzt werden. Seit dem Wintersemester 2023/24 ist Sebastian Wachs Inhaber dieser Professur.

3. Zusammenfassung und Ausblick

Mit den ausgewählten Beispielen können im Rahmen dieses Beitrags nur einige wenige, auffällige Entwicklungen erläutert werden, die sich aus der tabellarischen Darstellung der Struktur des Instituts und seiner einzelnen Arbeitsgruppen und -bereiche ergeben. Die getroffene Auswahl ist daher auch das Ergebnis dieser gewählten Darstellungsweise, sodass nicht ausgeschlossen werden kann, dass andere Formen der Darstellung durchaus weitere Veränderungen aufdecken könnten. Davon abgesehen, kann auch in den weiteren Arbeitsgruppen des Instituts, die hier nicht explizit oder nur am Rande angeführt werden konnten, davon ausgegangen werden, dass dort ebenfalls strategische beziehungsweise profilbildende Weichenstellungen vorgenommen wurden beziehungsweise stattfanden, die nicht mit der Umwidmung und Neubesetzung der jeweiligen Professur zusammenhingen, sondern auf andere Umstände zurückgeführt werden können: die Einwerbung von Drittmitteln zur Durchführung von Forschungsprojekten, neue Kooperationen mit anderen Arbeitsgruppen des Instituts, aber auch international und interdisziplinär, die Neubesetzung von (unbefristeten) Stellen im wissenschaftlichen „Mittelbau", die Neu- und Umgestaltung von Profilschwerpunkten in der Lehre, die Einrichtung neuer themenbezogener Forschungsstellen oder Kooperationen mit Akteuren außerhalb der Wissenschaft.

Die dargestellten Entwicklungen auf lokal-institutioneller Ebene seit 2010 deuten darauf hin, dass sich der Prozess der personellen Erneuerung, der etwa 2006 mit einem weitreichenden Generationenwechsel begann, weiter fortgeschritten ist. Damit setzt sich auch ein Prozess der erweiterten Schwerpunktbildung innerhalb des Fachs fort, der in Anlehnung an den Soziologen Rudolf Stichweh als „Innendifferenzierung"[45] gedeutet werden kann. Ausgehend davon, dass von Wissenschaft erwartet wird, gesellschaftliche Probleme und Herausforderungen anzugehen und entsprechende Lösungsstrategien zu entwerfen, führt Stichweh aus, dass diese Probleme zunächst keine disziplinären oder interdisziplinären Probleme darstellen, sondern transdisziplinär bearbeitet werden können (Klimawandel, Pandemien, Ungleichheit, Migration, Digitalisierung, Künstliche Intelligenz). Dies bringe, sofern Wissenschaft dieser öffentli-

43 Kultusministerkonferenz: Bildung in der digitalen Welt. Strategie der Kultusministerkonferenz, Berlin 2016, https://www.kmk.org/fileadmin/Dateien/pdf/PresseUndAktuelles/2018/Digitalstrategie_2017_mit_Weiterbildung.pdf (Zugriff: 16.3.2024).

44 Bundesministerium für Bildung und Forschung 2016, S. 32–34.

45 Stichweh, Rudolf: Disziplinarität, Interdisziplinarität, Transdisziplinarität – Strukturwandel des Wissenschaftssystems (1750–2020), in: Schmohl, Tobias/Philipp, Thorsten (Hg.): Handbuch Transdisziplinäre Didaktik (Hochschulbildung: Lehre und Forschung, 1), Bielefeld 2021, S. 433–448.

chen Erwartung entsprechen will, Prozesse „der innersystemisch geordneten Arbeitsteilung"[46] hervor. Dieser Strukturwandel des Wissenschaftssystems hat Einfluss sowohl auf die Disziplinbildung als auch die Institutionalisierung der Erziehungswissenschaft genommen, sodass in jüngster Zeit Transdisziplinarität als inhärentes Merkmal der Erziehungswissenschaft diskutiert wird.[47] Für die Erziehungswissenschaft an der Universität Münster seit 2010 spiegelt sich dieser Prozess in der Umwidmung von Professuren beziehungsweise der Einrichtung neuer Arbeitsgruppen innerhalb der Erziehungswissenschaft wider, mit Schwerpunkten wie Mehrsprachigkeit, individuelle Förderung, berufliche Bildung, Digitalisierung, Inklusion und Sonderpädagogik. Dass das Institut diese Schwerpunkte besetzen konnte, liegt auch an der Größe des Instituts und der dadurch ohnehin vorhandenen Vielfalt an Arbeits- und Forschungsschwerpunkten mit insgesamt 24 Professuren (Stand: April 2024), die bei der Neu- oder Wiederbesetzung von Professuren größere Handlungs- und Gestaltungsspielräume eröffnen als in kleineren Instituten oder Fachbereichen. Dies hat dazu geführt, dass das Institut in dem betreffenden Zeitraum sein Profil in unterschiedlichen Bereichen schärfen und ausweiten konnte, indem es gesellschafts-, bildungs- und disziplinpolitische Themen, Trends und „Probleme" rechtzeitig aufgreifen und als erziehungswissenschaftliche Arbeits- und Forschungsschwerpunkte mit einer eigenen Professur versehen konnte.

Der Blick auf die institutionelle Differenzierung führt schließlich zurück zu der Frage nach der Integration der erziehungswissenschaftlichen Teilbereiche in die Disziplin der Erziehungswissenschaft. Vor dem Hintergrund der historischen Entwicklungen vom Pädagogischen Seminar zum Institut für Erziehungswissenschaft ab 1973 über die Integration der Pädagogischen Hochschule ab 1980 bis über die institutionelle Konsolidierung der drei Institute zu einem Institut für Erziehungswissenschaft im Jahr 2006 hinaus hat sich der Prozess der wissenschaftlichen „Normalisierung"[48] weiter fortgesetzt. Neben der großen Kontinuität – und Tradition – von Arbeitsbereichen beziehungsweise Professuren wird die Integration neuer Teilbereiche durch die Besetzung mit entsprechenden Professuren nicht als Überschreitung oder Aufweichung der vermeintlich „lockeren"[49] disziplinärer Grenzen des Fachs verstanden, sondern in der Regel als strategische Weiterentwicklung (Um-/Rückwidmung) schon vorhandener Arbeits- und Forschungsbereiche mit neuer Schwerpunktbildung betrieben. Das Fach bleibt Erzie-

---

46   Ebd., S. 446. – Weiterführend auch Nassehi, Armin: Gepflegte Arbeitsteilung? Über wissenschaftliche Erkenntnisse und politische Entscheidungen, in: Forschung & Lehre 30 (2023), S. 332–334.

47   Vgl. Kondratjuk, Maria: Inhärente Transdisziplinarität?! Grenzarbeit (in) der Erziehungswissenschaft, in: Hofbauer, Susann/Schreiber, Felix/Vogel, Katharina (Hg.): Grenzziehungen und Grenzbeziehungen des Disziplinären. Verhältnisbestimmungen (in) der Erziehungswissenschaft (Beiträge zur Theorie und Geschichte der Erziehungswissenschaft, 49), Bad Heilbrunn 2023, S. 53–60; Keiner, Edwin: Strukturwandel der Erziehungswissenschaft? Sach-, Zeit-, Raum- und Sozialdimension, in: Binder, Ulrich/Meseth, Wolfgang (Hg.): Strukturwandel in der Erziehungswissenschaft. Theoretische Perspektiven und Befunde (Beiträge zur Theorie und Geschichte der Erziehungswissenschaft, 47), Bad Heilbrunn 2020, S. 36–61.

48   Vgl. Tenorth, Heinz-Elmar: Normalisierung und Sonderweg – Deutsche Erziehungswissenschaft in historischer Perspektive, in: Borrelli, Michele/Ruhloff, Jörg (Hg.): Deutsche Gegenwartspädagogik, Bd. 2, Baltmannsweiler 1996, S. 170–182.

49   Fatke/Oelkers 2014, S. 10.

hungswissenschaft – im Singular[50] – und hierin liegt ein wesentliches Identifikationsmerkmal *der* Erziehungswissenschaft an der Universität Münster.

Weitere empirische Studien stehen noch aus, die diese Ergebnisse bestätigen können. Eine Fortsetzung der lokal-institutionellen Disziplingeschichte, die an die Studie von Martin Rothland zeitlich anschließt und in gleicher Weise die Entwicklungen des Lehrangebots und der wissenschaftlichen Veröffentlichungen seit 1990 in den Blick nimmt,[51] wäre mehr als erstrebenswert, ebenso historisch-kritische Mikrostudien zu bedeutenden Figuren der lokal-institutionellen Geschichte der Erziehungswissenschaft (Willy Kabitz, Friedrich Siegmund-Schultze, Heinrich Döpp-Vorwald, Ernst Bornemann, Herwig Blankertz und anderen), aber auch zu ausgewählten Subdisziplinen des Fachs. Hierfür ist ausschlaggebend, dass diese Themen und Inhalte nicht nur anlässlich von Jubiläumsschriften bearbeitet werden, sondern dass die Beschäftigung mit der Instituts- und Universitätsgeschichte zur „Alltagsarbeit"[52] bildungshistorischer Forschung wird – so wie es heute schon für die Wissenschafts- und Disziplingeschichtsschreibung gilt.[53]

50   Dies zeigen auch die Studiengänge: Der Datenreport Erziehungswissenschaft 2024 (s. Tabellenanhang) verzeichnet im deutschlandweiten Vergleich eine große Vielfalt erziehungswissenschaftlicher Studiengänge, die auf bestimmte Schwerpunkte ausgerichtet sind, etwa Sozial- oder Sonderpädagogik, Medien- und Erwachsenenbildung, aber auch Empirische Bildungsforschung oder Bildungsmanagement. In Münster wird eine derartige Profilbildung nicht durch eigene Studiengänge, sondern durch Wahlmodule innerhalb der Studiengänge ermöglicht, die alle „Erziehungswissenschaft" genannt werden, während spezifische Studiengänge – abgesehen von den mittlerweile ausgelaufenen Zusatzstudiengängen für Interkulturelle Pädagogik und Medienpädagogik – nicht existieren.

51   Neue Methoden und Arbeitstechniken zur digitalen Auswertung großer Datenmengen, wie sie im Bereich der historischen Bildungsforschung schon seit einiger Zeit erprobt werden, ließen sich für eine derartige Analyse hinzuziehen, vgl. Oberdorf, Andreas (Hg.): Digital Turn und Historische Bildungsforschung. Bestandsaufnahme und Forschungsperspektiven, Bad Heilbrunn 2022.

52   Vgl. Hammerstein, Notker: Jubiläumsschrift und Alltagsarbeit. Tendenzen bildungsgeschichtlicher Literatur, in: Historische Zeitschrift 236 (1983), S. 601–633.

53   Vgl. Weigand, Katharina: Universitätsgeschichte als Projekt und Programm. Kategorien und Perspektiven (Beiträge zur Geschichte der Ludwig-Maximilians-Universität München, 12), München 2021.

Sabine Happ

Das Gedächtnis der Quellen: Archivalien zur Erziehungswissenschaft an der Universität Münster

Aufgabe und Funktion von Archiven waren von ihrer Entstehung an bis heute einem gewissen Wandel unterworfen: Archive dienten zunächst vor allem der Rechtssicherheit und erst in zweiter Linie dem historischen Gedächtnis. Heute haben sich diese Prioritäten in Richtung Gedächtnis verschoben. Der Begriff Archiv lässt sich aus dem lateinischen Wort „arca" im Sinne von Kasten oder Kiste ableiten. Legendär ist die Gründung des ältesten Universitätsarchivs auf heutigem deutschen Boden. Am 8. Februar 1388, ungefähr anderthalb Jahre nach der Gründung der Universität Heidelberg, deponierte ihr erster Rektor Marsilius von Inghen wichtige Dokumente in einer kleinen Kiste, einer „parva archella". Diese wiederum wurde in der „Universitätstruhe" hinter dem Hauptaltar der Heiliggeistkirche eingelagert.[1] Aus der Kiste ist mehr als 630 Jahre später ein veritables Archivgebäude in der Innenstadt von Heidelberg geworden, das nach wie vor die Urkunden aus der Archivkiste verwahrt, die teilweise älter als die Universität Heidelberg sind und die Erstausstattung einer der ältesten Universitäten der Welt belegen. Demgegenüber ist die Gründung des Universitätsarchivs Münster im Jahr 1912 durch Beschluss des Universitätssenats als nahezu zeitgenössisch zu bezeichnen,[2] auch wenn es innerhalb des Landes Nordrhein-Westfalen das älteste und größte Universitätsarchiv ist.

Rechtssicherheit ist in der Entstehungsgeschichte von Archiven nur ein Teilaspekt. Natürlich waren die Urkunden und Dokumente, die in einem Archiv hinterlegt waren, notwendig, um Kaufverträge, Nutzungsrechte, Gerichtsurteile, Ehevereinbarungen oder andere Rechtsakte und -ansprüche zu belegen. Dabei war es unerheblich, ob es sich bei dem Archiv noch um einen Kasten, schon um einen separaten Raum oder bereits um ein eigenes Gebäude handelte. Archive waren ebenfalls und wesentlich Herrschaftsinstrumente. Nur wer seine Rechte durch Zeugen oder besser noch durch Schriftstücke nachweisen konnte, hatte die Möglichkeit, sein Eigentum und seine Macht zu sichern. Nicht von ungefähr kennt gerade das Mittelalter eine Reihe von Fälschungen, mit denen Ansprüche von alters her bewiesen werden sollten, die es nicht oder noch nicht gab. Die ersten Verantwortlichen für Archive waren daher auch keine Geschichtsschreiber, sondern Rechtskundige, später studierte Juristen. Erst im Laufe der Zeit wandelte sich das Berufsbild hin zu einem Historikerarchivar, der neben den archivischen Fertigkeiten über ein grundlegendes Geschichtsstudium verfügt, wobei es nach wie vor Juristen in diesem Berufsfeld gibt.

Hintergrund dieser Entwicklung war der geänderte Nutzungszweck von Archiven: von der Feststellung von Rechten zur Zusammenstellung von historischen Fakten. Im Recht wird hinterfragt, warum ein Beschluss getroffen wurde, wie diese Entscheidung entstanden ist und wer Einfluss nehmen wollte oder durfte. Archivalien belegen nicht nur Sachverhalte, sie zeigen auch Entscheidungsstrukturen und -wege auf und machen Entwicklungen sichtbar. Ohne

---

1   https://www.uni-heidelberg.de/studium/journal/2013/06/uniarchiv.html (Zugriff: 24.4.2024).
2   Zur Geschichte und Entstehung des Universitätsarchivs Münster vgl. Happ, Sabine: Das Universitätsarchiv Münster (Nike. Kunst und Geschichte an der Universität Münster, 4), Münster 2018.

Quellen ist historische Forschung nicht möglich, ohne Archive gibt es nur wenige oder gar keine historischen Quellen.

Aus dem Herrschaftsinstrument Archiv wurde in neuester Zeit ein öffentlich zugänglicher Ort. Nach wie vor gibt es private Archive, beispielsweise von Firmen, die den Zugang nach eigenem Gutdünken regeln können. Öffentliche Archive stehen aber jeder Person offen. Das erste Archivgesetz des Landes Nordrhein-Westfalen von 1989 ließ Nutzung nach Ablauf der Sperrfristen nur zu, sofern ein berechtigtes Interesse glaubhaft gemacht werden konnte.[3] Demgegenüber legt § 6 Absatz 1 der Fassung von 2010 fest: „Jeder hat nach Maßgabe dieses Gesetzes und der hierzu ergangenen Benutzungsordnung das Recht, Archivgut auf Antrag zu nutzen, soweit aufgrund anderer Rechtsvorschriften nichts anderes bestimmt wird."[4] Danach handelt es sich nicht nur um ein Recht, sondern um einen Anspruch, der ohne weitere Begründung des Interesses besteht und lediglich durch andere fest definierte Rechtsnormen, beispielsweise zum Datenschutz, beschnitten wird. Beziehen sich Archivalien auf die eigene Person, ist Auskunft zu erteilen oder Einsicht zu gewähren.[5] Damit ist sichergestellt, dass Betroffene erfahren, welche Unterlagen über sie archiviert wurden. Waren Archive früher eher verschlossene, nur Eingeweihten zugängliche Orte, so spielt heute die Öffentlichkeitsarbeit eine wichtige Rolle. Welche Archivalien verwahrt werden, ist eine Information, die der Öffentlichkeit möglichst transparent online dargeboten wird. Neben der Beratung durch das Archivpersonal besteht daher die Möglichkeit, sich selbst zu informieren und die einschlägigen Archivalien zu recherchieren.

Heutige öffentliche Archive sind im Wesentlichen Behördenarchive. Staatsarchive, wie das Bundesarchiv und die Landesarchive der verschiedenen Bundesländer, verwahren die Archivalien der Bundes- beziehungsweise der Landesbehörden, Kommunalarchive die der Kreise, Städte und Gemeinden, kirchliche Archive die der Bistümer oder Landeskirchen sowie der Kirchengemeinden. Schließlich sind die Hochschularchive für das Archivgut ihrer Hochschule zuständig, sei es eine Hochschule für angewandte Wissenschaft oder eine Universität. Konnten Hochschulen früher eigene Archive einrichten, so sind sie nach der neuesten Fassung des Archivgesetzes Nordrhein-Westfalen als dem Land unterstehende juristische Personen des öffentlichen Rechts dazu verpflichtet, wobei sie sich diese Pflicht mit anderen juristischen Personen teilen oder auf ein anderes, fachlich geleitetes Archiv übertragen können.[6] Nur im Ausnahmefall übernimmt das Landesarchiv diese Aufgabe.[7]

Das Universitätsarchiv Münster ist als Behördenarchiv für die gesamte Universität Münster und ihre Vorgängereinrichtungen zuständig.[8] Diese Vorgängereinrichtungen sind die erste

---

3 § 7 Absatz 1 des Gesetzes über die Sicherung und Nutzung öffentlichen Archivguts im Lande Nordrhein-Westfalen (Archivgesetz Nordrhein-Westfalen) vom 16.5.1989, in: Gesetz- und Verordnungsblatt für das Land Nordrhein-Westfalen, 43. Jg., Nr. 26, vom 13.6.1989.

4 Archivgesetz vom 16.3.2010, in: Gesetz- und Verordnungsblatt für das Land Nordrhein-Westfalen, 64. Jg., Nr. 11, vom 30.3.2010.

5 § 6 Absatz 3 Archivgesetz Nordrhein-Westfalen vom 16.9.2014, in: Gesetz- und Verordnungsblatt des Landes Nordrhein-Westfalen, 68. Jg., Nr. 27, vom 29.9.2014.

6 § 11 Absatz 1 Archivgesetz Nordrhein-Westfalen (Fassung 2014).

7 § 11 Absatz 2 Archivgesetz Nordrhein-Westfalen (Fassung 2014).

8 Übersicht über alle Bestände, die sich im Universitätsarchiv Münster befinden: https://www.uni-muenster.de/Archiv/bestaende.html (Zugriff: 24.4.2024).

Universität Münster, die 1773 ihren Unterricht aufnahm und 1780 inauguriert wurde, und die nachfolgende Philosophisch-Theologische Lehranstalt, die von 1818 bis 1832 bestand und dann den Status einer Akademie erlangte. Die Akademie wurde schließlich 1902 um eine Rechts- und Staatswissenschaftliche Fakultät erweitert und wieder zur Universität erhoben. Da das Universitätsarchiv erst – wie bereits geschildert – 1912 gegründet wurde, befindet sich ein großer Teil der älteren Überlieferung im Landesarchiv Nordrhein-Westfalen Abteilung Westfalen. Bei der Erforschung der Universitätsgeschichte des 18. und 19. Jahrhunderts ist es daher erforderlich, auch dort zu recherchieren. Zu den Vorgängereinrichtungen gehört des Weiteren die Pädagogische Hochschule Westfalen-Lippe. Die 1965 gegründete Pädagogische Hochschule bestand aus verschiedenen Abteilungen, von denen zunächst zwei in Münster angesiedelt waren. 1969 wurden diese beiden Abteilungen zusammengefasst. Nachdem schon 1972 die Abteilungen Siegen und Paderborn zu Gesamthochschulen ausgebaut wurden, wurde die Pädagogische Hochschule 1980 aufgelöst und die Abteilungen Münster und Bielefeld in die jeweils örtlichen Universitäten übernommen. Das Universitätsarchiv Münster erhielt dabei nicht nur die Akten der Abteilung Münster, sondern auch die des Rektors, des Akademischen Prüfungsamtes und der Arbeitsstelle Kontaktbildung und Lehrerfortbildung der gesamten Hochschule.

Gegenüber diesen abgeschlossenen, die früheren Hochschulen Münsters betreffenden Beständen überwiegen im Universitätsarchiv die Bestände, die sich auf die Universität Münster ab 1902 beziehen. Der Aufbau der Bestände spiegelt dabei die Struktur der Universität wider. So enthalten wesentliche und große Bestände die Akten der Universitätsleitung[9] und der Universitätsverwaltung.[10] Sie umfassen inhaltlich alle Themen und Einrichtungen der Universität und bieten Informationen über die wichtigsten Entscheidungen auf Leitungsebene. Es folgen die Bestände, die die Akten der Fakultäten und Fachbereiche beinhalten, dann die der Seminare und Institute, schließlich die der zentralen und fakultätsübergreifenden Einrichtungen, der medizinischen Einrichtungen und der Studierendenschaft. Auf der Ebene der Hochschulleitung sowie der Fakultäten und Fachbereiche sind dabei die Sachakten dieser Einrichtungen und die personenbezogenen Akten, das heißt Personal- und Prüfungsakten, zu unterscheiden, die anderen Nutzungsbedingungen unterliegen. Während die Sachakten 30 Jahre nach Aktenschluss frei zugänglich sind, können Personal- und Prüfungsakten aus Datenschutzgründen erst eingesehen werden, wenn neben der 30-Jahres-Frist zehn Jahre nach Tod der betroffenen Person vergangen sind. Für einzelne Unterlagen dieser personenbezogenen Akten, die besonderen Geheimhaltungsvorschriften unterliegen, zum Beispiel Informationen über den Gesundheitszustand oder die familiären Verhältnisse der betroffenen Person, beträgt die Schutzfrist 60 Jahre.[11]

---

9   Bestand 4: Rektor, Sachakten (1902–1970).

10   Bestand 9: Kurator, Sachakten (1888–1970); Bestand 451: Universitätsverwaltung (seit 1970): Zentrale Registratur; Bestand 475: Universitätsverwaltung (seit 1970), Akademische und studentische Angelegenheiten.

11   Zu den Schutzfristen (früher Sperrfristen) s. die Regelungen im Archivgesetz Nordrhein-Westfalen und in der Benutzungsordnung des Universitätsarchivs Münster, https://www.uni-muenster.de/Archiv/benordnung.html (Zugriff: 24.4.2024).

Zusätzlich zu den Aktenbeständen, die in Universitätseinrichtungen gewachsen sind, sammelt das Universitätsarchiv Münster weitere Archivgutarten. Diese können sowohl innerhalb als auch außerhalb der Universität entstanden sein. Es handelt sich dabei um Fotografien und andere Bildformate, Druckschriften und Flyer, Karten und Pläne, Plakate sowie Zeitungsausschnitte. Zum sogenannten Sammlungsgut gehören auch wissenschaftliche Nachlässe, zumeist von Lehrenden der Universität, die aus Privateigentum an das Archiv übergeben und übereignet wurden. Sammlungen stellen eine Bereicherung des amtlichen Archivgutes dar, da sie dessen aus Behördensicht angelegtes Schriftgut durch ihre Außenperspektive inhaltlich ergänzen oder um optisches Material erweitern.

Die Ordnungseinheit von Archiven ist der Bestand. Bestand meint dabei nicht die Gesamtheit der Archivalien, die ein Archiv verwahrt, sondern umfasst das Schriftgut eines Registraturbildners, wie es beispielsweise innerhalb der Universität das Dekanat eines Fachbereichs ist, beziehungsweise eine thematische oder materialbezogene Sammlung, wie eine Bildersammlung. Einen Überblick über die in einem Archiv vorhandenen Bestände gibt eine Beständeübersicht, wie sie jedes fachlich geführte Archiv aufweist. Eine Beständeübersicht bietet nicht nur eine Auflistung der Bestände, sie enthält weiterführende Informationen zu den bestandsübergreifenden Strukturen, zur Geschichte der Universität, die Auswirkungen auf die Beständestruktur hat, zu Art, Umfang und Inhalt der zu einer Beständegruppe gehörenden einzelnen Bestände sowie zur Forschungsliteratur. Für das Universitätsarchiv Münster wird diese Beständeübersicht als separate pdf-Datei geführt, die heruntergeladen werden kann.[12]

Die Findbücher gehören zu den sogenannten Findmitteln. Damit sind alle Datenbanken, Anwendungen und Verzeichnisse gemeint, die Informationen zum Inhalt der Bestände und von Bestandteilen der Bestände liefern. Für die Sachaktenbestände des Universitätsarchivs Münster können alle Findbücher online eingesehen werden.[13] Aus Datenschutzgründen ist das für personenbezogene Bestände nicht möglich, da die betreffenden Bestände zu einem großen Teil bis in die Gegenwart reichen und geschützte Personendaten enthalten. Ersatzweise können die Daten zu Personal- und Prüfungsakten unter Angabe des Namens und der Lebensdaten im Archiv angefragt und von dort mittels einer Datenbank, die deutlich mehr als 300.000 Datensätze enthält, unter Beachtung der gesetzlichen Schutzfristen schnell beantwortet werden. Die Fotobestände sind zu großen Teilen digitalisiert. Sie können im Benutzungsraum des Universitätsarchivs am Bildschirm angesehen und recherchiert werden. Das Einstellen ins Internet ist aufgrund der Bestimmungen des Urheberrechts derzeit nicht möglich.

Die Findbücher zu Sachakten enthalten im Vorwort Informationen zum Bestands- beziehungsweise Registraturbildner, zu wesentlichen Entwicklungen in der Geschichte des Bestandsbildners, bei Instituten also der Institutsgeschichte, zum Umfang und zur Laufzeit des Bestandes sowie zur Forschungsliteratur. Bestände weisen üblicherweise eine Binnengliederung auf, die bei der Verzeichnung angelegt wurde. Diese Gliederung, Klassifikation genannt, verknüpft thematisch zusammengehörende Verzeichnungseinheiten, also im Regelfall Akten. So gliedert sich das Findbuch zu den Sachakten des Instituts für Erziehungswissenschaft (Bestand 121) in die Klassifikationspunkte Allgemeine Institutsangelegenheiten, Gremien, Fachkonferenzen

---

12   https://www.uni-muenster.de/Archiv/bestaende.html (Zugriff: 24.4.2024).

13   https://www.uni-muenster.de/Archiv/online-findbuecher.html (Zugriff: 24.4.2024).

und -versammlungen, Einrichtungen des Instituts, Personalia, Studium und Lehre, Forschung, Prüfungswesen sowie Zentrum für europäische Bildung.[14] Die einzelne Verzeichnungseinheit ist mit einer laufenden Nummer – ihrer Signatur –, dem Aktentitel sowie der Laufzeit erfasst, im Einzelfall auch mit weiterführenden Informationen zum Inhalt unter „Enthält" und „Darin". Selbstverständlich ist innerhalb des Findbuchs eine Stichwortsuche möglich. Der systematische Zugriff auf die Verzeichnung bietet dabei den Vorteil, dass unabhängig vom gewählten Stichwort relevante Akten aus dem Zusammenhang heraus recherchiert werden können. Die jeweilige Binnengliederung der Universität und ihrer Einrichtungen sowie ihrer Arbeits- und Funktionsweise ist hierfür von Bedeutung, ihre Kenntnis unerlässlich. Bei der Recherche bietet das Team des Universitätsarchivs aber, sofern erwünscht, Hilfestellung und gibt Hinweise auf weitere Archivalien und Bestände des eigenen, aber auch anderer Archive.

Mit den Sachakten des Instituts für Erziehungswissenschaft ist bereits ein wesentlicher Bestand zur Geschichte der Erziehungswissenschaft im Universitätsarchiv Münster genannt. Ausschließlich anhand dieses Bestandes lässt sich jedoch die Fach- und Institutsgeschichte nicht rekonstruieren. Da die Geschichte der Erziehungswissenschaft in Münster bis 1824 zurückreicht, als ein erstes Pädagogisches Seminar eingerichtet wurde, müssen auf jeden Fall für diese ältere Zeit die Archivalien des Landesarchivs Nordrhein-Westfalen Abteilung Westfalen in Münster[15] sowie des Geheimen Staatsarchivs Preußischer Kulturbesitz in Berlin[16] herangezogen werden, auch wenn es in den Akten der Akademie (Bestand 3) eine einzelne Akte zu den Statuten des Philologisch-pädagogischen Seminars gibt.[17] Eine erste außerplanmäßige Professur für Pädagogik wurde an der Universität Münster 1915 eingerichtet. Insofern sind die Sachakten des Rektors (Bestand 4) und des Kurators (Bestand 9)[18] sowie der Philosophischen Fakultät (Bestand 62),[19] zu der die Erziehungswissenschaft zu dieser Zeit gehörte, heranzuziehen. In ihnen finden sich neben Akten, die sich dezidiert mit dem Institut beschäftigen, Gremienunterlagen, in denen Beschlüsse belegt, die sich auf die Pädagogik beziehen, zum Beispiel Senatsprotokolle in Bestand 4 (Rektor, Sachakten). Zudem ist zu beachten, dass die Pädagogik zuerst der Philosophie zugeordnet war und sich zusammen mit der Psychologie zunächst zu einer Abteilung im Philosophischen Seminar und anschließend zu einem eigenen Institut für Psychologie und Pädagogik entwickelt hat. Erst ab 1950 gab es ein eigenständiges Pädagogisches Seminar, das seit 1973 als Institut für Erziehungswissenschaft firmiert.[20] Aus diesem Grund sind für die ältere Geschichte der Erziehungswissenschaft an der Universität Münster auch immer die Akten zur Philosophie und zur Psychologie auszuwerten. Für die neuere Zeit ab 1970 sind auch die

14   https://www.uni-muenster.de/Archiv.Findbuecher/Bestand121 (Zugriff: 24.4.2024).

15   https://www.archive.nrw.de/landesarchiv-nrw/landesarchiv-nrw-abteilung-westfalen-muenster (Zugriff: 24.4.2024).

16   https://gsta.preussischer-kulturbesitz.de (Zugriff: 24.4.2024).

17   Bestand 3 Nr. 1386, Laufzeit: 1854–1907.

18   In Bestand 9 sind vor allem die Nummern 1802 bis 1805 zum Pädagogischen Seminar und zum Personal dieses Seminars zu nennen, https://www.uni-muenster.de/Archiv.Findbuecher/Bestand009 (Zugriff: 24.4.2024).

19   https://www.uni-muenster.de/Archiv.Findbuecher/Bestand062 (Zugriff: 24.4.2024).

20   Beschluss des Rektorats mit Empfehlung der Umbenennung am 12.4.1973, Bestand 334 Nr. 251. Senatsbeschluss zur Umbenennung am 7.5.1973, Bestand 334 Nr. 9.

Senat 000224

Westfälische Wilhelms-Universität
Rektorat
·DER KANZLER·

Dez. Z.1

44 Münster (Westf.), den
Schloßplatz 2 ☏ 4901
Fernschreiber 89 25 29 UNI MS d

B e s c h l u ß v o r l a g e

für die Sitzung des Senats der Universität am 7. 5. 1973

Betr.: Zustimmung zur Umbenennung des Pädagogischen Seminars
gemäß Art. 66 (2) UV

Der Senat der Westfälischen Wilhelms-Universität möge folgenden

I.   B e s c h l u ß

fassen:

Der Senat stimmt dem Beschluß der Fachbereichskonferenz des
Fachbereichs 9 Erziehungswissenschaft, Soziologie, Publizistik
vom 7.2.1973, das Pädagogische Seminar umzubenennen in "Institut
für Erziehungswissenschaft", gemäß Art. 66 (2) UV zu.

II.   B e g r ü n d u n g

Da der Begriff "Pädagogik" nicht mehr dem Diskussionsstand dieser
Disziplin entspricht und die Betriebseinheit selbständig Außen-
kontakte mit anderen Hochschulen bzw. erziehungswissenschaftlichen
Institutionen pflegt, hält der Fachbereich es für erforderlich,
die Umbenennung vorzunehmen. Die Umbenennung ist zwar Bestandteil
des Entwurfs der Fachbereichssatzung - da diese jedoch vom Minister
für Wissenschaft und Forschung noch nicht genehmigt ist - soll
nach den Vorstellungen des Fachbereichs dieser Antrag vorgezogen
werden, um weitere Verzögerungen hinsichtlich der Umbenennung zu
vermeiden.

III. Das Rektorat hat in seiner Sitzung am 12.4.73. beschlossen, dem
Senat zu empfehlen, der Umbenennung zuzustimmen.

(Dr. Triebold)

Bearbeiter:

Abb. 1: Beschlussvorlage für die Senatssitzung am 7. Mai 1973 zur Umbenennung des Pädagogischen Seminars in Institut für Erziehungswissenschaft, UAMs, Bestand 334, Nr. 22, Vorlage 224

Akten der Universitätsverwaltung heranzuziehen, wie die Gremienunterlagen (Bestand 334),[21] die Akten der Zentralen Registratur (Bestand 451)[22] oder die Akten zu Akademischen und studentischen Angelegenheiten (Bestand 475).[23] Berufungsakten auf die verschiedenen, der Pädagogik zuzuordnenden Professuren enthalten dabei die Bestände 9, 451 und 62.

1970 wechselte gemäß Hochschulgesetz Nordrhein-Westfalen die Fakultäts- in eine Fachbereichsstruktur, die sich mehrfach änderte. Akten zur Erziehungswissenschaft befinden sich für die Zeit von 1970 bis 1984 in den Sachakten des Fachbereichs Erziehungswissenschaft, Publizistik und Soziologie (Bestand 76),[24] von 1985 bis 1999 in den Sachakten des Fachbereichs Erziehungswissenschaft (Bestand 378)[25] und für die Zeit ab 1999 in den Sachakten des Fachbereichs Erziehungswissenschaft und Sozialwissenschaften (Bestand 379).[26] Auch die Akten der verschiedenen Fachbereiche beinhalten Gremienprotokolle, zum Beispiel zur Fachbereichskonferenz, in denen womöglich das Fach Erziehungswissenschaft thematisiert worden ist. Ergänzt werden diese Bestände durch die Sachakten des Promotionsausschusses für den Doktor der Erziehungswissenschaft (Bestand 304).[27]

Die Überlieferung der Sachakten im Universitätsarchiv Münster werden vervollständigt durch Archivalien des Bundesarchivs in Berlin-Lichterfelde und des Landesarchivs Nordrhein-Westfalen Abteilung Rheinland in Duisburg, wo die Akten des Reichsministeriums für Wissenschaft, Erziehung und Volksbildung beziehungsweise des Kultusministeriums des Landes Nordrhein-Westfalen verwahrt werden. In beiden Archiven ist insbesondere die Gegenüberlieferung zu den in Münster befindlichen Berufungsakten vorhanden, aber es sind auch Akten zur Ausstattung verfügbar.

Neben den Sachakten sind für die biografische Forschung Personal- und Prüfungsakten relevant. Personalakten wurden und werden von verschiedenen Stellen der Universität angelegt. Zu nennen sind die Personalakten des Rektors, die von 1902 bis 1970 geführt wurden (Bestand 5). Die Hauptpersonalakte wird üblicherweise von der Universitätsverwaltung geführt. Bis 1970 war der Leiter der Verwaltung der Universitätskurator. Er fungierte als Stellvertreter des Ministers vor Ort und vertrat die Universität in allen rechtlichen Angelegenheiten, also auch in Personalangelegenheiten. Die Überlieferung dieser Personalakten (Bestand 10) beginnt 1888 und datiert damit noch in die Zeit der Königlichen Akademie Münster. Seit 1970 untersteht die Verwaltung dem Universitätskanzler. Anders als der Kurator vertritt er nicht den Minister, sondern ist Teil des 1970 eingeführten Rektorats, das aus dem Rektor, vier Prorektoren und eben dem Kanzler beziehungsweise der Kanzlerin besteht. Bestand 8 (Personalakten der Universitätsverwaltung) wird laufend ergänzt und ist damit ein noch wachsender Bestand, während die Personalakten des Kurators ein geschlossener Bestand sind. Die Fakultäten und Fachbereiche führen jeweils eigene, die der Verwaltung ergänzende Personalakten. Für die Erziehungswissenschaften sind dies die Personalakten der Philosophischen Fakultät

21 https://www.uni-muenster.de/Archiv.Findbuecher/Bestand334 (Zugriff: 24.4.2024).
22 https://www.uni-muenster.de/Archiv.Findbuecher/Bestand451 (Zugriff: 24.4.2024).
23 https://www.uni-muenster.de/Archiv.Findbuecher/Bestand475 (Zugriff: 24.4.2024).
24 https://www.uni-muenster.de/Archiv.Findbuecher/Bestand076 (Zugriff: 24.4.2024).
25 https://www.uni-muenster.de/Archiv.Findbuecher/Bestand378 (Zugriff: 24.4.2024).
26 https://www.uni-muenster.de/Archiv.Findbuecher/Bestand379 (Zugriff: 24.4.2024).
27 https://www.uni-muenster.de/Archiv.Findbuecher/Bestand304 (Zugriff: 24.4.2024).

(Bestand 63) sowie der genannten Fachbereiche, denen die Erziehungswissenschaft zugeordnet war und ist (Bestände 455 und 456). Bestellt man im Universitätsarchiv Münster die Personalakte eines Lehrenden, ist es somit nicht ungewöhnlich, dass verschiedene Personalakten vorgelegt werden. Als Beispiel seien die Personalakten von Prof. Dr. Heinrich Döpp-Vorwald angeführt, der eine Karriere vom Privatdozenten bis zum Ordinarius an der Universität Münster machte. Es gibt zu ihm die Personalakte der Universitätsverwaltung (Bestand 8 Nr. 3777) und der Philosophischen Fakultät (Bestand 63 Nr. 78). Zudem hatte die Pressestelle ein Personaldossier angelegt (Bestand 207 Nr. 225). Zu beachten ist in diesem Zusammenhang, dass die Personalakten üblicherweise nicht die vollständigen Unterlagen zu Entnazifizierungsverfahren enthalten. Diese werden im Landesarchiv Nordrhein-Westfalen Abteilung Rheinland in Duisburg verwahrt,[28] sind dort bereits digitalisiert und können seit Sommer 2023 für die bis 1922 geborenen Personen im Netz eingesehen werden. Auch die Entnazifizierungsakte von Döpp-Vorwald ist verfügbar.[29]

Die Prüfungsakten des Universitätsarchivs beziehen sich auf alle Prüfungen, die an der Universität abgelegt werden können, das heißt Bachelor, Master, Magister, Diplom, Promotion und Habilitation. Staatliche Prüfungen wie Staatsprüfungen für das Lehramt werden nicht von der Universität abgenommen, sondern von staatlichen Stellen. Ihre Überlieferung obliegt daher dem zuständigen Landesarchiv. Für die Erziehungswissenschaft sind vorhanden Promotionsakten (Bestand 65) und Habilitationsakten (Bestand 64) der Philosophischen Fakultät sowie Vordiplom- und Diplomakten der entsprechenden Fachbereiche (Bestände 77, 78, 79 und 80). Die Bestände 66 und 81 umfassen die Akten zu Promotions- beziehungsweise Diplomverfahren, die nicht vollständig abgeschlossen wurden. Bestand 417 enthält die Akten zu Diplomprüfungen, die nach der Diplom-Prüfungsordnung der Pädagogischen Hochschule Westfalen-Lippe abgelegt wurden. Im Zusammenhang mit Prüfungsakten sind die Akten zu Ehrenpromotionen zu erwähnen, die zwar keine eigentlichen Prüfungsakten darstellen, aber für einzelne Biografien von Belang sein können.[30] Die Prüfungsakten sind abgesehen von ihren Informationen zum jeweiligen Prüfungsverfahren für die biografische Forschung vor allem deshalb interessant, weil sie oftmals Lebensläufe der Prüflinge enthalten, die vor allem die Schulausbildung und das Studium thematisieren und Aufschluss über die familiäre und örtliche Herkunft geben.

Das Studienangebot in Erziehungswissenschaft lässt sich aus den Vorlesungsverzeichnissen ermitteln. Grundlegend sind die Gesamtvorlesungsverzeichnisse der Universität und ihrer Vorgängereinrichtungen, die alle für die Zeit ab 1824, seitdem Pädagogik an der Universität unterrichtet wurde, über die Seiten der Universitäts- und Landesbibliothek Münster digital verfügbar sind.[31] Eine Übersicht über alle Vorlesungsverzeichnisse bietet die Recherchehilfen

---

28   Guntermann, Ralf/Hennigs, Annette (Hg.): Täter, Mitläufer, Opfer: Einblick in personenbezogene
      Verwaltungsakten zum Nationalsozialismus (Veröffentlichungen des Landesarchivs Nordrhein-West-
      falen, 59), Duisburg 2015, S. 46–50.
29   Vgl. https://www.archive.nrw.de/landesarchiv-nrw/entnazifizierungsakten-online (Zugriff: 17.4.2024)
30   Ehrenpromotionen werden von den verschiedenen Fakultäten oder Fachbereichen verliehen. Daher
      gibt es pro Fakultät beziehungsweise Fachbereich jeweils Ehrenpromotionsakten. Für die Philosophi-
      sche Fakultät ist dies Bestand 72.
31   https://sammlungen.ulb.uni-muenster.de/nav/classification/1643213 (Zugriff: 24.4.2024).

des Universitätsarchivs Münster.[32] Die ersten Vorlesungsverzeichnisse der Akademie Münster bis 1844 sind dabei in lateinischer Sprache,[33] während sie danach bis 1900 sowohl auf Deutsch[34] als auch auf Latein[35] publiziert wurden. Ab 1900 liegen sie ausschließlich in Deutsch vor.[36] Seit dem Sommersemester 2010 gibt es keine Druckfassung der Verzeichnisse mehr, sondern sie werden als born digitals online gestellt.[37] Daneben bietet die Druckschriftensammlung des Universitätsarchivs Zugang zu den kommentierten Vorlesungsverzeichnissen des Instituts für Erziehungswissenschaft für den Zeitraum von 1982 bis 2011,[38] als ihr Erscheinen eingestellt wurde. Die Vorlesungsverzeichnisse der Pädagogischen Hochschule Westfalen-Lippe sind bislang nur für wenige Jahre digital über die Seiten der Universität Paderborn verfügbar.[39]

Über verschiedene Plattformen der Universität lassen sich Studierende nachweisen. Zum einen bietet das Universitätsarchiv Münster Einsicht in die digitalisierten Matrikelbücher der Universität und ihrer Vorgänger für die Jahre von 1780 bis 1905.[40] Zum anderen hat die Akademie und später die Universität Münster zwischen 1844 und 1922 die Namen ihrer Studierenden in den sogenannten Personalverzeichnissen veröffentlicht, die ebenfalls online eingesehen werden können.[41] Seit dem Ersten Weltkrieg enthält wegen Papiermangels nicht mehr jedes Personalverzeichnis ein Verzeichnis der Studierenden. Dennoch lässt sich über die Verzeichnisse in vielen Fällen ein Studierender nachweisen. Ergänzt werden die publizierten Verzeichnisse durch für Studierende ausgestellte Attestate, Anmeldebögen, Anmeldejournale, Abgangszeugnisse, Abgangszeugnislisten, Gebührenmanuale, Verzeichnisse über nicht erfolgte Rückmeldungen, Gasthörerlisten und andere Verzeichnisse, die sich in den Sachakten der Akademie (Bestand 3) und des Rektors der Universität (Bestand 4) befinden. Hinzu kommen die Karteien des Studierendensekretariats, die ab circa 1929 überliefert sind,[42] sowie die Belegkarten der Studierenden

32   https://www.uni-muenster.de/Archiv/recherchehilfen.html (Zugriff: 24.4.2024).

33   https://sammlungen.ulb.uni-muenster.de/hd/periodical/titleinfo/557973 (Zugriff: 24.4.2024).

34   https://sammlungen.ulb.uni-muenster.de/hd/periodical/titleinfo/551573 (Zugriff: 24.4.2024).

35   https://sammlungen.ulb.uni-muenster.de/hd/periodical/titleinfo/557973 (Zugriff: 24.4.2024).

36   Einstiegsseite der Universitäts- und Landesbibliothek Münster zu den Vorlesungsverzeichnissen: https://sammlungen.ulb.uni-muenster.de/nav/classification/1643213 (Zugriff: 24.4.2024).

37   https://epflicht.ulb.uni-muenster.de/periodical/structure/31279 (Zugriff: 24.4.2024).

38   https://www.uni-muenster.de/Archiv.Findbuecher/Bestand202, Klassifikationspunkt 5.22.

39   Sommersemester 1966: https://digital.ub.uni-paderborn.de/retro/urn/urn:nbn:de:hbz:466:1-8357, Wintersemester 1966/67 bis Sommersemester 1972: https://digital.ub.uni-paderborn.de/retro/urn/urn:nbn:de:hbz:466:1-8344 (Zugriff jeweils: 24.4.2024).

40   https://www.uni-muenster.de/Archiv/bestaende.html, Punkt: Matrikel (Zugriff: 24.4.2024). Es handelt sich um die Digitalisate folgender Archivalien: Bestand 1 Nr. 1 und Nr. 2, Bestand 2 Nr. 18, Bestand 3 Nr. 743 und 744 sowie Bestand 4 Nr. 547. Hinzu kommt ein alphabetisches Verzeichnis für die Zeit von 1827 bis 1844 (Bestand 3 Nr. 742).

41   Eine Übersicht über die Personalverzeichnisse: https://www.uni-muenster.de/Archiv/recherchehilfen.html. Einstieg in die Digitalisate: https://sammlungen.ulb.uni-muenster.de/nav/classification/1643213. Verzeichnis der Behörden, Lehrer, Beamten, Institute und Studirenden 1844–1902: https://sammlungen.ulb.uni-muenster.de/hd/periodical/titleinfo/555309. Personalverzeichnisse 1902–1922: https://sammlungen.ulb.uni-muenster.de/hd/periodical/titleinfo/548174. Universitätsmatrikel 1924–1927 (unvollständig): https://sammlungen.ulb.uni-muenster.de/hd/periodical/titleinfo/748113, (Zugriff jeweils: 24.4.2024).

42   Bestand 209: Rektor (1902–1970), Studentensekretariat 1929–1951; Bestand 434: Universitätsverwaltung (ab 1970), Studentensekretariat 1945–1995.

von 1941 bis 1971.[43] Damit können zwar die Studierenden nicht vollständig, aber doch zum größten Teil belegt werden. Zusammen mit den Prüfungsakten ergibt sich eine dichte Überlieferung zu Studium und Studierenden in Münster, auch im Fach Erziehungswissenschaft.

Das Sammlungsgut des Universitätsarchivs birgt weitere Archivalien zur Pädagogik beziehungsweise Erziehungswissenschaft an der Universität Münster. Hierunter fallen Druckschriften in Bestand 202, Plakate in Bestand 203 sowie Karten und Pläne in Bestand 204. Auskunft zum einschlägigen, vorhandenen Material geben die Findbücher dieser Bestände.[44] Anhand dieser Archivalien lassen sich beispielsweise die Baugeschichte rekonstruieren, die Öffentlichkeitsarbeit nachvollziehen, Flyer des Instituts auffinden sowie Veranstaltungen recherchieren. Unter den Nachlässen ist derjenige von Herwig Blankertz[45] hervorzuheben, der 2021 auf Vermittlung von Andreas Oberdorf und Tim Zumhof vom Universitätsarchiv Münster übernommen werden konnte, nachdem er zuvor jahrzehntelang von einem Freund der Familie Blankertz in einer Garage im Münsterland verwahrt worden war. Blankertz, der zu den Großen seines Fachs gehörte, verstarb 1983 nach einem Verkehrsunfall. Sein Nachlass umfasst neben umfangreicher Korrespondenz zahlreiche Materialien zu seinen Lehrveranstaltungen, Gutachten, einige Typoskripte sowie eine ausgedehnte Sammlung von Einladungen, Pressemitteilungen, Flyern, Plakaten, Zeitungsausschnitten und ähnlichem, die seine Vortrags- und Veranstaltungstätigkeit dokumentiert.[46] Auskunft über weitere Nachlässe münsterscher Erziehungswissenschaftler bietet die „Zentrale Datenbank Nachlässe" des Bundesarchivs,[47] nach der beispielsweise der Nachlass von Heinrich Döpp-Vorwald[48] im Bundesarchiv in Koblenz lagert.[49] Seit dem 1. Oktober 2023 wird sie allerdings nicht mehr weitergeführt, sondern ist in den Kalliope-Verbund übernommen worden. Hierbei handelt es sich um Online-Katalog, der Nachlässe und Autographen listet und von der Staatsbibliothek Berlin betrieben wird.[50]

Last but not least veröffentlichte die Universität Münster im Laufe der Zeit immer wieder Artikel und Pressemitteilungen über die Erziehungswissenschaft, die von der Presse aufgenommen wurden. Die Universitätszeitung befindet sich zum einen in der Druckschriftensammlung des Universitätsarchivs (Bestand 202), zum anderen in den Beständen der Universitäts- und

43   Bestand 6: Rektor (1902–1970), Studentensekretariat 1941–1971.

44   Findbuch zu Bestand 202: https://www.uni-muenster.de/Archiv.Findbuecher/Bestand202, zu Bestand 203: https://www.uni-muenster.de/Archiv.Findbuecher/Bestand203, zu Bestand 204: https://www.uni-muenster.de/Archiv.Findbuecher/Bestand204 (Zugriff jeweils: 24.4.2024).

45   Herwig Blankertz (1927–1983), 1969 bis 1983 Lehrstuhlinhaber für Pädagogik und Philosophie an der Universität Münster. Zu Blankertz und seinem Wirken in Münster vgl. auch den Beitrag von Tim Zumhof in diesem Band.

46   Der Nachlass wurde als Bestand 276 ins Universitätsarchiv eingegliedert. Findbuch unter: https://www.uni-muenster.de/Archiv.Findbuecher/Bestand276 (Zugriff: 24.4.2024).

47   https://www.bundesarchiv.de/nachlassdatenbank/ (Zugriff: 24.4.2024).

48   Heinrich Döpp-Vorwald (1902–1977), 1949 bis 1961 außerplanmäßiger Professor für Pädagogik und Philosophie an der Universität Münster, ab 1961 außerordentlicher Professor ebd., 1964 bis 1970 ordentlicher Professor für Pädagogik ebd.

49   https://www.bundesarchiv.de/nachlassdatenbank/viewsingle.php?category=D&person_id=2853&asset_id=3102&sid=1a431a0c61e8174ddb0ec (Zugriff: 24.4.2024).

50   https://kalliope-verbund.info (Zugriff: 24.4.2024).

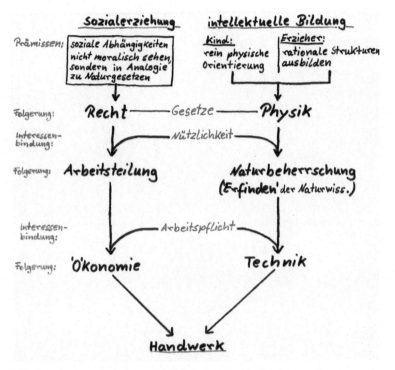

Abb. 2: Folie aus einer Lehrveranstaltung von Herwig Blankertz zu Rousseau, ca. 1980, UAMs, Bestand 276 (Nachlass Blankertz), Nr. 101

Landesbibliothek.[51] Die Pressemitteilungen werden als Bestand 69[52] im Universitätsarchiv verwahrt. Welche Presseartikel es zur Erziehungswissenschaft gab und gibt, lässt sich anhand der Fundstellensammlung der Zeitungsausschnittssammlung (Bestand 205) ermitteln. Bei dieser Recherche helfen die Mitarbeitenden des Universitätsarchivs.[53]

Bei der Beschäftigung mit der Geschichte der Erziehungswissenschaft an der Universität Münster kann selbstverständlich auf Veröffentlichungen zurückgegriffen werden. Ein tieferer Einstieg verlangt jedoch ab einem gewissen Punkt die Einsicht in Archivalien, die nicht alle, aber doch zu einem großen Teil im Universitätsarchiv Münster verwahrt werden.

---

51   Die Universitätszeitung firmierte im Laufe der Zeit unter verschiedenen Namen. Mittlerweile heißt sie wissen.leben und kann über die Homepage der Stabsstelle Kommunikation und Öffentlichkeitsarbeit ab dem Jahr 2014 online eingesehen werden: https://www.uni-muenster.de/unizeitung/index.html (Zugriff: 24.4.2024). Artikel in früheren Ausgaben sind mittels Stichwortsuche greifbar.

52   Findbuch: https://www.uni-muenster.de/Archiv.Findbuecher/Bestand069 (Zugriff: 24.4.2024).

53   Die dort aufgefundenen Zeitungsartikel können im Zeitungs- und Pressearchiv der Universitäts- und Landesbibliothek Münster eingesehen werden: https://www.ulb.uni-muenster.de/sammlungen/zup/ (Zugriff: 24.4.2024).

Abbildungsverzeichnis

Jürgen Overhoff
Gründung und Aufbau der Universität Münster zwischen 1773 und 1815 und die Stellung der Pädagogik im ausgehenden 18. Jahrhundert

Abb. 1 und 2: Universitäts- und Landesbibliothek Münster, Historische Drucke, Sign. S+3 801+m

Andreas Oberdorf
Pädagogik an der Akademie Münster im 19. Jahrhundert

Abb. 1: Stadtarchiv Münster, Porträtsammlung Nr. 186
Abb. 2: LWL-Museum für Kunst und Kultur, Münster, Inv.-Nr. K 27–65 LM
Abb. 3: Katholische Universität Eichstätt-Ingolstadt, Universitätsbibliothek, Graphische Sammlung, Sign. GS (1)10.268

Anna Strunk
„Es ist nicht genug zu wollen, man muß auch thun." – Die ersten Wissenschaftlichen Fortbildungskurse für Oberlehrerinnen 1899 in Münster

Abb. 1: Universitätsarchiv Münster, Bestand 68, Nr. 1013
Abb. 2: LWL-Denkmalpflege, Landschafts- und Baukultur in Westfalen, Domplatz 4-5, 1932, Foto: Hugo Schnautz
Abb. 3: Weber, Heinrich: Die katholische Anstaltsfürsorge im Bistum Münster, Düsseldorf [1929], S. 278

Hans-Joachim von Olberg
Marginalisiert und angepasst. Erziehungswissenschaft an der Universität Münster während der NS-Zeit

Abb. 1: Universitäts- und Landesbibliothek Münster, Sign. 1,032
Abb. 2: Universitätsarchiv Münster, Bestand 68, Nr. 4986
Abb. 3: Universitätsarchiv Münster, Bestand 68, Nr. 2826
Abb. 4: Stadtarchiv Münster, Bestand Oberschule am Wasserturm/Hittorf-Gymnasium, Fotosammlung
Abb. 5: Hans-Joachim von Olberg

Ewald Terhart
Neubeginn, Expansion, Integration – Pädagogik und Erziehungswissenschaft in Münster von der Nachkriegszeit bis 1990

Abb. 1: Baukunstarchiv NRW, Bestand Bruno Lambart, Foto: Inge Goertz-Bauer
Abb. 2: LWL-Medienzentrum für Westfalen, Bild-, Film- und Tonarchiv, Foto: Christoph Preker

Martin Rothland
Lehrer:innenbildung als Moment erziehungswissenschaftlicher Disziplinentwicklung an der Universität Münster

Abb. 1–3: Martin Rothland

Tim Zumhof
Vom pädagogischen Seminar zum Institut für Erziehungswissenschaft. Herwig Blankertz und die Dis-/Kontinuitäten im Richtungs- und Methodenstreit der Erziehungswissenschaft (1969–1983)

Abb. 1: Foto: Peter Wiegel, Münster
Abb. 2: Universitätsarchiv Münster, Bestand 68, Nr. 2198

Bernd Zymek
Vor und nach Bologna: Generationenwechsel, Strukturwandel und Rationalisierungsprozesse. Das Institut für Erziehungswissenschaft der Universität Münster, 1993–2010

Abb. 1: Statistisches Landesamt Nordrhein-Westfalen: Landesdatenbank, Tabelle 21311-24i
Abb. 2: Statistisches Landesamt Nordrhein-Westfalen: Landesdatenbank, Tabelle 21311-21i
Abb. 3: Statistisches Landesamt Nordrhein-Westfalen: Landesdatenbank, Tabelle 21321-07i
Abb. 4: Statistisches Landesamt Nordrhein-Westfalen: Landesdatenbank, Tabelle 21341-05i

Andreas Oberdorf/Patrick Gollub
Das Institut für Erziehungswissenschaft der Universität Münster, 2010–2024

Grafik: Patrick Gollub, Andreas Oberdorf

Sabine Happ
Das Gedächtnis der Quellen: Archivalien zur Erziehungswissenschaft an der Universität Münster

Abb. 1: Universitätsarchiv Münster, Bestand 334, Nr. 22, Vorlage 224
Abb. 2: Universitätsarchiv Münster, Bestand 276, Nr. 101

Autorinnen und Autoren

Patrick Gollub
Lehrkraft für besondere Aufgaben am Institut für Erziehungswissenschaft der Universität Münster

Sabine Happ
Leiterin des Universitätsarchivs Münster

Andreas Oberdorf
Studienrat im Hochschuldienst am Institut für Erziehungswissenschaft der Universität Münster

Hans-Joachim von Olberg
Lehrbeauftragter am Institut für Erziehungswissenschaft der Universität Münster

Jürgen Overhoff
Professor für Erziehungswissenschaft mit dem Schwerpunkt Historische Bildungsforschung an der Universität Münster

Martin Rothland
Professor für Erziehungswissenschaft mit dem Schwerpunkt Allgemeine Didaktik und Unterrichtsforschung an der Universität Münster

Anna Strunk
Wissenschaftliche Mitarbeiterin an der Fakultät für Erziehungswissenschaft der Universität Hamburg

Ewald Terhart
Professor i.R. für Erziehungswissenschaft mit dem Schwerpunkt Schulpädagogik und Allgemeine Didaktik an der Universität Münster

Tim Zumhof
Juniorprofessor für Allgemeine Erziehungswissenschaft an der Universität Trier

Bernd Zymek
Professor i.R. für Allgemeine und Historische Erziehungswissenschaft an der Universität Münster

Personenregister